衔 接

王 锋 铁 铮 主编

北京工业大学出版社

图书在版编目（ＣＩＰ）数据

衔接 / 王锋，铁铮主编. — 北京：北京工业大学
出版社，2023.3
ISBN 978-7-5639-8501-2

Ⅰ.①衔… Ⅱ.①王… ②铁… Ⅲ.①思想政治教育
—教学研究—中国—文集 Ⅳ.①D64-53
中国国家版本馆CIP数据核字（2023）第025520号

衔接

XIAN JIE

主　　编：王　锋　铁　铮
责任编辑：付　存
封面设计：红杉林文化
出版发行：北京工业大学出版社
　　　　　（北京市朝阳区平乐园100号　邮编：100124）
　　　　　010-67391722（传真）　　bgdcbs@sina.com
经销单位：全国各地新华书店
承印单位：三河市元兴印务有限公司
开　　本：787毫米×1092毫米　1/16
印　　张：25.75
字　　数：434千字
版　　次：2023年3月第1版
印　　次：2023年3月第1次印刷
标准书号：ISBN 978-7-5639-8501-2
定　　价：78.00元

编　委　会

序一

对"大中小学一体化思政课建设衔接机制研究"这个课题，我是有感情的。不仅是因为我曾经在北京市教育工委挂职工作，与参与课题研究的人大多比较熟悉，还因为在这个课题组成立前一年，我有幸参与了《中国高等教育》总编辑唐景莉在河北组织的大中学校长参加的关于大学与高中阶段思政课有效衔接的研讨会的部分接待工作。课题组对于我这个老教育工作者不离不弃，邀我作序，更让人十分感动。

我权且谈些自己的学习体会吧。

这个课题的选择具有政治性。我们党历来高度重视教育工作，无论是战争年代的陕北公学、和平建设时期的"革命接班人"培养，还是改革开放之后邓小平力主恢复高考制度，都反映出我们党对人才培养的重视和渴望。党的十八大以来，习近平总书记更加明确指出要下好教育的"先手棋"，在全国教育工作大会上，振聋发聩地指出，如果我们培养的人不跟共产党走，那么我们今天的奋斗还有什么意义。习近平总书记明确要求办好思政课，并亲自主持思政课教师座谈会，明确提出要加强大中小学思政课一体化研究，教育部专门成立了教育指导委员会。这个课题的选择是具有政治性的，事关中央的大政方针和教育的百年大计。

这个课题的确立具有挑战性。虽然大家都意识到这个课题的重要性，许多地方、许多学校也做了创新性的探索和尝试，积累了一些经验，有了一些基于不同层面的思考，但是要从实践上升到理论层面，提升到机制建设层面，这些探索无论从时间过程看，还是从地域分布看，都稍显零碎。大中小学不同学段，理论学者和实践工作者还存在不能良好对接、交流的情况，如今要回到教育的本原，需要下的功夫、做的努力不是一般人所能想象，好在终于有人站了出来，要担起这个责任，试着来吃这个"螃蟹"。

这个课题的完成富有建设性。课题组成员中既有长期从事教育理论研究的专家学者，也有长期在一线耕耘的思政课教师，还有处于管理岗位的行政工作人员，他们都对这个课题有着深厚的感情和切身的体悟。更加难能可贵的是在疫情防控形势严峻的三年中，课题组成员克服了诸多困难，采取线下实践、线上研讨的方式，没有影响课题的研究进展与深度。特别是课题组搞了大量的调查问卷，在全国各地建立了一批"一体化"教育实践基地，不断地实验、斧正研究的成果，让本就是一体化的生命个体在思政课的"一体化"中更加茁壮成长、开花、结果。

是为序。

河北省邯郸市政协党组书记、主席　韩俊兰

2022 年 10 月 4 日

序二

2019 年 3 月 18 日，中共中央总书记、国家主席、中央军委主席习近平在北京主持召开了学校思想政治理论课教师座谈会并发表重要讲话。党和国家最高领导人亲自主持召开学校思政课教师座谈会，这在中国共产党的历史和新中国的历史上还是第一次。

在这次重要的历史性会议上，习近平总书记明确指出："在大中小学循序渐进、螺旋上升地开设思想政治理论课非常必要，是培养一代又一代社会主义建设者和接班人的重要保障。"教育的问题从根本上说，是培养人的问题。而摆在中国教育面前最重要的问题，就是培养什么人、不能培养什么人、如何培养人、为谁培养人的问题。青少年是祖国的未来、民族的希望。为了实现中华民族伟大复兴中国梦，就必须培养一代又一代拥护中国共产党领导和我国社会主义制度、立志为中国特色社会主义事业奋斗终身的有用人才。为此，就必须把下一代教育好、培养好，就必须从学校抓起、从娃娃抓起。

在这一划时代的会议上，习近平总书记强调，要把统筹推进大中小学思政课一体化建设作为一项重要工程，推动思政课建设内涵式发展。这不但为全国大中小学校思政课发展指明了前进的方向，也提出了一项重大的理论研究课题。如何统筹、如何推进、如何实现大中小学思政课的有效衔接和一体化建设，成为摆在全社会面前的问卷。

从诞生之日起，中国共产党就积极创建自己的思想政治工作体系。在漫长而丰富的实践中，经过不断探索、不断发现、不断总结、不断创新，建立了具有中国特色的、完善的思想政治工作体系、理论、方针、原则、内容、作风、制度，形成了优良、宝贵的光荣传统。其中重要的一点就是，全党动手、齐抓共管，形成合力。

党的十八大以来，以习近平同志为核心的党中央高度重视学校思想政治工作，中共中央及中宣部、教育部下发一系列加强和改进的配套文件，学校思想政治工作被提升到全局性、整体性、战略性的高度，推动了学校思想政治工作构建新格局、开辟新境界、攀上新台阶。特别是在思政课程和课程思政建设方面取得突出成绩。

在不断加强学校思政课建设进程中，大中小学思政课如何有效衔接的问题越来越凸显，并且逐渐成为学校思政课建设的重要突破口。在这样的大背景下，"大中小学一体化思政课建设衔接机制研究"（20VSZ060）正式获批国家社科基金高校思政课研究专项立项就具有了十分重要的意义和价值。这一方面充分体现了国家和有关部门对习总书记提出的大中小学思政课一体化建设的积极贯彻落实，另一方面也有力证明了以北京工业大学牵头的研究团队所具有的积极态度和雄厚实力。

我有幸见证了这项重大课题从谋划到立项、从开题到推进、从总结到提升的全过程。我认为此课题有四大特点。

一是组建由大中小学有生力量组成的研究团队。研究大中小学思政课的衔接，首先要团结大中小学的研究团队。尽管牵头单位是北京工业大学，但主持人组建了由大中小学研究团队共同参与的队伍。在研究过程中，既便于掌握实际情况，又有助于提出切实可行的措施和方法。

二是课题研究与交流合作紧密结合。在课题研究中，主持者注重搭建平台、创造条件，使大中小学思政课教师、管理者之间密切交流与互动。突出标志是，成功举办了两届全国大中小学思政课一体化实践研究高峰论坛，在线观看总人数超过百万，吸引了200多家教育单位、数千名大中小学管理者和一线教师参与研讨。这既扩大了课题研究的影响，又丰富了课题研究的内容，还扩展了课题研究的领域，取得了显著成果。

三是建立推动实际工作的长效机制。在深入推进课题研究的同时，课题组发起成立全国大中小学思政课一体化实践共同体，得到了积极响应。一方面共同体成员单位积极参与课题研究，另一方面及时检验课题研究取得的相关成果。这个共同体的建立，为长期推动大中小学思政课一体化建设实践提供了保障。

四是课题研究和成果推广同步进行。《中国高等教育》是我国重要的、著名的教育期刊。课题组配合《中国高等教育》杂志，围绕大中小学思政课一体化建设研究的主题，组织"高教云研讨"3场次，其内容均在该刊及时发表，使课题研究成果及时迅速得到了传播。

课题组勤奋务实的精神、开拓创新的意识、系统全面的成果，以及以上4

个特点均可以在此书中得到验证。课题组不但奉献出了可供借鉴和参考的重大成果，还为有效推进哲学社会科学研究探索了有效路径和方法。

各项成果的取得，离不开课题主持人富有成效的努力。《中国高等教育》总编辑唐景莉是文学博士、教育学博士后，具有十分丰富的教育研究经验，积累了丰硕的成果。她为课题的研究把关、定向，提出了许多富有成效的指导性建议，使得课题研究站在了高起点、达到了高标准。北京工业大学王锋研究员多年从事宣传思想工作，具有极强的组织力和凝聚力。特别是他能立足课题研究、并与谋划长远事业紧密结合，使得他团结了大批大中小学校和教育部门的管理者和一线教师，不但出色地完成了一项重大课题，而且为推动大中小学思政课建设一体化做出大量扎实的工作。

我有幸参与了此书的组稿工作，有机会深入学习了此书的内容。我认为，此书不但呈现了一项重大课题的丰硕成果，而且展现了我国大中小学思政课一体化研究的丰富实践。草就此序，挂一漏万，敬请诸位海涵。一方面向课题组致敬，另一方面也希望课题组再接再厉，继续在理论和实践中砥砺前行。

北京高校新闻与文化传播研究会创会理事长　铁　铮

2022 年 9 月 30 日

序三

21 世纪以来，中国高等教育已进入大众化阶段。教育资源不像精英教育时代那么紧缺，中国学生除了高考以外有了更多的选择。"3+X""自主招生""先修课"等旨在破解创新人才培养的教育改革措施层出不穷，大中衔接、创新人才培养等教育理念也逐渐深入人心。然而，由于各种主客观原因，我国基础教育至今依然未能突破高考指挥棒的制约，大学和高中、高中和初中、初中和小学，本该系统有机衔接的教育过程，因学段不同而人为分离的现象严重，因教育改革带来的负面事件屡见报端，引起广大学生、家长和社会各界广泛争议。

近 10 年来，西方社会向我国进行意识形态渗透的问题日渐突出，一小部分年轻人由于在大中小学阶段缺少系统、科学、有机衔接的德育教育，世界观、人生观、价值观出现了严重偏离。受西方反华势力影响，在涉及祖国安全稳定、民族复兴、"一国两制"等重大是非问题上，个别年轻人政治站位模糊、民族情感丧失。这不能不让广大教育者反思中国教育，特别是中国德育中存在的问题和缺失。

2017 年 5 月 23 日，中央全面深化改革领导小组第 35 次会议提出，要"构建以社会主义核心价值观为引领的大中小幼一体化德育体系"，推进"大中小幼一体化德育"体系建设是一项全局性、系统性、长期性任务，从小学、中学到大学各个学段之间的德育应当是紧密联系的整体结构。2019 年 3 月 18 日，习近平总书记主持召开学校思想政治理论课教师座谈会指出："在大中小学循序渐进、螺旋上升地开设思想政治理论课非常必要，是培养一代又一代社会主义建设者和接班人的重要保障。"

当前，在中共中央、国务院和教育部的大力推动下，全国各地政府部门和大中小学已按照文件的要求落实"大中小学思政课一体化建设"实践和研究，并取得了一定的研究成果和实践经验。但从中国知网检索 2018—2020 年期间的研究文献来看，当前研究多为对教学内容、教学方法、社会实践、评价目标等思政课一体化建设单个要素的研究，缺少对"大中小学思政课一体化建设"系统研究和顶层设计，而且在实践研究过程中还存在各省市区域不平衡、重视程度上热中温下凉的情况。北京工业大学"大中小学一体化思政课建设衔接机制研究"正是在上述学术研究背景下产生的。

2020年10月20日，北京工业大学主持申报的"大中小学一体化思政课建设衔接机制研究"（20VSZ060）正式获批国家社科基金高校思政课研究专项立项；2020年12月24日，课题组召开"大中小学思政课一体化建设研讨会暨大中小学一体化思政课建设衔接机制研究"项目开题论证会；2021年3月，课题组配合《中国高等教育》杂志围绕思政课一体化建设研究主题先后组织"高教云研讨"3场次；2021年4月23日，课题组与北京教育科学研究院德育研究中心、北京市教育学会中学德育研究会、东城区教育委员会等单位共同主办学术会议"全国大中小学思政课一体化实践研讨会"，发起成立全国大中小学思政课一体化实践共同体，课题组负责人做共同体倡议发言，并主持"大中小学思政课一体化师资队伍建设"分论坛；2022年4月22日，课题组会同北京教育科学研究院德育研究中心、北京市教育学会中学德育研究会、东城区教育委员会等单位举办学术会议"第二届全国大中小学思政课一体化实践研究高峰论坛"，课题组负责人主持"大中小学思政课一体化机制研究"分论坛。

在不到两年的时间内，课题组以"衔接机制"为主要研究对象，对影响"衔接机制"的各类要素进行辨析，针对教师和学生分别设计了大中小学思政课一体化衔接机制调查问卷，通过对调研问卷数据进行统计分析，完成2篇大中小学一体化思政课建设衔接机制研究报告；在分析调查报告的基础上，先后两次组织召开全国大中小学思政课一体化建设实践研究高峰论坛，两届论坛在线观看总人数超过百万，200多个教育单位、数千名大中小学管理者和一线教师参与研讨和实践，形成了一批大中小学思政课一体化建设论文成果和优秀案例。本书就是课题组和编委会在收集整理上述研究成果基础上的集成作品。

由于课题研究和实践时间较短，加上水平有限，此书恐有挂一漏万之处，敬请诸位读者批评指正。课题组和编委会希望此书能有抛砖引玉之效，引发社会对大中小幼衔接、创新人才培养、立德树人等涉及教育机制改革顶层设计的更多关注和更深思考，为推动我国大中小学思政课一体化建设和大中小幼一体化德育体系的贯彻落实略尽微薄之力。

"大中小学一体化思政课建设衔接机制研究"课题组组长　王　锋

2022年9月4日

目 录

CONTENTS

Chapter 1

第一章

开题论证

用系统观念贯通大中小学一体化教育改革

对于大中小学一体化衔接工作，我原来在北京市委教育工委挂职做副书记时分管这块工作，在这方面有感情，也有一些思考。很多学生认为在高中阶段全力冲刺高考，考上一个好大学就是人生的终极目的，到大学可能会出现一系列问题，比如开始迷惑彷徨。那么高中和大学之间应该怎么衔接？

河北的一些做法，以及我有几点思考和建议，跟大家做一个汇报，给课题组提供一些参考。我们也希望通过参与研究，推进河北省的教育工作。

第一个建议：要用习近平总书记提出的系统观念来指导课题研究。

第一，党的十九届五中全会明确提出了把"坚持系统观念"作为我国"十四五"时期经济社会发展必须遵循的一个重要原则。大中小衔接就是一个系统衔接，也是优化提升的过程，在这个过程中要用总书记提出的系统观念来指导工作实践。我也回想了改革历程，包括教育改革。十八届三中全会全面深化改革，就是系统改革。改革进入深水区必须系统思考，优化集成，在教育方面的体现就是德智体美劳全面发展，标志是《关于全面深化教育体制机制改革的意见》等一系列文件的出台，全面加强德育、智育、体育、美育、劳动教育。

第二，关于全面深化教育体制机制改革的意见。2017 年，在总结教育改革方面的经验实践基础上出台的是一个贯通大中小学教育教学的指导思想，用陈宝生部长的话说，就是"从外墙立面，到内部装修，四梁八柱"。

第三，今年（2020 年）10 月份国务院出台了《深化新时代教育评价改革总体方案》，方向性地解决党委和政府、学校、教师、学生、社会五个主体评价。深化素质教育，解决破五唯，在体制机制上解决过去教育在发展方向上为社会各方面所诟病的问题，这个评价改革总体方案也是系统性的，特别面向过去的机制体制主动开刀。同时该方案也是一个行动性方案，列出了任务清单，把总书记关于教育的重要论述落地落细落实。全面深化教育体制改革的框架，综合评价研究，夯实基础性学习，体会教育发展方向，系统化集成思想。

第二个建议：思政课与中国历史文化传统衔接。

在历史文化当中教育原来就是一体化，没有断，那时候是私塾，只是体制不一样。人是不分段的，人的一生是一体化的，我们学校分段，但学校分段跟人本身是一体化不能割裂开。

第三个建议：建立一些基地和实验校，从京津冀协同发展角度做实践探索。

北京一直带动着河北发展，特别欢迎课题组去河北做一些基地校和实验校的研究，有些学校可以做实验校去落地，指导我们提高。

在此我对河北的一些做法做一个简要介绍。我们有一些实验基础，河北近些年来，特别是自 2017 年以来，着力构建以"社会主义核心价值观"为引领的大中小一体化的德育体系。2017 年成立了首家省级的德育共同体，在省级行政层面推动德育共同体建设，目前德育共同体主要是教育行政部门在推动。

有几点做法：

第一，将小学办大。关注培养学生的大格局、大视野，具体做法是搭建一个大中小学德育工作者面对面的交流平台，大家在一起合作科研，实现中小学班主任科研能力提升。从 2017 年以来，已经举办了 65 期，有 80 人次的高校辅导员和 120 位优秀中小学班主任进行座谈交流。做科研可以弥补中小学德育工作者工作实践能力多，但是科研能力不足的缺陷，同时也可以帮助高校教师在做科研的同时了解中小学德育实践方面的经验。通过合作科研实现双方的相互了解，面对面交流还包括开放高校的科学实验室、博物馆，组织中小学参观游学，这方面北京市做得非常到位。

第二，将大学办小。中小学班主任看看大学的思政课怎么讲，注重德育工作落细落小落实。从 2017 年开始，我们将大中小学的德育课程提升纳入我省高校思想教育理论课教育教学质量年。最典型的例子是用时两个月，20 所高校的30 位教师到十所中小学跟班听课，看看中小学课程怎么讲的。后来，我跟高校教师座谈交流时，他们表示大受震撼，说中小学德育老师严谨细致，对学生认真，自己的用心程度不如中小学德育老师，贴近程度不如中小学德育老师。这些高校教师通过反思，对如何让思政课螺旋上升有了更深的理解。

第三，签约共建理论实践相结合的平台。为高校和中小学教育搭桥，这是行政的作用，实现学校间的人员交流、课堂互动。

2018 年，石家庄学院、河北艺术职业学院、幼儿师范专科学校这三所学校的老师带着学生到东风西路小学参与第二课堂，东风西路小学的德育课老师到大学课堂上讲课。这些师范生需要了解将来到中小学该怎么讲德育课，这是在课堂上实现互动交流。

第四，家庭社会的衔接。家长是跟着学生成长的，家长也要参与德育教育。试着让家长、校长、思政课老师和辅导员共同参与，打破"背对背"的局面。

思政课一体化就是一个课程的融通，德育政策上的融通。我想思政课的一体化在政策制定层面，实际上一定是全面的育人。不同的主管职能部门，在育人方面的认识还是存在一定的差异。我们课题组可以在研究过程当中进一步验证，将这个问题提出来。

河北省教育厅副厅长　韩俊兰

大中小学思政课"接力跑""不掉棒"靠什么

　　不止一次和大学生聊天说起思政课,他们都表达过"好多内容都在高中甚至初中学过"或"似曾相识"的意思。这总让我心里有些别扭。

　　这是不是反映出,学生思想品德和政治方面成长及其教育的规律没有得到应有的尊重和遵循。因为从小学到大学,不同年龄阶段学生对各种知识和道理的理解和接受能力差别很大,学校教育的内容和要求只有根据不同年龄阶段学生的理解和接受能力来设计和实施,才能有效,否则会白费功夫甚至产生负面效应。数理化学科知识如此,德育和思政教育也不例外。1994 年 8 月颁发的《中共中央关于进一步加强和改进学校德育工作的若干意见》,有一段话专门针对这个问题,提出要整体规划学校德育体系,遵循教育规律和经济社会发展要求,根据总目标科学规划各教育阶段的具体内容、途径和方法。要做好衔接,防止简单重复和脱节。在 2010 年,我还看到《国家中长期教育改革和发展规划纲要(2010—2020 年)》提出:"构建大中小学有效衔接的德育体系",到现在(2020年)也有十年之久了,为什么现在中央又进一步提出思政课大中小学一体化建设如何真正落实?

　　思政课是体现我国教育性质和方向的重要课程,是学校对学生进行思想政治教育的主阵地。经过几十年的探索和实践,我国学校思政课已形成体系,小学、初中、高中、大学本科、大学研究生阶段都有相应的国家规定的思政课程。各个学段研究制定了适合本学段学生年龄特点的教育任务、课程标准、课程内容等。但分段设计的局限也很明显,各学段之间有些思政教育内容存在重复交叉或不连贯、相互脱节等问题,各学段之间重点任务分工不够清晰明确,造成教师没有整体概念和清晰的方向。1990 年,我曾随德育考察团到美国一些学校考察,了解到他们也非常重视爱国主义教育,而且总结出针对不同学段的爱国主义教育的方法:小学讲故事,中学讲历史,大学讲理论。这给我们考察团留下深刻印象。

习近平总书记在学校思想政治理论课教师座谈会上的讲话，以及中共中央办公厅、国务院办公厅印发的《关于深化新时代学校思想政治理论课改革创新的若干意见》（以下简称《意见》）提出的思政课大中小学一体化建设，是对以往经验教训的总结，是对学生思政教育规律认识的深化。该《意见》着重对思政课大中小学一体化做了顶层设计。比如关于整体规划思政课课程目标，提出"在大中小学循序渐进、螺旋上升地开设思政课"，并明确了思政课总体目标以及大学阶段、高中阶段、初中阶段、小学阶段的重点。关于思政课课程体系，提出结合大中小学各学段特点构建必修课加选修课的课程体系，并规定了博士、硕士、本科、专科阶段和高中、初中、小学各学段的必修课程的门类和名称。关于思政课内容建设，提出遵循学生认知规律设计课程内容，体现不同学段特点：研究生—探究性，本专科—理论性，高中—常识性，初中—体验性，小学—体验性。

此外，《意见》还规定思政课教材由国家教材局统筹建设和规划，要求建立健全大中小学思政课教师一体化备课机制，教育部要成立思政课大中小学一体化建设指导委员会，加强对不同类型思政课建设分类指导等。这些措施对思政课大中小学一体化建设构想真正得以实现，将起到重要保障作用。

中央对思政课大中小学一体化建设的设计，无疑是一个好方案、好构想，要把这些好的设想实现，还有很多工作要做。其中各学段如何有效衔接就是一个迎面而来的关键性问题。因为一体化的设计，实践中是分段实施，是由多个学段各自完成本段任务，然后按顺序由两个相邻学段对接。思政课大中小学一体化的衔接，就像各学段在一棒一棒"接力跑"，要想接得好、不掉棒，需要很好地研究。这是一个系统工程，需要一套有效的运行机制才能保证安全和质量。

首先，要保证各学段课标的执行不变形、不走样。中央在做一体化设计时，从小学到中学到大学，课标是一以贯之、循序渐进的，是螺旋上升的。小学对自己的课标执行到位，初中就可以按照自己的课标起步而不会出现错位或脱节。初中到高中，高中到大学，也是如此。低学段执行情况是中学段工作的基础，中学段是高学段的基础。前一个学段达不到质量标准，就会造成后一个学段甚至再后一个学段的被动，无法顺利衔接。因此，一定要采取措施保证每个学段执行和完成好自己的课标，特别是小学阶段极为重要，在这个阶段执行课标跑偏走样或者质量不保，会影响到后面的那个学段乃至后面的各个学段。

其次，要执行好各学段的课标，教师是关键。要围绕思政课大中小学一体化建设的新思路、新理念、新方案对思政课教师进行培训，既要有整体感，了解中央对思政课的总体要求，又要明了本学段的重点任务。要打破过去形成的基础教育与高等教育相互隔离、各自为战的格局，建立多学段思政课教师一体化备课机制。

再次，要建立各学段思政课质量监测评价体系。既然各学段完成好各自的课标，是学段衔接的核心要素，那就必须建立各学段思政课执行课标完成质量的检测评价体系。每一所学校、每一个区域、每一个学段，都要纳入监测。而且这种质量监控，不能只盯着某个学段结束时的结果，更要重视平常动态监测，及时发现问题，予以纠正和解决，保证衔接时达标，不影响下一个学段。

最后，必须要有覆盖各学段的思政课管理职能部门。目前，我国思政课管理职能部门所在的国家和地方各级教育部门，分为基础教育和高等教育两大板块。分工负责高等教育学段思政课的部门，只管高校的思政课，无权管理监督基础教育阶段的思政课；分管基础教育阶段思政课的部门也无权管理高校的思政课。实际上，两个阶段的衔接处是管理盲区。如果只设立一体化的专业性指导委员会，可能是不够的，应当设立覆盖各学段的思政课管理职能部门，统筹协调各学段衔接问题。

光明日报《教育家》杂志社副社长　李功毅

办好思政课　打造创新版

2019年3月18日召开的学校思想政治理论课教师座谈会强调，在大中小学循序渐进、螺旋上升地开设思想政治理论课非常必要。此后，我们就特别关注大中小学思政课一体化建设，不但在《中国高等教育》杂志上推出了一组组重磅文章，而且在河北和北京先后举办了两次专题研讨会。今天我主要讲五点：

第一，围绕中心、服务大局。在教育部和中国教育报刊社领导的关心支持下，我们做了一系列专题，一体化其实对我们杂志来讲并不陌生，这几年从课程思政到思政课程，我们做了大量的专题，真正体现了作为教育部主管的一个半月刊的职责和使命，连续推出了重磅专题，"围绕中心、服务大局"得到充分体现。

第二，我们怎么来做的。在中央国家机关媒体联席会等一系列全国会议上，我作为期刊代表在会上发言，介绍我们怎么去围绕中心，服务大局，紧扣热点，聚力发声。意识形态是一项极端重要的工作，近几年我们特别强化了党建思政栏目，有效引领舆论。在教育部党组领导下、在报刊社领导指导下，在一代代办刊人不懈奋斗的基础上，《中国高等教育》团结奋进，取得可喜的成绩。向各位领导汇报一下：首先，在C刊的公众号中，《中国高等教育》影响力在2020年第二季度测试版中位于社会科学类第八名；其次，在最近发布的一个成绩单：我们在教育的学术期刊中进入了25%，叫Q1方阵，在前25%当中，我们位居16名，总体来讲，在全国教育类学术期刊排行占到了前5%，这些排行榜在一定程度上证明了我们的办刊方向是正确的。

第三，三个数字，围绕一体化建设。我们有三个报道，在全国应该比较有影响力。我们在2020年杂志的第1期推出了一组"大中小学思政课一体化建设"的专题；2020年第17期《求是》发表习近平总书记2019年3月18日在学校思想政治理论课教师座谈会上讲话的主要部分，《中国高等教育》同步推出大中小学思政课一体化建设专题；2020年9月下旬，我们又做了一个高教云研讨，采访了一批专家，围绕着大中小学一体化建设，我们从访谈、本期关注和单篇文章，都有大量内容推出。

第四，唱好宣传四季歌。围绕着大中小学思政课一体化建设，希望大家在我们杂志多发声。我们在杂志开设专栏"深入学习贯彻习近平总书记关于教育的重要论述"，推出了一系列重磅文章，很受关注。我们现在要把这个旗帜再举起来，围绕大中小学思政课一体化建设，希望大家深入研究，把研究成果在我们的杂志上更多呈现。

第五，贯彻五中全会重要精神，我们还要继续开展很多工作。党的十九届五中全会对我国"十四五"做了一个系统谋划和战略部署，尤其提到建设高质量的教育体系，我们怎么来做，各位领导和专家有非常丰富的教育理念和实践探索，让我们共同推进"立德树人""五育并举"。

回到今天的主题，我们从思政课开始来做，将来还有美育、体育、劳动教育等其他方面都可以来做，这也是由本人的职业经历带来的一个想法。此前我在中国教育报工作的时候，第一个部门是职成部，而后在普教部、大学部、新闻部、高教部、高教中心、高教职教中心工作。我对大中小学教育工作非常有感情，我们也在报刊社领导带领下，先后在广西柳州高中、中央美术学院、中国人民大学、北京工业大学和河北正定中学举办了五届著名大学中学校长峰会，大学校长对话中学校长，纵论大学中学衔接培养创新人才。我想，围绕着大中小学思政课一体化建设，我们还要组织大量的研讨会议和宣传报道，不仅有理论研究，更有行动支撑。

最后，我用一句话来总结今天的想法，这句话我刚在全国数字马克思主义学院联盟年会上说过。这就是：办好思政课，打造创新版，《中国高等教育》与大家心连心。

《中国高等教育》杂志总编辑　唐景莉

遵循理论依据　聚焦机制研究

　　"大中小学一体化思政课建设衔接机制研究"能够成功获批国家社科基金思政专项，这是对团队前期工作的肯定，是团队研究和设计思路得到了国家哲学社会科学规划领导小组专家们的认可，才能够拿下课题，应该说很不容易。

　　这个课题非常有价值，习近平总书记"3·18"重要讲话之后，全国对思政课建设的重视程度进一步提升，思政课一体化实施的研究成为热点，思政课一体化衔接的实施进入到全面探索阶段。在这样一个背景下，北京工业大学王锋老师团队能够把这样一个课题提出来，说明课题组对政策敏感，对理论研究有前瞻，对实践研究有预见，对问题有思考。向他们表示热烈祝贺，也特别愿意和大家一起就这个问题进行深入的研究、思考和实践。

　　2018 年，北京市正式成立了北京市学校德育研究会，成立这个研究会的重要宗旨就是贯彻落实习近平总书记"3·18"重要讲话精神，也是贯彻落实两办提出的构建以"核心价值观"为引领的大中小学思政课一体化的建设要求，形成打通大中小幼各学段的研究机构，是北京市一级学会。研究会成立以来，团结带领全市各级各类大中小幼学校开展了一体化德育体系的研究、实践和探索，并取得了初步成果。其中思政课是大中小幼一体化德育的一项重要研究内容，北京市专门在海淀区成立了大中小幼思政课一体化的实验区，今年（2020 年）专门在人大附中召开了一次研讨会，同时建立了大中小学同步备课的示范性体系，由大学的马克思主义学院、基础教育的教研部门、实验学校的教研组共同打造一个思政课一体化备课协调机制，引领大中小学思政课一体化备课，一体化研究，一体化教学，在这个过程中，逐步把思政课的一体化落到实处。

　　这个课题研究和北京市大中小学一体化德育建设同步同向同行，是北京市学校德育研究会的一个重要支持课题。研究会今年（2020 年）发布了 46 个课题，其中有 3 个重大课题，有几个重点关注课题，有的是全面研究，有的是聚焦研究，其中关于思政课研究也是我们研究会的重要研究方向。

　　在这个课题的实践调研、具体实施，包括实验区的建立方面，北京市学校德育研究会都会全力支持，共同参与，推进研究。北工大是北京市属高校，这个课题也是我们共同研究的平台。

第一，研究的基础特别好。这个课题实际上是北工大与《中国高等教育》杂志紧密地共同实施研究。《中国高等教育》杂志发挥媒体优势，在信息数据采集、重要成果发布以及研究平台搭建方面都会助力课题有更加宽广的研究视野，有更具优势的合作平台。课题研究基础很好，包括前期召开很多相关会议，统筹相关资源，形成了良好的团队组织。

第二，整个开题的论证分析有非常好的基础。一个是研究课题的目标聚焦，研究内容明确，研究思路清晰，研究方法适当，研究主题贯穿一体，研究的预设成果明确。一个是研究报告，一个是形成一些研究发表的论文，同时也建立一些实践机制和实验平台，这都是预期研究成果，非常聚焦，与研究目标和研究内容契合。整个开题报告论证体系，研究思路还是非常清晰的、科学的、适当的，能够达到国家哲社课题的初步要求，《中国高等教育》杂志是国家重要的核心 C 刊，成绩非常好，我们依托这样的平台，还有其他的平台，一定会产生非常丰富的、重大的、有影响力的成就。

建议一：进一步把握大中小学思政课建设的政策、背景和理论依据。

目前，研究思政课既是一个好时机，也是一个难得的时机，好时机是指中央高度重视思政课，思政课建设有了政策依据和支持，尤其是有习近平总书记关于思政课建设的重要论述，支撑理论体系，这对课题研究是很好的支持。

但同时也面临难题。国家在思政课体系建设上还处于逐步完善的关键阶段，大学思政课的架构还在进一步完善，提出把习近平新时代中国特色社会主义思想纳入思政课核心课程体系，目前课程体系和内容建构刚刚开始；同时教育部也正在编写大中小学三个学段的习近平新时代中国特色社会主义思想读本，明年（2021 年）上半年会正式发布作为重要的教学资源和教材依据。这些都是课题组在前期研究过程中，要逐步了解和把握的变化方向。

另外，今年（2020 年）上半年发布了刚刚修订完成的高中思政课课标，高中的思政课课标 2017 年修订完，2020 年又进行修订。思政课一个重要依据是课标，这个课标在研究报告开始没有纳入进来。大学思政课的体系，要把握住马克思主义学科课程的体系。

义务教育阶段的思政课叫"道德与法治"，这个课程的课程标准正在修订，现在可以拿到 2011 版的课程标准。课题组在研究过程中，可以邀请个别参与"道德与法治"义务教育课程标准制定的专家，对思政课的内容、未来的方向进行把关，研究不能依据即将过时的课标，要依据下一步马上要发布的新课标来进行研究。

既然研究大中小学一体化课程，大学牵头，对大学的课程体系应该清楚，这是课题组的优势，今天论证会有部分基础教育专家参加，课题组可以进一步优化课题组成员，形成大中小学一体化的研究团队。思政课的课程体系建设正在进行，课程体系建设要和国家的政策推进紧密结合，这是一个挑战，在课题论证中，要把这部分内容着重加进去，否则思政课作为研究的关键词就缺少了重要的政策依据或者具有前瞻性的政策依据。

建议二：贯彻重要理论。

在课题设置中提到理论创新，理论发展。习近平总书记关于思政课建设重要论述是课题组下一步研究思政课一体化建设最主要的理论依据。我们要在这个理论依据基础上进行研究。研究的重点是衔接机制研究，理论研究不是研究的重点。我建议在研究过程中，直接把落实和贯彻习近平总书记关于思政课建设的重要论述作为理论研究依据。

课题研究重点是衔接机制，因此要界定衔接和机制的概念。这是研究重点，明确到底研究什么衔接、在哪里衔接、衔接什么。衔接包括学段内的衔接和学段间的衔接，小学和初中的衔接，初中和高中的衔接，高中和大学的衔接，这个衔接过程中既有学段之间的两个衔接，也有贯通整体的衔接，所以衔接本身也有贯通的意思，上下贯通，学段衔接。这个怎么做，要从内容上聚焦，从目标上聚焦，从方法上聚焦，形成机制，这是课题研究的重点。

比如，是否尝试建立衔接性的教研机制，备课平台，大中小学联合备课机制、教研机制。比如，相同主题的教学方法衔接，小学讲理想信念，初中讲理想信念，高中讲理想信念，大学讲理想信念，到底怎么去做，在不同学段做几个相同主题，叫同主题学段异构方式，课题组可以做一些这样的实践性研究。

在衔接机制上还要进一步聚焦、凝练、确定研究的重点。在开题之后进一步梳理、明确，具体确定实验学校、实验团队，这个不能安排在一个学段，也不能在一所学校实施，必须在几所学校里面建立一个学段衔接的共同体，在共同体里面研究。比如，北京市建立几个研究共同体，每个共同体聚焦内容研究、方法研究、教研研究，互相之间有关联，也各有一个研究重点，这样形成具体案例之后非常有价值，这是对课题研究重点提出的建议。

总之，我认为目前研究论证非常清楚，再进一步聚焦，在成果上进一步凝练机制性成果，研究报告聚焦到底建立哪些机制，这些成果要进一步凝练，最后这些成果会产生有效的推动实践作用。

首都师范大学副校长　杨志成

大中小学思政课一体化的三个步骤

关于这个题目，我从三个方面谈一下建议：第一是怎样布局谋划；第二是怎样打样敲实；第三是怎样辐射。

第一，怎样布局谋划。我们在选人这块要特别重视。当时一个小学教材，叶圣陶请了茅盾这么大牌的人物。另外，要把什么例子放进去，特别重要。包括研究那些资料对一个人的人生和价值观的影响。布局谋划这块一定要去除"独角戏"，去除"自耕田"。

第二，怎样打样敲实。这也是我们课题特别要注意的。我们经常说小学校长怎样，大学校长怎样，其实小学校长是很厉害的，因为要把优秀的人才放到小学、中学。我记得小学时候，每次说下课了，铃马上响起。好多中学老师，远比大学老师功底要深一些；关键说，你"不看广告看疗效"，我们一定打一个样子来，这种敲实，在物理空间上脚踏地板、上够天花板，上接天线、下接地平线，左右那种连线等要打通，这是在这种万物互联的智能时代的优势。

第三，怎样辐射。怎么推广，这是非常重要的。我们在开展数字马院，用技术更快地推广下去，上技术、上方法，这部分我们一定是将历史与逻辑相统一的研究方法用足用实，去揭示德育一体化的迭代与跃升的规律。小学通过讲故事进行，是知识灌输型的；初高中讲历史，就是理解性教学；大学讲理论，一定是价值观的塑造。要知道这种规律，保持整个教育生态的稳定性、动态性，不断地跟进教育理念先进性，辐射教育内容，推动整个教育效果上到一个顶点。

总之，我觉得应该做到"三上"：上技术、上人才、上方法。打破学科分层，打破学段限制，与时俱进，更快推广。

北京邮电大学马克思主义学院院长　周　晔

大中小学思政课一体化建设研究重在机制衔接

作为一个高校的二级党委书记，我有特别深刻的体会。我是管理学专业背景，工作经历方面一直侧重做教育管理这一块。这里，套用管理学的一个概念，就是"产品"，学生是一个特殊产品。管理学还有个概念叫"生产链"，从生产链的角度来说，每一个生产环节都要对下一个生产环节负责。大中小学一体化，对于学生培养来说，大学处于生产链的末端。管理学理论强调"反馈"非常必要，就是说要从生产链的末端往前倒。作为一体化教育的一个末端管理者向前追溯，更能体会这个课题的研究价值和意义非常重大。

课题的名称是"大中小学一体化思政课建设衔接机制研究"。这里有几个关键词：一是"一体化"，实际上是一种形式，大中小学我们怎么共同去做；二是"思政课"，这是我们共同做的内容；三是"衔接机制"，是本课题的关键点，也恰恰是管理上的一个重要点，说明我们的研究应落脚在研究一个机制。

在这个研究过程当中还需要再反思一些问题，比如"为什么要一体化？在哪里一体化？"因为对于整个教育系统来说，我们现在倡导的是"价值塑造、能力培养和知识传授"。刚才几位校长和几位领导都提到了大中小学思政课各自不同的特点，比如"小学讲故事、中学讲历史、大学讲理论"，即小学培养的是兴趣习惯，中学培养的是意志品质，而大学提升其思想理论水平。我觉得小学思政课的目的可能是一种意识培养，即培养学生思想政治的潜意识。中学培养的是一种行动，即思政行为的培养。而大学，我在高校二级机构任党委书记这几年最深的体会是：对于大学生来说，思政教育培养的是一个价值的判断。实际上这点最重要。我们说价值塑造，最后是形成独立判断，判断力是思维力的一种表现。

另外，现在还面临这样一些问题：现在很多青年教师是从学校毕业就进入学校，从学生身份立马转换成教师身份，他们缺乏社会的熏陶。再有，我们现在的青年教师，特别是新入职的教师有一半是从国外回来的。他们有的仅在国外读的博士，有的是短期联合培养的，但是还有相当一批青年教师是在国外读的大学，甚至有可能中小学阶段就在国外，何况还有外教。因为教师的成长历程不同，作为我们生产链的最后一个环节、思政教育的主体大学教师对于学生价值观的形成，特别是对学生价值判断的影响会有很大不同。这也是咱们课题应当考虑的一个重要方面，即从事思政教育的教师在一体化衔接中的作用。

第一，为什么要一体化？这个问题的核心是回答我们的研究要解决什么问题。我们都在说"思政共同体"，这个非常重要！大中小学是一条生产链，最终要培养学生具备正确的价值观和正确的判断力，而不是听一套、做一套、想一套，即核心要解决思政教育与行动的脱节问题，这个问题的解决要贯穿大中小学教育始终，所以，形成一体化教育的内容和程序应不断深化。

第二，怎么样一体化？这是衔接机制构建的问题，是课题的重点内容。我们应从教育的主体、客体以及目标上去细分。大中小学作为一个共同体建设，首先要有一个共同愿景，即目标一致。但现实是大目标一致，小目标却不太一样。小学的人才培养目标是什么？中学呢？大学呢？高考不应成为指挥棒，那么什么是大中小学一致的目标？前一阶段的目标又怎么成为下一阶段的起点？我们在大学做新生教育的时候，告诉学生以前的一切成绩清零、重新起步。到了研究生后，又再说以前的一切成绩清零、重新开始，因为研究生的思政教育跟本科生又不一样。告诉学生每个阶段要树立每个阶段的成长目标，否则学生可能会陷入迷茫之中。因此说，大中小学思政教育大的目标是一致的，但是小目标不一致，那么哪些思政教育内容是一致的、应当传承的？哪些又各有特点、属于阶段性的？各环节之间怎么样去衔接？这时候需要一个顶层设计。这就要把大目标分解，在全人过程即学生的整个成长成人过程中，从一个小孩子到一个成年人、从一个学生到一个社会人的过程中，怎么切分目标。在这个过程当中，每一个阶段应该培养什么？课程里面的知识体现在哪儿？能力体现在哪儿？价值体现在哪儿？

在这个过程当中，党建引领无疑是重要的。特别是疫情以后，我们都有特别深的体会，党委的组织力、战斗力，党的组织性、纪律性，这些在衔接机制的顶层设计的时候怎么体现？我们一直说的党建引领、党建和业务相结合，以及双带头人制（学术带头人和支部的带头人），应该以党建为平台落实顶层设计。

在这个一体化建设过程中，课程思政是个大领域。文法学部有天然的学科专业优势，实践方面也得出一些经验，在这里与大家分享。

第一个方面，育生先育师，即先从老师开始。这个"育师"就是首先要提高教师的政治站位，教师的教育理念要和国家大的方针一致，在价值观上起到引领作用。无论是教材还是讲义，实际上所有的思政元素都要与国家大政方针同向同行。比如，案例怎么选择，教案怎么设计，教学方法怎么打造，每一门课后面是需要有一个教学团队支撑——除了专业课老师，我们还有教育学老师，包括党委的引领，这些都需要体系化支撑。

第二个方面，就是前面校长们提到的评价改革，这实际上涉及整个教育教学综合改革。课程思政不是一句空话，怎么做教育教学改革，每一个思政元素跟整体的思政教育大目标是什么关系，每一门课程跟整个专业的知识体系是什么关系。每一个专业的价值跟整个人的价值观引领，在思维方面、能力方面是什么关系。这个过程最后就落实在三全育人，即全员育人、全过程育人、全方位育人上。

第三个方面，我们这个"产品"——学生，是人、是有主观能动性的，我们在教育过程当中很缺失的一块是学生自己作用的发挥。学生的"三自教育"，即"自我教育，自我管理，自我服务"很重要，学生怎么在成长过程当中通过自己的体验教育自己，不光对大学生，对中小学生，也是很重要的。体验是一种感性认识，怎么样上升到理性认识并与间接经验和直接经验相融合，我想后续这些工作可能都需要研究。

总之，这个课题非常有意义，一方面理论上会有很大突破，怎么样把大中小学这些主体的大目标一致、小目标细化，让大家一体化起来；另一方面，教育主体（学校、教师）和教育客体（学生）之间怎么进行顶层设计，有很多很多工作可以做，也有很多个子课题可以研究。非常荣幸能加入这个团体，也愿意作为一个直接的研究对象。我们有很多学生，可以作为调研和实践的对象供大家研究，同时帮助我们改进、提升相关工作。

北京工业大学文法学部党委书记　李　娟

探求各学段思政课一体化建设无缝对接的衔接机制

"机制"是指有机体的构造、功能和相互关系，泛指一个工作系统的组织或部分之间相互作用的过程和方式，如：市场机制、用人机制、评价机制等。它是以一定的运作方式把事物的各个部分联系起来，使它们协调运行发挥作用。

机制的建立，一靠体制，二靠制度。人们常说的管理机制是指管理系统的结构及其运行机理。主要包括运行机制、动力机制和约束机制。

通常，人们用一些形式、项目、规范程序等表现衔接手段，这就称作衔接机制。

近年来，党中央、国务院十分重视青少年思想政治教育和思政课建设。习总书记亲自关心大中小学思政课一体化建设。

2016年12月7日，习总书记主持召开全国高校思想政治工作会议，并强调：把思想政治工作贯穿教育教学全过程，开创我国高等教育事业发展新局面。

2019年3月18日，习总书记在京主持召开学校思想政治理论课教师座谈会，指出：青少年阶段是人生的"拔节孕穗期"，最需要精心引导和栽培。要解决好"培养什么人、怎样培养人、为谁培养人"这个根本问题。

2020年9月1日，习总书记在《求是》杂志发表重要文章《思政课是落实立德树人根本任务的关键课程》，指出："要把统筹推进大中小学思政课一体化建设作为一项重要工程，坚持问题导向和目标导向相结合，坚持守正和创新相统一，推动思政课建设内涵式发展。"

2019年8月，中共中央办公厅、国务院办公厅印发了《关于深化新时代学校思想政治理论课改革创新的若干意见》，指出：办好思政课，要放在世界百年未有之大变局、党和国家事业发展全局中来看待，要从坚持和发展中国特色社会主义、建设社会主义现代化强国、实现中华民族伟大复兴的高度来对待。

接着，教育部党组于2019年9月印发《"新时代高校思想政治理论课创优行动"工作方案》，提出25条创优举措。

最近（2020 年 12 月），教育部办公厅印发《关于成立教育部大中小学思政课一体化建设指导委员会的通知》，并公布成员名单，教育部党组书记、部长陈宝生任主任委员。该通知指出：教育部大中小学思政课一体化建设指导委员会是在教育部党组领导下，深化学校思政课改革创新的决策协调议事机构，对大中小学思政课一体化建设进行领导、指导、咨询、示范、培训、研判等，并具体明确了主要任务。

2020 年度国家社科基金项目"大中小学一体化思政课建设衔接机制研究"就是在这样的特定时期、特定背景和特定要求下成功申报立项的。作为曾经在中学基层一线奋斗数十年的代表，我深感这一课题具有重要价值和现实意义。

一、在衔接"三委会"上多沟通——教材委员会、指导委员会、组织领导委员会

2017 年 7 月，国务院办公厅已成立了国家教材委员会，为统筹大中小学各级各类学校的教材建设，对德育工作一体化建设和思政课教材一体化设计提供了有效的机制。

2020 年 12 月，教育部成立了"教育部大中小学思政课一体化建设指导委员会"，并具体明确了主要任务。

建议中共中央办公厅、国务院办公厅尽快成立国家级大中小学思政课一体化建设组织领导委员会，为推进大中小学思政课一体化建设提供组织保障。

建议课题组与"三委会"建立联系，多沟通交流，多建言献策，破解以往德育体系中缺乏有效的沟通联系与协作机制的局面，注重建立良好的互动机制，进而发挥衔接与纽带作用。

二、在衔接"三发问"上多思考——衔接什么？谁来衔接？怎样衔接？

衔接什么？——我以为，应着力衔接以下八个方面：

衔接不同学段课程方案；衔接不同学段教材内容；衔接不同学段教师；衔接不同学段学生；衔接不同学科；衔接不同专业；衔接不同学段学校；衔接不同体制、不同类型学校（公办学校、民办学校、国际学校、体艺类学校、职业技术类学校等）。

谁来衔接？——我以为，一是发挥"三委会"（教材委员会、指导委员会、组织领导委员会）的相互协调衔接作用；二是发挥课题组与"三委会"之间的

沟通衔接作用。

怎样衔接？——我以为，各级党委政府、各级教育部门、各级各类学校、各门学科教师都应当在相关组织领导和指导委员会引领下，注重研究制定思政课一体化建设衔接机制，明确各自职责，做好相关衔接事宜。课题组应高度关注各地、各校衔接机制制定情况，研究相关信息动态，总结推广相关典型经验与做法。

三、在衔接"三机制"上多发力——保障机制、激励机制、责任机制

在衔接保障机制方面，各级党委政府、各级教育部门、各级各类学校都要"拧成一股绳"，全力、全面、全方位狠抓落实。要从人才培养、队伍建设、待遇落实、经费保障、场所设施等全方位给予全力支持，在统筹推进思政课一体化建设过程中具体做到"七个到位"，即思想认识到位、课程方案制定到位、责任落实到位、教材编写到位、配套保障到位、舆论氛围到位、统筹协调到位。

在衔接激励机制方面，鼓励创新思政课教师评价机制，加大激励力度，开展思政课程与课程思政特色项目、特色课堂、特色备课组、特色教研组、特色学校、一校一品等思政课一体化系列特色评估评选活动，通过评先进、树典型，为思政课一体化建设注入动力、活力。

在衔接责任机制方面，要强化政治责任，增强政治自觉意识，避免"空头政治""纸上谈兵""形式主义""缺斤短两"等不良倾向；要明确主体责任，分别制定并履行好各级组织、党政领导、校长、教师、学生、家长、社会各界人士的"共同责任"与"特定责任"，并建立相应的责任督查和责任追究机制。

江苏省泰州中学原校长　蒋建华

关于大思政课程实践的创新与思考

北京市第十一中学是新中国成立后，人民政府在北京办的第一所公立完全中学。第一任校长傅任敢是清华大学的第一届毕业生，跟梅贻琦工作了15年，做他的秘书。他的职业生涯经历了从小学到中学到大学的全过程，翻译了一本书——《大教学论》，到现在商务印书馆还在重印。

要建立高质量的教育体系，一定要高质量的立德树人，里面肯定离不开我们思政课的教育。纵向的学段，幼儿园、小学、初中、高中，都包括在内；横向上，家庭、社会全部都有，主体数量是庞大的。参与课题研究的，既有韩厅长这样的行政官员，也有校长、老师、班主任，还有我们的家长和学生，这是一个非常大的题目。

一定要有一个系统设计，这是关键和基础。顶层设计要有一些规则，包括蓝图、评价、统筹三大块。

第一，一定要一张蓝图。有些事情由于体制原因，做不到一张蓝图，我们现在从基础教育到高等教育管理部门不一样。在这个题目推进过程当中，可能要在某些程度上破解这个难题，一定是某个部门分管，也是我们这个题目未来探索的价值点所在。

小孩子生长不分小学学段、大学学段，就是自然成长。我们一定要考虑他的一致性。小学、初中、高中之间，应该不是简单的对接，应该是一场接力赛，一棒一棒的接力跑。我们接力区的一些制度设计，可能也是这个题目落实的衔接机制，是需要重点考虑的问题。

第二，评价，既是指南针也是指挥棒。评价机制这一块需要重点考虑，包括培训、教研、交流机制及展示机制等都很重要。

第三，统筹，目前看，党委统筹更适合。这是为党育人、为人民育才的事情。意识形态问题和学生的德育培养问题都是党委的事。我是书记兼校长，我们学校也是北京市质量改革的一个试点校。我们也在思考和研究，怎么把德育的事和教学的事联系在一起。这次有改革机会，我们在基层落实的时候能结合起来。

简单说一说我们学校的一些比较初步的探索和做法，概括起来有以下几点：

第一，学段的贯通。我们刚好有小学、初中、高中，缺个大学。小学阶段是启蒙阶段，我觉得"讲故事"很好。初步进行一个探索，一个体验，到高中形成一个基本雏形，这之间应该是一贯的设计。思政组组长刘老师，是我们学校大思政课研究室主任，如果没有这个机制，单独就是一个思政组组长，是领导不了其他组的。

第二，一纵一横，纵向打通，横向的学科融合。思政课在德育教育中一定是主责，但是这门课可能还不够完美，不够完善。历史课及其他各个学科都有立德树人的重要功能。思政课怎么发挥主体作用，发挥引领作用。思政课的主责必须说清楚，学科点位的推进，形成一个系统，形成一个体系。

第三，建立三个模块。还有一个"三会一课"，我们有的德育改进策略是基于思政课实施的。"三会一课"，即新班会、导师例会、家庭会议和大思政课。传统班会是老师和学生，新班会现在包括家长。家长更多时候在线上参与。导师例会，我们中学都有导师，把导师进行结构化、系统化、组织化，一个班的班主任作为组长，他们之间可以交流分享教育学生的心得，同时要联系家庭，这样能够把最后一公里打通。我们不能只在学校搞立德树人，家里不搞立德树人。通过机制和家里能够联系、能够互动。有些学生家里的亲子关系现在比较糟糕，妈妈、爸爸和孩子沟通时说不了三句就吵起来了。我们建立一种会议模式，根据家里面一些情况，大家一起来商量议程，孩子和家长开一个会，可以邀请老师旁听，爷爷奶奶都是"政协、人大代表"。

我们有很多这样的资料，收集了很多这样的案例。

其实生涯课，我们也是纵向贯通的。小学是一种启蒙，高三就是生涯规划的制定，这里面我们一定要渗透德育。我们老校长那时说过一句话，不能光想自己的兴趣爱好，一定要想到国家和社会需求，要把个人兴趣爱好和国家、社会需求能够比较完美地结合起来。这是一个高水平的生涯选择和生涯教育。陈薇说："我为什么成功，我从小就把自己的兴趣爱好和国家社会的重大发展需求紧密结合起来，所以能走到今天，成倍地放大我的个人价值。"这里面渗透很多德育因素在里面，这也是一条线。这是我们的培养目标。

第四，党建的融合。党组织领导下的校长负责制，我们下面怎么选，支委委员怎么选，要充分考虑立德树人的事情，把德育和教学能够完美地结合起来。

以前支部选支委，是看哪个党员轻松一点，有点组织力、号召力，就让他当，现在不行了，现在要选在教育教学各方面做得比较好的。支部书记也一定是年级主任年级组长一肩挑。党小组长，必须是党员导师牵头，你干业务，也是干党建，两件事合在一起。这是一个初步想法，纸上推演。我估计落实起来还有很多困难和很多难题要解决。

北京市第十一中学校长　崔楚民

从儿童角度看大中小学思政一体化建设

北京工业大学附属中学曾经有四个品牌，其中一个是大学附中品牌。过去没有突破口，这个课题好像是为我们设计的。这个课题抓住了教育根本，指向了教育的核心。课题的团队特别好，群英荟萃，更难得的是，有研究理论的，有专做实践的，两手抓，两手都要硬，所以特别好。

我们是思政课教学呢，还是思政课教育呢？有几个观点：

一、有效的教育，特别是思政教育一定是"好雨知时节，当春乃发生。随风潜入夜，润物细无声。"

在整个大中小学思政课一体化建设中，最关键的是教育内容、教育手段、教育评价的适时、适度、适量。小孩子的特点就是喜欢模仿、喜欢活动，不让他们动，他们就难受，我们经常采取的教育教学方法，就是说一说、演一演、看一看，让他们动起来。中学生的特点是渴望独立、渴望探索、渴望尊严，课堂就应该是自主与合作、探究与分享、自省与沟通。大学生自我意识比较强，学习能力比较强，研究意识比较强，我们应该重视课堂的自主和引领、阅读和思维、展示与辩论，因地制宜、因材施教、活学活用、回归生活。就小学生而言，提"六个育人"，即课程育人，文化育人，活动育人，实践育人，管理育人，协同育人。管理育人我们曾经做过，在高中、初中、小学一起做党建引领下的责任教育。这个体系里面：小学以生活为主，初中以学习为主，高中以生命教育为主。

在协同育人上，目前我有两个口：一个口在学校，另外一个口就是家庭。在小学我就让家长带着孩子读书，书是粮食不是药，一个人的阅读史，就是他的精神发育史，书读对了，书读好了，大写的人就立起来了。我认为教育有两件事：思维力和行动力。思维力就是通过阅读吸收来完成的，行动力要走到社会上。我在 2014 年到学校的时候，就定了两个课程方向，一个是九年一贯的全营养阅读课程，一个是九年一贯的社会实践课程。什么时间读什么书，怎么读，怎么评价；什么时间做社会实践活动，哪个月去哪儿，为什么去，怎么去，怎么评价，就是做的这两件事。

二、大中小学德育教育必须突出系统设计，贯穿主线，无缝衔接，螺旋上升

大方向必须是明确的，必须是为国树人，立德树人，为国育人，但是内容设计、活动安排、教学方法、评价手段上应该是有区别的。小学阶段突出兴趣和习惯，中学突出意志和品质，大学可能就是思想和信念。比如，都是爱国主义，小学生可能突出向国旗敬礼，向英雄致敬；中学突出研究历史，发奋图强，立志报国；大学突出使命担当，理念和信念。再比如，都是宪法学习，小学进行尊重宪法的情感培养。去年（2019 年）小学开始学宪法，学生根本搞不定，理解不动，我们老师很容易拔高。后来我重新定位，国家编课程让我们培养兴趣，设计一些知识竞赛。没有纠结于必须把违法与犯罪搞清楚，两者界定清楚，那是以后再做的事情，目前我们就是立足情感培养。初中生突出的是宪法学习的课内外打通，大学生突出的是法制社会的本质探究。

三、大中小学思政课一体化的基础是课程设计

在课程设计方面，上上周在北师大的一个校长培训班上讲传统文化背景下的学校德育构建，上周末在遵义讲的是后疫情时代的学校德育构建。我们德育必须是承前启后，论语课程必须活在当下，不是复古，不是回去，是为了服务当下生活，我们设计的所有课程一定是和学生的当下生活打通，重要的是学以致用，知行合一。

教学合一，知行合一，天人合一，什么事按什么规律来办，关键是师资队伍建设，突破口是大中小学一体化的大教研。教材编写的各自为政，各级教研员的各扫门前雪，各学段教师的老死不相往来，必须通过线上线下的共同体建设打破壁垒，打通断点，实现交流常态化、课程一体化、评价规范化、队伍专业化。小学几乎没有专业的思政教师，往往是班主任兼着，辅导员兼着，或者快退休的教师教思政。这种情况影响了小学思政课的课堂质量，即使班主任做得很好，培训也一定得跟得上。

课程设计衔接，评价导向衔接。所有老师和学生一定都是围绕评价走的。师资培训衔接，可能得从师范教育开始有这种意识，从源头抓起，这个事才更

好做。

四、大中小学思政课一体化建设的实施推动要靠三个队伍的积极性

一是发挥关键人的关键作用。具体发挥有指挥权和评价权的业务主管领导和校长的积极性和主动性。二是发挥专业人员的专业作用。思政教育队伍专业化建设是大中小学思政课一体化的基础，从源头抓起，师范教育的思政课课程设计应该有这种意识，思政课教师的业务学习和培训，继续教育学习的培训都要体现一体化的理念。三是发挥德育管理者的协同作用。教育和教学本来就是一体，教育和管理也本来就是一体，思政课的教学没有德育管理者的协同，其育人效果一定是苍白无力的。

北京工业大学附属中学副校长　侯保成

开题论证会为课题研究开了个好头

主办方请我做会议总结，我感到很荣幸。参加过许多论证会或者开题会，今天的论证会还真的是独一无二的。为什么这么说呢？有的论证会只是走个过场，是一种形式。今天的论证会是实打实的，不仅仅论证是否开题、怎么开题，而且已经进入实质性的研讨阶段。

每次听唐总编的报告我都非常有体会。在她的带领下，近年来《中国高等教育》有了更好的业绩。正所谓：半月C刊"十二钗"，微信公号列前八，学科排名前5%，媒体融合再出发。除了以前理解的在媒体融合上做了一些开创性的工作之外，我今天又有了新的感受。她实际上把办刊和科研一体化，把研讨和组稿一体化。这是她和她领导的期刊的一个风格。一朵云推动另一朵云，一个灵魂唤醒另一个灵魂。用唐总自己的话说，她是影响有影响的人。在期刊老一辈的基础上，唐总主编的《中国高等教育》这几年办得非常好。尤其是把办刊与课题研究紧密结合起来。这给办好刊物增加了更深的理论底蕴。

我认为，"大中小学一体化思政课建设衔接机制研究"这个项目，第一，站位非常高；第二，格局非常大；第三，团队非常强；第四，目标非常准；第五，人气特别旺。开论证会，把河北省教育厅副厅长从石家庄请过来，把平时很少见到的老领导请过来，说明了项目负责人的号召力。课题组力量雄厚，团队战斗力强，确定的研究目标准，开局非常好。

非常认真地聆听了诸位专家的发言。在发言里，李社长带领我们追溯历史、展望未来；韩厅长纵论小学办大、大学办小的理念；周院长畅谈布局、打样；崔校长、侯校长介绍基础教育实践的结晶；苏部长阐述了师德一体化的思想；李娟书记从管理学角度，论述了一体化的畅想。这些真知灼见，对我们大家来讲，对课题来讲，都提供了很好的研究思路和支撑。我相信，在大家的共同努力下，这个课题会做得更好。

我提三点希望：

第一，希望课题组进一步提升。认真吸纳诸位专家的意见和建议，紧紧围绕立德树人这个总目标，科学运用共同体思想、系统论思想，在课题研究中不断强化和提升。

第二，希望课题组在研究内容上进一步聚焦。听了大家发言之后，感觉要研究的内容非常多，一个课题肯定研究不过来。一方面希望有关部门再继续给新的课题，也希望在目前情况下尽量聚焦，有所为，有所不为。否则，可能很难在这么短时间内取得特别好的效果。

第三，希望研究力量进一步整合。力量需要合理分配，资源需要进一步优化，研究任务需要进一步落地。要有明确的时间表。这样更有助于推动课题的顺利进行。

北京高校新闻与文化传播研究会创会理事长　铁　铮

Chapter 2

第二章

高端访谈

统筹推进大中小学思政课一体化建设

研讨主题：

大中小学思政课一体化建设

嘉宾：

上海市教科院德育院（筹）党支部书记、副院长　宗爱东

中央财经大学马克思主义学院院长　冯秀军

江苏泰州中学原校长　蒋建华

北京市汇文第一小学原校长　郑智学

主持人：

《中国高等教育》总编辑　唐景莉

2020 年 9 月 1 日出版的第 17 期《求是》杂志发表中共中央总书记、国家主席、中央军委主席习近平的重要文章《思政课是落实立德树人根本任务的关键课程》。习近平总书记指出，要把统筹推进大中小学思政课一体化建设作为一项重要工程，坚持问题导向和目标导向相结合，坚持守正和创新相统一，推动思政课建设内涵式发展。《中国高等教育》日前邀请教育专家共同研讨"统筹推进大中小学思政课一体化建设"这一话题。

处理好"全程贯穿"与"学段差异"的关系

唐景莉：从大中小学思政课一体化建设的要求看，要针对不同学段，根据思想政治理论教育规律和学生成长规律科学设置具体教学目标。在您看来，怎样抓好教学目标设计、课程设置、教材编写、教学改革、教师培养、考核评价等环节的工作？

宗爱东：大中小学思政课一体化建设关键要处理好"全程贯穿"与"学段

差异"的关系。"全程贯穿"要求我们确立思政课内容顶层设计，做到育人主题一以贯之和教育内容纵向衔接。"学段差异"要求我们关照不同年级学生成长规律，体现由低到高、由浅入深、螺旋上升、有机统一。新时代思政课建设核心主题就是要坚持用习近平新时代中国特色社会主义思想铸魂育人，我们要将这一思想深刻融入思政课教学目标设计、课程设置、教材编写、教学改革、教师培养以及考核评价的全流程要素管理中，牵头抓总的就是教学目标设计。上海曾经的一个探索是编制《整体规划视域下高校思想政治理论课教师教学指南》（包括4门本科生必修课、研究生课程和高职高专课程），从高中教材看高校课程知识结构，表格化呈现相同知识点在高中和大学两个学段出现的位置与教学要求，既有要点解析又给出衔接建议，落实课程教学的层次性和阶梯性。后来又推出5本《高校思想政治理论课教师学养读本》（包括4门本科生必修课和研究生课程），从高校教学要求看中学知识准备，包含教学衔接和重点难点问题处理等内容，帮助教师既把握课程教学，又提高教师理论素养。两套系列丛书的编制和使用培训，为思政课一体化建设提供了很好的抓手，推进了大中小学思政课课程教学有机衔接。

冯秀军： 习近平总书记指出，要把统筹推进大中小学思政课一体化建设作为一项重要工程，坚持问题导向和目标导向相结合，坚持守正和创新相统一，推动思政课建设内涵式发展。统筹推进大中小学思政课一体化建设，需着力在各个学段、各门课程间的"接棒区"上做文章。学生成长规律和思想政治教育规律是思政课一体化建设的基本遵循。人的成长和发展是阶段性与连贯性的统一。这一学生成长发展的基本规律，决定思想政治教育的开展也必须是阶段性和持续性的统一。这两个统一，是统筹推进大中小学思政课一体化建设的基本遵循。学生的成长和发展具有阶段性，这是众多教育学、心理学乃至哲学研究深入探讨并形成总体共识的基本规律。皮亚杰的认知发展理论、柯尔伯格的道德发展理论、维果茨基的"最近发展区"、怀特海的"生命节奏论"等，都从不同学科维度提出或证实了这一结论。这也是将学生的学习发展划分为小学、中学、大学等学段的基本依据。不同学段的教育教学，必须依据学生在不同阶段的生理和心理发展水平，遵循学生智力、情感、体能等发展发育的阶段性特点要求。超越"最近发展区"的教育是低效、无效甚至"负效"的教育。同时，学生的发展又是由一个又一个"最近发展区"构成，每一个发展区之间并非是断裂、割裂、分裂的，而是一个连续的过程。对于思想政治教育而言，一个人思想和价值观念的发展和成熟，既具有阶段性，同时又由若干阶段的联结形成思想观念的持续发展，最终表现为一种相对稳定的内在一致性。任何教育的断裂、割裂、分裂，都必然会影响思想观念的发展和成熟。因此，从"两个统一"的角度看思政课教学，既要有对学生成长发展阶段性特征的把握，从而遵循教育教学基于阶段性特点要求和限制的边界，既不可"抢跑"，也不能"滞后"；同时，又要跳出阶段性的边界局限，从发展的、持续的、联系的、整体的视野看待学生的成长和发展。如此，才能符合阶段性和持续性相统一的学生成长规律的要求。

蒋建华：2019 年 8 月，中共中央办公厅、国务院办公厅印发了《关于深化新时代学校思想政治理论课改革创新的若干意见》，明确提出了大中小学思政课课程目标，小学阶段重在启蒙道德情感，初中阶段重在打牢思想基础，高中阶段重在提升政治素养，大学阶段重在增强使命担当。各级各类学校都要遵循其要求，在思政课教学目标设计与过程落实中努力做到"六个要"，即学段要有区别、站位要高远、目标要可行、措施要实在、评价要科学、考核要到位。各级各类学校要结合学校自身特点和学生实际，创新载体、创新方法、创新模式，构建"必修 + 选修"的课程体系，拓展与创新"集中自学、授课 + 讲座、线上 + 线下、理论实践、专业公益、学分综合评价"等丰富多彩的多种课程样态形式。统筹规划思政课教材编写工作，抓好顶层设计，根据各学段思政课程各自的目标任务，合理研制思政课课程大纲、课程标准、课程细目等，突出立德树人初心，贯穿育人主线，符合学生成长规律。着力完善思政课课程教材体系，国家统一开设的各学段思政课教材全部应当统编统审统用，各级各类学校的思政课选修教材都要严格把关，确保所有思政课教材（内容）的政治性、时代性、科学性、人文性、趣味性与实用性。建议做到"七个注重"，即注重政治自觉，导向鲜明；注重学段有别，因材施教；注重博采众长，拓宽视野；注重联系实际，务实有效；注重鲜活有趣，文风朴实；注重体系优化，结构合理；注重多元多样，彰显个性。各级各类思政课教师都应当做到理念先进、善教乐教，注重改革教育教学方法，创新教学艺术与教学模式，逐步形成第一课堂与第二课堂结合、课内与课外结合、理论与实践结合、线上与线下结合，积极探索信息技术手段先进、方式方法灵活多样、组织管理高效的思政课教学体系。同时，思政课教学还要和各类课程有机配合，注重挖掘大中小学各学科所蕴含的思想政治教育资源，发挥课程育人功能，形成协同效应。各级教育部门和各级各类学校要按照习近平总书记对广大思政课教师提出的"六个"要求，加强大中小学思政课教师队伍一体化建设。一方面要加大对思政课教师的师德与业务培训力度，促进思政课教师"术""学""道"三者有机融合，着力建设一支可靠、可信、可敬，敢为、乐为、有为的思政课教师队伍，努力培养造就一大批思政课骨干教师和名教师；另一方面要配齐、建强思政课专职教师队伍，建设专职为主、专兼结合、数量充足、素质优良的思政课教师队伍。注重探索与建立科学合理的思政课考核评价体系。一要改革单一的考核评价体系。在专家选聘、职称评审、岗位占比、课题申报、科研成果、实际成效、典型示范、激励举措等方面建立起合理有效的考核评价体系。二要加大评价激励力度。在优化内部管理机制上做文章，通过改革评价机制，加大思政课教师激励力度，评先进、树典型，鼓励教师重品位、创特色，激发他们从事思政课教学的积极性、主动性和创造性，为思政课教师成长注入动力、活力。三要创新思政课教师评价机制。明确与思政课教师教学科研特点相匹配的评价标准，在严把政治关、师德关、业务关的基础上，进一步提高评价中教学实效和教学研究占比，开展思政课特色项目、特色课堂、特色备课组、特色教研组、特色学校、一校一品等系列特色评估活动，为拓展思政课教师发展空间提供多种渠道和有效保障。

郑智学：统筹推进大中小学思政课一体化建设，首先对各级各类学校管理者层面来说，是一种责任和使命担当，不是简单地完成一项专门的教育任务。那种期求只有社会大环境氛围改善、推出现成的一体化教育内容的前提下我们才能有所作为的推论和想法只能是一种徒劳的、无奈的等待。我们必须脚踏实地做起。学校领导者特别是党支部书记应该带头旗帜鲜明地亮明自己的态度："主张"什么，"提倡"什么，"坚持"什么，"反对"什么，"要求"什么，率先进行目标指引和问题指引，把打好中国人的底色这一根本性问题从认识上搞清楚，将知行统一到管理实践中去。具体落实到思政课程上决不能简单化、形式化地处理，从教师、课时、物资保障等方面奠定基础，防止随意选用教师、随意挤占课程的现象，认识与实践相统一。同时要加强学科德育的渗透，从行政教研角度给予明确规定、具体要求。从教师层面来说，要充分尊重和发挥好现有专业思政课教师的作用，采取更加积极有力的举措，解决好思政课教师的选用等一些现实的问题。发挥骨干辐射引领作用，名师精品课、线上课、专题研讨课等，普惠学生和教师，还要建立灵活有效的培训机制，快速提升队伍整体水平。高校以习近平总书记提出的"六个"要求培养和输送未来思政教师。

各地区还可以发挥党校的作用，为在职教师提供一定学时的"党校"教育，丰富培训机制，扩充影响力。学校还可以采取分级考核、分级奖励建立思政课教师评价机制。

必须抓住课程设置这个"牛鼻子"

唐景莉：在与党和国家重大理论和实践创新的同步推进中，准确把握政策至关重要。当前如何坚持大中小学纵向主线贯穿、循序渐进，各类课程横向结构合理、功能互补的原则，确保教材的政治性、科学性、时代性、可读性？

宗爱东：教材是教学的根本遵循，抓住教材建设一体化，思政课一体化建设就有了指南针、定盘星。深入学习中共中央办公厅、国务院办公厅印发的《关于深化新时代学校思想政治理论课改革创新的若干意见》，我们要准确把握思政课建设任务由原先"一个系统"——系统开展马克思主义理论教育，拓展为"两个系统"——系统开展马克思主义理论教育，重点是进行当代中国马克思主义理论及实践教育；系统进行着眼人的全面发展的社会主义核心价值观教育、法治教育、劳动教育、心理健康教育、中华优秀传统文化教育等。这意味着我们既要有原有的必修课程，还要建设思政课选修课程。与此相对应，教材建设中，地方或学校开设的思政课选修课教材大有可为。从上海实践来看，从2014年起就开始探索"中国系列"思政课选修课程建设。"中国系列"思政课选修课程以鲜活讲好习近平新时代中国特色社会主义思想为核心使命，立足学校办学特色和人才培养目标，很受学生欢迎。围绕课程建设，我们推出"中国系列"思政课教学参考系列丛书，这些教学参考书来源于课堂，又在课堂讲授基础上提炼升华，注重"内容为王"，突出"清新话语"，对思政课必修课的教材起到很好的补充作用。

冯秀军：纵向主线贯穿、横向功能互补，是思政课课程设置的基本原则。课程是教学的"跑道"，是教育和学习活动开展的"渠道"，课程设置对教学活动具有最基本的规定和引导作用。统筹推进大中小学思政课一体化建设，必须抓住课程设置这个"牛鼻子"。大中小学思政课的"一体化"，首先要从课程设置的"一体化"着手。思政课课程设置的"一体化"有纵向和横向两个维度的任务。从纵向看，能够形成一条贯穿小学、中学、大学始终的主线是关键。一方面，各学段的课程设置必须遵循该阶段学生成长发展的特征，并据此制定该阶段思政课教学任务目标。该学段的思政课课程设置，是实现该阶段教学任务和目标的重要载体。与此同时，学生成长发展还具有连续性特征，不同学段的思政课教学最终指向的是培养社会主义建设者和接班人的共同目标，这就要求必须着眼学生发展的连续性特征要求和共同教育目标规定，打通各学段之间的区隔，形成一条贯穿不同学段、贯穿学生发展全过程的主线。这条主线就是大中小学思政课课程设置实现"一体化"的内在规定。形象地讲，如果大中小各学段的思政课课程是一个个铃铛，那么必须有一条主线连接和贯穿，各个铃铛才能形成一串"风铃"。从横向看，各学段思政课教学的阶段性目标又包含着若干子目标，这些子目标的实现，依托内容各有侧重的不同课程来完成。例如，高校本科思政课由"思想道德修养与法律基础""马克思主义基本原理概论""毛泽东思想和中国特色社会主义理论体系概论""中国近现代史纲要""形势与政策"等课程构成。这些课程内容各有侧重，有的重理论，有的重实践，有的重历史，有的重现实。虽然定位各有侧重，但每门课程都必须围绕、服务、关照培养有理想、有本领、有担当的时代新人的共同教学目标和任务。因此，优化不同学段的课程设置，须深入分析论证各门课程的功能定位，系统厘清各门课程的功能关系，确保各门课程既不"越位"，也不"缺位"；既不交叉，也不重复，从而通过课程体系的结构优化，实现各门课程围绕共同学段教学目标的功能互补。

蒋建华：领导与组织层面要在大中小学思政课一体化建设中善统筹。大中小学思政课一体化建设工作是否务实有效，其实不仅仅是学校的事，不仅仅是校长（书记）、老师的责任，与各级领导和教育部门负责人思想上是否重视、行动上是真抓实干密切关联。各级领导与组织层面都要以习近平总书记提出的"八个统一"为指导，在统筹思政课一体化建设过程中，应当注重体现"全员育人、全过程育人、全方位育人"工作理念，将思政工作融合到所有学段之中，融合到思政课以外的其他所有学科之中，融合到德智体美劳"五育并举"之中，融合到思政课教师人员配备、待遇提高、职称评审、教育科研等统筹谋划与整体方案研制之中。要注重构建纵横交错的思政"网格化"管理体系，促进思政课资源共享，既要加强同一区域、同一学段内思政课教师之间的联系，也要加强不同区域、不同学段、不同学校思政课教师之间的联系。建议组建"中国思政课程网"以及各省市相应的思政课程网，建立跨地区、跨学校、跨学科的"思政教师共同体""思政教师讲师团""学校联盟协作体"等。思政课教师队伍层面要在"术""学""道"一体化深度融合上下功夫。习近平总书记强调指出，"讲好思政课不仅有'术'，也有'学'，更有'道'。"广大思政工作者要时刻关注学生健康成长，做到以生为本、勤奋工作、刻苦钻研、提升能力、务求实效。要不断深化大中小学思政课一体化建设研究，聚焦如何打通大中小学师资的阶段性阻隔，探索共建、共享、共研模式，形成思政课师资队伍阶梯式发展支持体系，进而有效促进思政课教师"术""学""道"三者的有机融合。在理论层面上进一步探讨大中小学思政课一体化的科学内涵、学科基础、理论逻辑、教育价值和课程与教学论等问题。在实践层面上分别从课程规划、教材编写、教学设计、师资队伍和管理机制、考核机制等方面开展专题研究。在绩效考核层面上注重导向鲜明，一切从有利于提高思政课教学质量出发，既重政治性、理论性，也重趣味性、实效性；既重"吸引力""感召力"，也重亲和力、感染力；既重"到课率""点击率"，也重"抬头率""点赞率"。各学段学生层面要在思政课"学、思、悟、行"上见成效。新时代背景下，思政课教学与组织应根据时代的特点，更新教育理念，切实抓好"围绕学生、关照学生、服务学生"这个关键点，不断提升思政课的亲和力与实效性，增强学生学习思政课的获得感。建议做到"五个要"：一要尊重学生、理解学生、帮助学生、服务学生，不断提升自身人格魅力与知识学养；二要注重增强思政课教学内容与课堂教学的亲和力、吸引力、感染力，力戒脱离实际的大话、空话、套话；三要讲究课堂教学艺术，注重实际效果，努力做到"大水漫灌"与"精准滴灌"相结合；四要坚持以学生为中心，以"真情、真心、真诚"拉近与学生之间的距离，做学生的良师益友，做塑造学生品格、品行、品位的"大先生"；五要注重发挥学生主体作用，调动学生的积极性，能让学生自己策划、设计、组织、管理的，都应当放手让他们去做，提高他们的参与度、开放度、创新度，增强他们的责任感、成就感、获得感。

郑智学：从大中小学思政课一体化的操作管理层面上，可以由分级地方行政、教研部门牵头，设立统一的一体化管理机构体制，加强对教学目标设计、课程设置、教材编写、教学改革、教师培养、考核评价进行统筹研究，依据习近平总书记对思政课教师提出的"八个统一"的原则制定三至五年发展规划，分段确定目标任务，建立分段衔接交流机制，分段评价考核奖励机制。以通过建立课题组的方式，加大各层级研究力度，使思政课授课形式更加多样、不断推动思政课改革和创新。与教学内容相对应，为确保思政课教学内容的政治性、科学性,行政和教研两个方面应积极作为,为思政课教师准确实现教学任务,达成教学目标,围绕教学内容提供准确的、必要的、形式多样的教学素材,教师自己必须注意选用辅助教学素材必须是官方网站平台中内容,规范严谨,杜绝盲目随意。充分挖掘其他学科中蕴含的思政教育资源,多维度思考,充分利用跨学科大教研及跨领域跨界研课,用大视野重构内容。

第一,从学科特点上,对教师来说要求比较高,尤其是对于思政课教师,要思想站位高,意识形态认得清,思维视野广,特别是需要具备跨界的意识、综合的眼光,要能够瞄准与思想政治教学关联密切的前沿理论、时政热点、新闻播报或实践等并进行拓展,要能充分运用资源、使用好资源,才能在授课时游刃有余。思政的内容有碎片化、生活化、涵盖内容广的特点,不像语文、数学等学科知识性、逻辑性强,学生学习需要老师调动学生情感、进行实践体验、达到情感认同。因此,教师备一节课需要花费的时间和精力很多。就小学的思政课来说,就要有从一年级到六年级整体的、系统的课程观,才能知晓不同年段学生要掌握的内容,也才能将小学相关内容贯穿,因此小学思政课教师要能全面把握 12 册教材,还要能初步了解中学的内容,才能做到中小衔接。

第二,从教学内容选择上,对其政治性等方面要求高。思政课教师授课选用的素材,为确保其政治性、科学性,建议老师一律选用官方网站或"学习强国"平台中内容,如针对某一主题进行多学科构课、多维度思考,充分挖掘其他学科中蕴含的思政教育资源;充分利用跨学科、跨领域大教研,用大视野重构内容。

第三,从一体化的操作管理上,可以由地方行政、教研部门牵头,设立统一的一体化机构,加强教研部门的一体化研究,更好地引领各学段思政课教师的教学思路和方法。落实习近平总书记对思政课教师提出的"八个统一"的原则;此外,还可以通过建立课题组的方式,加大各层级研究力度,使思政课授课形式更加多样、不断推动思政课改革和创新。

怎样把理论资源转化为教材资源

唐景莉:科学研究的学术支撑对于推进大中小学德育一体化进程意义重大。在教材的编写中,怎样把理论资源转化为教材资源、教学资源?怎样把文件语言转化为教材语言、教学语言?怎样建立不同学段、不同类型学校思政课标准研制组和教材编写组之间的协调沟通制度，形成良好的互动机制？

宗爱东：大中小学思政课一体化建设必须要注重马克思主义理论学科研究支撑。事实上，作为意识形态领域的社会实践活动，学校思政课建设承担着巩固主流意识形态、传播主导思想观念、改造人的主观世界的重要使命，肩负着培养社会主义建设者和接班人的战略任务，是以育"德"为核心、以"铸魂育人"为根本的。其所育之"德"不是抽象的，而是囊括了思想水平、政治觉悟、道德品质、文化素养、心理人格等各个方面，必须要有扎实的理论素养作为支撑，做到党的创新理论每进一步，我们的教育教学就要跟进一步。上海在推进思政课一体化建设过程中，推出"大中小学思政课一体化建设示范区（教育集团）"建设计划，全面推进大中小学思政课工作、课程、教学、师训体系一体化建设。其中一项重要举措是成立一体化的教研中心，打通机制，大中小学骨干教师坐到一张办公桌前，共同研究，把文件内容、教材体系转换为生动的中国故事和鲜活的教学内容。

冯秀军：打通不同学段和课程间的堵点、断点和散点，是思政课一体化建设的关键着力点。从大中小学思政课教学的实践看，影响和制约思政课一体化建设的瓶颈因素有多种表现形式，打通不同课程、不同学段间的堵点、断点和散点，是思政课一体化建设的关键着力点。打通堵点、熔接断点、聚合散点，在思想理念上要实现政治思维、教育思维和治理思维的三位一体。所谓政治思维，是指思政课是落实立德树人根本任务的关键，是关乎国之大计、党之大计的大事。所有的思政课，不论学段、不论课程，最终共同指向培育时代新人的共同教育目的。所谓教育思维，是指思政课是一门课程，思政课教学是一种教育活动，思政课要通过教育的途径达到教育的目的、完成教育的任务，就必须遵循教育的规律，秉持教育的思维。这就要将学生看作一个完整的人而不是一个分段的、碎片的人；看成一个发展的人，思想认知、情感心理等在不断发展的人。每个学段的阶段性教育目标和任务，必须指向共同的教育目的。所谓治理思维，是指要把思政课建设看作一项复杂的系统性工程，不能头疼医头，脚疼医脚，不能九龙治水，分而治之；也不能马路警察，各管一段。需要以统筹治理的思维予以全面、系统的关照和对待。大中小学思政课教学一体化建设，正是对背离教育规律，缺乏科学治理的补正和纠偏。打通堵点、熔接断点、聚合散点，在途径方法上要系统梳理思政课教学的全过程。如全面清理各个学段、各门课程的教学目标和任务，制定科学一体化的大中小学思政课课程标准体系；

以一体化的课标体系为指导，改革创新现有"互不干涉"的大中小学思政课教材编写体制机制，建立互相连通、上下贯通的教材编写机制；改变大中小学思政课教师队伍"各管一段""不相往来"的局面，通过大中小学集体联合备课等机制，创建拓展大中小学思政课教师培训交流互动的大平台。

蒋建华：2017 年成立了国家教材委员会，这对统筹大中小学各级各类学校的教材建设，为德育工作一体化建设和德育教材一体化设计提供了有效的机制，利于建立不同学段思政课教学的相互衔接、相互配合的管理体系。思政课课程方案中应贯彻"一体化"理念，思政课内容应进行"一体化"设计。一方面在教材编写与审核、德育课程内容设计过程中，树立大中小学德育一体化、思想政治教育一盘棋的理念，注重理论联系实际，内容安排循序渐进、螺旋上升。另一方面思政课与其他专业课程的分工合作应该有结构性的顶层设计。无论是国家课程标准的研制，还是思政类教材的编写，都需要分成不同的研制组或编写团队，并要兼顾到专家和编写人员在我国地域、学段、学科领域等范围内的代表性，进而真正有利于将理论资源转化为教材资源、教学资源、有效资源。各级政府、各相关部门、各级各类学校以及教材编写机构必须悟透"文件语言"，吃透文件精神，转变观念，协力同心，切实做到以下"七个到位"，即思想认识到位、方案制定到位、责任落实到位、教材编写到位、配套保障到位、舆论氛围到位、统筹协调到位。现实中不同学段、不同类型学校思想政治教育之间的内容设计仍然缺乏有效的一体化设计。各学段和相关部门应该强化大中小学德育一体化理念，在国家教材委员会的统一部署下开展工作，在课程方案规划、课程标准研制、课程内容设计、教材编写与审核等方面加强顶层设计，建立互动机制，体现整体联动效应，形成一体化格局。一要建立线上线下学习交流平台，创设研讨切磋机遇，为各级各类学校思政课教师提供思政课标准和教材学习培训、专题研讨、观摩交流、经验分享等机会。二要建立并发挥思想政治教育共同体作用，促进大中小学思政课教师之间相互了解、相互学习、相互借鉴。三要建立并发挥思想政治教育学科基地、实验基地、实践基地、示范基地等作用，以知名专家或学科带头人为"领头羊"，既便于组织开展大中小学思政课教师集体研讨与备课活动，又便于组织学生投入参与实践、体验与观摩之中。

郑智学：思政课教师可以在专业人员指导下建立论坛，或是思政课教师专业网站，像"学习强国"一样，里面定期有理论政策原文、解读以及配套的视频动画、配套课件、教案的发布等用于交流。源于教师、惠及教师，使专题资源不断丰富和充实，这些既有前期思政课教师的参与和深入研究，也为其他思政课教师起到示范和引领作用。不断完善配套大学、中学、小学不同的讲座或资料，帮助思政课教师更准确、更好地理解国家的相关理论政策，严格把握意识形态的准确无误，不出现理解上的偏颇走样，能够生动形象地进行解释，便于学生接受和感悟，奠基正确的人生观、价值观。定期开展一定区域内，不同规模和形式组织的大学、中学、小学思想政治理论课教师的研讨交流会议、交流活动，形式上打通大中小学思政课的联系；不同学段的思政课教师走进不同学段的思政课堂，实现真实意义上互动互学，沟通构思和演绎新时代思政教育的新思维、新模式，一体化打造大中小学思想政治理论课教师专业团体，引领各阶段思政课教师的教学思路和方法。

唐景莉　王　锋　魏莉霞

［本文系 2020 年度国家社科基金高校思政课研究专项课题"大中小学一体化思政课建设衔接机制研究"（20VSZ060）的阶段性成果，发表于《中国高等教育》2021 年第 3 期］

如何统筹推进大中小学思政课一体化建设

研讨主题：

如何统筹推进大中小学思政课一体化建设

嘉宾：

中国劳动关系学院党委书记、研究员　刘向兵

南京航空航天大学马克思主义学院党委书记、教授　徐　川

北京邮电大学马克思主义学院院长、教授　周　晔

中国人民大学附属中学联合学校总校常务副校长、中国人民大学附属中学航天城学校校长、正高级教师　周建华

上海市虹口区外国语第一小学校长、正高级教师　王莉韵

主持人：

北京高校新闻与文化传播研究会创会理事长　铁　铮

习近平总书记在学校思想政治理论课教师座谈会上强调："要把统筹推进大中小学思政课一体化建设作为一项重要工程，推动思政课建设内涵式发展。"在学校思想政治理论课教师座谈会召开两周年之际，本刊围绕如何统筹推进大中小学思政课一体化建设约请大中小学校领导、专家、学者进行研讨。

在大中小学循序渐进、螺旋上升地开设思政课非常必要

铁铮：习近平总书记强调指出："当前形势下，办好思政课，要放在世界百年未有之大变局、党和国家事业发展全局中来看待，要从坚持和发展中国特色社会主义、建设社会主义现代化强国、实现中华民族伟大复兴的高度来对待。"在这样的前提下，习近平总书记提出："在大中小学循序渐进、螺旋上升地开

设思政课非常必要，是培养一代又一代社会主义建设者和接班人的重要保障。"您是如何理解习近平总书记这一重要论述的？您认为这一重要论述的现实意义何在？

刘向兵：推进大中小学思政课一体化建设，使大中小学思政课循序渐进、螺旋上升地开设并实现课程育人目标，是习近平总书记亲自部署的一项教育教学改革工程，是新时代坚持立德树人、培养德智体美劳全面发展的社会主义建设者和接班人的重要保证。这一论述是对学生成长成才规律、教育教学规律、思政课建设规律的准确把握，丰富了习近平总书记关于教育的重要论述，是马克思主义德育观和思想政治教育学科的新发展；这一论述是在世界百年未有之大变局、党和国家事业发展全局中，为坚持和发展中国特色社会主义、建设社会主义现代化强国、实现中华民族伟大复兴、培养堪当民族复兴大任的时代新人的必然要求；有助于构建符合青少年身心健康发展规律的思政课体系，教育引导青少年逐步增强对党和社会主义事业的热爱，逐步增强情感认同、思想认同、政治认同，更好地实现立德树人的育人目标。

徐川：思想政治理论课是学校课程体系中重要的必修课，是落实立德树人根本任务的关键课程。习近平总书记的重要论述为做好这项工作指明了方向、提供了遵循。其现实意义可从三个方面来理解。第一，有助于实现思想政治理论课教学衔接。大中小学思政课一体化的建设方向是让不同学段课程目标层次清晰、课程内容排列逻辑清晰、课程结构构建合理、课程活动方式设置多元、课程体系衔接流畅。在推进一体化进程的同时，也为各级各类大中小学思政课课程和教材内容修订以及人才培养方案提供科学的、系统的参考依据和必要保障。第二，有助于遵循新时代青少年身心发展规律。"循序渐进、螺旋上升地开设思政课"是对学生成长成才规律、教育教学规律、思政课建设规律的准确把握，体现了阶段性与整体性的统一，推进和完善大中小学思政课一体化建设的过程，实际上也是探索和建设符合新时代青少年身心健康发展规律的思政课体系的过程。第三，有助于实现立德树人的育人目标。推动大中小学思政课一体化就是要从小开始逐步增强青少年对党和社会主义事业的热爱，不断增强情感认同、思想认同、政治认同。

周晔：在大中小学循序渐进、螺旋上升地开设思想政治理论课是"培养什么人、怎样培养人、为谁培养人"这一根本问题所在，是培养共同国家意识、民族立场和家国情怀这一铸魂育人目标所在，是思政课教学的科学性与规律性所在，是各阶段思政课应有各自定位的必然要求所在。无论大学、中学还是小学思政课程，都要遵循思想政治工作规律、教书育人规律和学生成长规律，都应紧密结合教育梯次原则循序渐进，逐步深化；都要通过透彻的学理分析、彻底的思想理论说服、强大的真理引导力，让学生从小开始逐步增强对党和社会主义事业的热爱，增强情感认同、思想认同、政治认同，从而全面落实立德树人根本任务。

周建华：办好思政课意义重大。第一，办好思政课是应对国际意识形态斗争，把握意识形态工作主动权的重要支撑。当前意识形态领域面临的形势和斗争也更加复杂，思想的统一、内部的团结尤为重要。学校是意识形态工作的前沿阵地，把握意识形态工作的主动权，关键就是要办好思政课，筑牢青少年的理想信念根基。第二，办好思政课是坚持中国特色社会主义道路的重要体现。思政课是我国学校教育的一大特色，也是我们党高度重视思想政治工作的优良传统和政治优势。在新时代办好思政课，就是要用习近平新时代中国特色社会主义思想铸魂育人，增强学生对中国特色社会主义制度和发展道路的认同感，把他们的爱国情、强国志、报国行自觉融入坚持和发展中国特色社会主义中。第三，办好思政课是立德树人的重要举措。立德树人是教育的根本任务。思政课是落实立德树人根本任务的关键课程，在培养学生的世界观、人生观、价值观，以及明大德、守公德、严私德方面，发挥着不可替代的作用。第四，办好思政课是抵御网络不良信息侵袭的有力手段。通过循序渐进地开设思政课，充分发挥社会主义核心价值观对青少年的强大凝聚和引领作用，促进马克思主义世界观和方法论入脑入心，提高网络媒介素养。

王莉韵：要从党和国家事业发展的高度去认识习近平总书记重要论述的重要性。办好思政课，是落实立德树人根本任务的关键之举，也是守好意识形态前沿阵地的固本之措，更是确保党的千秋伟业薪火相传、生生不息的长远之策。只有从这个高度认识思政课教学改革的意义，才能形成对思政课改革的内在认同，才能更好地理解和执行相关的政策与制度。要从"三全育人"的高度认识教师在思想政治教育体系中的重要作用；思想政治教育是全体教师都应该为之努力的育人工作。要有计划地组织教师开展研讨，帮助教师认识到自己的思想、行为、言语等对于学生的思政教育价值，自觉融入思政教育的系统之中。要充分发挥不同学科的育人价值，充分挖掘其思想政治教育价值，让更多教师在教学过程中有意识地整合和利用学科知识实施思想政治教育，让学科教学真正成为思想政治教育的有效载体，也让学科的育人价值得到更加淋漓尽致的发挥。

大中小学思政课一体化建设当前需要解决哪些问题

铁铮： 习近平总书记高度重视办好思政课。近年来，大、中、小学的思政课建设都取得了可喜成绩。对照习近平总书记关于大中小学思政课一体化建设的要求，您认为当前最迫切需要解决的是哪些问题？产生这些问题的主要原因是什么？

刘向兵： 对照习近平总书记提出的要求，当前大中小学思政课一体化建设存在的问题主要有以下几点。首先，思想认识有待同步。大中小学对一体化建设在一定程度上还存在着认识不同频、共识不强烈的问题，特别是大学与中小学教师之间，"跨界"意识、融通意识还不强。其次，课程设计有待区分。中小学德育课程的一体化程度较深，课程和教材区分度较强，高校与中小学的课程和教材区分度、差异性、层次性则相对不够。第三，教师互动有待加强。大中小学思政课教师队伍之间仍存在隔阂，深入交流沟通的氛围和机制有待强化，教育主管部门和大中小学为此要协同推进，创造机会，搭建平台。

徐川： 主要问题有以下三点。一是课程理念衔接性不足。在实际教学中，大中小学思政课没有完全实现课程理念的融通，甚至存在课程理念的断层问题。二是课程内容区分度不够。纵向上大学与中学教材内容存在重复，原本大学要讲的内容高中已经学过，大学的课程设计上，"纲要"课和"概论"课也有相互避让的问题。三是思政教师互动性不足。高校思政课教师同中小学同行还没有形成德育共同体，广泛交流合作的局面还没有形成，合作方式也比较单一，内容也比较浅层。特别是同行在一起交流的机会和平台较少。产生这些问题的原因主要有以下三点。一是各学段教育的责任主体自成一体，大中小学思政课不同学段教材间的衔接未得到有效的整体规划，各学段课程内容的修订工作相对缺少一体化的理念和顶层设计，无法形成有效衔接，教学内容的重复或缺失现象始终未得到重视和解决。二是教学资源整合不充分，小学、中学与大学思政教育资源未实现有效对接。学校、家庭、社会协同推动思政课建设的合力没有完全形成，全社会主体多元协作、综合育人优势发挥不充分。三是各学段教师职责不同、目标参差、导向各异，缺少交流互动的内在动力和外部平台。

周晔： 目前，在建设的主体、载体、人才群体、生态机体等方面存在一些短板，制约着一体化建设的速度和效度，必须着力寻求突破。一是"背靠背"问题。不去打通大中小学集体备课渠道绝对行不通。学段间、课程间内容过度重复，学段间衔接性不高，大中小学教师"各管一段""背靠背"教学。这些都表明一体化建设没有挖掘多方资源，去做好队伍、教学和科研的螺旋式衔接。二是"逆生长"问题。不去解决教学培养目标倒挂问题绝对行不通。必须处理好"学生获得感"与"社会认同感"的关系、"内容教育"与"过程教育"的关系、"掷地有声"与"润物无声"的关系。三是"你非我，我非你"问题。不去搭建共享平台、不落地、不落实绝对行不通。各学段必须解决不共建、不共享、不共研的脱钩模式。应在共融的基础上，去细化差异性的课程目标，相应区别的课程、内容及教材体系建设。

周建华： 当前需要解决的问题有以下三点。第一，为何"一体化"。这主要是因为当前思政课教学各学段在教学目标和教学内容上存在割裂，特别是中小学与大学的思政课还缺乏应有的沟通、交流、关联和衔接。而各学段"培养什么人、怎样培养人、为谁培养人"的目标是一致的、路径应该是衔接和通畅的，因此要求推进思政课建设一体化。第二，何为"一体化"。主要包括思政课不同学段教学目标的一体化、教学内容的一体化，各类课程与思政课程建设协同发展一体化，不同学段教学评价衔接一体化等核心内涵。第三，如何"一体化"。一是建立课程一体化设计、学业标准一体化研制、课程实施一体化以及课程评价一体化的工作机制；二是打通学段壁垒，在适当的区域范围成立"大中小学思政课一体化建设教研组"；三是建立思政课教师培训基地，建立大中小学思政课教师一体化培养机制；四是以课题为载体，建立思政课学校内部贯通、区域联动、基础教育与高等教育协同推进的工作机制。

王莉韵： 一体化建设当前最迫切需要解决的问题有以下两点。一是怎样在小、初、高阶段，根据学生的不同年龄特点，把握时代脉搏和学生的实际需求，对教材内容进行补充、调整和创新，做到和而不同，使每一个阶段的教育点真正做到螺旋上升。二是怎样将心理学方面的适切方法及应用研究在课堂教学中运用，使教学入心入脑。产生问题的主要原因是：其一，长期以来，对思想政治课程学段之间的内在联系的研究与教研活动比较薄弱，学校德育体系、课程体系是一个系统性工程，需要统一认识，共同构建大中小学德育和德育课程纵向衔接体系，注重学校德育工作的整体推进；其二，大中小学的教育，特别是大学与中小学的教育，是分别进行管理的，如果没有对传统管理体制的突破，创新学段间管理体制的有效衔接机制，一体化建设工作便难于落实；其三，一体化建设还需要在教师培养、教学内外环境方面有所突破，思想政治课教师要适应一体化建设的要求，实现教育和教学观念的转变，需要加强自身的素养，增强落实教育教学目标的能力。

大中小学思政课一体化建设的切入点和突破口及实现路径

铁铮：大中小学思政课一体化建设是个宏大的系统工程，不可能一蹴而就。您认为解决一体化问题的切入点和突破口有哪些？目前可以尽快实现的路径有哪些？

刘向兵：推进思政课一体化建设，大中小学都有责任，高校更是关键。高校在大中小学思政课一体化建设中使命光荣，责任重大，理应准确识变、科学应变、主动求变，在思政课教学中做出系统全面的变革。一是思想认识要改变。高校和教职工要提高政治站位，从坚持立德树人、建设高质量教育体系和教育强国的高度，强化思政课一体化意识，关照中小学思政课教学的探索，尊重中小学思政课教学的成绩，打破大中小学思政课教师长期以来各自为战的局面，消除隔阂，打破壁垒。要开门办课、开放讲课。二是推进举措要改变。要在一体化顶层设计之下，认真规划推进思政课教学目标、教学内容、教学用书、教学过程、师资队伍、教学评价。三是体制机制要改变。高校党委要增强政治自觉，以一体化为思政课改革创新赋能增效，做好顶层设计，强化相关决策的有效性、科学性，切实发挥坚强的领导作用。高校教务部门和马克思主义学院要加强政策学习和师资培训，完善教师与中小学教师集体备课、交流探讨等互动交流机制，鼓励大中小学思政课教师联合申请、承担一体化建设相关研究课题，联合发布、推广相关成果。

徐川：必须树立"跨界"意识，打通大中小学思政课教师队伍之间的阻隔，从四个方面切入，达成在人才培养上的一致性、贯通性。一是课程理念的一体化。学段不同，学生群体特征不尽相同，理论认知和需求水平体现层次性和差异性，但是无论哪个学段，其培养社会主义建设者和接班人的指向是一致的。小学阶段重在启蒙道德情感，初中阶段重在打牢思想基础，高中阶段重在提升政治素养，大学阶段重在增强使命担当。也就是要从"知事""懂事""讲文明"，到"知史""晓义""明是非"，再到"明理""行道""铸信仰"，让学生不断成长。二是课程内容的一体化。完善统编教材，各学段教材编写时相互"通气"，彼此呼应，优化衔接，紧紧抓住内容这一核心要素，按照思想政治教育的目标要求和学校思政课的具体任务，使之成为体系完整、有机衔接的科学体系。三是课程设计的一体化。从小学阶段的"故事链"，到中学阶段的"逻辑链"，再到大学阶段的"问题链"，实现螺旋上升，彰显理论和思想的力量。集体备课是实现思政课教师一体化有效衔接的重要途径，要形成思政课教师"手拉手"备课的机制，加强不同学段思政课教育教学协同合作，构建资源共享平台。

　　周晔： 一体化建设的路径关键在于落实立德树人这一关键课程的地位，在人才培养实践中找准切入点和突破口，注重培养目标的一致性、主体思想的统一性和内容方法的梯度性。一是从"背靠背"到"面对面"，强化"协同效应"。树立系统培养观念，推进小学、中学、大学有机衔接，明晰一体化建设的整体框架，形成融合式体制机制。二是从"逆生长"到"顺生长"，强化"螺旋效应"。形成小学思政课教学目标的意识感知和道德情感启蒙，主要方法是讲故事、体验式教学，用小素材去说明大道理；效果是养成行为习惯，形成爱党、爱国、爱社会主义、爱人民、爱集体的情感，具有做社会主义建设者和接班人的美好愿望。形成中学思政课教学目标的政治素养提升和情感认知的塑造，主要方法是双向沟通式教学，用小切口去破开大主题；效果是养成社会责任感与合作能力，衷心拥护党的领导和我国社会主义制度，形成做社会主义建设者和接班人的政治认同。形成大学思政课教学目标的理论逻辑和主流价值观的生成。三是从"你非我，我非你"到"你就是我、我就是你"，强化"落地效应"。一体化不是各要素的简单相加，而是坚持问题导向与目标导向相结合，坚持德育目标一致与内容梯度相统筹，以价值引领、学生成长为根本，以三大规律为遵循，纵向衔接，横向贯通，循序渐进，螺旋上升，催生教师一体化的能力、意识、责任与内生动力与日俱升。

　　周建华： 第一，构建大课程。加强大中小学思政课课程建设，在课程目标、课程内容、课程实施、课程评价及课程资源建设方面，注重学段内有机融合、学段间有机衔接。思政课大课程一体化建设的基础是课程，重点是思政，关键是教师。建设的重心在学校和学段间的"贯通"，建设的成效在学生。第二，深化大教研。就是大中小学思政课教师进行一体化的教研，大到课程建设，小到具体的某节课如何备课、如何磨课、如何上课，等等。第三，开创大格局。一是要注重突出思政课一体化建设的系统性，系统谋划、系统建设，整体把握一体化的建设方向。二是要突出思政课一体化建设的协同性，以交流、项目、共享等方式打好协同建设的组合拳，各学段、各课程同心同力，同向同行。三是突出思政课一体化建设的实效性。针对青少年所处阶段的身心特点，把握教育规律和思政课教学规律，开展具有思政特点的实践活动和创新思政课课堂教学方式，在促进思政课高质量实施、落实立德树人根本任务上凸显实效。

王莉韵：当前迫切需要解决的问题和突破口有以下三点。第一，树立"大思政"教育观念。"大思政"教育观具有宽宏的视域。树立"大思政"教育观，要求教师以开放包容的心态投身教学，充分认识思政课的丰富性和多样性，教学不局限于书本，不拘泥于静态的知识和封闭的课堂。学校要充分利用区域优质教育资源和现代信息技术，创新教学方法，拓展教学时空，实现学科多维度的育人目标。第二，探索"体验式"课堂教学改革。小学阶段思政课教学的目标重在引导学生形成爱党、爱国、爱社会主义、爱人民、爱集体的情感，具有做社会主义建设者和接班人的美好愿望。小学思政课教学要培养学生具有独立、自主、创新等主体精神，营造教学氛围、激发学生情感，以学生自我体验为主要学习方式，达到认知过程和情感体验过程的有机结合，激情与明理、导行相互促进。第三，优化思政教师教研机制。要以思政教师队伍建设为重点，建构人力资源保障体系，从机制上明确教师在思政课教学改革中应该做什么、怎样做，尽快建立学科中心组例会机制，建立专题教研活动机制，完善教师自主备课机制等。

铁　铮

［本文系 2020 年度国家社科基金高校思政课研究专项课题"大中小学一体化思政课建设衔接机制研究"（20VSZ060）的阶段性成果，发表于《中国高等教育》2021 年第 6 期］

如何加强大中小学思政课一体化建设顶层设计

研讨主题:

如何加强大中小学思政课一体化建设顶层设计

嘉宾:

河北省教育厅副厅长　韩俊兰

上海市师资培训中心党委书记、主任　周增为

北京工业大学附属中学副校长　侯保成

主持人:

北京工业大学继续教育学院副院长　王　锋

习近平总书记指出:"要把统筹推进大中小学思政课一体化建设作为一项重要工程,坚持问题导向和目标导向相结合,坚持守正和创新相统一,推动思政课建设内涵式发展。"如何围绕落实习近平总书记重要讲话精神,构建横向协同、纵向衔接的大中小学思政课一体化建设体系,特别是如何加强大中小学思政课一体化建设顶层设计,一直是教育管理者和研究者广为关注的问题。

大中小学思政课一体化建设中蕴含的理念创新

王锋: 从大中小学思政课一体化建设的要求看,要着重加强大中小学思政课一体化建设的顶层设计,按照"理念先行"的客观规律,您如何理解大中小学思政课一体化建设过程中蕴含的教育理念创新?

韩俊兰: 理念是行动的先导,要做到知行合一。做好大中小学思政课一体化建设,要在教育理念上实现三个层面的创新。一是整体化教育理念的创新。

把学生作为一个完整的人来看待，把学生的一生作为一个整体来尊重，把人的自由全面发展作为教育的目标来追求。二是系统化教育理念的创新。对于学生的不同成长阶段，要持续地进行观察，根据不同阶段的形势要求，结合家庭、社会环境等影响因素统筹考虑，而不是机械地、割裂地、静止地来分析。三是一体化教育理念的创新。传统教育观念强调因材施教、分类施教，一体化的教育理念在分层、分类施教的基础上更加强调统一性、贯穿性和内在的整合性。

周增为：一体化建设作为教育理念的创新，有三个具体的表现。一是对一体化本身的思考，二是对学习行为的重新建构，三是对学习者的重新界定。

大中小学的思政课在形态设置和内容结构上有所不同，大学的思政课在一定程度上是不同学科构成的大学科群的架构，中小学思政课是独立的课程，涉及相关知识领域与主体成长的结合。大中小学思政课一体化建设的思想是在大中小学各学段整体基础上的顶层设计，在结构上应包括知识体系交叉、学习资源的整合以及学习方式的创新，因此一体化建设不是某一维度的单向推进，而是需要研究新课程体系。一体化建设对学习行为提出了崭新的要求，是一个从过去的单纯的学科知识导向到基于核心素养导向的变化。一方面，一体化是要促进学习者形成更高阶的认知水平和能力；另一方面，一体化给学习者创建更大的学习平台和空间，帮助学习者丰富实践经验，提高知识应用能力和有效思考、有效解决问题的能力，最终达到情感的深入以及思想的提升。在一体化建设中，学习者不是传统的知识接受者，教师和学生都是一体化中的学习者。一体化建设关注人的成长，为人的成长建设环境、提供资源、设计路径，这个过程是基于价值的设计，包括信任、合作、鼓励、宽容等。

侯保成：教育要"仰望星空，脚踏实地"。"仰望星空"，对应的是教育要往哪里去；"脚踏实地"，强调的是遵循教育规律和人的成长规律。如果我们的育人目标是培养产业工人，那就坚持"一万小时定律"，不断强化工艺流程和工作标准的培训。如果我们的育人目标是培养创新型人才，那就需要从以学科为中心转向以学生为中心，从注重核心知识到注重核心素养，不能再过分强调学科知识体系，而更应该重视学生的认知水平和实际生活经验。所以，大中小学思政课一体化建设，首先要把"以学习者为中心"的教育理念落到实处。

在思政课中践行"以学习者为中心"的教育理念，需要大中小学各个学段的思政课在教学目标定位、教学内容选择和教授手段实施上符合该学段学生的认知水平，要让思政教育和学生同频共振。

以普法教育为例，小学阶段着重普及宪法常识，使学生养成守法意识和行为习惯，让学生感知生活中的法、身边的法，培育学生的国家观念、规则意识、诚信观念和遵纪守法的行为习惯。初中阶段，要使学生初步了解个人成长和参与社会生活必备的基本法律常识，进一步强化守法意识、公民意识、权利与义务相统一观念、程序思维，初步建立宪法至上、民主法治等理念，初步具备运用法律知识辨别是非的能力，初步具备依法维护自身合法权益、参与社会生活的能力。高中阶段，要使学生较为全面地了解中国特色社会主义法律体系的基本框架、基本制度以及法律常识，强化守法意识，增强法治观念，牢固树立有权利就有义务的观念，初步具备参与法治实践、正确维护自身权利的能力。高等教育阶段，要使学生进一步深化对法治理念、法治原则、重要法律概念的认识与理解，基本掌握常用法律知识，基本具备以法治思维和法治方式维护自身权利、参与社会公共事务、化解矛盾纠纷的能力，牢固树立法治观念，认识全面依法治国的重大意义，坚定走中国特色社会主义法治道路的理想和信念。我们要牢记一个原则：一切教育都要遵循学生的认知水平，不要揠苗助长。

构建科学、有序、规范的管理机制

王锋：在与党和国家重大理论和实践创新的同步推进中，准确把握政策并制定相关管理制度非常重要。在坚持大中小学纵向衔接、横向协同建设过程中，您觉得应该如何构建科学、有序、规范的管理机制，以确保大中小学思政课一体化建设工作落到实处。

韩俊兰：科学、有序、规范推进大中小学思政课一体化建设，需要完善管理机制，提供组织保障和动力系统。一是建立部级教学指导委员会、省市级德育共同体、区（县）级教育基地，起到引领示范作用。教育部已经建立教学指导委员会，发挥着举旗定向的作用。省（市）级通过把大、中、小学校组织结队的方式联合起来教研，推动工作开展。区（县）级在中小学建立"大参小"的教学实践基地，实现在根部接地气、接力式传递。二是组织交流研讨会、专题论坛、听课讲课等活动，在实践过程中发现问题，针对教材、教师以及课程设计中的问题，诊断式改进提高。三是教育行政部门采取定期听取汇报、年度述职、考核评估等方式对推进效果进行评价，激励引导，鞭策前行。

周增为：大中小学思政课一体化的内涵研究和实施推进依赖有效的管理机

制。管理机制建设的关键是对不同主体的整体性、交叉性以及统合性的设计思想和实施要求。作为不同学段的学科教师，应主动建立一体化要求的教学反馈与调整机制，定期了解学生的思想动态和实际问题，关注学科前沿，把握政策动态，补充新知识，了解同行教学，及时调整教学进程和内容。作为学校，应倡导整体、协同、发展为价值基础的一体化建设文化，架构拓宽教师视野的学习机制，提供更多教师学习交流展示的机会，创新教师研修制度，形成跨学科、跨年段的研修平台，建设一体化校园环境，建立多维评价机制。作为行政主管部门，应建立动态政策支持机制，统合各方专业力量，鼓励学校与教师进行一体化建设的持续研究与实践探索，建立支持一体化教学创新的资源支持和评估体系。作为专业研究机构，应建设稳定持续的研究机制，定期向决策部门提供政策参考，发挥专业引领作用，带领学校和教师共同研究一体化的实施方案，深入实践，形成一体化建设的理论框架，定期发布研究成果。有效的管理机制最终要形成三大有效的平台：复合式的资源平台、大中小学一体的师资发展平台以及作为学科建设的大中小学一体的理论与实践平台。

侯保成： 在坚持大中小学纵向衔接、横向协同建设过程中，构建科学、有序、规范的管理机制至关重要。关键问题是谁牵头、谁落实、谁评价。

评价问题是课程改革的"牛鼻子"。谁来评价课程改革，评价结果如何使用，决定了课程改革能否真正落地。习近平总书记指出，"'大思政课'我们要善用之"。教育主管部门要牵头让"大思政课"落地这件事纳入教育部的评价体系，各级党组织在安排工作的时候，要牵头谋划"大思政课"如何落地。当评价体系建立起来了，思政课程内容的优化，思政教学方式的改变，师资队伍建设和培训的落地，都会自觉跟着评价走。

发挥中华优秀传统文化的优势

王锋： 中国是一个有着五千年历史的文明古国，文化和教育历来是中华儿女血肉相连、一脉相承的基因。在坚持大中小学思政课一体化建设过程中，您觉得应该如何发挥中华优秀传统文化的优势，营造良好的大中小学思政课一体化建设文化氛围？

韩俊兰： 好的制度需要良好的文化环境和土壤。中华优秀传统文化中的"大同"思想、"合一"理念不乏"一体化"思维的因素，要学会"拿来"借用。

一是阐释好。大中小学思政课一体化建设不是另起炉灶，而是系统集成，是优化传承。二是破教育"内卷"。在教育系统内部，破除文人相轻的文化传统弊病。三是树一体化典型，讲一体化故事。把典型案例的故事讲好，对"一体化"氛围的营造，会起到润物无声的效果。

周增为：习近平总书记指出，"如果我们的人民不能坚持在我国大地上形成和发展起来的道德价值，而不加区分、盲目地成为西方道德价值的应声虫，那就真正要提出我们的国家和民族会不会失去自己的精神独立性的问题了。如果没有自己的精神独立性，那政治、思想、文化、制度等方面的独立性就会被釜底抽薪"。

属于自己的精神独立性源于文化自信。思政课的责任是传承中华优秀传统文化，促进下一代对国家和民族精神独立性的理解和培育。不同的学段有不同的学科重点和学习要求，大中小学思政课一体化建设要整体规划体现一致性和整体性的目标和任务。一体化建设的氛围是要坚持文化的传承，也是体现文化创新的探索和实践。对思政课一体化的教学而言，文化的传承并非是针对"文化是什么"的知识传递和积累，而是在借助知识体系构建的过程中一切支持主体思想和行为形成的基础和条件，包括理论体系、制度体系、政策保障以及物质环境等，以此形成对具有鲜明文化特征的精神独立性的理解。而这个过程，在时代日益发展、国家日趋强大的背景中，不断得以突破和完善，这便是传承与创新的环境和氛围。

大中小学思政课一体化建设要从三方面做系统思考。一是构建涵养德性、彰显价值的学习目标，大中小学思政课要设置具有一致性的学科目标，反映中国特色、民族特性、时代特征的价值内涵，分段设置、分级实施体现个人命运与国家民族命运紧密结合的一体化学习目标。二是建设全浸润的学习环境，教学要充分结合学校特色，挖掘校园文化优势，充分依靠校内校外各类中华优秀传统文化的资源，促进"知行合一"大中小学一体的实践探索。三是培育文化传承和创新的师资队伍，教师是落实大中小学思政课一体化建设的核心力量，"亲其师"才会"信其道"。要设计支持教师文化内涵提升的教师学习课程，帮助教师完善知识结构，提高教学设计能力，研究、理解学生，真正做到以德化人、以理服人，成为学生成长成才的引路人。

侯保成：发挥中华优秀传统文化的优势，营造良好的大中小学思政课一体化建设文化氛围，这是文化自信的要求。中国的土地上要埋下中国的根，要让我们的社会主义建设者和接班人了解自己的文化、认同自己的文化、热爱自己的文化、乐于倡导自己的文化。习近平总书记高度重视中华优秀传统文化的传承，他指出："古诗文经典已融入中华民族的血脉，成了我们的基因。我们现在一说话就蹦出来的那些东西，都是小时候记下的。语文课应该学古诗文经典，把中华民族优秀传统文化不断传承下去。"

思政专业的教育者应该从以下几方面努力。一是自己主动了解中华优秀传统文化，对思政课涉及的相关中华优秀传统文化内容，要弄懂、弄通、搞明白。思政课教师读经典、研究传统文化，提高自己的文化修养，应该是一门必修课。二是思政课教师一定要真正认同中华优秀传统文化。光懂不行，自己不喜爱、不相信，说出来的话就没有力量，就无法影响学生也喜爱中华优秀传统文化。三是从大中小学思政课一体化的角度看，中华优秀传统文化进校园、进课堂要内容适当、形式适宜、节奏适度、与时俱进。"随风潜入夜，润物细无声"，中华优秀传统文化进校园、进课堂，应该是和学校的文化建设、课程建设、德育活动等融合在一起，这样才能自然地入眼、入耳、入口、入心。

王　锋　周　晶

［本文系 2020 年度国家社科基金高校思政课研究专项课题"大中小学一体化思政课建设衔接机制研究"（20VSZ060）的阶段性成果，发表于《中国高等教育》2021 年第 7 期］

Chapter 3
第三章

首届论坛
（2021年）

首届全国大中小学思政课一体化
实践研讨会综述

2021年4月23日，由北京教育科学研究院德育研究中心、北京市教育学会中学德育研究会、国家哲学社科思政专项"大中小学一体化思政课建设衔接机制研究"课题组、傅任敢教育思想实践联盟、东城区教育委员会共同主办的全国大中小学思政课一体化实践研讨会在北京市第十一中学召开，来自全国大中小学及相关教育科研机构共130余家单位的领导和教师汇聚一堂，就如何加强大中小学有效衔接贯通，推进学校思政课教育教学方式变革，落实思政课整体育人功能进行了深入研讨与交流，中央电视台、人民网、新华社、光明日报等20多家媒体参与会议报道，会议由北京市东城区教委副主任尤娜主持。

《中国高等教育》杂志总编辑唐景莉为大会致辞。她指出，要把统筹推进大中小学思政课一体化建设作为一项重要工程，坚持问题导向和目标导向三结合，坚持守正和创新相统一，推进思政课建设内涵式发展；要处理好全程贯穿和学段差异的关系，尤其要在各学段各门课程间的接棒区做好文章；要立足打造大思政课，用好大资源，构建大课堂，形成大圈层，以思政课改革带动所有课程质量的提升。

北京市东城区教育工委副书记、副主任周林为大会致辞时指出，思政课是落实立德树人根本任务的关键课程，在人才培养过程中发挥着不可替代的作用；青少年阶段是人生的拔节孕穗期，系好人生的第一个扣子，方可从道德启蒙到树立坚定的理想信念，循序渐进，螺旋上升；新时代一定要上好思政课，要展大视野，开大格局，建大阵地，有大作为。

北京市教育科学研究院党委副书记、副院长冯洪荣，北京市东城区教育工委副书记、副主任周林为"全国大中小学思政课一体化建设实践研究共同体"揭牌。

北京市教育科学研究院党委副书记、副院长冯洪荣，北京教育科学研究院德育研究中心主任谢春风，北京市东城区教育工委副书记、副主任周林、国家哲学社科思政专项"大中小学一体化思政课建设衔接机制研究"课题组组长王锋，北京市第十一中学校长崔楚民共同按下全国大中小学思政课一体化建设实践研究共同体启动键，标志首家全国大中小学思政课一体化建设实践研究共同体在京正式成立。

北京市教育科学研究院党委副书记、副院长冯洪荣，北京市东城区教育工委副书记、副主任周林为北京邮电大学等10家高校发起单位颁发证书。光明日报《教育家》杂志社副社长李功毅、北京高校新闻与文化传播研究会创会理事长铁铮、北京市教委基教一处处长陈德时为北京市十一中学等12家基础教育发起单位颁发证书。

王锋代表共同体主任单位宣读共同体倡议书，提出共同体的建设目标是整合大中小学、科研机构和社会教育资源，搭建大中小学思政课一体化实践研究共享服务平台，探索大中小学一体化教育教学改革模式和途径，落实立德树人和高质量教育发展目标。

冯洪荣代表北京市教科院做总结讲话。他强调推动大中小学思政课一体化建设要聚焦落实、突出一体化、循序渐进，思政课建设要实践先行，要立足于中国大地，要立足于我们伟大的民族复兴和中国特色社会主义建设，要形成有中国特色的思政类学科体系、学术体系和话语体系。

在主题论坛环节，北京市第十一中学校长崔楚民做主旨发言，提出构建"党建引领，思政主导，一纵两横"的大思政课实践模式，将大思政课融入教育教学全过程，提升党组织思政课领导力和党员教师的立德树人意识。要建立"1+3+N"的大思政课实践模式，建设一课三会加多元思政课的实践课程。广东石油化工学院副校长周如金作为高校代表做主题论坛交流发言，介绍了课程思政实践中"目标问题导向式课程教学模式"的核心理念。北京邮电大学马克思主义学院院长周晔作为高校代表做主题论坛交流发言，从为啥抓、怎么抓、抓什么三个方面介绍了大中小学思政课一体化建设的主要矛盾和工作重点架构。清华大学附属中学德育副校长白雪峰作为中学代表做主题论坛交流发言，介绍了有深度、有高度、有情感、有行动的思政课建设实践。北京师范大学天津生态城附属学校副校长古燕琴作为小学代表做主题论坛交流发言，介绍了小学思政课教育体系建设的实践与成效。北京史家教育集团党委委员郭志滨作为小学代表做主题论坛交流发言，介绍了大思政视域下的育人探索。

北京市教育科学研究院德育研究中心主任谢春风进行了专家点评。谢主任指出，大思政课之大，来自大学之道，在明明德，在亲民，在止于至善；思政课的探索，应该把价值理性、工具理性、科学理性统一起来，为党育人，为国育才。

当日下午 13:30，两个分论坛在北京市第十一中学同步举行，来自全国 60 余个大中小学的领导和教师以及媒体嘉宾参与研讨。

第一分论坛以大中小学思政课一体化教育教学创新为主题，论坛就如何通过教育理念创新与教育机制创新推动大中小学思政课一体化建设，如何通过教学模式改革与学习方式创新促进大中小学思政课一体化建设进行交流研讨。与会专家提出了许多不同学段实施全方位、全过程、一体化创新的实践思路，专家们认为思政课程建设应遵循学生成长教育与认识发展的规律，小学和初中阶段应注重启蒙道德情感，形成对基本准则的认知与认同，推进一体化教育的关键在于打通不同学段之间的壁垒，分论坛由对外经济贸易大学常委宣传部部长张小锋主持。

第二分论坛以大中小学思政课一体化师资队伍建设为主题，论坛就如何构建大中小学思政课一体化教育管理者以及广大教师的沟通交流平台，如何激发教育管理者和广大教师参与思政课一体化建设的内在动力进行交流研讨。与会专家认为体制机制建设是构建大中小学思政课一体化教育管理者以及广大教师的沟通交流平台的重要基础，提高思政课教师地位，提升思政课质量，形成不同层次的思政课程体系与课程逻辑，是激发教育管理者和广大教师参与思政课一体化建设的内在动力，分论坛由国家哲学社科思政专项"大中小学一体化思政课建设衔接机制研究"课题组组长王锋主持。

据悉，全国大中小学思政课一体化建设实践研究共同体是由共同从事大中小学思政课一体化实践研究的高等院校、研究院所和致力于大思政课实践和学段衔接创新探索的大中小学校自愿申请加入的全国性非营利性社会组织，北京教育科学研究院德育研究中心、北京教育学会中学德育研究会、国家哲学社科思政专项"大中小学一体化思政课建设衔接机制研究"课题组、东城区教育科学研究院等 4 家单位组织为共同体的主任单位，北京市第十一中学为共同体的秘书长单位，北京邮电大学等 40 家单位为共同体的发起单位，北京市广渠门中学、芳草地国际学校等 126 家单位为共同体的成员单位。未来，共同体将本着自愿平等、合作发展的工作原则，发挥各单位资源优势，长期开展互补性的合作研究，共同推进大思政教育创新。

第一节　社会关注

打造大思政课　用好大资源　构建大课堂　形成大圈层

春色迷人，书香醉人。恰逢一年一度的世界读书日，全国大中小学思政课一体化实践研讨会在北京市第十一中学召开。读书不觉已春深，一寸光阴一寸金。对话英雄，对话父母，对话未来，让我们深切地感受到榜样的力量、美德的力量和知识的力量，也让我们真正体会到"腹有诗书气自华"。

习近平总书记在看望参加全国政协十三届四次会议的医药卫生界、教育界委员时指出："'大思政课'我们要善用之，一定要跟现实结合起来。"教育系统贯彻落实习近平总书记这一重要指示精神，结合正在开展的党史学习教育，把铸魂育人工作不断引向深入。2021年4月19日，在清华大学即将迎来110周年校庆之际，习近平总书记来到清华大学考察，并发表重要讲话，为我国高等教育发展和一流大学建设指明了前进的方向。今天，来自全国各地的领导和专家相聚北京，共话大中小学思政课一体化，就是要讨论立足中华民族伟大复兴战略全局和世界百年未有之大变局，心怀国之大者，把握大势，敢于担当，善于作为，为服务国家富强，民族复兴，人民幸福贡献力量。

2017年5月23日，中央全面深化改革领导小组第35次会议指出，要构建以社会主义核心价值观为引领的大中小幼一体化德育体系。2019年3月18日，习近平总书记主持召开学校思想政治理论课教师座谈会，强调办好思想政治理论课，最根本的是要全面贯彻党的教育方针，解决好"培养什么人，怎样培养人，为谁培养人"这个根本问题。习近平总书记指出："在大中小学循序渐进，螺旋式上升开设思想政治理论课非常必要。"随后全国各地纷纷开展大中小幼一体化德育和大中小学思政课一体化建设的相关研究，2020年国家哲社思政专项"大中小学一体化思政课建设衔接机制研究"正是当中的佼佼者。

时代课题是理论研究的驱动力。作为教育部主管、中国教育报刊社主办的理论期刊，《中国高等教育》近几年一直聚焦大中小学思政课一体化建设，在上海、河北、北京等地方先后策划组织了多次研讨会，并在杂志和公众号上连续推出了多期本期关注和微访谈。我们将把统筹推进大中小学思政课一体化建设作为一项重要工程，坚持问题导向和目标导向相结合，坚持守正和创新相统一，推进思政课建设内涵式发展。当前，大中小学思政课一体化建设关键要处理好全程贯穿和学段差异的关系，尤其要在各学段各门课程间的接棒区做好文章，我们要立足打造大思政课，用好大资源，构建大课堂，形成大圈层，以思政课改革带动所有课程的质量提升。

《中国高等教育》将为本次研讨会提供平台，助力大中小学思政课一体化建设。

《中国高等教育》总编辑　唐景莉

立德树人是思政课一体化建设要解决的根本问题

我院德育研究中心会同北京工业大学、《中国高等教育》杂志、东城区教委、北京市第十一中学等共同发起组织今天这个活动，正当其时，非常有价值，意义重大！借此机会，我谈三点体会。

一、解决思政课一体化问题，是贯彻落实习近平总书记关于党的教育方针，特别是关于思政课一系列重要论述的实际行动

2018 年 9 月 10 日，在全国教育大会上，习近平总书记第一次比较完整表述了新的教育方针，就是实现学生德智体美劳全面发展，而且明确提出，教育的主要问题就是培养什么人，为谁培养人，怎样培养人。这个问题提出以后，教育重大改革拉开了序幕。2019 年 3 月 18 日，习近平总书记专门就思政课建设问题主持召开座谈会，对思政课的定位、目标和期待提出了很多要求，认为思政课是立德树人的关键课程。应该说，这些年各地按照总书记的要求做了很多实践工作，也做了很多研究，都在为这样一个关键课，为这样一个大课，为这样一个支撑民族核心的课，做更大的探索。

思政课不是一个简单的课，也不是一门课程。它是整个立德树人的关键，是我们整个课程教育体系的一个支柱，也是我们培养什么人、怎样培养人、为谁培养人的核心。思政课解决不好，培养什么人的问题就不能很好地解决，所以，后来就发展到思政课程、课程思政合在一起，形成立德树人培养体系。关于思政课建设，有几个关键问题需要进一步探讨。

1. 立德树人

思政课不管是大学、中学、小学，也不管是落实到一两个主要学科，还是覆盖到所有的学科，课程的目的都是育人，育什么样的人，为谁育人，怎么育人，这是关键问题。在课程建设实践过程中，永远不能忘记这个目标，立德树人是思政课一体化要解决的根本问题。习近平总书记不久前在清华大学的讲话，大家已经看到了，我们的目标就是培养社会主义建设者和接班人，习近平总书记在很多场合讲过这个问题，在前几年也不断强调这个问题，世界上有很多国家都确定了自己的培养目标，表述各自不一，但是能表述为培养建设者和接班人的唯有中国。习近平总书记在全国教育大会上曾经讲，培养合格公民当然是我们的基本要求，但是我们国家是社会主义国家，是中国特色社会主义国家，是一个有历史使命的国家，只培养合格公民是不够的，所以合格公民只是基础性的基础，我们的使命是培养建设者和接班人。我们今天讲立德树人，立什么德树什么人，落点就是建设者和接班人，而不是更低的目标。合格公民是一个基本目标，但是还不够。所以，从思政角度、德育角度，中国教育最终的目标就是建设者和接班人，这是没有办法替代的命题和要求，这一点在我们思政课的研究当中，要更加突出，更加明确，更加坚定。

2. 突出一体化

思政课的问题，包括德育的问题，在于各段有各段的目标，目标之间不衔接，针对性不强，甚至导致知行不一、行为倒置。上述情况使得我们思政课的效果、德育培养的目标没有达到。这是什么原因呢？就是我们整体设计不够。思政课要从大中小学一体化角度进行整体设计、整体建构、整体实践。这是习近平总书记提出来，也是符合德育建构的基本目标。我们做思政课一体化的关键词，就是一体化。一体化要归到"一"和"化"上，这个"体"是什么？还是要反复强调，这个"体"就是建设者和接班人，这个"体"要归到课程上去，就是政治认同，就是要确立"四个自信"，强化"四个意识"。如果"体"抓不住，"一"就会整散和整偏了。我们进行整体设计的时候，国家对于统编教材，包括大学思政课的教材、中小学的统编教材，统编统审统用日益强化。所以，一体的问题是比较重要的，就是要整体设计。

3. 循序渐进，螺旋上升

怎么来解决"一体化"的问题？"一体化"是一个统一体，不是同一体，是由不同的阶段、不同的内容所形成的辩证统一的东西。这个统一的东西，不是同一，你要追求同一，大学、中学、小学就一样了，就僵化了，所以要循序渐进，螺旋上升，这个问题正好是目前我们实践中要解决的问题。从理论上已经解决好或者解决得差不多了，但是实践中如何来解决？通过课堂实践来解决。循序渐进和螺旋上升，这八个字是我们在解决一体化操作实践层面比较关键的点。大家在整体操作的时候，或者大中小学跨段研究的时候，一定要解决好循序渐进和螺旋上升的问题。循序渐进有时候解决了，但是螺旋上升没有解决，也就是目标没有固化，学生在价值认知，还有价值观方面，没有形成层层的螺旋上升，还是在一个平面上循序渐进，没有达到我们要的政治核心素养，这些核心素养在中小学没有完全培养好。

二、一定要学思结合

一定要有学有思。我们现在思很少。一讲知行合一，就从知跳到行。其实还有思和悟的问题。这是中国启蒙教育的典型特点，特别是政治启蒙教育的典型特点，一定要思和悟，没有思和悟，是跳不到行上去的。学、思和悟，在不同的阶段是不一样的。比如说，我们在小学和初中的阶段，可能情感启蒙很重要，不要讲太多的东西，在这个启蒙阶段，让他朦朦胧胧地感觉到我应该冲那个方面去专注，有基本的准则和认可即可；到了中学，特别是到高中阶段，可能要形成一些知识结构，但还是情感为主；到了大学，是以理服人的问题，如果这个理讲不到位，你说什么都没用，如果理到了，理中必生情，而且理中生出的情就是坚定的信念和信仰。在一体化过程当中，可能要把思和悟的东西解决好。今天的孩子，要让他思和悟，思和悟就有一个比较，有一个辩证性的东西在里头。我前两天看了一个东西，一个中介机构统计中国的青少年对美国平视的比例变化，设计一个问题："对美国，你什么感受？"结果表明，对美国过去是仰视多，疫情期间这个平视的百分比提高了 30 个百分点。我认为，现在大多数青少年具有这样的自信，尤其是 00 后一代具有这样的自信。像这样一些正在变化中的东西，他要去悟，他要去比较。

另外，要知行合一。思政课最终要解决行动，解决实践，不解决实践问题，这门课是没有意义的，所以一定要解决知行合一的问题。

这几点，是今天展示的课和前期研究过程当中比较关注的问题。我认为也是在解决大中小学思政课质量问题上比较关键的环节，这些环节目前应该说比较明确。我们要创造出更多的实践性的成果来，这就是共同体和实践研究要做的工作。理论研究已经做了一些，但是我觉得要实践先行，思政课老师和各级各类机构的老师都来做，让我们的思政课繁荣起来，让思政课在我们大中小学校成为"金课"，让思政课在整个教育过程当中成为很硬的课。

三、关键的问题是教师

思政课教师比任何课教师的要求都高。我们讲大中小学思政课一体化，包括一体化问题、循序渐进的问题、螺旋式上升的问题，其实在学科当中，特别是理科学科中解决得已经很好。比如说，数学为什么就没有人提这个事情：小学一年级学什么，二年级学什么，中学学什么。大家都知道，前面没学，后面学不了，逻辑性很强。科学、物理，先学什么，后学什么，有逻辑顺序，这个问题已经解决好，循序渐进、螺旋上升体系已经非常明确，学科体系、教学体系、实践体系和认知体系都已经很完整。但是思政课大家要反思，我们的思政课从小学到中学到大学，这一套体系是不是已经很精准解决了循序渐进和螺旋式上升问题？看来还没有。所以，大家才会觉得，从小学开始进行的教育，政治信念教育，到初中、高中、大学、成人，好像老在一个平面上转，老在知的平面上转，不在更高的价值层面上去落地，没有形成一个核心的素养，甚至处于倒挂的现象。

小学讲爱国主义讲得很好，到更高阶段却讲不要随地吐痰。这个现象的出现，是因为没有形成很好的架构。习近平总书记指出："每个学科都要构建成体系的学科理论和概念。"成体系的学科理论构成学术体系，成体系的概念构成话语体系。我们今天在座的背景是不一样的，如果是教数学的会非常清楚，你的学科体系、学术体系和话语体系非常清楚，教物理也是一样。如果你是学人文的，也可能你的学科体系、学术体系、话语体系很清楚，但是这个学科体系、学术体系、话语体系从哪儿来？一定要有中国特色，要建立中国特色的学科体系、学术体系和话语体系。可能某些学科也有体系，但是是外来的，跟我们立德树人的目标，民族使命，服务国家和民族的目标不尽一致。实际上科学体系从某种意义上说，是比较确定的。而人文体系，尤其是思政体系，今天它的很多来源，都不是我们原创的，当然不是说这些体系一定不行，这个要辩证分析。

总体来说，要立足于中国大地，立足于中华民族伟大复兴和社会主义建设，思政类的学科体系、学术体系、话语体系，可能还要建设。因为在整体学科体系、课程体系、话语体系上，还没有形成中国化，没有像马克思主义中国化那样。所以，小学、初中、高中、大学讲思政课的时候，大家就感觉到，它的完整性和衔接性不够，但是怎么做？理论上有研究，实践上可能比理论上要做更多的探索。教师怎么办？我们国家发展的很多理论和实践问题，要让一个小学、初中、高中甚至大学的老师，把它给学生讲清楚是有困难的。这话什么意思？我们本身的学术体系、学科体系和教学体系还在探索和发展中，它不像自然科学体系那么明确和完整，所以我们要把这个事儿讲透很难。因此，思政课老师不是一般的老师，思政课老师肩负重要使命，任务重、责任大。从这个意义上来说，我觉得我们来研究思政课这个命题、这个课题，有广阔前景，有重大现实意义，是带有根本性的，而不是一般性的。

从某种意义上来说，其他课程建设要以思政课为统领，贯穿于它，形成很好的培养体系。这一步我们还在做，我们都是实践派，更多不是坐而论道。坐而论道需要论，不论不清楚，但是只坐而论道是不行的，大中小学教师要在具备基本观念和基本想法的情况下，用实践说话，用实践创造出新的真知，来推动思政课往前发展。

北京教育科学研究院党委副书记、副院长　冯洪荣

政治认同是思政课要重点解决好的问题

我是思政教育战线上的一个老兵，在国家教委思政司工作过，在高校做过团委和学生工作，后来到了教育媒体，一直比较关注思政教育领域。

在十一中学召开的研讨会，是贯彻习近平总书记关于办好思政课一系列重要讲话精神，以及落实中央关于思政课建设决策部署的一个创新行动。把大学、中学、小学思政课的教师，有关的领导、专家集中在一起讨论怎样深化思政课一体化的工作，在全国开了一个好头，应该说走在了全国的前列。这对下一步的思政课一体化工作的深化，肯定会起到很好的推动作用。

党的十九大以来，中央对于新时代教育改革发展做出了一系列的决策和部署，其中把大中小学思政课一体化建设放在了十分重要的地位。习近平总书记的那些讲话，让我们印象深刻。关于思政课，他说："我对教育工作在这方面强调最多。""思政课建设我必须更多强调。"他指出，"思政课是落实立德树人根本任务的关键课程"。那么如何理解它是落实立德树人的关键课程？立德树人是一个大系统，有德智体美劳多方面的课程和教育环节，为什么思政课是关键？我的理解，就是这门课的社会主义政治属性和指向最为鲜明，它在整个学生思想政治教育内容体系当中是灵魂、是旗帜，它要回答的问题是"培养什么人，为谁培养人"当中最为核心和关键的问题。比如，中国为什么要走社会主义道路？为什么要坚持党的领导？为什么要坚持马克思主义？这些是我们国家相当长历史阶段中学生思想政治教育的重点和难点。这些问题如果解决不好，既有培养后人失败的远虑，也有社会动荡乃至政权危机的近忧。

一个时期以来，世界处于百年未有之大变局之中。在这个变局当中，国内国际上发生的一系列重大事件，给人们带来了强烈的震撼，深刻影响着大家的思想认识和政治判断：中国经济高速发展，在很多领域超过了发达的资本主义国家；新冠疫情下各国的应对能力和表现大不同；美国大选乱象频出；还有美国等西方国家联合打压中国，遏制中国发展。在国内，我们党领导的反腐败斗争取得重大胜利，消除贫困取得历史性成就。所有这些事实、事件无不显示出我们社会主义制度的优越性，还有中国共产党的卓越领导能力。而且学校的思政教育应该说已经得到大力的加强和改进，当前对学生进行爱国主义教育，引导学生拥护党的领导，坚持社会主义道路，坚持马克思主义的教育，应该说具有最有力的事实支撑，是最有利的时机。我们应该抓住这样有利的时机，把思政教育中学生的政治认同，即坚持社会主义制度、坚持中国共产党领导、坚持马克思主义的重点难点问题解决好，让青少年成为实现"两个百年目标"、实现中华民族伟大复兴的可靠力量和生力军。

思政课改进和加强的一个重要维度，就是要对大中小学思政课做一体化设计，并分段实施，还要把各个学段、环节有机地衔接好，如此才能实现循序渐进、螺旋上升的最终目标。这就要遵循学生成长和教育规律，设计好培养目标、课程内容、教学教研计划、教师队伍建设和评价标准等。

要实现思政课教育教学目标，还要形成学校内部的合力环境，以及学校和家庭、社会的合力环境。学校内部的合力环境，除了这门课以外，学校的办学理念和宗旨、培养目标、课程体系、教育活动、学校文化等都要与思政课的指向、育人方向、政治导向相一致，这样才能够形成合力，否则思政课在学校里就成了孤岛，讲得再好也很难奏效，最后反而可能被环境消解了。

如何把校内的合力环境建设好？中小学这个阶段需要进一步加强党的领导和校长队伍建设。中央高度重视高校在意识形态领域的地位和作用，强化党的领导，高校实行党委领导下的校长负责制，注重高校领导干部的政治培训培养，等等。相对来说，中小学在党的领导和建设方面需要进一步加强。其实在中小学，一个校长的话语权和主导作用比高校的书记、校长还要大。有时候一个中小学校长的偏好可能就成为那所学校的特色，而他的不足和弱项也同样会体现在办学中。所以中小学校长的选拔培养，要提高政治上的要求。现在一些中小学校中，重视智育、轻视德育的校长还是有的；有的虽然重视德育，但是他理解的德育，或者是他设计的德育和中央所说的德育不是一回事，可能会走偏；有的要坚持社会主义办学方向，但是缺乏这方面的素质，缺乏意识形态问题的敏感性和政治素养。所以我觉得大中小学思政课一体化不仅仅是关注它本身的内容体系，还要关注我们在办学当中其他方面的重要因素，特别建议要加强党对中小学的领导，加强对中小学校长进行系统的政治素养的培训，确保大中小学思政课一体化建设和实施的目标得以实现。

光明日报《教育家》杂志社副社长　李功毅

大学之道　大思政课　大道理　大教科书

今天的研讨内容丰富，我收获很大。关于怎么能够把思政课讲得更好，五位发言者的讲话让我们耳目一新。在当前这个时代，如何善用大思政，习近平总书记提出了要求。关于我们怎么把握好，我有三点很粗浅的思考：

第一，大思政课，大道理，大教科书。为什么总书记讲"大"？这个"大"既是大学的思政课向中小学延伸，也是思政课大道理怎么能够入心；这个"大"体现的是社会发展规律，自然发展规律，甚至宇宙演化的规律。思政课的内在动力来自这个"大"，来自大学之道，在明明德，在亲民，在止于至善。

第二，大道理是思政课的灵魂。大道理如何才能够指导小道理？大道理怎么能够让我们的孩子在复杂的社会挑战面前，成为自强不息的孩子？张伯苓的三个"问"：你是中国人吗？你爱中国吗？你希望中国好吗？这些问怎么能够转化成孩子的内心之问：你是父母的好孩子吗？你爱你的父母吗？你希望父母幸福吗？你是好学生吗？你爱自己的学校和老师吗？你希望学校更好吗？你自己幸福快乐吗？你为什么活着？你能自强不息吗？面对一些不顺、逆境，你能战胜吗？你能不轻易放弃自己的生命吗？这些问题都指引我们用大道理指导小道理。

第三，思政课的探索，如何把价值理性、工具理性、科学理性统一起来，这是一个大命题。价值理性是思政课的灵魂；工具理性我们要慎重对待；科学理性就是我们思政课要有规律，要遵循规则。这些都给我们提出了挑战，我相信今天的活动一定能够成为我们善用思政课，为党育人、为国育才的动力。

北京市教育科学研究院德育研究中心主任　谢春风

第二节　大学引领

深化"纵向衔接"　推动"横向协同"

2021年3月6日，习近平总书记在看望参加全国政协会议的医药卫生教育界委员时指出，"'大思政课'我们要善用之"。此后，全国再次掀起大思政教育发展热潮。如何有效开展思政教育，落实大中小学思政课一体化建设，成为当下既重要又必要的时代课题。今天，我们齐聚一堂，率先成立"全国大中小学思政课一体化建设实践研究共同体"，就是为了更好地落实思政课育人任务，为党育人，为国育才。

共同体的基本情况

一、指导思想

共同体以习近平新时代中国特色社会主义思想为指导，推进大中小学思政课一体化建设的实践研究，引导学生立德成人、立志成才，树立正确世界观、人生观、价值观。

二、建设目标

整合大中小学、科研机构和社会教育资源，搭建大中小学思政课一体化理论与实践研究的共享服务平台，探索大中小学一体化教育改革模式与途径，落实立德树人和高质量发展目标。

三、工作原则

各成员单位本着自愿、平等、合作、发展的原则，建立长期合作关系，发挥各自优势，开展互补互帮，接受各级相关部门的指导、监督与管理。

四、工作范围

统筹大中小学思政课一体化建设，探索教育教学方法路径，推动大中小学思政课程有效衔接；通过搭建信息交流平台，实现共同体成员之间方便、快捷的互动交流和共享，突出整体优势；开展共同体学校间的教学观摩；举办相关研讨会、交流会和培训班，编辑出版共建共享成果。

五、组织机制

共同体的决策机构是理事会，理事会下设秘书处，负责共同体日常运行管理。秘书处设在北京市第十一中学，秘书长由第十一中学校长兼任。秘书处主要职责包括，制订年度工作计划；落实理事会下达的年度重点任务；召开成员大会；负责其他日常事务。

为进一步做好工作，我代表共同体各组成单位发出以下倡议

一、进一步强化理论和实践研究

致力于大中小学思政课一体化理论与实践研究，将思政课与社会大课堂结合、与时代大势结合、与历史文化结合，在大思政课程实践体系建设基础上，构建大中小学思政课一体化建设实践研究新模式，为大中小学思政课一体化落地提供实施方案和可行路径。

二、聚焦思政课教师师德建设和专业化建设

提升政治站位，强化师德意识，壮大优化思政课教师队伍，鼓励更多致力于大中小学思政课一体化研究的教师加入。

三、强化纵向衔接、横向协同

让我们依托共同体，形成育人合力，一起共研、共商、共育，努力解决"培养什么人、怎样培养人、为谁培养人"的根本教育问题，贯彻落实大中小学思政课一体化建设，为培养一代又一代社会主义建设者和接班人而持续努力。

"大中小学一体化思政课建设衔接机制研究"课题组组长 王 锋

大中小学思政课一体化建设的整体框架

我主要谈一下大中小学思政课一体化建设的整体框架。我讲三个方面，为什么抓，怎么抓，抓什么，即意义、方法、内容。

第一，为什么抓。这事得往大了说，就是江山问题，以及世界社会主义五百年走势问题和我们五千年中华民族源远流长的问题。

第二，怎么抓。首先我们要抓住主要矛盾，这个主要矛盾就是大中小学思政课一体化建设的现状与要求之间的矛盾。具体有教师的一体化建设能力、意识、责任，以及内生动力问题。知道了主要矛盾，我们就清楚了怎么抓的根本问题。这个根本问题，就是衔接不畅，所以我们要打通大中小学思政课一体化的任督二脉。知道了根本问题，下面就是工作重点，我们的工作重点就是要提升系统性，提升整体性和梯度性。在这个过程中，我们要处理好三对关系，即，处理好学生获得感和社会认同感之间的关系；处理好内容教育与过程教育之间的关系；处理好掷地有声和润物无声之间的关系，所以有时候隐性教育更加需要我们下功夫。

第三，抓什么。一是贯通一个目标。刚才点评的时候，我已经讲过了，我们要贯通的目标就是，立德树人，为党育人，为国育才。二是重两大衔接。这两大衔接就是小学到中学，中学到大学的衔接。三是循三大规律。即，思想政治工作规律、教书育人规律和学生成长规律。也就是说我们要清晰教育的本质，正如雅斯贝尔斯所言，它意味着一棵树摇动另一棵树，一朵云推动另一朵云，一个灵魂叫醒另一个灵魂。

就规律而言，我说下大中小学的不同点。我们的思政课和其他课不一样，要把我们的思想放到人家脑子里，这个难度是很大的。第一，教学目标。小学怎么抓，一定是意识感知，道德情感的启蒙；而中学则是情感认知的塑造，政治素养的提升；大学一定是理论逻辑、主流价值观的生成。第二，主要方法。小学是讲故事、体验式教学、形象化思维，用小素材解构大道理。中学是双向沟通式教学，用小切口去破开大主题。大学是推理式、判断式教学；用小情感去化解大社会，从小角度去解构大斗争；着力释疑解惑破难题，传导主流意识形态；直面各种错误观点和思潮。第三，效果。小学就是要养成行为习惯，形成爱的情感，产生做社会主义建设者和接班人的美好愿望；中学就是养成社会责任感与合作能力，衷心拥护党的领导和国家制度，形成做社会主义建设者和接班人的政治认同；大学一定是理论基础的夯实、使命担当的铸就、理想信念的筑牢，矢志不渝听党话跟党走。

所以，我们的建设目标要循序渐进，方法要梯度攀升，效果要触及心灵。

大中小学思政课一体化建设要体现四个逻辑。理论逻辑、价值逻辑、现实逻辑，还有实践逻辑。

第一个是整体性与分段化理论逻辑。理论基础就是马克思主义认识论关于认识辨证过程的观点，再就是唯物辩证法关于联系和发展的观点。

第二个是全链条、渐进式的价值逻辑。我们从启蒙到提升，从塑造到生成，整个要扣在价值逻辑点上。我们的教学要善于进行两大转换，善于把教材体系转化成教学体系，善于把知识体系转换成价值体系，解决信仰问题，这个是最重要的，也是最难的。

第三个是层级化、递进式的现实逻辑。我们不要忘了今天的大势，我们面临的是百年未有之大变局，席卷全球的疫情给世界带来重大而深刻的影响；从1516年莫尔的《乌托邦》开启世界社会主义先河到今天，世界社会主义已走过505年的历程……现实是严峻的，这代人的强国使命与担当空前重要。

第四个就是交融式、协同式的实践逻辑。也就是不同学段的课程教学，既有内在衔接，也有彼此的相对独立。我们不能从左偏到右，又从右偏到左，要注意它的相对独立性，达到纵向衔接、横向贯通、循序渐进、螺旋上升。

大中小学思政课一体化建设要形成五大合力。第一是教材，包括教学大纲，我们要共研；第二是课程设置，我们要共融；第三是教师队伍，我们要共建；第四是资源平台，我们要共享；第五是极其重要的分层次的评价体系，我们要共维。从而达到同课异构、协同共研这样一个大中小学一体化建设的唯美场景。

北京邮电大学马克思主义学院院长　周　晔

思政课程一体化必须遵循的理论逻辑

当前思政课程一体化建设存在的主要问题：建设理念相对超前，一体化实践相对滞后；课程内容简单重复，迭代性不强；课程教学与设计相互独立，衔接性不强；课程评价条件多样，标准不周全。要实现思政课一体化建设，必须遵循基本的理论逻辑，强化三个认识，防止三个误区，实现三个效果。

一、强化发展过程的辩证性，防止"脱节倒置"，实现阶段化和层次化

加强思政课一体化建设要清晰地认识处于不同学段的学生对事物的理解和接受水平存在差异，依据不同学段认知特点分别设置教学内容，实现思政课的阶段化和层次化教学，最终提升思政课教学效果。

思政课需要在学生成长的关键时期，将科学理论、崇高理想、家国情怀、道德修养、正确价值观念通过恰当和稳妥的方式，讲授传播给学生，进而形成"传输—接受—内化—外化"的效果。思政课要充分科学地开展灌输教育，这是思政课的本质性特征。但是灌输不能等同于硬灌、强灌、倒灌、乱灌，"需要在理论创新中进行大水漫灌、在内容整合中进行科学渗灌、在方法择取中进行精准施灌、在实践养成中进行细水滴灌"。

二、强化联系和发展的辩证性，避免简单重复，实现有效衔接和递进发展

要紧紧把握住大中小学各个学段思政课之间的内在联系，统筹建设思政课，实现有机衔接。要掌握大中小学各个学段思政课之间的递进和发展的态势，在大中小学循序渐进地开设思政课。

思政课程不同于一般课程，其教学过程贯穿学生成长始终、涵盖学生人生全程，教学效果不仅体现在课堂上、书本内和考试中，更体现在学生思想上、行为上和日常生活中，是一个反射弧特别长、辐射度特别广、影响力特别深的特殊教学过程。

推进思政课一体化建设，不是一时之举，而是要将价值塑造、知识传授和能力培养融为一体、贯穿全程。面对当前思政课教学过程在大中小学各学段客观存在的时段分割、条块分离、衔接不畅等现实问题，思政课教学过程必须要坚持守正和创新相统一，落实新时代思政课改革创新要求，把准教学过程的反射弧、辐射度和影响力，既要注重学段特色，在不同学段采用不同的教学方法、运用不同的教学载体、创新优良的教学环境；又要注重学段衔接，注意方法的可持续性、载体的可延伸性、环境的可转换性，这就对思政课教学过程提出了更高的要求。

三、强化整体和部分的辩证性，防范孤立零散，实现整体协同与差异共进

大中小学思政课一体化建设要规避零散状态，提升思政课总体实力和凸显思政课在立德树人过程中的重要作用。要"守好一段渠"，使各个学段思政课的育人功能阶段性、差异化显现，逐渐释放。同时，要保证各段"渠道"的畅通，建立大中小学思政课一体化统筹保障机制，实现政策一致、教材一致、管理一致。要建立点线面辐射型共建机制，实现资源共享，加强地域交流合作、教师团队互动，提升整体水平。

东北大学党委研究生工作部部长　丁义浩

大中小学思政课一体化建设要明确"化什么、怎么化"

第一个层面是"化什么"

既然是"一体化",这个"化"是不是要明确几个层面,包括教学理念一体化,教学目标一体化,教学内容一体化,育人责任一体化等。我主要谈教学内容一体化与育人责任一体化。

教学内容要一体化。现在中小学很多老师的教学水平非常高、教学能力非常强,"厉害了我的中学老师"!他们讲课生动活泼!经常把大学老师要讲的内容提前讲了,他们走了大学思政课老师的路,让我们大学思政课老师"无路可走"。我为什么专门说这一点?就是教育一定要尊重学生的成长规律,有的内容一定不能提前,否则,学生接受不了,效果也一定不好。

还有一个层面是育人责任一体化。我认识一位老教授,已经退休了。他的观点是:现在大学录取的少数学生在理想信念教育方面存在夹生饭现象。这个问题有点像我们在家里煮饭,先在电饭煲把水一放,按钮一按,香喷喷的饭就自动煮好了。以前没有电饭煲,要自己煮,需要水平和技术,水放得不好,火候掌握不好,就会煮成夹生饭,再想煮熟,真的很难!如果每个学段的思政课老师都"当好铁路警察",履行自己的责任,种好自己的责任田,夹生饭问题就可能不会转移到下一个学段。大学思政课老师既要处理夹生饭现象,又要面对一个严峻问题:似乎培养中国特色社会主义事业合格建设者和可靠接班人就靠他们这个群体,让他们压力山大!

第二个层面,需更多关注怎么"化"

简单说,"化"就是创新。究竟怎么创新?一是顶层设计,怎么去设计,不是发几份文件之后让下面的人去扑腾,就能解决问题。顶层设计不单单是讲某一所学校,而是要求所有大中小学校,从中央到基层教育机构,都思考怎么做好大中小学思政课一体化建设。二是大中小学要做好顶层设计，包括教学目标、教学内容、教学方案等设计，它们之间要进行怎样的一体化，需要做系统性思考与设计。否则，目标是达不到的。三是课程之间的一体化。如：现在大学本科生、硕士生、博士生的学习阶段都开设思政课，本科生五门思政课之间怎么实现"一体化"，本科生和硕士生、博士生的思政课程又怎么在一体化建设上做好衔接，思政课程与课程思政之间又怎么做好"一体化"，这些问题都需要高等教育工作者认真考虑并解决。中小学面临同样的问题。

设计课程育人目标，大中小学须有衔接。我们一定不能揠苗助长！我们一定不能违背学生的成长、成材规律！苗拔得太快了，前面看似长得挺高，后面可能长得比较慢，甚至枯萎。还有学校内部的课程育人目标如何设置；思政课程之间，课程思政之间，思政课程与课程思政之间，怎么设计目标，也都需要周到思虑。我提出的这些问题，说实话，自己没有答案，希望求教于各位专家！

如何"化"，还体现在于教学内容的安排上。上午听了很多老师的发言，我觉得中小学"一体化"建设水平真的很高，比如：有中学提出"有高度的、有情感的、有行动的"等一体化建设；有小学老师带领学生到延安、西安等地参观，用祖国鲜活的发展成就教育学生，产生了很好的效果。我感觉非常好！也非常佩服！

北方工业大学马克思主义学院院长　袁本文

思政课一体化关键在师资一体化

在大中小学思政课一体化的建设框架中，有许多的环节需要协同融合的一体化创新，其中师资方面的一体化创新尤显重要。

一、大中小学思政课师资一体化是解决教材建设、教学成效、立德树人问题的关键因素

大中小学思政课一体化的建设有着难以解决的焦点、难点、堵点。如教材的层次不清、教学内容的重叠反复、教学效果的模糊评估、立德树人的目标笼统，等等。需要分学段、析重点、明先后，进行系统设计和规划。这种设计是学生自身不能解决的，需要教师有清晰的认知体系、丰富的内容生产、准确的目标定位和科学的推进思路。

如道德教育中，应明确立政德、明大德、严私德、守公德的基本目标，坚持为党育人、为国育才的基本方向和定位。我们的学校德育既不是传统的四书五经体系，也不是西方的普世价值观，而是适应中国共产党治国理政和中国特色社会主义建设需要的内在德行操守。

二、大中小学思政课师资一体化需要形成小学导入、中学筑基、大学延展的责任体系

与思政课内容建设相一致，师资队伍建设也要体现相应的教师职能和教学作用。分别在小学、中学、大学的不同学段，体现思政课学习兴趣、思政课教学基础、思政课理论应用的不同重点，去设计不同的教学目标、教学重点、教学手段以达到不同的教学效果；在自身知识、能力、素质方面，规划学习与教育路径；在学科、专业、课程、实践等关键环节，把握和调控互通有无、协调发展、一体推动的思政课教师创新能力建设体系，解决好做什么、谁来做、做成什么样的问题。

三、大中小学思政课师资一体化需要推进资源共享、师资共用、人才共育、使命共担的育人格局

小学的兴趣化教学、中学的备考式训练、大学的思想性探究形成了不同学段的教学资源和教学力量，对推进思政课一体化所起到的革新作用各有千秋。思政课建设联盟、一体化育人共同体、思政课体验性教学都是着眼站位、积极互动、富有成效的创新举措。孩童的纯真与引领、少年的求知与融汇、青年的思考与坚定，是一个客观的过程，也是检验思政课成效的考量因素，需要不同学段的思政课教师共同面对、思考和推进。在大中小学思政课建设领域，思政课的案例库、信息库以及实践资源可以打通，大学应该承担协助中小学思政课教师学历提升的职责，中小学应该同大学思政课教师分享研究实践基地。

同时，要明确教师层面一体化的主导方，各方共同提出问题，共同思考办法，但需要主导方的谋划统筹。建议采用产出导向，从学生走出校门的思政素养作为节点，倒推和理清任务结构，确立主导责任。

2019年，"青岛新时代大中小学思政课一体化建设联盟"成立，目标是为邻学段、同学段、跨学段相互听课、集体备课、思政课"堵点"集体攻关及思政课教学资源共享搭建平台；"广东省大中小学实践育人共同体"创新实施高校"校地结对、实践育人"计划，2019年就结成几十对。

四、大中小学思政课师资一体化不应局限在不同学段的思政课专任教师群体

学生的思想政治素质提升，课堂是主阵地，但不是唯一，教师是中坚力量，也不是全部。"三全育人"涉及学校教育的方方面面，也涉及校内校外的种种因素。"学校一天的思想素质教育抵不过家长的一次聚会"。一定程度上，与学生密切接触的人都可以是思政课师资，他们的素质对学生的影响是综合的、全方位的，更具实效性的，他们也应该是一体化的对象。

如部分大学开展的思政课体验式教学模式，打通思政课教师和政治辅导员两支队伍，大学课堂与社会见习两个阵地，将思政课教学与日常思政教育结合，让学生在学校教育和生活实践中，了解和验证课堂教学内容与思政教育内容，多元、多向、多维度营造立德树人氛围，落实、落细思政教育效果。

山东理工大学文学与新闻传播学院党委书记　李义勇

在一体化机制建设上下功夫

关于一体化建设，研究上很活跃，已经"破题"；实践上很鲜活，已经"破冰"。特别是大家介绍的经验，一些案例非常鲜活，做得很好。大中小学思政课一体化，是"同题共答""同题异构"，都是我们的"责任田"，都是在大主题下的育人工作。

一、一体化、课程化改革方向非常明显

在思政课改革中，有一个基本的方向，一是一体化，二是课程化。宏观层面上，教育部连续出台了系列文件，有思政课创优方案，有思政课课程体系指导纲要，还有教指委的指导意见。微观层面上，特别在高校，"立体化、协同化"的改革方向都很明显，很多学者也有相关探讨。我认为这些方向性的关键词，这些理论研究成果和实践经验，都为我们做好这个大题目打下了基础。

二、讲好思政课要关注四个关键字

一是"道"，要通过思政课让我们学生明道、知道。"道"是认识论，要有深度。二是"术"，就是方法论，方法也要成系统、成体系。三是"势"，就是用系统的观点去看问题、看世界。四是"策"，思政课要注重讲国家形势，解读政策，很多老师承担着解读中央精神、解读方针政策的任务。从认识论、方法论、系统论、实践论来审视思政课，更多的是指导实践。所以，我们不但要解决大中小学思政课的衔接问题，还有贯通问题，衔接、贯通是一种方法或者一种路径，最主要的是融合。在人的不同年龄阶段，思政课如何体现育人的特点，这是我们研究的课题。

三、讲好思政课要讲好"三个理"

首先是讲道理，家长给我们讲道理，老师给我们讲道理，道理讲不进去可能就是缺乏温度。其实，不同群体不同成长阶段，需要的情怀和温度是不一样的，我们要把握好温度。其次是讲学理，"知其然要知其所以然"，学理讲厚度、

讲学养、讲学术积累。以前不少马院老师，不是科班出身，学养上的不足，导致在面对学生理论困惑时无能为力。再次是讲哲理，涉及哲学的层面，需要讲深度，提升思辨能力和育人能力。把思想装进别人的脑袋里去，像从别人口袋里掏钱一样，装进去和掏出来一样难。思政课要在政治引导、学理阐释、价值塑造上下功夫，实现从讲道理到讲学理，再到讲哲理的升华。

围绕师资队伍一体化建设，我有四点建议：

建立联学联研机制。以我们学校为例，我们有附属学校，规模不大，是子弟学校。我们定点扶贫（帮扶）建始县，在那里的花坪民族小学有1600多名学生，建有马院思政课实践基地。我们尝试"一院牵手两校"，建立思政课教师的联学联研机制，开展城乡大中小学思政课一体化实践探索。

建立联合集体备课机制。由大学牵头，让中小学思政课教师参与，以集体备课方式，落实中央关于思政课螺旋上升式开设的要求。在保证老师自己教学风格的同时，实现学科体系、课程体系、教材体系、教学体系和话语体系的有效转化，实行集体备课是很重要的一环。

建立示范课机制。高校老师可以给中小学老师做示范，中小学老师也可以给大学老师做示范。现实中，少数刚毕业的大学教师，讲课容易陷于自言自语的状态，讲得很投入，但听课的学生是蒙的。我们不少小学老师，道理不用讲得那么深，却能让学生很活跃。高校教师与中小学老师，可以尝试在各自课堂互相穿插教学环节，做双向互动的示范。我们还可以邀请中小学老师，还有各行各业的典型，到大学思政课堂来讲故事、讲案例。

建立资源平台共享机制。一是建立省市级思政课培训研修平台，面向大中小学教师开放，开展培训研修。二是建立思政课素材库、案例库，教材是国家统一的，可以针对教材积累、扩展大量的案例和素材，发挥示范作用。

华中农业大学马克思主义学院党委书记　程华东

激发内在动力　多措并举加强协同创新

大中小学思政课教师一体化内在动力是存在的，主要基于以下几个方面原因：一是教学目标的一致性；二是教学内容的递进性；三是不同学段的衔接性；四是育人资源的共享性。在这种具备内在动力的基础上，有关部门应牵头从制度创新、平台搭建等方面来推进师资队伍建设一体化，可从以下几个方面来入手。

一、建立区域化联盟

在全国性的联盟指导下，可以建立以省级或市级为单位的区域化联盟。联盟内部可以有类似"结对子"的定期交流机制。还可以建立网络平台，实现资源实时共享。

二、搭建一体化培训平台

一方面，实现对各个学段的思政课教师一体化培训，让大学老师、中学老师和小学老师在全局观念和意识上有整体的、统一的标准。另一方面，实现思政课教师的一体化培养，可以把对高校思政课教师和辅导员的博士培养定向计划，向中小学延伸，比如在中小学增设在职攻读硕士学位的专项计划等。

三、建立纵向跨学段的研修机制

尝试让中小学老师到大学，或者让大学老师到中小学进行实践，让他们在双向的长期挂职、借调中得到学习和提升。

四、发挥各地党校和团校的作用

可以借助党校、团校丰富的思政资源和培训经验，开阔大中小学思政课教师培训的思路与视野，这将更有利于课程一体化建设。

五、全方位加强协同创新

在科研方面，加强申报课题、组织社会实践方面的协同；在基地建设方面，加强一体化教学、体验式教学基地的建设；在学科建设方面，高校聘请具有高级职称的中小学思政课教师做研究生的指导老师，小学聘请高校年轻的思政课教师担任兼职大队辅导员、兼职德育教师等；在人员力量方面，专兼职相结合，充分发挥兼职思政课教师在宣讲、党史学习教育等工作中的作用；在课程形式方面，将思政课与小学的队课、中学的团课结合起来，打造一两门可复制、可推广的课程。

中国青年政治学院党群工作部部长　毛赟美

关于大中小学思政课一体化的几点想法

一、提高站位

习近平总书记在"3·18"重要讲话中对思政课是一个什么样的课程，大中小学思政课一体化建设是什么样的工程等问题的精辟论述，已经为我们推进思政课一体化建设提供了理论遵循。我们在教学过程中遇到的困境怎么克服、怎么解决，首先需要提高站位。要有问题导向，同时结合目标导向。立德树人，首先要把德放在第一位。从数据显示，孩子们在应试过程中不选政治课、思政课，主要还是考虑到对应试不利而做出的现实选择。但是从育人的初心和目标方面来讲，培养出学霸不一定就是培养出了人才，因此立德树人的目标是每一位思政课老师肩上共担的使命。思政课在立德树人方面，不仅不是可有可无的，而且是至关重要的。因此，提高站位最后归结为育人的初心，这是第一个层面。

二、遵循规律

习近平总书记一直强调我们要循序渐进、遵循螺旋上升的规律开设思政课，我认为非常必要。刚才老师们、专家们还就我们在各学段的教学内容上是否安排合理进行了讨论，我想这其实就是一个规律的问题。思政课应该遵循一定规律，要研究学生的认知规律，用好教学规律。作为一线教师，在上课的时候，我们在课堂上既要使我们的理论具有说服力，同时讲出来的故事要有温度，有感染力，保持好故事和学理之间的关系。除此之外，在知识与价值、理论与实践、协同与多样、主导与主体、灌输与启发、显性与理性等多种关系梳理中把握其规律。

另一方面，把握孩子们从小到大在成长过程中的规律。从思政课讲授的角度来说，我们要从孩子的情感启蒙入手，小学时孩子处于萌发期，我们在讲述的过程中更加注重孩子们情感的培养，这种情感可以是平时的为人处事，也可以是家国的大情怀，我们要把大道理放在小故事中去讲，不能老唱高调，老讲道理，要注意滋养和浸润，千万不要揠苗助长。

中学更应该注重孩子们的亲身体验、通识学习以及素养的提高。如果在小学完成的最主要目标是情感认同，那么在中学更多是思想的认同，在积累过程中不断滴灌，切忌催熟，催熟的水果味道不好。否则即使到了大学还要补短板，因为是"夹生饭"，不符合正常的接受知识从浅到深的认识过程，长得太快不一定长得好，从立德这个角度更是如此。

到了大学，学生的三观逐渐成形，但是还未完全定型。形象地说是拔节孕穗期，在这个阶段要重视理论的辨析和价值的引领，完成政治认同的教育。我们在思辨过程中要达到正本清源、固本培元的目标。

小中大学这样的一体化，其实它的主线是一致的，内容我认为也可以是同样的，但是我们的方法和切入点是有侧重的，是有差异的，是循序渐进的、有关联的。

三、形成合力

要推进一体化，作为一线教师必须有系统性思维和整体性思维，既要关注自己学段的教学内容和教学对象，还要横向交流。小学老师一定要看自己，还要看前方；中学老师既要看自己，还要回头看和往前看；大学老师就是既要管好自己的这段渠，而且还要往回看。思政课教学一定要记住，大中小学共担同一个使命，那就是培养好我们的孩子。因此从形成育人合力这个角度上来说，打造这样的共同体，是非常必要的。

北京工业大学马克思主义学院　李晓平

第三节 中学传承

构建沟通机制 开展实践研讨
推进双向进修

一、构建大中小学思政课一体化教育管理者和广大教师的沟通机制

在中国现有的教育体制下，我个人认为，建立一体化沟通的体制机制是必须先行的，为什么呢？依靠我们大中小学单独的个体来做这个工作，力量是相对比较薄弱的，尤其对于中小学来讲，我们特别希望能够跟大学有合作的机会。我们之前也开展过这方面的合作，但基本上是自发和自愿的，基本上都是凭个人关系和资源构建起来的。缺乏这方面资源的学校，就难以建立这种合作关系。对于小学来讲，这个问题就更加明显了，因为小学不能隔着灶台上炕，小学跟大学隔的东西就更多，十一中和116中学都有自己的附属小学，中小一体化建设有先天的优势。像我们学校还没有自己的附属小学，我们和小学之间的一体化建设，就缺少了合作的渠道。所以，我觉得建立一体化建设实践研究共同体就是非常有意义的，还有王教授领衔的研究衔接机制的课题，对于这些主要矛盾抓得就非常准。一定要有体制机制，有体制机制保障，有固定的人在固定的时间，完成固定的任务，就会变成长效的事情，就能得到落实。万事起头难，有了体制机制的保障，就一定会有破冰的动作。

二、设计好、组织好、实施好大中小学思政课一体化建设实践研讨活动

实践的特点就是得相互走进，不能闭门造车，也不是坐而论道。大学走进中小学，中小学走进大学，最好是我们同上一堂课，这种方式非常直接，却是最有效的。走进课堂、走近学生，我们大中小学的老师在一起共同备课、共同上课、共同教研，工作和生活在一起，这是一种最好的、最直接的联系方式。而且在实践中，获得的经验和感受，包括我们遇到的一些困难和挑战，都是最

真实的，也是最有研究价值和意义的。

三、大力推进大中小学思政课教师双向进修

为什么这么讲呢？我们也是有感而发的，首先我的学科背景是政治，我听过很多节政治课，这么多年，没有上千也有数百节了。我感觉到中小学思政课教师的理论素养还是有一些匮乏，这些匮乏展现在课堂上，就是课的表现形式非常精彩，师生互动做得非常好，但是感觉有瓶颈。什么瓶颈呢？主要体现在深度、广度和高度上。深度上，如果我们老师没有足够理论功底，就只会罗列一些现象和案例，不能够通过现象来看本质，这对学生的思维发展有很大局限。广度上，如果我们老师专业理论素养不够，当他在迁移和联想的时候，视野就会很窄，往往就是就事论事。高度上，能不能跳出书本来看问题，这决定了一个老师的站位，有没有宏观的视野，有没有境界和格局。其实在中小学，尤其是小学，我们很多道德与法治课上，老师讲的都是鸡毛蒜皮的小事，这很正常，不是不对，应该讲这些事情，但如果只是停留在鸡毛蒜皮的层面上，那就被局限了。

我们为什么说要双向进修，就是要解决老师的理论深度问题。东城区举办了与清华大学、北京大学高校合作的活动，各校一把手都接受了培训。培训结束后，我发现自己的认识水平有很大的提升，培训效果是非常好的。

另一方面，大学的师生也应当走进我们一线中小学来丰富实践经验。东城区前段时间与清华马院有合作项目，清华的研究生走进学校来实习，我们特别重视这件事情。我亲自出马，认真准备，做他们的导师，帮助他们了解我们基层的政治课怎么上，这让我们双方都很有收获。在跟岗的这半个月里，名校的研究生们节节都去听课，讲课的老师们也准备得很认真，在理论把握上也有提升。从另外一个角度来讲，名校毕业的学生，学历很高，但确实缺少实践经验。真正把深厚的理论功底转化成课堂上呈现给学生的东西，是需要很多技术和方法的。什么叫"茶壶里煮饺子"？理论水平高，但是表达不行，亲和力不行，组织教学能力不行，在中小学课堂上就很难成为一名好的老师。希望今后能加大这方面的沟通和联系，这将帮助双方提升思政课教学方面的能力。

另外，中小学思政课的教学风格是有区别的。今天上午我们的两节展示课就有不同的风格。之前听清华马院的艾院长也讲过，关于点头率和抬头率的问题，大学注重理论深度，没有花太多精力在形式表现上，高校学生抬头率不高，但是点头率比较高。这一点与中小学恰恰相反，中小学没有抬头率不可能有点

头率。中小学的展示课就非常注重师生互动，用了很多种方式，包括观看视频，包括大家研讨和交流。什么是真正精彩的思政课？一定是既要有理论深度，同时表现形式又能够打动人心。有了真实的互动，才有真实的思考，有了真实的思考，才真实地引发学生的学习和感悟。双向的进修和学习非常有必要。给小孩的课，别看是小孩，也要有理论深度；给成年人讲课，别看是成年人，也要讲出形式，注意调动多种感官。

北京市第五十中学党委书记　王　祺

多途径搭建思政教师发展平台

思政课一体化，无论从国家层面，还是学校育人层面，都是放在首要位置的工作。如何在实践当中创新，也是需要我们学习、提升，并努力去实践探索的重要工作。

我校树立了大中小学思政课教师队伍一体化建设总体目标，构建了教师队伍共同体，即构建专职为主、专兼结合、数量充足、素质优良的大中小学思政课教师共同体，进而实行配比一体化、素质一体化。配比一体化，主要是从三个方面来实现：壮大专职思政课教师队伍规模，壮大兼职思政课教师队伍规模，壮大后备思政课教师队伍规模。素质一体化，主要强调的是大中小学思政课教师队伍应具备优良的素质，包括政治要强、情怀要深、思维要新、视野要广、自律要严、人格要正。

我校在思政课一体化建设中的探索主要有以下几点。

一、在教书育人方面

我们既坚持用习近平新时代中国特色社会主义思想培根铸魂，又根据不同学段学生认知发展水平和教育背景层次的实际情况，循序渐进、螺旋上升地规划思政课的目标、内容和方法，推进思政课进入学生头脑，融入学生情感，嵌入学生思想和渗入学生理想。主要的做法是：

遵循学生身心发展规律，对学段间教学目标进行层次优化与衔接整合。学校在小学阶段，以道德启蒙为主，贯穿认识国旗、会唱国歌、遵纪守法、爱护公物、互帮互助等内容，激发道德情感；初中阶段以知识建构为主；高中阶段以价值教育为主。教师们会充分利用课前演讲分享环节，在小学阶段及初一年级进行小故事的宣讲，初二年级多以新闻播报的形式，初三年级则是"正眼看生活"，高中阶段是时事述评。在校内实践活动环节，小学开展的是讲故事比赛，初中开展模拟法庭，高中阶段开展模拟政协辩论赛等活动。努力做到教学协同，开展合作教学和一体化备课，并逐渐形成了一体化备课机制，不同阶段思政课教师开展面对面交流，建立和利用大中小学思政课教师网，进行网上交流。

二、在科学研究方面

我们注重抓好科学研究一体化建设，做好科研协同发展。鼓励教师可以合作申报大中小学学生德育发展规律与特点的研究课题，力争大中小学思政课一体化研究能够形成合力。学校政治组牵头与北京师范大学、北京科技大学的马克思主义学院联合申报了大中小学学习习近平新时代中国特色社会主义思想的实践研究课题。同时，学校也积极联合开展德育课题申报，按照京津冀教育协同发展实践案例的要求，与天津、河北等地的学校跨区域探索大思政育人的实践模式。

三、在教师成长方面

一方面，我们坚持一体化培养培训，主张跨学科、跨学段，学科协同。我们聘请有高级职称的中小学思政课教师参加教育硕士等相关学科的研究生指导工作和进修学习。学校还选派教师参与东城区开展的"关键课程培根铸魂"——东城区教育系统与清华大学马克思主义学院战略合作项目之中。

另一方面，我们坚持一体化社会实践，突出实践协同。最突出的是学校的"小小政协活动"，活动以学生为主、指导教师为辅、政协委员为导师的三方合作机制，帮助学生实现参政、议政。活动通过报名、笔试、面试等环节，选拔小小政协委员。小小政协团队采取小组或个人的形式，发现问题、确定提案议题，实地调研、收集资料撰写提案，建言献策开展工作。学校成立了专门的教师指导团队，负责这个项目的日常指导，同时邀请政协委员入校讲座，以选修课程形式普及知识、分享案例。共同协商、政协模拟的情景，让学生真正体验了参政议政过程。小小政协还设置了学生民主协商制，设立政协委员会学生助理，并选取优秀案例提交到政协提案组。今年"两会"期间有一个关于劳动方案的提案就是"小小政协活动"的优秀案例，被全国"两会"列为重点提案。

此外，学校在思政课教学过程中，注重从知识点的分布、思想深度、理论视野等方面加强互动交流，形成合力。学校开展了中小学思政课德育衔接活动。例如"大手拉小手"，让中学生走进我们自己的附属小学，一起开展咏读宪法德育活动。在教学安排上，我们采取中学思政课六年一循环的机制，落实一体化模式。

北京市第一六六中学党委书记　贾　喆

把握大思政本质　实践大中小学
思政课一体化

一、正确理解思政课的地位

我以前是高中政治老师，教了20多年政治课。在高中，政治课与语数外、理化生、史地课程相比，地位并不高。近年来思政课的地位明显提升。但从某种角度上来讲，还未能从根本上解决教师的积极性和培养教师队伍等现实问题。我虽然是五个校区的总校长，但作为一名政治老师，一直在上课，每周上七节课。我以前教高中，现在主动教初中，义务教育阶段我们叫道德与法治，高中课程中包含经济、哲学，但仍发现我们的孩子对政治课的兴趣并不高。这个问题非常值得我们思考！

二、正确把握大思政的本质

在习近平总书记的号召下，我们要构建大思政的理念，但如果大家都一窝蜂上，这就是对大思政本质的正确理解吗？本质到底是什么？一定是"培养什么人"的问题，是意识形态的问题。思想政治，不光是只有政治层面，还有思想层面。真正让非思政课老师在课堂教学中融入大思政理念，注重学生德智体美劳全面发展，真正践行"为党育人、为国育才"的初心使命，可能还需要一个过程。大中小学思政课老师们既在教育方向上具有一致性，又因各自教育对象的不同具有特殊性。大中小学一体化建设正是既要重视这种整体性，更要关注其中的特殊性。

三、正确掌握思政课教学思路

当前，思政课一体化建设的水平不尽相同。许多高校马院的老师来指导中学老师，大家会发现，相对于其他课程，政治课更难讲，一方面教学素材要鲜活，备课量非常大；另一方面，课程内容更新快，每年都要修改教案。同时，在课程体系构架上也需要进一步加强逻辑性，不能只靠形式吸引学生。

北京市丰台区第二中学校长　何石明

统一思想 多元参与 共建大思政一体化

一、统一认识，发挥政治引领

这句话不是空口号，我们为什么这么讲？改革开放至今，教育发展至今，学校教育仍然或多或少存在着"重智育轻德育"的现象，虽然办学者不去宣讲"重智育"，但是在组织教育教学过程中，在教育行政部门评价中，总是有这么一个重分数、重智育的"紧箍咒"。在教育管理者和老师心目中，还是重智育轻德育，这种"唯分数""唯高考上线率""唯清北人数"的顽瘴痼疾不根除，你说我们来搞思想政治教育，我们来上思想政治课，会有效果吗？不是说抓教学质量就不能抓思政，其实二者并不矛盾，问题在于，不少学校、不少教育工作者是在用分数作为衡量一名学生的唯一标准，分数上去了，其他忽略不计。长此以往，我们培养的人是没有头脑、不辨方向的人。所以，我们一定要统一认识，提高政治站位，端正我们的育人思想、办学思想，真正落实习总书记在全国教育大会上讲的，培养德智体美劳全面发展的社会主义建设者和接班人。

二、激发多元参与，大思政一体化

要多元参与，多方联动，全员参与，原来提的是全员德育，现在提的是全员思政。思政教育不单是政治老师的事情，学校的管理者、班主任、任课老师要一同参与。不单是政治课，还有语文、历史、文科以及理科也应多学科渗透；不单是必修课、选修课，还有校本课程做到全覆盖；不单是课堂教学，还有课外活动和研学，包括升旗仪式、毕业典礼、社区服务、体育节、科技节等互相联动；不单是正规的教育教学实践，还有学生碎片化的时间。如吃饭的时候，耳朵听到的广播里讲的是什么；从寝室到教室里，经过走廊长廊时，见的是什么。这些碎片化的时间和空间，也要把它利用起来，这叫潜移默化，耳濡目染。目前我们也正在不断探索多元参与，共同构建一种大思政力量。

三、发挥各自特点，搭建沟通平台

先谈谈长沙的做法，长沙市第一师范学院组织长沙市的中小学的思政老师集体备课搞了好几次，但是有一个问题，小学、中学、大学没有共享联动，更没有成系统。从某种角度上来讲，小学就应该注重感性和感知，中学应该注重认识和认知，大学应该注重价值和价值观，但这三者不完全是一刀切的。小学开展感性和感知活动的时候，也可以灌输价值观的理念。大学讲理论讲逻辑，也要有情感的灌输。这是联动的，这样才是搭建思政教育平台的意义所在。

还有几个需要大家共同注意的问题：一是高中阶段的思政教育在时间和精力上被大大挤压；二是要避免思政工作中的形式主义；三是要特别加强大学与中小学的衔接；四是推进大中小学思政课一体化的全国性建设。

湖南株洲星雅实验学校校长　徐　林

创新大思政课程实践途径

北京市第十一中学围绕着培养全面发展、学有特长、人格健全、具有家国情怀的新时代英才的育人目标。聚焦生涯教育，引领学生的发展。在校党委的领导下开拓创新系统整合，构建大思政课实践为核心、生涯课程实践为路径的新生涯德育体系。把学生的兴趣爱好与国家社会发展的需求紧密结合起来，把学生的成长与国家的发展紧密结合起来。

我校将大思政课作为学校完人教育的重要途径，把国家发展、社会生活、家庭成长三大领域与各类课程相互协同，构建了学校一体化的思政课程，在"五育并举"培养学生过程中，发挥着重要作用。以党建为引领，将大思政课融入素质教育和学校德育全过程，有效保证学生在不同成长阶段思政教育的不缺席。形成了学段衔接、学科融合、家校社共育的基本格局，打造了"1+3+N"的大思政课体系的新模式。

"1"即思政课；"3"是新班会、班级组导师例会和家庭会议；"N"是"一轴两线"的实践性思政课程。"一轴"即以社会主义核心价值观为统领的，按照时间节点开展的思政活动课程。"两线"即以培养学生行为规范为目标的习惯养成课程以及提升学生综合素养为目标的社团类实践课程。

一、强化教师协同，锻造课程思政的主力军

我校成立了大思政课的研究室，思政课教研组组长刘志娇老师担任大思政课研究室主任。我校还建立了班主任工作室，很大程度上提高了学科教师的政治思想认同。组织专业教师培训，提高教师的课程思政建设的参与能力。今天研讨会上，有14节课程思政的展示。

二、打造学科协同，形成课程思政的场域

以"同上一节思政课"为课程平台构建全学段、跨领域课程思政方案；以"社会大课堂"为基础构建大思政实践活动课程；以德育课程为依托拓展思政育

人渠道；以班级组导师与家长共同参与思政课程，学校思政教育主阵地与家庭情感、伦理引导结合，实现家校共育，促进学生完整人格的形成。

三、注重课堂教学的效果，建设课程思政的主渠道

将课程思政融入课堂教学培养方案，提升学科教学的育人功能；围绕课程标准，落实学科核心素养，共筑学生成长的"同心圆"；根据不同学段、不同层次的特点和要求，形成了纵向贯通。小学阶段重在启蒙道德情感，组织主题班会、传唱新童谣、国旗下的演讲、社会大课堂、故事交流会等以"听、说"为主的思政课，引导学生形成爱党、爱国、爱社会主义、爱人民、爱集体的情感，具有做社会主义建设者和接班人的美好愿望。初中阶段重在打牢思想基础，以组织主题班会、时事辩论赛、时事论坛、国旗下的演讲、社会大课堂等活动，引导学生形成把党、祖国、人民装在心中的思想感悟。高中阶段重在提升政治素养，组织主题演讲、歌咏活动、志愿服务、模拟政协等活动，引导学生衷心拥护党的领导和我国社会主义制度，形成具有家国情怀的新时代公民的身体力行，突出"力行"。大学阶段引导学生立志听党话、跟党走，立志扎根人民、奉献国家，追逐青春理想，以青春之我、奋斗之我，为民族复兴铺路架桥，为祖国建设添砖加瓦，形成报效祖国的理想信念。

大思政课实践体系在研究学生、发展学生的基础上，实现科学育人。在遵循教育教学规律、学生认知规律、成才规律的基础上建立大中小思政课一体化的课程体系。通过课程体系、教育内容、教育方式、队伍建设、教育资源等方面不断守正创新，落实立德树人的根本任务。

北京市第十一中学副校长　谭雪涛

快速精准研究　深入基层实践
构建沟通平台

　　大中小学思政课一体化建设是一项系统化、复杂化的育人工程。作为一项工程就要以学习渐进方式为出发点，教学方法守正创新，教学内容环节紧扣、螺旋上升，把握思政课的目标要明确。要发掘精髓，注重科学性与思想性统一，依据客观实际提升大中小学思政课一体化实效性。想要更好地提高思政课的实效性，完成立德树人的光荣使命，我们要在具体实施上下功夫，在搭建沟通交流平台上下狠功夫。

一、率先掌握政策，快速精准研究

　　教学内容和方向引领是思政课一体化的核心，而教育管理者又是上级精神和思想动态的第一获取人，这就要求教育管理者必须在获取思想动态时加以深入研究，把握好标准和方向，做好思想内容的引领，为广大教师指明方向，设计一体化建设的整体实施路径。

二、深入基层调研，了解实际情况

　　思政课一体化建设是一个螺旋式上升的过程，是引导学生扣好人生第一粒扣子的关键。不同阶段的学生有不同阶段的特点，年龄、地域、环境等因素，都会对一体化建设有一定影响，所以思政课一体化要总纲不变、主体不变、形式多变，获得为主，树立目标，深入为实，考虑多重因素设立教学方式。

三、打通沟通壁垒，广泛交流经验

　　思政课一体化的建设与实施是一项复杂的工程，需要各个环节的相互融合促进，要以协调配合为主导，构建沟通平台尤为重要。这种沟通不仅仅是师生沟通、家校沟通，思政课一体化建设中最主要的沟通是教育管理者与广大教师的沟通，体现在几个方面：

首先，关注授课内容主体，广泛听取一线教师的意见。定期组织召开围绕教材改革和内容的思政课一线教师全国性研讨会，让广大教师带着问题，研讨解决方案，真正能够使授课内容秉持传统并与时俱进。

其次，利用信息化建设，推进一体化沟通平台。信息化是未来教育发展的大趋势，也是教师们应该掌握的教育手段。教育管理者应该充分利用信息化交流平台实效性强、便于推广的特点，不断获取思政课教学资源，在推广教学经验时，更加凸显信息化平台的时效性。

再次，走访基层，实地调研。想了解一体化建设的实效性，构建好上下级沟通平台，走访基层实践调研也是重要方式之一。每个地区有每个地区的特点，城市与郊区、一线城市与二线城市、学校与学校之间差距很大，通过走访基层、调研、工作座谈等，能够全面掌握情况，为推进一体化建设提供依据。

四、依靠广大一线教师，加强沟通交流

国家对于思政课教师的培养和关注，已经提到很高的地位，在沟通和交流上，广大思政课教师的水平是开展思政课一体化建设的重中之重，思政课教师的综合能力将决定一所学校思政课建设的水平，所以要关心一线教师、依靠一线教师，多听取不同声音，加强不同层次的沟通交流。

我们要结合实际，本着对党和国家负责的工作态度和工作作风，通过不同的方式方法来构建上下级沟通平台，目的就在于更好地立德树人、为党育人、为国育才，让大中小学思政课一体化建设这项工程更好、更有效地发挥作用。

北京市平谷中学副校长　王　伟

课程思政的整体设计和核心素养的进阶关联

要把课程思政的核心内容和思政课核心思维相关联，必须把课程思政的核心内容与学科的核心素养相关联（如图 3-1 所示）。

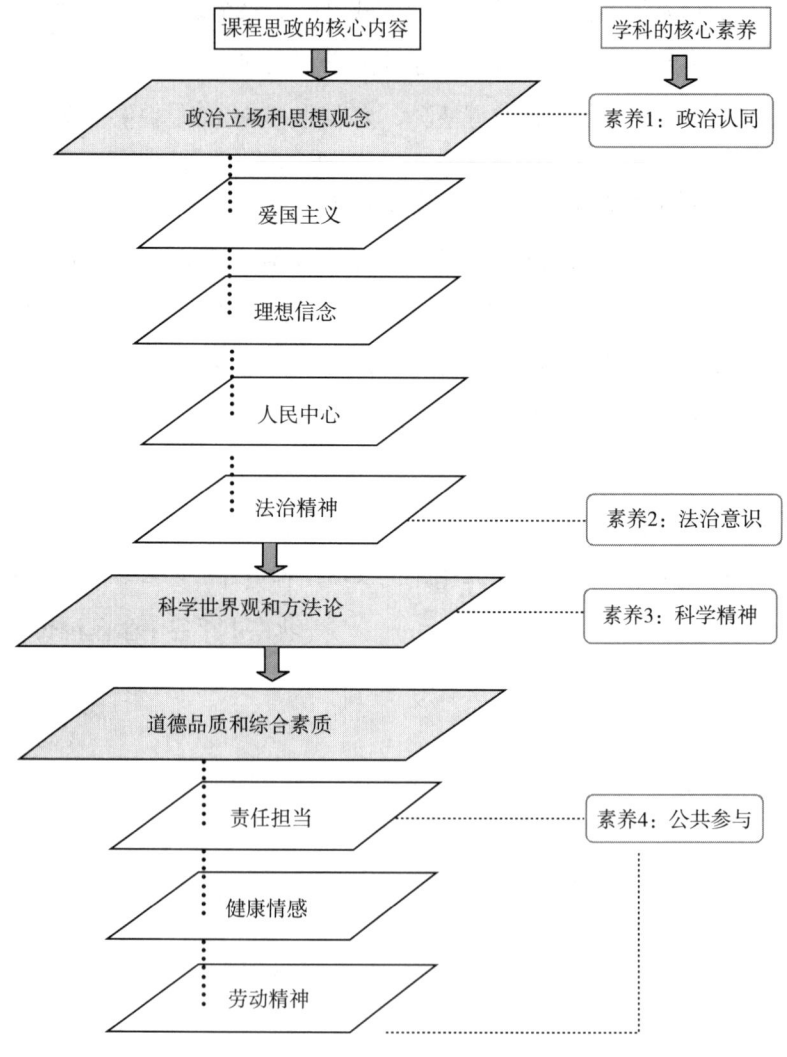

图 3-1 课程思政的核心内容与学科的核心素养关联图

课程思政的整体设计和核心素养的进阶关联，是我们对课程一体化研究的理解，一定要把课程思政一体化与我们的思政课的学科素养、课程标准和国家教材结合起来，一定不能离开学科课程标准，一定不能离开中学培养学生核心素养的目标，如果离开了这些内容，大思政一体化就是假一体化，没了"体"更不是真的"化"。

本次论坛的17节大思政课设计的主题是永远跟党走——"明理、增信、崇德、力行"，系好人生第一粒扣子。

"明理"即坚持真理。百年以来，只有坚持党的领导才能救中国、才能发展中国、才能实现民族复兴。"增信"在于坚定四个自信。即道路自信、制度自信、理论自信、文化自信，坚持政治认同。"崇德"应该提高道德修养。明大德、严公德、守私德，牢记使命，崇尚江山就是人民、人民就是江山的理念。"力行"要坚持与时俱进、身体力行。培养攻坚克难的精神，具备应对风险、战胜挑战的能力和水平。

本次课程的设计主线：以"学党史"为主线。立足新时代中国特色社会主义建设，传承革命文化，传播社会主义先进文化，培养科学精神，帮助学生系好人生第一粒扣子，增强全体师生党史学习的思想自觉和行动自觉，为国家培养合格的社会主义建设者和接班人。

按照大中小学学科整体关联，学段育人螺旋上升的要求设计了两大部分、三个单元。两大部分，一是思政课程部分，即大中小学段衔接；二是课程思政部分，即学科间融合。三个单元：一是对话英雄，二是对话时代，三是对话未来。

一、对话英雄

北工大的李晓平博士已经把她大学所讲的使命担当讲了，是对于新时代英雄精神的正确打开方式。北工大李晓平老师和定安里小学唐新露老师、十一中初中许莉老师、十一中高中郑红梅老师同上了这一主题的大思政课，上得特别好，很多听课老师都觉得特别好，听了特别激动。该单元落脚点在"传承"，以学段衔接为特色，小学在启蒙道德，通过"对话英雄"——讲好英雄故事，在读、讲故事中启蒙道德；初中在体验，以筑牢思想，初一政治从"对话英雄"——悟榜样的力量中帮助学生感悟榜样的力量；高中在素养，高一思想政治解读"对话英雄"中"看见我"，理解中国共产党领导下的人民群众就是国家的英雄，提升学科素养，坚定政治认同，践行民族精神；大学在使命担当中，思政课以"新时代英雄精神的正确打开方式"为主题，从英雄精神五个维度的理解中实现新时代青年与英雄精神对接，培植青年学子的理想信念与家国情怀（如图 3-2 所示）。

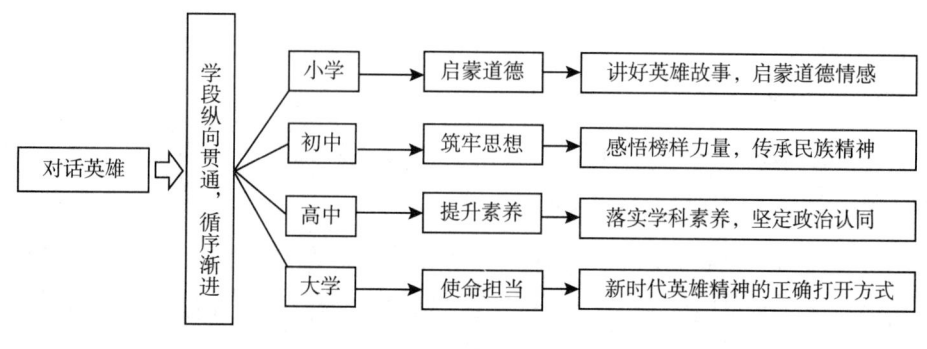

图 3-2 "对话英雄"关联图

四堂衔接课程跨越年龄、超越时空，在同一个主题引领下实现贯通育人，使得大中小学思政课精神相连、理念相依、行动相撑、师生相伴。

二、对话时代

这部分是课程思政。我们设计了 10 节课程思政。政治、语文、物理、生物、历史、地理、数学、英语、生涯等都参与进来，培育学生正确的世界观、价值观与人生观，形成全方位、全员、全程学党史、赞英雄、颂时代的课程氛围（如图 3-3 所示）。这是非常复杂的工程，让老师们讲自己的学科没问题，但是结合起来很难。所有课我基本都听了两遍，帮着他们修改和落实中学学科素养。有的老师为了同政治课相贴合，把本学科的内容忽略了，我说这样不对，

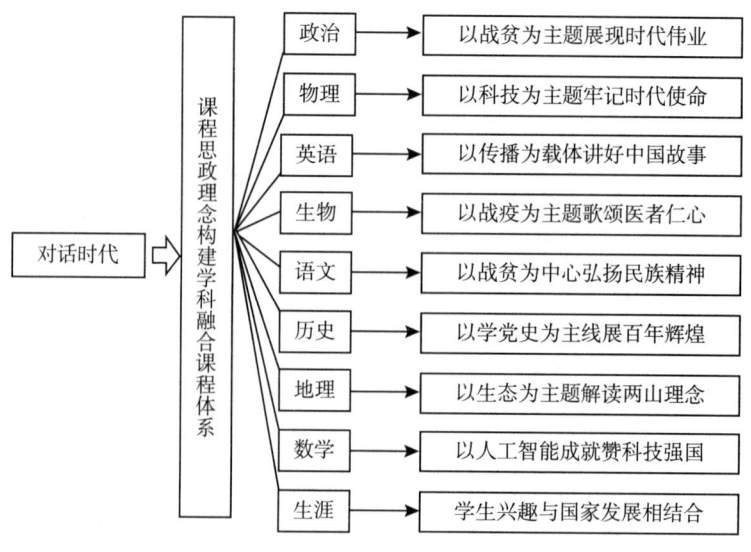

图 3-3 "对话时代"关联图

大思政课一定不能离开本学科的学科任务、学科素养，如果教学目标偏离了本学科课标，就不是大思政，而是"假"思政。在课堂授课中育人的过程是浸润式的、渗透式的，不是拼盘式的。我当时否定了很多老师的课，我们一节课、一节课地磨，依据学科课标研究每一句话在课堂中怎么表达呈现。这个过程中，很多老师在融合时不知道有些观点应该怎么表达，话应该这么说，过渡应该怎么渗透，做好这件事挺不容易的，老师们在这个过程中也确实得到了提升，发现了自己学科的育人价值。

三、对话未来

本单元落脚点在"愿景"。课程由十一中学高二政治课与北京邮电大学马院思政课相衔接，是高中思政课与生涯课相融合的大思政课。高中政治学科从素养教育出发，依据哲学理念以实现人生价值为中心，通过对话成长落实学生学科素养。引导青年把个人成长与国家发展相统一，以小我融入大我。高中生涯课结合学生的人生道路与选择，实现学生把自己的兴趣爱好与国家社会的发展需求紧密结合的目标，根据新时代国家发展远景目标，指导学生的成长，实现个人成长与时代发展相结合。大学从信仰教育出发，在历史和人民的选择中解答人生的青春之问，坚定青年的使命担当，使青年坚持永远跟党走（如图3-4所示）。

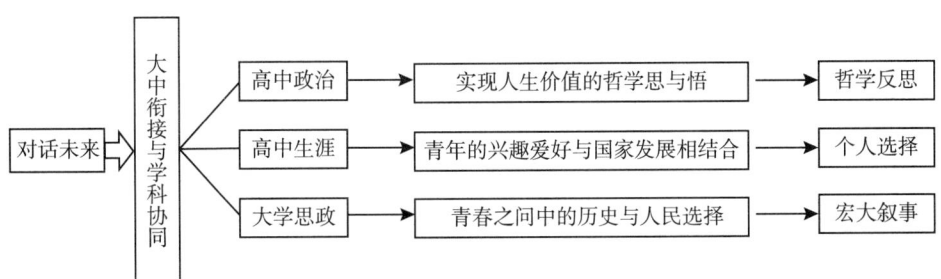

图3-4　"对话未来"关联图

这个单元是学段衔接和课程思政共同呈现。高中政治和生涯课的融合过程，把生涯、学科成长课和高中思政课放在一起。在主会场的两节课，由北京十一中学和北京邮电大学两位老师进行课程衔接，分别依据中学思政的学段要求和大学思政课程的任务对学生进行精神素养、信念理想方面的育人过程。两位老师讲得特别出色，因为中学学生年龄和能力上与北邮研究生的差异，两位老师呈现了风格完全不同、课堂都很精彩的两节大思政课。中学思政课堂注重教师主导与学生主体作用的相互思维碰撞，课堂设计以议题为引领、以活动为支撑、以问题为任务把学生的积极性和主动性调动并充分发挥出来，所以课堂环节始终以学生活动的形式加以呈现，学生活动与教师活动相互交织而螺旋式上升。大学呈现的更趋向教师的演讲式授课过程，可能与平时上课学生的课堂人数规模较大密切相关。

对 2020 年 3 月以来我校大思政课程建设的反思如下。

首先，大思政课应坚持大小结合，即社会大课堂和思政小课堂相结合；守创结合，即坚守思想立场与课程创新相结合；三观统一，即世界观、人生观、价值观相统一的原则。大课堂和思政小课堂，只有实践大课堂不叫大思政，不能只是带学生"去个地儿、做点事儿"；光有学校小课堂也不叫大思政，视野不够宽。所以我们学校成立大思政研究室，要立足本学科，引领其他学科，深入社会实践，协同家庭教育，从而形成了我校"一纵两横"的大思政课程体系。

其次，要建立大中小学课程校本衔接内容一体化的开发机制。如果前期的内容开发机制不进行，这个一体化就进行不下去。只是偶尔举办一个活动显然是不够的，当内容开发实现一体化的时候，思政课程才能变成常态。有教材、有内容了，这个思政课就好开了，就好推广开展了。

再次，要提升大中小学思政课程衔接教师培养一体化。没有教师培养一体化的实施这个课程一体化还是推不下去，我们需要让大学老师走进中学，也需要中学老师走进大学。如果大中小一体化离开了教师间的衔接，那就变成了只是为了平台而平台，为了活动而活动，就会降低一体化的效果。

最后，要推进大中小思政一体化的课程评价，以及实施途径的创新。在实施中，创新大中小学思政课评价体系一体化。一体化一定离不开评价，离开了评价大思政课就形同虚设。评价谁？评学生，评老师。评学生，学生才能接受这个课程，就要听，就要上。评价学生用什么评？用中学生综合素质评价体系。还要评价老师，哪个老师能进行这一课程的开发，能进行这一项目的实验，能进行这一项目的推进，这样的老师不管是在评职称、评骨干，还是其他晋级方面可以有照顾，这也是一种方法，从整体来推进，坚持系统化思维方法。

所以，"大思政课我们要善用之"。大中小衔接的大思政课程建设不是一两个学校的事，也不是一两天的事，需要大家一起努力，需要我们长期坚持。只有这样，才能在学生成长中更好地发挥它对学生"培根铸魂、启智润心"的作用。

北京市第十一中学政治学科组长　刘志娇

第四节　小学探索

从人的生命成长角度看思政课一体化实践

关于阅读的重要性，朱永新先生曾经说过一句话："一个人的阅读史，就是他的精神发育史。"对这句话我非常认同，也特别喜欢。我这几年一直负责学校的教师招聘工作，面试中我最喜欢提出的一个问题就是——"请列举你最喜欢的五本课外书"。经验告诉我们，想要了解一个人怎么样，看看他平时在读什么书，和什么人在一起，基本就可以有一个大概的判断。

我做了二十多年的校长，一直坚持推动一件事——"全营养阅读"。这里的"全营养"，不仅包括全过程、全学段、全体参与，更包括语数外政史地理化生，甚至体音美，全学科都要参加，课内外要结合在一起阅读。

以思政课为例，我们要给学生的心灵打上革命的红色，滋补智慧的营养，最佳的途径、最好的方法莫过于阅读。把阅读的种子种在学生的心田，比如安全教育读本、生命教育读本、情绪管理读本……作为思政课老师，要在恰当的时机，以恰当的形式把这些书融入课堂中。

一句话，思政课要避免说教，尽可能多地引导学生阅读有品质的书。

但是，我最喜欢的六句话，第一句却是"读万卷书不如行万里路"。这又是为什么呢？

理想课堂有三重境界。第一重境界是有效教学，针对的是当下课堂的低效徘徊；第二重境界是发现知识的魅力，说的是要想办法让教学内容有种、有料、有趣味；第三重境界是实现知识、生活与生命的共舞，说的是课堂和师生的关系，要产生同频共振。

《论语》中有一句大家耳熟能详的话，就是"学而时习之"。这里的习，不单单是复习，也不是练习，而是学以致用，知行合一，用所学去阅人和阅世，去事上磨，到生活中锤炼。也就是说，阅读不仅要读圣贤书，还要读社会这本大厚书，实现课内和课外的结合。再具体一些，思政课要主动和学校的德育结合，要积极参与学校社会综合实践的设计组织，发出我们的声音，形成我们的影响。

4月30日，我们计划组织一个游学活动。活动的本意是到圆明园参观，我们多次组织过，基本就是走走看看。作为思政老师，我提出了让参观活动变成综合课程的新思路。我们组织思政老师、语文老师、体育老师、音乐老师、德育老师，大家一起来研究设计这个课程。我们把定向越野技术和爱国主义教育结合在一起，设计长征路线，布置党史问题，组织学生定向越野寻找目标、完成答题，体验艰辛。为了配合这一活动，我们利用思政课组织学生看视频了解长征，做分享讲解长征，从而完成"明理、激情、导行"的目标。

"行万里路不如阅人无数"，我强调的是交往的意义。我希望我们学生的大脑，不要成为别人的跑马场。要行走，要游学，更要带着思想去游学。为了避免游学的重复性，提高游学的实效性，我们的思政老师和学校德育老师一起设计我们的社会实践活动，设计12年一贯的游学，小学去哪里，初中去哪里，高中去哪里，每次活动如何组织，活动与活动如何衔接，我们都是进行了顶层设计的。我们以为，智慧教学，赢在系统；思想教育，重在整合。

"阅人无数不如名师指路"，我强调的是思政教师要重视自己的专业成长。大中小学思政课一体化，基础是课程建设的衔接和管理体制的衔接，但是关键的落脚点却是教师的专业素养。教师自己都没有对课程的系统理解，对前后学段的教学内容和教学方法都一无所知，那如何才能把衔接落到实地呢？

"不畏浮云遮望眼，只缘身在最高层"。老师自己高站位，阔视野，思考有高度，认识有深度，对大中小学各学段课标都有研究，对各学段教材都有正确理解，对各学段学生的心理、生理和认知都清清楚楚，这样再回到自己岗位操作，衔接的把握就会非常到位。

"名师指路不如自己开悟"。我强调的是"知识可以教，能力可以练，但是智慧必须自己悟"。我非常喜欢一句话——"思想需要的是启迪而不是教条"。不要絮絮叨叨说教，不要包办代替，学习这件事必须以学习者为中心，让学生自己去经历、观察、思考、实践、感悟。体现在思政课上，我们在课堂上，一定要注意课堂的节奏。思政课一定要学会留白。从内容的设计，到内容的处理，不要一讲到底，要给学生留足思考的时间和活动的时间。要让子弹飞一会儿，让问题停一会儿。等一等，不用老师反反复复讲，说不定学生自己就开悟了。

"自己开悟不如马上上路"，我强调的是：教育不是坐而论道，光自己明白还不行，还要付诸行动，把想法变做法，把做法变说法。教育的目的，最关键的是改变思想从而改变行动。知情意行是一个整体，如果有了想法，没有变成行动，想法就是没有意义的。如果有了行动，不能持之以恒变成习惯，虎头蛇尾的行动也是没有意义的。

"马上上路，贵在坚持如故"。当下的思政课，最大问题是知行分离，过程断裂。小学如此，初中如此，高中大学也是如此。思政课指向的认知提高和思想改变，但是当下的思政课，要么指向背诵答案和考试答题，要么指向坐而论道和无病呻吟。我对思政课最大的感受是：你自己课堂上说得再好，如果没有后续的跟进，班主任没有跟进，学校德育没有跟进，教育的效果就会大打折扣。这就好像医生处理脓疮，把伤口打开了，脓疮没有清洗彻底就缝合了，伤口能否愈合，病毒能否消除，完全没有把握。

从这个角度讲，我主张小学的思政课由班主任老师兼任。最起码应该是学校的德育干部或者少先队辅导员兼任。教育和管理必须结合才有实效。

谈思政课大中小学一体化衔接的时候，首先要解决的是师资问题，然后要考虑的是管理问题，关键要解决的是评价问题。评价问题解决了，各个学校在安排师资的时候优先保证思政课，在学校安排德育工作的时候，坚持通盘考虑思政课内外衔接的问题，这样，思政课的实效性才会水到渠成。

从人的生命成长角度看大中小学思政课一体化实践，需要解决的不仅仅是课程衔接，还有师资衔接、管理衔接和评价衔接。从根本上解决这一问题，首先要考虑的是评价促管理，专业促发展。

北京工业大学附属中学副校长　侯保成

思政课一体化是"多元立体式"的育人体系

　　思政课一体化是全方位、全过程的一体化，是横向和纵向育人一体化的统一，是"多元立体式"的育人体系。应该有教学目标的一体化，教学课程衔接的一体化，教师队伍专业发展的一体化，立德树人理念的一体化，应该挖掘和涵盖其他课程的思政，还应该涵盖社会、学校、家庭多方在思政课育人理念上的一体化，进而形成校内校外思政课程及其衍生课程的协同一体化。

一、完善思想政治课程的顶层设计

　　要充分考虑各年级、学段学生的心理特点、成长规律及认知规律，充分把握中学和小学思政课教材体系、教学体系及评价体系应有的特点，在教学目标、教学内容、教材体系及教学实施与评价方面做出一体化的总体规划设计。

　　目前，如果想达成大中小学思政课的课程内容一体化，还应该有一个专业的专家团队，统一去研发各级思政课程内容的布局。这支队伍要有大中小学各级专家，尤其是一线的教师和名师，对于思政课进行系统规划、研究、布局，避免重复、断层和倒置，还要与时俱进。这是整体规划的现实体现，是一体化的必然要求。所以无论是教学大纲、课程标准还是教学内容都应该延续这样的顶层设计推进。

二、顶层构建大中小学思政课一体化的具体制度

　　实现大中小学思政课一体化，需要规范思政课一体化的具体制度。比如，一体化课程研发制度、思政课教师研训制度、一体化评价制度、一体化教育保障制度，进而形成国家、省市、学校、教师和学生五位一体的思政教育体系。

　　构建互联互通的不同学段之间思政课的研发及普及推广机制。通过培训和教研，使不同学段思政教师进一步明晰不同时段思政课的要求与特点，确保课程有延续、思想有纵深、价值有共通，再根据不同学段学生的思想状况，及时将党和国家的路线方针政策转化为学生的思想和行为，共同完成知识传授、价值认同和行为转化。

此外，还应该监督建立省或市级统筹管理运营的全区域统一的思政教师轮训基地，重点对思政课一体化的课程、思想、总要求进行系统指导。

三、文汇中小学思政课一体化建设的工作思路

文汇小学的学生是直升文汇中学的。这些年，我们重点探索九年一贯的课堂衔接。学校思政课一体化建设主要表现在教育目标的一体化、教育内容的一体化、教育方式的一体化等几个方面。

第一方面，教师能够更好地统筹规划和总体设计，打通中小学思政课的内在联系，实现教学目标的整体性和一致性、教学内容的连贯性和递进性、教学方法的连续性和适当性。

第二方面，在注重科学性、规范性的同时，体现各学段教育的层次性、差异性、关联性，使得思想政治教育一体化的复杂系统内各子系统能够整体、协同发挥功能，促进学生思想政治素质的养成与提升。

第三方面，遵循青少年身心成长规律和思想政治教育规律，能够坚持以学生为中心，有利于保持学生成长过程中思想政治素质养成的整体性、一贯性，凸显学生在思想政治教育过程中的主体性、实践性，塑造学生思想政治素质养成递进性与学校教育阶段性互相映射的双螺旋教育结构，有意识地系统化配置思想政治教育资源，最终达到立德树人的教育根本目的。

我们的创新机制和方式有哪些？主要以课程研究为载体，打通学段壁垒，建立中学小学协同推进九年一贯通的工作机制。中学和小学形成常态化的研讨机制，通过一体化的思政课程的衔接、一体化的教学研究、一体化的专题研讨、一体化的教师研修，引导各学段思政教师在整体中做好局部工作，带动整体工作。把中学和小学的思政课程内容做成一个图表，标明不同学段思政课的课程内容，让不同学段的思政课的老师既知道自己所讲的内容，同时又明了其他学段思政课的教学内容，清楚思政课全景的教学内容，就像看景区的导游图一样，既知道自己所在的位置，还要看清他人的位置。尤其是在这个过程当中，普通的学校，中学和小学是分开的两个独立的学段，很难形成教学之间的相互明晰，但是在这一点上，在九年一贯的我们还是有先天优势的，老师们能够形成各学段的相互明晰，老师之间不会出现倒置、重复的教育现象。同时我们也关照过程，不同学段的思政课教师在教学实践过程中不仅要讲清楚当下的内容，同时要关照其他学段的教育内容。低学段的教师要能够向学生展示未来要接触的教

学内容，并且讲明二者之间的递进关系；高学段的教师要能够适当梳理学生接受过的教育内容，避免重复。同时我们还有一个中小学一体化的教师培养机制，我们中学和小学不同学段思政课教师的教学水平和综合素养在不断提高。在学校的具体工作过程当中，通过思政课一体化的深入推进，既实实在在地提升了学校的思政课的整体认知和高度，同时也实实在在地落实了立德树人的教育理念。

北京文汇中学、北京文汇小学校长　杨　建

大思政视域下的育人探索

推进大中小学思政课一体化建设具有极为重要的战略意义。为此我们学校积极地展开践行，从三个方面进行了探索。

一、突破学科边界，打造大思政课视域下的课程样态，人人都做思政人

加强思政课的教育作用，深化思政育人内涵，课堂是主阵地、主渠道。习近平总书记提出，要完善思政课体系，解决好各类课程和思政课相互配合的问题，鼓励教学名师到思政课堂上讲课。所以我们可以看到，充分发挥大思政课的育人价值需要多学科联动，全学科跟进，要搞清楚、弄明白各学科与思政课程之间的关系，以及如何相互配合的问题。

在大思政视域下的课程建设工作需要我们突破学科边界，要有这样的意识和能力，能够站在全面发展的育人的视角看待我们的工作。只有不断互相启发、相互连通，才能促进学生更好地完成对世界的整体认识，而不是用片面的视角和割裂的知识看世界。

为此，我们史家教育集团启动了多学科横向联通的互溶式教研活动。在这个过程中，我们多学科教师一同探索案例式教学、探究式教学、体验式教学、互动式教学、专题式教学等各种方式，让各学科教师形成合力，为培育符合时代需求、党和国家需要的建设者和接班人而探索。

为此，我们开启了全学科育人的大型教学研讨活动，所有学科教师进行学科育人的课程展示，覆盖小学阶段的所有学科。这也让所有老师深刻领会到育人工作不仅是思政学科的任务，而是所有学科共同的目标。

二、突破学科边界，构建大思政课程，让思政育人贯穿学生成长的全过程

我们通过四条途径来实现我们的目标：建立贯通式教研机制，跨学段同课异构，打造共创双生成长课堂，高校参与的师资队伍建设。

第一，建立贯通式教研机制。传统的思政课教学工作中，由于受到学段的

限制，大中小学之间缺乏沟通机制，泾渭分明的划分不利于学生核心价值观养成的可持续发展。为此，我们打通学段壁垒，与北京市第二中学和中国政法大学联袂，组建突破学段边界的思政一体化贯通式教研模式。

第二，跨学段的同课异构。在实践中，我们开启同备一主题、同上一堂课的跨学段同课异构研究机制，其目的是把握教材核心要义，确认目标定位，立足思政课程的整体高度，审视不同学段的育人要求，从课程的角度分学段确认教材的核心要义，分学段探索并确认相同学段不同年级重复出现的教学内容的差别与教学目标定位，让螺旋式上升更加科学合理、有针对性。不同学段的思政教师，把握好学段育人的"度"，用最适宜学生成长的教学内容促使学生更有效地发展。

第三，打造共创双生成长课堂。在思政一体化建设过程中，我们将课堂向大学生开放，让政法大学的研究生走进小学的思政课堂，大学生给小学生上思政课。一方面，大学生给小学生提供了专业、精彩、有趣的思政课教学，充分发挥了高校优势服务地方基础教育的重要作用；另一方面，大学生会以全新的视角投入学习中，对他们的成长发展有极大的促进作用，在为小学生讲课的同时，也在不断夯实大学生的理想信念。

第四，高校参与的师资队伍建设。我们邀请高校的专家教授参与到我们的师资队伍建设中，通过党课、专题化的课程引领，全面提升思政教师的专业能力，让思政教师更有底气地站在我们的课堂上。

通过多样化的思政一体化教研方式，促使三方能够深入教学一线开展实践研究。三方在一体化机制下共同研究教材，深入打磨教学设计，让思政课一体化的工作更有抓手。双方还互聘教师，双师同台授课，让课程更有模有样。

三、突破校园边界的大思政课资源库的建立，让思政教育充盈在学生整个生活之中

习总书记在学校思想政治理论课教师座谈会上提出"八个统一"，为我们指引了方向，其中提到了多样性和统一性相结合。对我们而言，新时代思政课就需要遵从统一的课程标准、统一的教材内容、统一的课程设置，在此基础上因地制宜、因时制宜，解决统一性和本土化教学之间存在的矛盾。

为此我们打开了思政课的资源视角，让更多的资源融入我们课堂中。2021年教育部为我们划出的重点工作之中有一项就是用心打造培根铸魂、启智增慧

的精品教材，提出要落实和推进《习近平新时代中国特色社会主义思想学生读本》的工作。史家的师生有幸成为这项工作的实践者和参与者。这一系列的课程实施，让我们看到，要想上好思政课，我们就要回归生活，带着孩子回望生活，让经受生活锤炼的、典型的案例成为课堂上最有效的资源。所以思政课不仅是在课堂里，更应该在生活中。

我们跟社会教育基地进行合作，开展教师、学生的实践活动，还尝试着协同调动各种社会力量、家长资源，等等，共建大思政课视域下的教育资源，并且还建立了网络资源平台，可以让全国各地的红色教育基地和红色博物馆在我们小小的课堂里跟孩子见面，通过虚拟展馆进行网上游览和网上学习。

为此我们主动开展了9次面向全国的教学研讨活动，线上参与的有6万余人次，我们把想法和做法与全国思政老师分享，并且形成资源共享。大思政要善用之，需要我们所有教师不断地开阔视野，以敏锐的判断力、领悟力、执行力，将思政课常备常新，不仅为学生系好人生的第一颗扣子，更要让思政教育成为植入学生成长、成人、成才路上不可或缺的重要基因。

北京史家教育集团党委委员　郭志滨

从教研视角看区域大中小学思政课一体化建设

在大中小学循序渐进、螺旋上升地开设思政课非常必要，是培养一代又一代社会主义建设者和接班人的重要保障。大学叫思政课。小学的道德与法治，实际上就是小学的思政课。思政课到底怎么螺旋上升，怎么循序渐进地开好它、精准地定位它，统筹做到一体化，我主要从以下几个方面来谈。

一、铸魂育人，画好同心圆，教育机制创新引领一体化

把课程思政的核心内容和思政课核心思维相关联，必须把课程思政的内容与我们学科的素养相关联。我们区拥有丰富的教育资源，有"四个一"精神，我们区党委提出了"七个红色"的引领机制：红色理论武装人、红色方向指引人、红色文化涵养人、红色基地教育人、红色作品激励人、红色担当服务人、红色纪律约束人。这样的引领机制是对地方一体化实施的引领，区教委有整体的一体化建设，我们设计的指向是育人。

从社会大环境到我们学校小环境，指向的都是育人，这样的机制引领着进修学校整体规划区域思政课的一体化建设。整个规划当中包括地方课程和国家课程的一体化，教育活动和教学活动的一体化，实施和评价的一体化。中央提出一体化之后，各地都积极行动，我们区教委和进修学校也是第一时间行动。

第一，设计实施"四史微课征集评选活动"，发挥京津冀协同的力量，调动我区小初高三个学段的教师积极参与同一主题引领下的活动。从内容主题上让大家感受到什么是一体化，对同一个内容，虽然层次、目标、要求都有所不同，但是指向相同。

第二，组建大中小学思政课一体化研究共同体。这项工作正在推进中，辐射全区中小学，我们区没有大学，但是引入了大学资源，形成了一体化推进的研究共同体。5月中旬区里要召开研究共同体的启动仪式。

第三，我们区整体规划的四大教育基地分别是斋堂中小学革命传统教育基

地、琉璃渠中小学劳动艺术教育基地、灵溪中小学生态教育基地、雁翅中小学素质教育基地。这些基地资源在今天正在发挥新的作用。思政一体化提示我们怎么把这些资源用得更好。

第四，组建中小学道德与法治教师法治学习班。教师是落实法治教育的关键力量，法治教育是教学中的难点，我们一起学习、一起研究，同学宪法，因为整个道德与法治课的教学都指向了宪法教育，在这方面我们做了一体化引领。

第五，教育教学的协同，体现思政课程和课程思政的一体化。我们区的教育工作大会是教学干部和德育干部同步参与，大家共同商议学校教育教学工作怎么整体运作。

育人之本在于立德铸魂，铸魂育人需要同向同行，教育机制的创新需要画好同心圆。

二、螺旋上升，守好责任田，教学方式改革践行一体化

思政课是落实立德树人根本任务的关键课程。对于学科教师来说，更强调国家统编"道德与法治"这个课程到底怎么上好，这个课程的作用不可替代。教材中同一主题螺旋上升的编排，从小学到初中、高中目标循序渐进地达成，是我们思政课教师对这个课程最真实的感悟。以小学教材为例，一到六年级的主要内容是自我成长，家庭、学校、社区，无论成人还是孩子每天都离不开这些生活领域，所以我们教育的出发点是相同的，随着学生生活领域的不断扩大，认识水平的不断加深，实现思政教育的螺旋上升，达到循序渐进地育人的目的。

以小学六年级为例，很多老师觉得学习的是法律和法条，其实六年级上册作为法治专册，进行的是宪法意识教育、国家意识教育和公民意识教育，老师如果没有认识到这个课程的设置目的，就特别容易走向纯法条教育。同样的，到八年级下册也是法治专册，讲国家机构、公民的基本权利和义务。从育人角度看，恰恰体现了同是宪法教育，主题相同、内容相同，但是目标要求不同、教学方式不同，这就是一体化的一种体现。

在整个思政课一体化建设中需要我们的老师把握课程本质，关注螺旋上升的特点，以符合学生年龄特点和接受水平的方式来实施教学，做到"到位而不越位"，守好责任田。前面的老师说我们是一条渠，每段渠要守好才能让整条渠道更通畅，才能为学生播下真善美的种子、植入红色基因，才能体现育人价值。比如我们区在开展思政研究会启动仪式备课的过程中，就考虑大中小学找一个

最好的结合点，领导决定讲门头沟的红色资源，这个红色资源的点就成为一体化备课的关键。通过对史实的学习和了解唤醒、激发学生，引领学生体会史实背后的红色革命精神。

各个学段在关注螺旋上升的时候，守好责任田的任务很艰巨，需要老师以创新的方式实施有效教学，让一体化更具实效，而创新的方式一定是把握学生的年龄特点，把握课程本质，也就是课程本身要发挥它的最大作用。我做教研二十多年，很少有家长会给孩子报道德与法治课的补习班，所以如果课堂40分钟要是不上到位，学生就会缺失更多。这是从课堂主渠道、关键课程角度对一体化的认识。

三、守正创新，抓好关键人，师资队伍建设助力一体化

强化师资队伍的培养能够助力一体化的实施。在我们区有一些校长很有这种前瞻性。比如我们区的八中京西附属小学，他们六年级的孩子有特别强的担当意识。这所学校建设了全区第一间道德与法治专用教室，形成了专职道德与法治课程的五人教师团队，而且鼓励其他课程教师提高思政课教学水平。学校保证了后续引进教师、招聘教师的入口关，这五个专职教师中有专门的小学社会科的研究生，还有思政专业的本科生，学校严把进人关，形成了可持续发展的教师团队。

思政课教师团队从专职到专业再到贯通，这样才能有助于思政课程一体化实施。通过我们的努力去上有意思、有意义的思政课，实现启德、启智、启美、启信，让有信仰的人讲信仰，实现培根铸魂的追求。

我们要以教育机制的创新带动教育方式的改革，助力大中小学思政课一体化的建设。它的指向一定是育人的，而且一定要做好关键课程，发挥六大途径合力育人的价值。我们要做有温度、有实效的活动，做有情怀、有责任的教师。为党育人、为国育才，说起来真的很感动，但是做起来需要老师倾情投入。

北京市门头沟区教育研修学院研修员　艾艳敏

教师队伍的发展是关键

统筹推进大中小学思政课一体化建设是一项系统工程。在这个工程中，教师队伍的发展是关键。

先谈谈小学思政课师资队伍的现状。据了解，很多小学思政课专业教师数量不足，普遍存在由其他学科老师代课、兼课或转变学科授课的问题；存在教师频繁调整，队伍不够稳定的问题；存在有些老师对思政课的重要性认识不够，不重视学习，理论根基浅，不能与时俱进等问题。一些当前在岗的思政老师很难在学科教学、科研方面取得高层次的成果，或在一校之内形成思政课的研究氛围和发展梯队。同时，小学很难从应届毕业生中招到高水平的思政专业教师。可以说，这些都是我们在推进思政教师专业发展一体化建设中必须要解决的现实问题。

推进大中小学思政课教师队伍专业发展一体化是一项系统工程。既然是系统工程，就要做好顶层设计，加快完善培养和培训机制，建立"学、研、育"一体化平台，统筹推进，才能提升思政教师队伍整体质量。

一、源头培养是基础

师范类高校更要立足当前教育发展的需求，加大思政专业教师的培养。这几年，随着思政课重要地位的提升以及新中高考改革的落地，无论中学还是小学都加大了优秀思政课教师的需求，小学甚至出现招不到专业思政教师的现象。因此，培养更多优秀思政教师，满足不同学段的教学需求，是高校需要负起的责任。

二、强化培训是关键

首先，要解决不同学段思政教师的认识问题。当前政治课内容设计横纵不统一、各学段衔接不畅，我们要通过打破学段壁垒的教师培训，让大中小学教师明确在落实立德树人根本任务中，自己任教的学段应当完成的目标是什么。小学段重在培养学生的道德情感，初中段重在打牢思想基础，高中段重在提升政治素养，大学段重在强化责任担当。其次，要解决教师专业素养提升问题。建立大中小学思政课教师一体化培养机制，高校要在教师培训方面担当作为，要充分利用高校的资源优势，建立思政课教师学习培训基地，通过加强教师专业培训，来提高思政教师的理论水平与实践能力。

三、解决课程教学落实问题

需要高校牵头，建立大思政课教师教研机制，成立"大中小学思政课一体化建设教研组"，开展跨学段教研；建立大中小手拉手备课机制，通过集体备课实现思政课教师在教学上的有效衔接。

四、建立工作机制

建立思政课校内贯通、区域联动、中小学与高校协同推进的工作机制，整合优化各方资源及已有平台，为推进大中小学思政课一体化建设服务。如今天学校组织的这次实践研讨活动，小学部展示了四节课，两节班会、两节思政课。在前期备课、磨课过程中，学校的思政课工作室发挥了重要作用，中学老师与小学教师共同备课，老师们对中小学思政课程如何衔接进行了深入研讨，经过反复打磨，老师们深刻理解了各自承担的任务目标，并在教育教学活动中得到了锻炼与提升。今天，"一纵两横"大中小学思政课一体化建设实践研究共同体的成立，必定会给大思政一体化的建设者带来更大的平台、更高的视野、更多的资源，对教师的专业发展发挥更大的引领作用。

五、完善激励是动力

从精神层面，可以给参与一体化建设的老师一定的荣誉，提升思政课教师的职业地位和价值认同，让思政教师有更高的学科尊严和价值感。从物质层面，对积极参与一体化建设的教育管理者和思政教师制定相应的奖励政策。如可以将教学效果与评优、评先、评职挂钩，在绩效奖励上有特别体现等。从资源层面，给思政教师更多的发展平台，为思政教师创造更多走出去的机会，让思政教师多参加学习与交流，拓广视野。从行动层面，充分发挥大学、中学的带动作用，发挥大手拉小手的作用。比如课题研究上，需要大学、中学的牵引与指导，对小学思政教师而言，参与的过程就是学习和提高的过程。

北京市第十一中学附属精忠街小学执行校长　武玉坤

共筑育人同心圆

中小学思政课应该着眼于政治认同和思想意识的培育，旗帜鲜明地回答"培养什么人、怎样培养人、为谁培养人"的时代之问，明确落实"国之大计，党之大计"的重要使命。同时，这种落实和担当，必须有切实可行的措施，尊重教育教学的基本规律和学生成长的特点。

一、丰富课堂内涵，传承红色基因

红色基因是历史的积淀，是历史真正厚重之所在。红色基因植根于革命先烈用鲜血染红的泥土中，更传承于一代又一代人不懈奋斗的事业中，与我们每一个人情感相连、命运相系，是我们精神的归宿、初心的原点。怎样传承红色基因？我们认为要抓好关键课程，我校道德与法治学科组始终基于学生身心发展的规律及年龄特点，结合政治时事，以时代为脉络，以红色历史为蓝本，全面推进红色文化研究，坚持"传承红色基因、少年儿童心向党"课前三分钟主题学习活动。丰富教学资源和教育素材，由浅入深、循序渐进，以学生喜闻乐见的形式，推动思政育人"鲜活"起来。

上学期道德与法治组以"共享红色时光，阅读红色经典"为主题，精选红色读物，通过"红色书籍我诵读""红色时光我分享""红色故事我来讲""红色经典我配音""红色精神我传承"五个环节，引导学生缅怀先烈、弘扬红色精神。本学期，道德与法治组以喜迎党的百年诞辰为契机，以《少年儿童学党史》为蓝本，继续推进党史教育，以"探红色足迹，知党史立志向"为主题，分年段引导学生从五四运动、马克思主义的传播开始，学党史、知党情、跟党走。

学校以"思政课"为中心，学段间的纵向衔接、横向贯通，串起育人的同心圆。通过故事分享、绘制"英雄谱"、制作党史时间轴、编排党史小剧场等学习方式，感悟民族气节，汲取前进动力，铸牢品德之魂。

二、课内课外融合，植根家国情怀

在我们的教学实践中，需要认真梳理教材的内容，上好思政课的同时要进一步拓展教学空间，开展课内课外相融合的教学模式。低年级要注重让家长参与进来，形成强大的教育合力；中年级要强化伙伴互助；高年级要鼓励学生们参与社会生活，从而让课堂有温度、教学有深度、学生有感动。

以六年级的《人大代表为人民》一课为例，老师在教学中以小组探究学习的方式带着问题深入研究，借助人大代表的典型事例，让学生感悟人大代表是来自人民的，听民声、解民难，为民发声。在此基础上，老师给学生搭设舞台，发动学生积极参与中国少年报推出的"我是场外代表——全国两会约稿"的活动，让孩子们关注社会、关注热点，提合理的建议，增强公民意识，履行宪法赋予我们的权利，形成社会认同感，培植家国情怀。其中，六年级学生代表提出的关于"手机管理"的建议被采纳了，送上了两会，孩子们倍受鼓舞。可以说课内、课外融合盘活的课程资源，把思政小课堂同社会大课堂紧密结合在一起，既拓展了学生的学习空间，也有效地做大了育人的同心圆。

三、有效衔接联动，促进思政课一体化

我们参与了国家级课题"基于道德与法治学科与少先队活动有机融合的法治意识教育资源与微课研究"，借助课题，同时结合东城区项目研究，推进"互联网+"一体化建设，把思政课覆盖到各个学科，把思政课融入德育及少先队的系列活动当中。比如，我们现在开展的"致敬英雄""见字如面""畅想2035"，以及线上"红色课程"，包括通过钉钉平台给孩子们推送各种各样有用的资料包，同时课题组的核心成员还要上好研究课、微课。我校与第十一中学紧密联系，不仅要做好自己，而且要加强衔接教育，来营造大思政的氛围，让党团队旗飘起来。我校唐新露老师展示的《见字如面，对话英雄——致敬最美的奋斗者》这一课，就是选取了道德与法治五年级的教材"自力更生"这一课。这节课是与第十一中学的思政教研组共同碰撞，落实小学与中学的对接，以"中国脊梁"为切入点，从"中国第一"的交流会到"走进人物"的故事会，再到2035的畅想会，让学生的情感层层递进，直至升华，立下志向，报效祖国。这样的衔接也为今后的思政课学习奠定了基础。

全方位的联动、各学科的有效衔接，是为了更好地实现共建、共研和共促。小学阶段我们要帮助孩子扣好人生的第一粒扣子，让孩子们既有真才实学，又不断增进社会担当、家国情怀，从而担起中华民族伟大复兴的历史重任。

北京市东城区定安里小学书记　赵　霞

Chapter 4
第四章

第二届论坛
（2022年）

第二届全国大中小学思政课一体化实践研究高峰论坛综述

　　2022 年 4 月 22 日，第二届全国大中小学思政课一体化实践研究高峰论坛在北京市第十一中学召开。论坛旨在进一步贯彻落实习近平总书记在学校思想政治理论课教师座谈会上的讲话精神以及在新时代要办好思政课的重要指示，以"创新大思政实践应用模式，落实立德树人根本任务"为主题，在全国大中小学思政课一体化实践研究共同体建设推进基础上，着力推动新时代大思政课建设内涵式发展，探索创新学校育人模式。

　　这届论坛由北京教育科学研究院德育研究中心主办，北京市东城区委教育工委、区教委支持，北京市东城区教育科学研究院、北京市第十一中学、全国大中小学思政课一体化实践研究共同体等单位承办，国家哲学社科思政专项"大中小学一体化思政课建设衔接机制研究"课题组、傅任敢教育思想实践联盟协办。

　　中国高等教育学会副会长张大良，《中国高等教育》杂志总编辑唐景莉，上海市师资培训中心党委书记、主任兼教育部大中小学一体化建设专家指导组副组长周增为，北京市委宣传部原二级巡视员李建国，北京市学校德育研究会副会长、首都师范大学副校长杨志成，北京邮电大学马克思主义学院党委书记、院长周晔，国家哲学社科思政专项"大中小学一体化思政课建设衔接机制研究"课题组组长王锋，中国石油大学（北京）马克思主义中国化研究中心主任曹培强，首都师范大学党委教师工作部部长苏寄宛，北京教育科学研究院党委副书记、副院长冯洪荣，北京教育科学研究院德育研修中心主任谢春风，北京市东城区教育委员会主任高伟等通过线上、线下方式参会，高峰论坛由《中国高等教育》杂志总编辑唐景莉、北京市东城区教育委员会副主任尤娜主持。

　　为响应疫情防控政策，此次活动全国 100 余所大中小学、机构的近 2000 位领导和思政课教师通过线上方式共同参与，深入推进大中小学思政课一体化实践工作扎实落地。新华社、人民日报、光明日报、中国新闻社、中国青年报、中央广播电台、中国教育电视台等 18 家中央和地方媒体进行了报道。创先泰克教育云、翼鸥 ClassIn 直播平台、北京广播电视台北京时间、北京广播电视台城市广播中心教育面对面快手平台、世纪明德云学堂等平台进行在线直播，据不完全统计，直播访问量达 10 万多人次。

上午，高峰论坛围绕大思政顶层设计与大思政课实践应用的相关问题进行深度研讨，探讨如何加强大中小学思政课一体化顶层设计，深化大中小学思政课一体化机制研究。

一、领导致辞

中国高等教育学会副会长张大良："准确把握大中小学思想政治教育一体化建设的内涵与现状，科学分析大中小学思想政治教育一体化建设的问题与路径，对体系化建构大中小学思政课程，全面推进一体化建设，实现教育现代化，落实好立德树人根本任务有着重要的现实推动作用。一要始终紧扣思想政治铸魂育人主线；二要牢牢把握不同学段课程设置的层次性；三要协同创新思政课程建设的一体化机制；四要逐步建设思政课一体化的教师队伍。"

北京教育科学研究院党委副书记、副院长冯洪荣："一要进一步抓住思政课一体化建设这个关键问题，在系统性、整体性、协调性上下功夫；二要不断夯实思政课一体化建设的实践基础，强化区域特色；三要进一步聚焦问题，把课题研究作为深化大中小学思政课一体化建设的专业抓手。"

北京市委宣传部原二级巡视员李建国："思政教育一体化，一是要构建教材一体化体系，二是构建教学一体化体系，三是构建一体化评价体系；延伸学习体系化，一要推动思政教育与体育相结合，二要推动思政教育与美育相结合。"

北京市东城区教育委员会主任高伟："一要提高政治站位，针对不同学段特点上好思政课；二要把握地域特点，利用好资源优势；三要做好实践研究，12年长链条育人体系对开展中小衔接的思政课实践研究提供了适宜的土壤。"

二、主题演讲

上海市师资培训中心党委书记、主任兼教育部大中小学一体化建设专家指导组副组长周增为："真正的一体化是基于知识的重构，在重构过程中，获得能力与素养的提升，而支撑这些的是情感与价值的同步提升和完善。这个过程是教与学一体，要师生共同建构，因此一体化教学本质上是学习的一体，主体间的一体。"

北京市学校德育研究会副会长、首都师范大学副校长杨志成："概括起来思想政治理论课的根本遵循体现在非常严谨的内在逻辑上，回答了三个根本问题。第一，从目的论的角度回答了培养什么人的问题，坚持把立德树人作为思政课的根本任务；第二，从价值论角度提出了为谁培养人的要求，坚持党对思政课的全面领导；第三，在方法论上面体现怎么培养人的基本规律，这是实践要求、整体性的要求。"

北京邮电大学马克思主义学院党委书记、院长周晔："一要精准解决，落实教材一体化、课程一体化、教师队伍培养一体化的问题；二要精准提速，加快大中小学思政课纵向跨学段、横向跨学科的贯通联动，实现思政课内涵式发展，形成省市区联动，知意行联动，时空云联动，家校生联动；三要精准解读，教师是关键力量，内容是核心要素；四要精准搭建，在体制机制方面搭建信息化智能平台，建立大中小学思政课交流机制，发挥多方优势，来实现大中小学思政课资源共享共建。"

北京市第十一中学党委书记、校长崔楚民："三年以来，十一中学立足实践，尤其在全国首个大中小学思政课实践共同体平台上，与大家一道，不断深入探索大思政课程建设，三年探索，我们实现了思政课程与课程思政相统一、思政小课堂与社会大课堂相统一、学科课程与德育体系相统一，实现了学段衔接、学科融合、家校协同、社会共育的育人课程路径。"

北京市丰台区第二中学校长何石明："成为大先生，要有师爱，从学从游，亦师亦友。我们跟学生相处，是大鱼带着小鱼的游走。崇尚教师的品质，崇尚人的本性，尊重童心，尊重真心。立德树人作为根本任务，也作为检验学校一切工作的根本标准，回到大先生的根本标准，一个是师之责，一个是师之能，一个是师之爱。"

江苏省泰州中学原校长蒋建华："大中小学教师从事思政教育犹如厨师做烹饪，每一位教师都要当好思政教育的有心人、掌勺人，要善于构筑三活教育新样态，携手创新教育新模式，让思政教育更加人性化，更有人文味，更富创新性，更具实效性。"

特级教师、北京市东城区史家教育集团副校长郭志滨："大中小学思政课一体化建设是一个宏大的工程，不是一蹴而就的。它不是各种要素简单的叠加，而是坚持问题导向和目标导向相结合，坚持德育目标一致与内容梯度相统筹，以价值引领、学生成长为根本，遵循规律，打通壁垒，融通思想，贯通课程，循序渐进，螺旋上升，只有这样才能将思政课一体化工作做好做实。"

特级教师、首批"首都基础教育名家"、北京第二实验小学副校长华应龙："胸怀国之大者。习近平总书记提出了要求，我们大学中学小学老师，都要争做大先生。有志者事竟成，我们必须要有这样的志向，有这样的使命感。教育最高的境界是以人化人，当我说化人数学的时候，有专家提示我，觉得可以再推敲，我说那就'化一'数学，一切的一，一的一切。把一切有用的资源，变成宝贵的资源，去化人的一切。"

特级教师、北京工业大学附属中学副校长侯保成："以学习者为中心理论认为学习者才是学习真正的主人，老师的作用就是引发学习者思考，为学习者留出创造知识的空间，把社会发生的真实生活引入课堂。实现立德树人目标，我们希望实现认知的提升、思想的变化、行为的改变、习惯的养成，用宪法精神为学生培根铸魂，带领学生系好人生第一粒扣子。"

三、专家点评

北京教育科学研究院德育研究中心主任谢春风："今天的高峰论坛令我印象非常深刻。第一，我们思政课一体化日益呈现出大协同、大协作；第二，思政课一体化建设日益成为立德树人、国家发展蓝图中的一个热点；第三，在网络时代日益强调经济学支撑下的教育创新和变革；第四，文化日益活跃，活力日益彰显；第五，思政课教学探究日益往深里走、往心里走。但是未来我们还有很多工作，目前问题和挑战依然很多，学生的抬头难、举手难、开口难值得我们去关注，在教师层面怎么能够把教材用好、把教学搞活、把教研做得出彩也值得我们思考。"

四、圆桌论坛

31位大中小学专家领导围绕大中小学思政课一体化建设机制研究与大实践探索开展分论坛交流，创新大中小学思政课一体化教学模式，创新大中小学思政课一体化实践模式，增强思政课实践教学的实效性、针对性和灵活性。分论坛由国家哲社思政专项"大中小学一体化思政课建设衔接机制研究"课题组组长王锋、首都师范大学党委教师工作部部长苏寄宛主持。

五、课例展示

本届论坛通过线上平台推出8节大中小学思政课一体化实践研究展示课、5

节学科融合课程思政展示课、2 节班会展示课和 2 节教学设计说课。在去年首次论坛"对话英雄、对话时代、对话未来"的基础上，深化课程主题为"致敬奋斗者，一起向未来"，感悟百年历程，讲好冬奥故事，助力青少年坚定政治立场，传承奥运精神，砥砺奋进力量。其中包括北京工业大学、首都师范大学等大学，北京市第十一中学、长沙明德中学、重庆市清华中学、北京工业大学附中等中学，北京市第十一中学附属精忠街小学、北京市第十一中学附属定安里小学等小学，以"自胜者强自强者胜——我们都是追梦人""讲好冬奥故事，致敬奋斗人生""致敬奋斗者，百年正青春""挑战自我，从此刻开始"等课题推出的思政课、学科课和班会课，涉及政治、语文、物理、地理、音乐、道德与法治等多个学科，深入推进思政课程与课程思政同向同行，引领大思政课程育人实践。本次课程实践参与学校更多、参与教师更多、参与学科更多、参与地区更广。由东城区至北京市，由北京市至全国，课程参与范围不断扩大，育人成效更加显著。

第二届全国大中小学思政课一体化实践研究高峰论坛进一步强化了大思政课程建设，形成大中小一体化衔接备课机制，完善家校协同育人校本方案；进一步推进共同体发展，扩大共同体联盟育人广度与深度；在大思政实践应用模式上积极创新，对持续深化"双减"背景下的大中小学思政课一体化实践研究、落实立德树人根本任务，奠定了坚实的基础。

第一节 社会关注

紧扣主线 形成合力 有序推进 实现一体化

时惟春月，繁花似锦。在这美好的时节，我们迎来了第二届全国大中小学思政课程一体化实践研究高峰论坛开幕。我谨代表中国高等教育学会，向高峰论坛的成功举办表示热烈祝贺！

第一届高峰论坛举办以来的短短一年时间里，有关全国大中小学思政课程一体化实践的讨论，已经成为教育界的热点之一，引起社会各界高度重视、广泛关注。

2019年3月18日，习近平总书记就学校思想政治理论课建设问题亲自主持召开教师座谈会，对思政课的地位作用、目标任务、教育教学、方法举措和教师队伍建设等提出了根本要求，提供了理论指导和根本遵循。习近平总书记强调："在大中小学循序渐进、螺旋上升地开设思想政治理论课非常必要，是培养一代又一代社会主义建设者和接班人的重要保障。""要把统筹推进大中小学思政课一体化建设作为一项重要工程，推动思政课建设内涵式发展。"2019年9月，教育部等五部门联合印发《关于加强新时代中小学思想政治理论课教师队伍建设的意见》，明确提出要"推进大中小学思政课教师队伍专业发展一体化建设"，号召高校马克思主义学院发挥辐射作用，与中小学开展结对活动。

思政课是引领学生积极构建精神世界、培育科学世界观与科学方法论的一门特殊课程，是立德树人的关键课程。思政课程和课程思政同向同行，形成思想政治教育的新格局，才能解决培养什么人、怎样培养人、为谁培养人等一系列重大问题。准确把握大中小学思想政治教育一体化建设的内涵与现状，科学分析大中小学思想政治教育一体化建设的问题与路径，对体系化建构大中小学思政课程，全面推进一体化建设，实现教育现代化，落实好立德树人根本任务，有重要的现实推动作用。

当前，各地区、各学校都在积极开展大中小学思想政治教育一体化建设，建立大中小学思想政治教育一体化联盟，积累了不少经验，取得了显著成效。全国大中小学思政课程一体化实践研究高峰论坛的举办恰逢其时，具有非凡意义，必将有力推动大中小学思政课程一体化建设创新发展。借此机会，我讲几点认识，与大家分享。

一、要始终紧扣"思想政治铸魂育人"这条主线

思政课是学校对学生进行政治引领和价值引领的重要阵地，推动思政课建设内涵式发展是我国教育内涵式发展的应有之义。大中小学思政课一体化内涵建设，要围绕"思想政治铸魂育人"这条主线，设计思政课的整体教学目标，并将其统一贯穿于不同学段的思政课教学过程之中，保证思政课教育的方向性、整体性、针对性。要始终坚持用习近平新时代中国特色社会主义思想铸魂育人，围绕政治认同、家国情怀、道德修养等核心内容，系统开展马克思主义理论教育、中国特色社会主义和中国梦教育、社会主义核心价值观教育、法治教育、劳动教育、心理健康教育、中华优秀传统文化教育，等等。

二、要牢牢把握不同学段课程设置的层次性

中共中央宣传部、教育部制定了《新时代学校思想政治理论课改革创新实施方案》，明确要求将学习贯彻习近平新时代中国特色社会主义思想体现在大中小学各学段的课程目标、课程设置和课程教材内容中，实现全覆盖、贯穿全过程。我们要深刻认识和精准把握不同学段、不同层次思政课教学内容的递进与衔接，探寻各自的教育教学特色，建立各学段纵向递进、横向配合的课程、教材、教学体系，制定相互联系、有机衔接、有效贯通的教学大纲，在尊重各学段教学特点的基础上，建立大中小学思政课一体化建设标准，创新教学模式，增强教学效果。

三、要协同创新思政课程建设的一体化机制

推进大中小学思政课一体化建设，需要沟通、协调学校教育与家庭教育关系，持续关注学生健康成长，发挥家庭教育在立德树人中的积极作用。要把构建大中小学思政课一体化建设机制，摆在培养新时代中国特色社会主义建设者和接班人的历史高度来推进。思政课教师、学生、学校、家庭及全社会都应积

极行动起来，紧密围绕立德树人的根本任务，创新机制、整合资源，遵循思政课一体化教育教学规律，明确大中小学思政课建设主体的有机构成及其职能，使大中小学思政课建设主体各负其责，各展所长，分工合作，形成架构科学、运行高效、推进有序、成效显著的新时代大中小学思政课一体化建设机制。

四、要着力建设思政课程一体化的教师队伍

思政课教师的工作是塑造灵魂、塑造生命、塑造人的工作。要给学生心灵埋下真善美的种子，引导学生"扣好人生第一粒扣子"，就要寻找学生内心的切入口，在润物无声中，用道理春风化雨般地激荡出广大学生内心深处的真情实感和远大志向。各学段思政课教师要通过一体化的教材体系、教学体系、教学研究、教学团队，强化一体化育人意识，在教学中坚持政治性和学理性相统一、价值性和知识性相统一、建设性和批判性相统一、理论性和实践性相统一、统一性和多样性相统一、主导性和主体性相统一、灌输性和启发性相统一、显性教育和隐性教育相统一，课内课外相统一，实现大中小学思政课教师"共同成长"。

"路虽远行则将至，事虽难做则必成。"希望专家学者和一线教育工作者、管理者共同努力，深入探索新时代大中小学思政教育新形态和一体化实践新模式，在理论上取得新突破、在实践上取得新成效，为全面提升各学段人才培养质量贡献力量。

中国高等教育学会副会长　张大良

真正的一体化是基于知识的学习重构

思政课一体化的实践，目前比较多的呈现方式是用同一主题在不同年段进行教学，这是比较显性且比较有效的一体化教学实践，这种形式能够直观地反映不同年段教学的不同侧重点。比如，我们曾经针对劳动这个主题开展了从小学到大学的教学，不同年段的学生在对劳动的感性认识上有明显的层级差异。不同年龄的学生，因经验不同，对劳动的理解也有所不同。共同性是在正确的劳动观和劳动价值等方面，学生们有比较一致性的认识。但这种认识随着年段不同，理解的深度也有所不同。越低年级的孩子，越聚焦在劳动的具象认识上。随着年龄的增长，学生开始关注劳动的功效性。这种功效从个人层次开始，逐步到家庭层次和社会层次。初中生会开始考虑，为什么今天学生的学习和劳动之间形成价值对冲，他们甚至会讨论，这种对冲到底是人们对劳动的价值不明确，还是对学习的本质和认识发生了偏差。而高中生会从人生理想、人生道路的角度看劳动，开始接触马克思主义的劳动观，开始思考什么样的人生是有意义的。大学生对劳动价值观有更深度的理解和思考，从劳动如何作用于人类存在方式到推动人类价值，逐步形成独立的判断，以及对劳动价值概念的进一步建构，并且把这种思考视为一种自己应对未来的责任。

一体化的教学设计非常有效，带给我们至少两个视角的研究方向。第一，不同教学设计，是否在不同年段有明确的分界交叉？是知识还是经验，抑或是能力？第二,一体化是否就是不同年段教学出现知识的非重复性和行为的非反复性？对于第一个问题的回答很显然是明确的，就是不同年段的教学设计并没有绝对的分界，一定是交叉的。以劳动教育为例，所有学生都知道劳动是人类最基本的活动，没有劳动，人类无法生存。但为什么这些共识在某些点上会发生分歧？这是需要讨论的，也是需要证实的。因为不同的劳动观，正在某些关键的时刻，影响着成长中的学生。这不仅仅是知识的问题，作为思政课，需要实现以知识为基础的能力、情感与价值的统一。第二个关于重复性和反复性的问题，应该是思政课一体化实践中遇到的核心问题。

很多教师认为，一体化应该按照知识由少到多、由浅到难的顺序进行，但实际教学很难按照这样的顺序实施。事实上，知识教学本身就是按照这样的顺序进行传播的，因为我们经常会遇到认知的反复、知识的交叉，也会遇到学习的重复，这并不是违反一体化的设计规律，也不是我们没有按照一体化的要求实施。我们需要去思考，认知是否与知识积累存在着某种逻辑对应的关系？是否知识越丰富，认知越完善，心理就越成熟？显而易见，这并不成立。例如，在法治教育中，并非法律知识越多，对法治的理解就越深刻，在行为上也就越遵纪守法。反之，也不是说遵纪守法的人都是法律专业出身。我们还会发现，在法治教育中，就行为的遵守来说，往往年龄越小越容易遵守，不能说小学生法律知识一定比成人多。这些都是我们一体化教学要重点研究的问题。

从教学角度分析，不同年龄段的表现水平，并不是简单的知识的多寡，能记住许多知识并不是学习的目标，而是要看知识的结构性理解和应用。这是当前一体化设计比较弱的地方。不同年纪的学生归根到底不是学习知识本身的内容，而是学习如何形成知识的联系和如何有效地应用知识。年段低的学生有符合他们学习特征的结构，是一种简单的结构，包括他们的行为表现，这都是与这种认知结构相符合的。而年段高的学生，则通过他们相对丰富的经验以及相应的知识结构，建立一定程度上的广泛联系，学习的结构变得复杂一些。一体化是结构逐步完善的过程，因此一体化的评价不能只看书面知识的掌握，而是要看这些书面知识有没有成为解释现象的依据，帮助学习者建立学习的结构，这是一体化教学的核心。

再以法治教学为例，低年级的学生能够懂得要遵守规则；逐步到高年级的学生，能够理解法规产生的原因、背景以及依据，能够做相关的实践应用；再高年级的学生，要从理解法律、法条背后所代表的含义和价值，逐步领会法治的意义，在这个基础上，才能在生活中自觉地知法守法；而更高年龄的学生，能在更复杂的环境下建立知识体系的内在关联，形成一种更高层级的能力，这样的能力是能够兼顾起信念和价值的。

简而言之，真正的一体化是基于知识的学习重构，在重构的过程中，获得能力与素养的提升，而支撑这些的是情感与价值的同步提升和完善。这个过程是教与学的一体，需要师生共同建构。因此，一体化教学本质上是学习的一体、主体间的一体。

教育部大中小学一体化建设指导委员会专家指导组副组长，上海市师资培训

中心党委书记、主任　周增为

牢记育人初心　坚持问题导向　夯实实践根基

　　第二届全国大中小学思政课一体化实践研究高峰论坛以线上线下结合的方式举行，意义重大，非常值得赞赏。

　　2019年3月18日，习近平总书记亲自主持召开了学校思想政治理论课教师座谈会并发表重要讲话。他提出：在大中小学循序渐进、螺旋上升地开设思想政治理论课非常必要，是培养一代又一代社会主义建设者和接班人的重要保障。要把统筹推进大中小学思政课一体化建设作为一项重要工程，推动思政课建设内涵式发展。习近平总书记先后在2018年全国教育大会、2021年两会期间发表了重要讲话，特别在2021年的《求是》杂志上发文，强调做好思政课建设的重大意义。"思想政治理论课是立德树人的关键课程"，"'大思政课'我们要善用之"。这些讲话不仅强调思政课一体化建设的意义、目标和任务，更明确了思政课一体化建设的途径、方法和策略。这充分体现了党和国家对于推进大中小学思政课一体化建设的高度重视和战略布局。教育工作者都要不断学习，深刻领会，积极贯彻落实。

　　2019年3月18日以来，全国掀起了推进新时代大中小学思政课一体化建设的实践热潮。国家层面纲举目张，连续出台了加强大中小学思政课一体化建设的政策文件，包括：中共中央办公厅、国务院办公厅印发的《关于深化新时代学校思想政治理论课改革创新的若干意见》，中宣部、教育部制定的《新时代学校思想政治理论课改革创新实施方案》，大中小学思政课一体化建设整体框架日益清晰。特别是近日，教育部颁布了我国《义务教育课程方案和课程标准》，进一步清晰描绘了育人蓝图，系统融入了习近平新时代中国特色社会主义思想，强化了对社会主义先进文化、革命文化、中华优秀传统文化等方面的教育。义务教育阶段思政课从有理想、有本领、有担当三个方面凝练核心素养，突出了正确的价值观、必备品格关键能力，特别是在一体化设计和循序渐进螺旋式上升方面，从顶层角度做了科学严密的设计，将小学原"品德与生活""品德与社会"，以及初中"思想品德"课，整合为"道德与法治"，进行一体化设计。特别是从政治认同、道德修养、法治观念、健全人格、责任意识五个学科课程核心素养方面，提出了分阶段的目标和要求。这次义务教育课程方案和课程标准的修订，与此前公布的高中各科课程和课标的修订，整体完成了基础教育阶段思政课的目标、内容、评价、教育教学等各个方面的顶层一体化设计，同时也对各阶段的目标要求、学业要求进行了分阶段的明确。这为推进大中小学思政课一体化进一步实践研究提供了比较好的标准。不仅如此，各学科也特别突出了育人目标，学科之间的衔接更加紧密，课程思政和思政课程在立德树人方面形成了一体，形成了连贯。这对于进一步开展思政课一体化实践有非常重要的意义。

北京教科院在教育部、市教育两委的领导下，多年来不断强化政治意识，坚持以首善标准深化大中小学思政课一体化的理论和实践研究、政策咨询研究。我院率先发起成立了北京市德育研究会，德育研究中心承担了研究会秘书处职责。我院参与研制《北京市大中小幼一体化德育体系建设指导纲要》。这是全国省级部门第一份关于大中小一体化德育建设的指导意见。新成立的北京市大中小学思政课一体化建设专家组，我们有五位专家参与其中，积极地做贡献。

2021年，我们举全院之力，推进大中小幼一体化德育研究重大项目，思政课一体化是关键研究内容。我院基教研中心承担了《习近平新时代中国特色社会主义思想学习读本》的编写和教学研究任务。2021年4月23日，第一届全国大中小学思政课一体化实践研究高峰论坛在北京市第十一中学举行，发起成立了全国大中小学思政课一体化实践研究共同体，对推进大中小一体化德育建设产生了积极影响。

东城区在落实中央和北京市思政课一体化改革要求上，主动作为、求真务实。纵向上，从区级到校级同心同德；横向上，家庭、学校、社会通力合作，以系统之力推进大中小学思政课一体化建设落地，利用地缘优势和区域特色资源，建构网络化红色资源地图，盘活了思政课教学，这是积极探索具有区域特色的一体化思政课建设的创举。北京市第十一中学崔楚民校长及师生为全国大中小学思政课一体化实践研究和学术交流做出了重要贡献，值得赞赏。

为了进一步理解把握大中小学思政课一体化建设的意义，善用大思政课，我提出以下建议。

第一，进一步抓住思政课一体化建设这个关键问题，在系统性、整体性、协调性上下功夫。对于思政课一体化要义的正确理解很重要，什么是一体化？

怎么就做到了一体化？一体化的目标是什么？效果如何评价？要把习近平总书记关于思政课一体化建设系列讲话精神吃透、搞准，用科学理论武装我们的头脑，深化理论思考，实现纲举目张的效果。特别是，新的义务教育课标颁布以后，如何从整体上设计基础教育阶段 12 年思政课建设，需要研究，核心是突出实践。

第二，不断夯实思政课一体化建设的实践基础，强化区域特色。思政课一体化建设的活力在实践，力量在实践，智慧也在实践。要共同支持学校静心育人，潜心教书，积累思政课优秀课例，相互学习分享。把优秀课例的评选和展示作为抓手，把教师培养和思政课一体化建设结合起来，同时加强教育叙事研究和故事分享，以鲜活的思政课建设为红线，强化区域育人特色和实践的效果。

第三，进一步聚焦问题，把课题研究作为深化大中小学思政课一体化建设的专业抓手。北京市教育科学规划办、北京市学校德育研究会把大中小幼一体化德育体系建设研究作为课题立项的重要领域。东城区有不少校长、书记亲自申请，主持了一些重点课题。基于问题研究的思政课教学才更有理性和效果，善于用大思政课才更有智慧。

习近平总书记发表关于思政课建设重要讲话已经三年了。我国思政课一体化建设取得了重要的成绩，但也面临着新的机遇和挑战。我们必须以科学理论武装头脑，牢记育人初心，抓好队伍建设，特别是要抓好育德能力建设，夯实学校实践根基。坚持以问题导向，向研究要质量，向课堂要质量，向实践要质量。我们一定能够在思政课一体化建设中取得新的成绩，以立德树人的高质量成果迎接党的二十大胜利召开。

北京教育科学研究院党委副书记、副院长　冯洪荣

青少年思想政治教育工作要做到"四化"

　　第二届全国大中小学思政课一体化实践研究高峰论坛线上云端相聚，线下在京隆重举行，北京教科院、东城区两委领导和有关部门专家到会，可见对此次会议的高度重视。青少年是国家的未来和希望，加强青少年思想政治教育，促进青少年坚定理想信念，帮助青少年树立正确的世界观、人生观、价值观是国家、社会、学校和家庭义不容辞的责任。围绕如何做好青少年思想政治教育的问题，结合自己的一些思考，我谈四点看法。

一、思政教育一体化

　　习近平总书记指出，要把统筹推进大中小学思政课一体化建设作为一项重要工程，推动思政课建设内涵式发展。依据青少年身心成长规律和思想政治教育规律，科学构建大中小学思想政治教育一体化体系，是提升思想政治教育效果，落实立德树人根本任务的重要途径。一要构建教材一体化体系。将各个学段的思想政治教育教材看作一个整体，统一设立各阶段教学目标，统一编写各阶段教材内容，实现从小学、中学到大学各阶段互通有无，教材内容衔接顺畅，提升教材使用效果。二要构建教学一体化体系。设计一套完整的、能够囊括各学段的思政教学模式，本专科阶段重在开展理论性学习，高中阶段重在开展常识性学习，初中阶段重在开展体验性学习，小学阶段重在开展启蒙性学习。三要构建一体化评价体系。既要将思想政治教育有机融入高考评价体系，定性与定量相结合，注重形成性评价，又要将综合评价方式向小学、初中和大学延伸，建立大中小学综合素质一体化全程评价机制。四要构建实践育人一体化体系。利用好思想政治教育资源，建设好实践教育基地，充分发挥基地的育人功能，推动第一课堂和第二课堂有机融合。

二、延伸学习体系化

　　习近平总书记指出，在人才培养方面，需关注德、智、体、美、劳全面发展，通过建立健全教育体制，关注学生全面发展的要求，才能够培养学生综合素养。思想政治教育只有与体育、美育等相结合，才能促进青少年全面发展。一要推动思政教育与体育教育相结合。以体育课堂教学渗透思想政治教育，通过将思想政治教育与体育运动教学进行有效结合，使学生意识到思想政治教育无处不在，从而积极主动参与思想政治学习，同时激发体育锻炼兴趣。注重在引导学生进行体育运动时渗透思想政治教育要点，在潜移默化中转变学生自身的看法，使得思想政治教育内容更加具有说服力，保证思想政治教育顺利开展，更好实现习近平总书记在北京冬奥会、冬残奥会总结表彰大会上所提出的"心系祖国、志存高远"的要求。二要推动思政教育与美育相结合。延展思政教育中的美育内涵，积极回应新时代对思想政治教育提出的新要求。要用脱贫攻坚奔小康、伟大航天精神事迹等这些新时代长征路上生动、鲜活、感人的奋进壮举，来引导青少年回应时代关切、顺应时代潮流，深入生活、扎根人民，发现和感受人物之美、发展之美、时代之美。丰富思想政治教育中的美育载体，搭建多样化平台，开展丰富多彩的文化艺术活动，推动思政课程与课程思政有机结合，培养学生审美情趣和创造能力。此外，还要加强文明引导，促进青少年养成讲卫生、勤洗手等良好习惯，扣好"人生第一粒扣子"。

三、平台搭建可视化

习近平总书记指出，要继续弘扬光荣传统，赓续红色血脉。做好青少年思想政治教育，需要突出抓好红色教育这一重要环节。着力构建青少年红色教育体系，积极搭建红色教育平台，通过可感可触的人物故事，激发青少年爱党、爱国的朴素情怀。一要开发红色教育课程体系。丰富校园红色文化，推进红色文化教育资源进课堂、进教材，把红色文化元素融入中小学思想品德课和实践活动课的教学内容中，开发出有特色的社会主义核心价值观校本教材。依托红色教育课程，加强革命传统教育、爱国主义教育、青少年思想道德教育，引领少年儿童传承红色基因。二要构筑红色教育阵地体系。充分发挥学校红色教育的主渠道、主阵地作用，构建红色教育共同体。充分发挥红色教育基地的重要作用，建好用好爱国主义教育基地、革命传统教育基地、国防教育基地等，开展红色主题研学和实践教育活动，广泛开展清明祭英烈、瞻仰革命纪念场所等活动。三要创新红色教育教学体系。突出主体性，采取互动式、启发式、交流式教学，激发主体反思，帮助青少年增强对学习成长的责任感。突出实践性，组织开展系列庆祝或纪念活动和群众性主题教育，激发爱国热情、凝聚奋进力量。突出艺术性，运用卡通画报、动漫视频、歌曲童谣等可视化方式传播红色文化，让青少年受到思想启迪。

四、任课教师专业化

习近平总书记指出，办好思想政治理论课关键在教师，关键在发挥教师的积极性、主动性、创造性。做好新时代的思想政治教育工作，亟待加快建设一支政治素质过硬、业务能力精湛、育人水平高超的高素质专业化思政课教师队伍。一要提升教师综合素养。在学懂、弄通、做实习近平新时代中国特色社会主义思想上下功夫，不断夯实理论功底，积极拓宽知识面，全面提升综合素养。坚持教书和育人相统一、言传和身教相统一、潜心问学和关注社会相统一、学术自由和学术规范相统一，以情培根，铸魂育人，真正把思想政治理论课建设成为学生真心喜爱、终身受益、毕生难忘的优秀课程。二要提高育人水平。善于用事实说话，让学生在整体、丰富、联系的事实中，切实感受到中国共产党好、社会主义好，做社会主义建设者和接班人。善于抓住时代脉搏，让思政课从内容到形式都充分体现新时代的昂扬精神、豪迈气概和蓬勃生机。主动适应新变化，在设计精巧、内容精良、讲授精准、形式精美、技艺精湛上下功夫，探索新方法、新途径、新载体、新话语，增强思想政治理论课的实效性。三要完善保障体系。加大政策激励、经费保障、条件支持、氛围营造力度，充分调动思政课教师的积极性、主动性和创造性，让广大思政课教师乐为、敢为、能为、有为。

北京市委宣传部原二级巡视员　李建国

"思政课善用论"日益彰显育人活力

习近平总书记提出，"大思政课我们要善用之"。在这一重要论述的引领下，经过三年多的探索，大中小学思政课一体化建设取得长足发展。有五点让我印象深刻。

一、大中小学思政课一体化建设日益呈现大协同、大协作的可喜局面

在这个高峰论坛上，全国各地的领导、专家、教师，分别从政策视角、教学视角、研究视角来思考课程思政、思政课程如何发展，这样的大协同、大协作是目前我国思政课一体化建设的显著特点。

二、思政课一体化建设日益成为我国立德树人整体育人蓝图中的一个热点

思政课从曾经的相对边缘学科，逐渐走向现在的核心学科。思政课教师也日益成为热点，这个"热"应该是一个好现象。今天这个思政课高峰论坛，在网络上也已经成了一个热点。

三、思政课一体化建设在信息技术支撑下展现出高水平的创新态势

今天的论坛体现了线上线下结合、线上更加精彩的高端性，15节示范思政课在网上、云端推出，效果非常好。我们有《中国高等教育》、王锋院长的全国哲学社科课题这样的高端学术引领，高峰论坛上有这么多高水平专家，参加论坛的校长、老师们都是高水平的。

四、思政课一体化探究日益活跃，教学活力日益彰显

文化的活水滋润着思政课教师的心田，这个"文化"既包括中华优秀传统文化，也包括革命文化和社会主义先进文化。这三种文化的结合，使思政课教学日益充满活力。我对北京实验二小华应龙老师刚才讲的《半条被子》数学课印象深刻。我一直认为他是思政课老师，今天才知道他是数学教师。在数学课上，他把思政大道理和孩子认知数字的小道理巧妙地结合起来。这就是学科思

政的精彩展示。还有中学的崔楚民校长、何石明校长、蒋建华校长，小学的郭志滨校长、侯保成校长，讲得都很好、很到位。大学的龙头引领，中学的中坚力量，小学的奠定基础，使思政课一体化活起来了。

五、思政课教学探究日益往深里走、往心里走

思政课教学很容易高大上，因为它就是高大上的学科。这么高大上的学科怎么能够往深里走、往心里走，是需要探讨的。今天呈现出来的鲜活经验告诉我们，告诉我这个学习者：老师们正在把思政课教学引向深入。老师们的情怀是很深的，怎么能够把总书记"大思政课善用之"这样一个嘱托、期待落实得更好，我们还有很多事情要做。

举办思政高峰论坛、推进全国大中小学思政课一体化实践研究共同体的建设，是在教育部、国家、省市层面上的一种携手创新。但未来还有很多工作要进行，目前问题和挑战依然很多。比如，思政课教学随着学生年龄的增长，学段的增长，学生的"抬头难、举手难、开口难"现象日益普遍。"抬头难"，是学生对教师讲的不感兴趣；"举手难"，说明学生缺乏问题意识；"开口难"，说明学生缺乏见解，不愿意和老师交流和表达。这三个"难"都值得我们去关注。在教师层面，教师们怎么能够把教材用好，把教学搞活，把教研做得出彩，实际上也很难。教材之间的割裂和简单重复依然明显存在。特别是，教育者需要对学生深入了解，能够读懂学生的心，这方面的功课我们做得还很不够。

最近，我和同事对首都部分学生的偶像情况做了一个调查，调查对象涉及幼儿园、小学、初中、高中、中职、大学，样本量比较大。其中，最突出的两项数据值得我们思考。调查结果表明，科学家是学生们排第一位的偶像，说明我们国家的孩子，日益关注科学家精神、科学家报国，这是一个好现象。这个比例占 27.9%。也就是说，大样本调查发现，27.9% 的学生把科学家摆在偶像的第一位。这是值得我们欣喜的。排第二位的结果是什么？没有偶像。没有偶像的学生百分比达 12.9%。这个结果让我吃惊。所以，思政课怎么能够点燃学生、感染学生，也有很多工作需要做。现在，孩子们越来越难以被感染。孩子们在各种信息、各种文化和价值观的冲击下，已经不像原来那么好教育了。老师的好多观点，有时候可能很难让孩子们留下深刻印象。在这个背景下，要进一步研究学情。习近平总书记讲，治国理政要以人民为中心，教师教书育人如何以学生为中心，把学生放在思政课的正中央，需要进一步去研究。学生视角和教

师视角，是思政课妙笔生花的两个关键问题。这两个视角缺一不可、相得益彰。在目前情况下，"大思政课善用之"，需要进一步确立教师视角和学生视角。根本上说，要以学生视角来提升教师视角，这样的话，就能够把我们的思政课做得更好，进一步完成立德树人的使命。

习近平总书记曾经多次引用《中庸》这部中华优秀传统文化经典。习总书记在今年新年贺词中讲到了"致广大而尽精微"。《中庸》谈道："诚身有道，不明乎善，不诚乎身矣。""诚者，天之道也，诚之者，人之道也。""自诚明，性也；自明诚，教也。"意思是，一个孩子在他明白道理之后，会去诚恳地面对人生，面对国家，发挥自己的主导性，这需要教化的力量。思政课老师是社会主义国家核心价值观教育的关键力量。我们共同探讨思政课一体化建设的途径、方法、策略、成效，实际上是在进一步践行习近平总书记"思政课善用论"的思想。我特别期待，今后我们能够更多地向老师们学习，向实践学习，能够把思政课做得更加鲜活，更加能够服务于孩子们的健康成长。

北京教育科学研究院德育研究中心主任　谢春风

提高政治站位　把握区域（属地）特点　做好实践研究

"百年大计，教育为本"，立德树人的实践探索，是近年来各级教育部门的热点话题。实践和研讨如何更加有效地开展思政课研究，落实思政课的整体育人效果，加强大中小各学段之间的有效衔接贯通，不仅重要，而且必要。在此，我想表达三点感受。

一、要提高政治站位

把思想认识统一到习近平总书记关于办好思政课的重要论述上来，从"重要保障"和"重要工程"的战略定位出发，围绕"推动思政课建设内涵式发展"的战略目标，针对不同学段特点上好思政课。2017年5月23日，中央全面深化改革领导小组第35次会议提出，要"构建以社会主义核心价值观为引领的大中小幼一体化德育体系"。2019年3月18日，习近平总书记主持召开学校思想政治理论课教师座谈会时指出："在大中小学循序渐进、螺旋上升地开设思想政治理论课非常必要。"2022年，在迎接党的二十大胜利召开的重要节点，如何将党史教育融入学生的思想深处，将建党精神纳入学生的精神根基，思政课是关键。思政课是落实立德树人根本任务的关键课程，发挥着不可替代的作用。青少年阶段是人生拔节孕穗期，系好人生第一粒扣子，方可从道德启蒙到真正树立坚定的理想信念的过程中循序渐进、螺旋上升。因此，我们在基础教育阶段就要提高政治站位，上好"大思政课"，展大视野、开大格局、建大阵地、有大作为。

二、要把握区域（属地）特点

东城区作为中国共产党早期的活动地，拥有爱国主义教育与红色教育得天独厚的地理优势，如中国元、明、清三朝最高学府国子监、新文化运动的发祥地北大红楼、1960年中央决定专门建立的进行城市中小学教学改革试验校的景山学校等，厚重的教育积淀、激越的红色基因是广大东城教育人卓越奋进的不竭动力。2019年，东城区正式发布《北京市东城区红色文化教育地图》，涵盖了17个爱国主义教育基地和16个红色文化教育基地，对红色文化的历史面貌、时代价值都做了详细介绍。再如，东城教育系统自主拍摄制作的党建宣传片《寻觅》，通过1919—1949年党的重要事件，挖掘与东城相关的故事、讲述教育系统涌现出的革命人物，以寻找与回望的视角开展一次与历史的隔空对话。我们要继续充分利用好这些资源优势，把握东城的区域特色，上好思政课。尤其是近两年以来，东城区聚焦双减、推进双升，围绕实施教育综合质量及队伍建设质量双提升计划，全面提升育人质量，做了很多实事。通过推进教师课程思政引领计划，启动思政"三个一"工程，构建区级德育课程、中小幼德育一体化；通过落实"家校社·共育2035工程"，完善区、学区、社区（社会）、校四位一体"1+8+X"的家庭教育指导服务机制；树立大思政观，开展德育渗透研究，推进党史、新中国史、改革开放史、社会主义发展史学习，打造红色文化、心理健康教育课程等。通过实施高校战略合作工程，拓展清华、北大等高校阵地，深化与北京师范大学、首都师范大学等高校专业培训项目合作，建立思政教师、重点实验室及教研员工作站，推进思政教师"双营员""双基地"培养项目等，实现教育持续创新、立德树人，形成了东城特色的"大思政"工作风貌。

三、要做好实践研究

今天的论坛由北京市第十一中学承办，十一中学一直以来都十分重视学生的思想品德教育，学校正着力完善十二年长链条育人体系，这对开展中小衔接的思政课实践研究提供了适宜的土壤。2020年，十一中学与北京工业大学建立联系，正式成为国家哲学社科思政专项课题组成员，主要承担中学部分的研究任务；先行开展了一系列实践研究，比如成立"大思政课研究室"，实践探索党组织领导的校长负责制、家校一体化的班级组导师制度研究，开展基于"完整人格教育"的新生涯德育实践体系探索，等等。可以说，作为新中国成立后党和人民政府在北京建立的第一所公立完全中学，十一中学70余年来始终坚决贯彻中央及各级部门对思政课一体化研究的要求，大思政课的种子，在这里必将成长为参天大树。近日，在北京冬奥会、冬残奥会总结表彰大会上，习近平总书记发表重要讲话，首次提出了"北京冬奥精神"的概念，为中国共产党人的革命精神谱系增添了新篇章！"胸怀大局、自信开放、迎难而上、追求卓越、共创未来"，如何学习和贯彻冬奥精神，是我们面临的新课题。我们也期待，今天的研讨会上能听到思政专家、教育同人的理论观点碰撞、实践经验共享，这也是我们东城乃至全国思政教育同人的共同财富。

北京市东城区教委主任　高　伟

第二节　大学引领

新时代思想政治理论课改革发展根本遵循

2019 年 3 月 18 日，习近平总书记主持召开思想政治理论课教师座谈会并发表重要讲话，形成了习近平总书记关于学校思想政治理论课建设重要论述的理论体系。我在学习过程中把它概括为九个"坚持"。这九个"坚持"，是我们通过学习习近平总书记关于思想政治理论课重要讲话精神的学习总结，也是对我们工作指导的根本遵循。概括起来思想政治理论课的根本遵循体现在非常严谨的内在逻辑上，回答了三个根本问题。

第一，从目的论的角度回答了"培养什么样人"的问题。坚持把立德树人作为思政课的根本任务；坚持把增强"四个自信"作为思政课的有力支撑。体现了"培养什么样人"的根本要求。

第二，从价值论角度提出了"为谁培养人"的要求。坚持党对思政课的全面领导，实现为党育人；坚持扎根中国大地办教育，汲取思政课的深厚力量，实现为国育才。

第三，在方法论上面体现"怎样培养人"这样一个基本规律。主要讲了五个方面：一是坚持思政课贯穿人才培养体系，这是实践要求，整体性的要求；二是坚持循序渐进、螺旋上升的规律做好思政课；三是坚持把培养政治强、情怀深、思维新、视野广、自律严、人格正的思政课教师作为关键，这是关键的依靠；四是坚持守正创新，按照"八个相统一"的原则进行推进思政课改革，这是思政课改革的基本策略；最后是坚持以马克思主义为指导，推进思政课学科体系建设，这是学科体系的理论逻辑遵循。

习近平总书记关于思政课的重要论述，从目的论、价值论、方法论的基本逻辑角度对如何开展思政课做了概括和总结。为我们进一步引领思政课的发展提供了行动指南和根本遵循。具体来说有以下九个"坚持"。

第一，坚持党对思想政治教育的全面领导。坚持党的领导是新时代思想政治工作的政治、组织、思想、政策的根本保障，是领导思想政治工作方向的根本要求，是新时代党的重要工作任务之一。所以把思想政治教育纳入、提升到党的工作之一，对我们思政课的发展起到了重要的领导和支撑作用。

第二，坚持把立德树人作为思政课的根本任务。思政课的根本任务就是立德树人，培养可靠的接班人。具体要求就是要培养拥护中国共产党领导和社会主义制度、立志为中国特色社会主义事业奋斗终身的有用人才。

第三，坚持思政课贯穿人才培养体系。总书记强调要坚持把立德树人作为中心环节，把思想政治工作贯穿教育教学全过程，实现全程育人、全方位育人。总书记强调人才培养体系涉及学科体系、教学体系、教材体系、管理体系等，而贯通其中的是思想政治工作体系。加强党的领导和党的建设，加强思想政治工作体系建设，是形成高水平人才培养体系的重要内容。要坚持党对高校的领导，坚持社会主义办学方向，把我们的特色和优势有效转化为培养社会主义建设者和接班人的能力。

我们在高校工作体会非常深刻，这两年来无论是学科评估还是专业评估，都要把思想政治工作放在第一位，作为我们所有评价指标中第一维度的第一条来进行评价，体现了思想政治工作贯穿人才培养体系的要求。

第四，坚持循序渐进，遵循思政课的规律。思政课要因事而化、因时而进、因势而新。要遵循思想政治工作规律，遵循教书育人规律，遵循学生成长规律，不断提高工作能力和水平。总书记用非常形象的比喻，通俗地表达了思想政治教育的基本规律。比如：用循序渐进、螺旋上升比喻思想政治理论课开设的规律。用"拔节孕穗期"比喻思想政治教育的重要性。用"浇花浇根，育人育心"来比喻教育的初心使命和教育方法。

第五，坚持培养政治要强、情怀要深、思维要新、视野要广、自律要严、人格要正的"六要"思政课教师。体现了新时代思想政治理论课教师基本素养的要求，也是我们开好思政课的关键依靠。

第六，坚持守正创新，按照"八个相统一"的原则，推进思想政治理论课教学和思想政治教育改革。思政课改革要坚持政治性和学理性相统一，价值性和知识性相统一，建设性和批判性相统一，理论性和实践性相统一，统一性和多样性相统一，主导性和主体性相统一，灌输性和启发性相统一，显性教育和隐性教育相统一。"八个相统一"对思政课改革提出了非常全面、系统科学的指导意见，也体现当前思政课存在的一些问题，是问题导向的指导和目标导向的引领。

"八个相统一"中，政治性和学理性相统一是非常关键的。我们在深入中学，尤其是高中思政课课堂进行调研的时候，发现很多高中教师上思政课过程中，有的过度强调学理性，以应试倾向主导思政课建设。有的过度强调政治性，使政治性方向缺少学理性支撑，显得比较生硬。这次新的课程标准中，对政治性和学理性相统一，做了非常好的要求。比如：在高中思政课的教学中，特别强调高中思想政治课程，紧密结合社会实践，讲授马克思主义基本原理，讲授马克思主义中国化、时代化成果，特别是习近平新时代中国特色社会主义思想，引导学生经历自主思考、合作探究的学习过程，体现了学理性的引领。理解中国社会主义进入新时代的历史方位，了解中国特色社会主义经济、政治、文化、社会、生态文明建设和党的建设进程，培育政治认同、科学精神、法治意识和公共参与等核心素养。逐步树立共产主义远大理想和中国特色社会主义共同理想，坚定中国特色社会主义道路自信、理论自信、制度自信、文化自信，基本形成正确的世界观、人生观、价值观，则体现了鲜明的政治性导向。所以，要上好思政课必须要将政治性、学理性相统一。

《义务教育道德与法治课程标准》（2022年版）中特别强调，道德与法治课程引导学生理解用马克思主义立场、观点方法观察时代、把握时代、引领时代的意义，形成正确的世界观、人生观、价值观，体现了学理性的要求，践行和弘扬社会主义核心价值观，坚定理想信念，厚植爱国主义情怀，增强对伟大祖国、中华民族、中华文化、中国共产党、中国特色社会主义的高度认同，把爱国情、强国志、报国行自觉融入坚持和发展中国特色社会主义事业、建设社会主义现代化强国、实现中华民族伟大复兴的奋斗之中。这体现了鲜明的政治性导向。所以说，坚持政治性、学理性相统一，是开好思政课的关键之关键。在新课标中，特别强调培养政治认同、道德修养、法治观念、健全人格、责任意识五个核心素养。这也是我们这一次义务教育课标修订的鲜明亮点，用核心素养的方式构建了学科课程教学的目标要求。

政治性是思想政治教育的根本目标，是思政课的根本目标。学理性是思想政治教育和思政课的知识论目标。学理性服务政治性，政治性统领学理性，离开了学理性，政治性就缺少理论支撑和严谨的逻辑体系，就会苍白无力；离开了政治性，学理性就会丧失方向，丢掉基础，甚至本末倒置。因此思政课要注重政治性和学理性相统一，是学科本质和学科特色的必然要求。

按照"八个相统一"的原则推进思政课和思想政治教育的改革，是习近平总书记用辩证统一的哲学分析方法为我们指出了思政课改革的方向，清晰严谨地指出了当前思政课教育存在的问题和改进方向，为优化新时代思想政治教育和思政课改革提供了行动指南。

第七，强调坚持马克思主义指导地位，推进学科体系建设。思政课的学科本质是马克思主义学科体系。所以思政课理论体系构建，要坚持马克思主义的指导地位，用马克思主义的学科理论、原理去引领思政课教学。

第八，坚持把增强"四个自信"作为思想政治教育的有力支撑。道路自信、理论自信、制度自信、文化自信，这是思政课必须达到的重要目标。习近平总书记强调，我们对中国共产党执政规律、社会主义建设规律、人类社会发展规律的认识和把握不断深入，开辟了中国特色社会主义理论和实践发展新境界，中国特色社会主义取得举世瞩目的成就，中国特色社会主义道路自信、理论自信、制度自信、文化自信不断增强，为思政课建设提供了有力支撑。这既是有力支撑，也是我们思政课要达到的重要的育人目标。

第九，坚持扎根中国大地办教育，汲取思想政治教育的深厚力量。文化是重要的育人资源，文化育人是思想政治教育的重要途径，文化在思想政治教育中的作用具有很强的意识形态性。因此，在思想政治教育中实施文化育人要充分发挥中华优秀传统文化的育人价值，坚持扎根中国大地办教育，在中国优秀传统文化中汲取思想政治教育的深厚力量。

总之，习近平总书记关于思想政治理论课的重要论述，为我们开展好思想政治理论课教学提供了根本遵循，我们要把握好其内在逻辑、关键要点，不断推进思政课改革时效性提升，思政课改革不断创新发展，使它真正成为为党育人、为国育才的关键课程，立德树人的关键课程。

北京市学校德育研究会副会长、首都师范大学副校长　杨志成

精准施策大中小学思政课一体化建设

一、为什么要精准施策

三年前，习总书记"3·18"重要讲话特别强调，"要把统筹推进大中小学思政课一体化建设，作为一项重要工程，坚持问题导向和目标导向相结合，坚持守正和创新相统一，推动思政课建设内涵式发展"。同年 8 月，中办、国办联合印发《关于深化新时期学校思想政治理论课改革创新的若干意见》，该文件提出"整体规划思政课课程目标，在大中小学循序渐进、螺旋上升地开设思政课，引导学生立德树人、立志成才"。三年来，全国各地各种研讨、论坛、手拉手集体备课等活动铺天盖地，大大小小联盟体、一体化建设中心、一体化教研组、共同体等应有尽有。社会各界、各层面都在共同推进大中小学思政课一体化建设，成绩有目共睹。在去年首届大中小学思政课一体化实践研究高峰论坛上，我讲了大中小学思政课一体化建设的整体框架。今天，我主要讲如何坚持问题导向精准施策、靶向发力，推进大中小学思政课一体化建设进入 3.0 时代，以正向衔接、横向贯通、循序渐进、螺旋上升的建设要求，确保习近平总书记三年前倡导的这项学校立德树人工作的重大理论创新得以全面贯彻落实。

二、怎么进行精准施策

我们来套用中国哲学的三个重要概念，即"事""体""道"，以此来梳理一体化建设的逻辑关系。

"事"具有外显性。大大小小的论坛、课题、研讨、手拉手备课会等这些轰轰烈烈的场面，都是具有外显性的有形之物，为"事"。从"事"的角度来看，一体化建设促进了思政课"事物"变革，指向思政教育的手段层面，更为深刻地影响和改变了大中小学思政课原有的存在状态，推动了大中小学思政课课堂载体、手段的新融合。这些变化打破了以往的物理时空限制，在开放性、延展性、传输性等层面得以增强，并成为思政教育的新"事物"。

"体"具有中介性，是贯通"事"与"道"的桥梁和纽带。比如，大中小学思政课的共研、共融、共建、共维体系等，比如大中小学思政课教研组、建设中心、联合体等。从"体"的角度来看，一体化建设优化了思政教育的"生态"氛围，指向主体、客体、介体、环境共同构建而成的生态系统。

"道"具有无形性。习近平总书记"3·18"重要讲话特别强调，"在大中小学循序渐进、螺旋上升地开设思政课非常必要，是培养一代又一代社会主义建设者和接班人的重要保障"。可见，"立德树人"这一人才培养目标是一体化内涵式发展的落脚点。这种无形性，体现事物的内在本质和运行规律，更加凸显出个性化、泛在化、过程化的特征。从"道"的角度来看，一体化建设推动了"思维"更新，指向了思政教育的内在本质和规律，即思政工作规律、教书育人规律、学生成长规律。作为合目的性与合规律性相统一的大中小一体化新形态，我们应将个体的主体性、育人的价值性和人的全面发展性三者有机地结合在一起。

综上，"道"体现的是求同思维，"事"和"体"体现的是求异思维，"体"则是架在"事"与"道"之间的一座桥梁。

三、精准施策什么

一是精准落实。我们要精准落实教材一体化、课程一体化、教师队伍培养一体化的问题。要整体规划课程群建设、教材群建设。统筹修剪好小学一到六年级的"道德与法治"课，初中的"道德与法治"课，高中的"思政课"和大学"思政课"的衔接递进。抓住核心要素：小学强调品德，中学强调政治，大学强调理论；小学是体验式教学和生活启蒙，中学是双向沟通式教学和规则认知，到了大学则是推理式、判断式教学和价值认同。

二是精准提速。我们要加快大中小学思政课纵向跨学段、横向跨学科的贯通联动，实现思政课内涵式发展，形成"省市区联动、知意行联动、时空云联动、家校生联动"的工作机制。教育部、北京市都已成立大中小学思政课教指委，不断地在明确大中小学思政课新定位，从实质上解决大中小学各类课程与思政课相互配合的问题。在增强育人效果上，不断地从注重流程到注重质量，提质增效。

三是精准解读。教师，是关键力量，内容，是核心要素。教育引导学生如何用马克思主义的立场、观点和方法去观察时代、解读时代，彰显育人价值：

由外部灌入，转向内在生长。

四是精准搭建。体制机制，是重要的保障。搭建信息化智能平台，建立大中小学思政课交流机制，发挥多方优势，来实现大中小学思政课资源共享共建。处理好独立性与整体性、衔接性与间接性、差异性与平衡性、稳定性与发展性等若干关系，浸润育人情境：从机制本位到人之本位。

精准施策大中小学思政课一体化建设，做实、做细、做到极致，是一件"功在当代，利在千秋"的大事。

北京邮电大学马克思主义学院党委书记、院长　周　晔

加强大中小学一体化历史观教育论析

"历史是最好的教科书。""四史"教育是以历史学为基础的思想政治教育，加强大中小学一体化历史观教育，是贯彻落实中央要求，加强大中小学思想政治理论课一体化建设的应有之义。

一、历史观教育的内涵与现实意义

（一）历史观教育的内涵

正确的历史观教育，即马克思主义历史观教育，是思想教育的重要内容，是无产阶级政党为了帮助人民大众形成科学的历史观，所进行的形式多样、内容丰富的唯物史观原理教育和历史知识的教育，对引导人们正确地看待世界、看待人生、分析社会现象，形成正确的思想政治观点具有不可替代的关键性、基础性作用。

（二）历史观教育的重要作用

正确的历史观教育对青少年形成正确的世界观、人生观、价值观意义重大。

正确的历史观教育对青少年形成民族认同、文化认同、国家认同至关重要。

加强历史观教育是国际通行做法。世界各国政府均重视大中小学的历史教育，古今中外，概莫能外。通行做法是国家层面通过规范课程、教材标准等手段进行统筹与干预。在我国，党和政府高度重视历史和正确历史观教育，通过加强历史学科在内的学校思想政治教育课程建设和社会面上全体公民的历史教育两个渠道加以强化，十八大以来更是全面加强。2021年，中央做出在全党广泛开展党史学习教育、在全社会开展"四史"教育的重要部署，把以党史为重点的"四史"学习教育推向了前所未有的新高度，具有极其重要的战略意义，取得了显著成效。

（三）历史观教育的现实需要

我国以正确历史观教育为主要内容的思想政治教育，经过长期以来的不断改进和加强取得了显著成绩，但也要清醒认识到，当今世界正在经历百年未有之大变局，国际国内形势深刻变化，社会思想意识多元多样，网络信息技术迅猛发展，我们的正面教育仍面临严峻复杂的挑战与风险考验。

第一，历史观教育是青少年抵御历史虚无主义的迫切需要。新时代背景下，一些青少年对历史的把握不够全面和深入，并且时常遭受历史虚无主义的侵蚀和挑战。

第二，历史观教育是青少年抵御网络不良信息的迫切需要。传播格局和舆论生态发生深刻变化，保护青少年免受网络低俗不良信息的"明枪暗箭"，已刻不容缓。

二、大中小学一体化历史观教育的实现路径

（一）做强政策统筹

制定宏观教育政策，用好课程、教材、活动等载体，做好统筹，设立规范，明确标准，考试拉动，项目推进，以充分体现国家的意志。结合各学段不同特点，尊重教育规律，遵循学生认知规律，促进大中小学一体化加强正确历史观教育，确保各项教育内容相互衔接、螺旋式上升。

用好考试指挥棒，强化历史核心课程地位。把"四史"作为加强正确历史观教育的重要内容和途径，完善大中小学思政课程体系，推进"四史"学习教育进教材、进课堂、进头脑，发挥好"四史"立德树人的重要作用。

（二）立足主渠道

着重从大中小学国民教育课程和教材建设切入，循序渐进地开设好思想政治理论课。

以党史、国史系统知识的学习为依据，打牢青少年正确历史观教育的基础。

一要遵循规律，提高比重。2021 年，教育部发布《革命传统进中小学课程教材指南》，对各学段课程教材加强"四史"教育做出明确部署。教育部办公厅《关于在思政课中加强以党史教育为重点的"四史"教育的通知》强调，充分发挥思政课在进行以党史教育为重点的"四史"教育中的主渠道作用。

科学设计思政课中的"四史"教育内容，提高"四史"教学在思政课教

学中的比重。中小学校积极组织开展"从小学党史，永远跟党走"主题教育活动，将主题教育活动与思政课教育教学、班团队活动、校园文化建设等相结合。2022 年秋季学期开始，全国高校统筹开设习近平新时代中国特色社会主义思想课程。

二要划分学段，把握重点。内容方面，小学阶段重在启蒙道德情感，引导学生形成爱党、爱国、爱社会主义、爱人民、爱集体的情感，具有做社会主义建设者和接班人的美好愿望。初中阶段重在打牢思想基础，引导学生把党、祖国、人民装在心中，强化做社会主义建设者和接班人的思想意识。高中阶段重在提升政治素养，引导学生衷心拥护党的领导和我国社会主义制度。大学阶段重在增强使命担当，引导学生矢志不渝听党话、跟党走。

方法方面，小学阶段重在开展启蒙性学习，初中阶段重在开展体验性学习，高中阶段重在开展常识性学习，本专科阶段重在开展理论性学习，研究生阶段重在开展探究性学习。

总之，要做到学段不同、重点不同、方法不同、特色不同，但都紧紧围绕规律性、整体性、共生性目标，分兵把守，一体推进，循序渐进，螺旋上升。

（三）拓展新内容

正确历史观教育不仅局限于思政课堂，还要渗透到课堂教育的各个方面。

1. 重融合，延展载体

除立足道德与法治、思想政治、历史等基础课程外，还要挖掘其他课程（如语文、各类专业课）和教学环节（如校史、校训、校歌）中蕴含的四史学习教育元素，实现全员全方位育人。

将正确历史观教育与德育，与中国优秀传统文化、革命文化、社会主义先进文化教育有机融合，和校园文化建设有机结合，显性教育、隐性教育相互促进，有效实现从"思政课堂"到"课堂思政"。

2. 重实践，强化研学

把课堂搬到社区街道和农村乡镇，引导大中小学生走出校门、走进社会，深入生活，深入乡村厂矿等，与新时代火热实践进行亲密互动。充分利用纪念场馆、爱国主义教育基地等红色资源，开展现场教学。通过读书会、交流会、红色文化展览、"四史"知识竞赛、红色旅游体验等，在潜移默化中引导学生学党史、颂党恩、跟党走。

（四）丰富新形式

1. 讲好故事

习近平总书记在 2019 年学校思想政治理论课教师座谈会上指出，我们的思想政治教育，要会讲故事、讲好故事。"四史"教育，就是要讲好党的故事、国家的故事、革命的故事、改革开放的故事、英雄的故事，深挖教育系统红色资源"鲜活教材"，用故事的形式讲政治，用历史故事讲道理，让青少年学生听得懂、听得进。

2. 用好宝藏

百年党史是内容丰富的可贵宝藏，是思想政治教育的重要资源。要善用百年大党的厚重历史讲好"思政课"，教育引导青少年学生了解我们党带领人民成就的丰功伟绩，认清当代中国所处的历史方位，厚植爱党、爱国、爱社会主义的情感，激发自觉担当民族复兴大任的信心和决心。

3. 抓好创新

要有互联网思维、传播思维，注重互动性，让教育活起来。注重贴近性，让教育亲起来。注重依赖性，打造教育时代感、时代特色，让网络成为主旋律的"扩音器""放大器"，让爱国爱党、"四个自信"成为青少年时尚。

北京交通大学党委常委、宣传部部长　蓝晓霞

大中小学思政课一体化的"阶梯导向教学模式"

一、对"一体化"建设总体性问题的认识

目前来看，有几个突出的问题需要突破：

一是在宏观层面，"一体化"建设实施的主体和内容不够清晰和明确。"一体化"建设联络和落实的主体是地方高校，还是教育主管部门？建议由省级或者地方的教育主管部门作为统一的协调主体和政策制定主体。再者，开展"一体化"协同的内容和方向不够明确。建议制定"一体化"教育教学举措实施的具体路径。

二是在中观层面，大中小学思政课一体化各个学段的管理层和教师教学的协同还缺乏联系的制度和机制。实施层面、联系互动层面还没有很好地建立相应的机制。在教学内容的阶梯性和层次性方面还需要根据不同学段、不同学校、不同地区的特点建立有效的协调和沟通。

三是在微观层面，可以从教师个体、学生个体具体评价。从教学主体来说，教师的教学效果评价体系和标准如何制定？学生的学习效果如何量化和测评？这是一个历史问题，也是一个现实问题；是一个理论研究的难点问题，也是实践探索的疑点问题。在效果层面，对于不同的主体和客体，政策、内容、路径和方法等落实的效果如何？如何测评整体教学实效？如何最终实现育人的长远目标？

思政课程与课程思政一体化问题，以及学校、家庭和社会育人机制一体化的问题也需要关注，并且需要在整体上继续推进。

二、"一体化"建设需要突破的关键点

（一）突破关键点的理论基础

一是基于系统论、信息论和控制论的应用。大中小学思政课"一体化"建设是一个系统工程，各个阶段的教学内容、教学方法、教学手段需要协调互动，也需要教育主管部门通过各种途径和形式进行有效的管理、监督和推进实施。

二是基于认知规律的理论体系和具体应用。多年的探索和实践发现，需要运用认知心理学、文艺政治学等理论进一步加强交叉学科的理论研究，包括信息科学的理论。

三是基于教学理论和教学方法的层级建构。在实践中，需要根据各个学段学生的具体特点因材施教。因此，需要灵活采用目标教学法、案例教学法、启发式教学法、研讨式教学法等开展教学。

四是基于德育测评的理论探索和具体应用。根据多年实践和探索，思政课教学的实效如何通过更为有效的方法测量，需要联合采用多种技术进一步联合攻关。

（二）突破关键点的具体建议

一是建立区域协同的"一体化"工作联盟、工作制度等新体制和机制。要根据不同省地市等区位特点和优势，建立区域协同"一体化"的政策实施主体、区域工作联盟，实施可操作、可考核的运行机制。

二是建立区域协同"一体化"的教学资源建设和共享平台。"一体化"的教学资源建设要具有时代性、阶梯性和导向性。

三是建立区域协同"一体化"的教师联系和探索的共享制度。不同学段的教师要采取动态的协调和运行机制进行集体备课，探索和解决"一体化"教学中的具体问题。

四是建立区域协同"一体化"的实践育人载体和学生互动机制。青少年成长是一个系统工程，因此，让不同学段的青少年协同成长是一个重要路径选择。因此，建立区域协同"一体化"的学生互动载体和平台是重要路径选择。

三、"一体化"建设的新教学模式建构

经过多年来的改革创新和实践探索，目前在实践中形成了知识世界、情感世界和生活世界有机统一的大中小学青少年学生获得感提升的阶梯导向教学模式。

（一）大中小学思政课一体化的学生"知识世界"建构

从"知识世界"的建构上看，大中小学思政课语言的理解和输出都是重要的心理活动。语言理解过程通过连续的信息加工过程，在知觉基础上进行高水平的词法、句法和意义等知识建构。马克思主义的语言观就认为语言具有实践性、社会性、交往性和批判性，并由此探索语言与观念、意识、思想之间的关系。

具体为：第一层级为"核心词汇与拓展词汇"阶段，尤其是运用文化人类学理论阐释学习内容；第二、三层级为"句子分析"和"文本分析"阶段，在第一层级深入理解和研究的基础上，注重培养大中小学生的认知能力，建构学生的"知识世界"认知体系；第四层级为"实践探索与理论探索"阶段。在"知识世界"建构过程中，要根据不同学段的特点开展多种教学方法的融合性教学，增强教学的层次性、阶梯性和导向性。

（二）大中小学思政课一体化的学生"情感世界"建构

习近平总书记指出："高度重视传播手段建设和创新，提高新闻舆论传播力、引导力、影响力、公信力"。具体为：

一是亲和力。就是以关怀道德教育理论为基础，建立与学生之间平等的关系，用关心增进感情，以情感人，以情促德。亲和力是教育者和教育对象之间辩证运动中情感力和吸引力统一的体现，是真理、知识、人格和艺术力量的和谐统一。

二是针对力。就是有的放矢，贴近学生、贴近社会、贴近实际，实施情感导向。

三是感染力。就是指运用启发式、互动式教学激发学生思想情感的力量，启发智慧的能力。

四是引导力。就是指教师在教学中对学生知识、能力和觉悟发展与提升的引领和导向能力，促使情感升华。

总之，这四力促进了学生"情感世界"提升。

（三）大中小学思政课一体化的学生"生活世界"建构

"生活世界"是现象学大师胡塞尔提出的中心范畴之一，认为它是我们一切活动得以产生的生活境域，它是"知识世界"和"情感世界"的意义之源。哈贝马斯却认为生活世界是由社会、文化和个性三者运用劳动、语言和交往实践互动共同建构形成。

马克思认为："人们的存在就是他们的现实生活过程本身。""过去的哲学家只是以不同的方式解释世界，而问题在于改变世界。"马克思主义的"生活世界"思想立足于现实具体生活，包括了人类劳动、生产和交往行为，融汇了道德关怀、价值诉求和科学认知，是事实与价值、情感与理性、科学与人文相互融通的世界。

一是一切从实际出发，培养"分析能力"，认识和把握丰富的"生活世界"，这是认知"生活世界"的基础和起点。

二是在科学分析基础上，理论联系实际，增强"判断能力"，准确做出科学选择的行动路线。

三是达到和实现实事求是，发挥"创造能力"，并努力实现创新和创造。

四是基于分析力、判断力和创造力，在实践中不断提升检验真理和发展真理的"领导能力"，成为新时代中国特色社会主义伟大事业的坚定信仰者、引领者和创造者。

总之，"知识世界"是培养学生对"真"即真理的认知；"情感世界"是培养学生道德境界的"善"；"生活世界"是培养学生的创造和审美人格，达到"美"的境界。三者可以实现大中小学思政课"一体化"建设的纵向和横向联系上的有机统一。

在理论研究方面，教育部、北京市社会科学基金项目"全程全方位育人平台建设及实效性研究——基于移动学习分析技术研究"、北京市思政课优秀教学示范点培育项目都取得了理论研究的相关成果；在实践成果方面，尤其是经过六年来的改革探索，大中小学思政课一体化的"阶梯导向教学模式"探索取得了重要的理论研究成果和教学实效。

中国石油大学（北京）马克思主义学院教授　曹培强

大中小学思政课一体化的逻辑、原则及路径

2019 年 3 月 18 日，习近平总书记主持召开学校思想政治理论课教师座谈会时指出："在大中小学循序渐进、螺旋上升地开设思想政治理论课非常必要。"总书记提出的大中小学思政课一体化的要求，充分体现了人的主体性，立德的系统性，教育的科学性，非常契合人才培养规律、青少年成长规律、思想政治教育规律。

一、大中小学思政课一体化的三重逻辑

（一）价值认同逻辑：理论认同—思想认同—情感认同—行为认同

青少年的价值认同沿着理论认同—思想认同—情感认同—行为认同递进式发展，是一个从感性到理性、从内在情感到外在实践反复进行的过程。理论认同是基础，思想认同是支撑点，情感认同是催化剂，行为认同是归宿。理论认同可促进形成情感认同和思想认同，情感认同和思想认同会互相强化，进而通过行为认同得以体现。

（二）心理认知逻辑：知—情—意—行

知、情、意、行是人的思想政治素质形成发展机制必须遵循的重要原理。在思想政治品德形成发展过程中，"知"是"情"的前提和基础，"情"是"知"的催化和提高，"意"是"知"和"情"的体现和杠杆，"行"是"知""情""意"的结果和表现。大中小学思政课一体化的过程中，必须注重知、情、意、行四者的统一，不能将其割裂开来。因此，我们实施思想政治教育要知行统一，晓之以理，动之以情，导之以行，持之以恒。

（三）认知发展逻辑：情感启蒙—知识教学—实践养成

认知发展理论指出，个体的认知发展具有阶段性和顺序性，个体的认知过程是不断发展丰富的。小学阶段的学生大多是 7~12 岁，其认知发展处于前运算阶段，在此阶段思想政治教育应以情感启蒙为主；中学阶段的学生大多是 12~19 岁，其认知发展处于形式运算阶段，在此阶段思想政治教育可以增加一些抽象

的观念；大学阶段的学生大多是 19~25 岁，认知发展已经成熟，记忆力、逻辑性、辩证性、自我控制能力都大大增强，同时能够充分发挥主观能动性，实践能力较强，在此阶段可以将思想内化与行为外化相统一。

二、大中小学思政课一体化的原则

（一）遵循教育过程渐进性规律

思想政治教育不是一蹴而就的，不能急于求成，更不能搞"立竿见影"。首先，要统筹设计大中小学各学段德育目标、内容，要体现各教育阶段德育的层次性、差异性、关联性，实现有效衔接、分层实施、循序渐进、整体推进。其次，还要注重建构大中小学各阶段德育内容设置的系统性，以学生的身心发展特征、思想道德水平、思想政治接受能力等为依据选取、安排内容，满足各阶段教育对象思想发展实际情况和具体要求，形成由浅入深、先易后难、螺旋上升的内容体系，避免因内容无效重复与层次倒挂降低教育效果。

（二）实现学生成长全局性发展

大中小学思想政治教育本身就是一项具有持续性、发展性和全局性的事业，正如陶行知在其教育思想中所提出的"生活化教育理念"，在融入大中小学思政课一体化的过程中，需要通过全员德育、全科德育、全方位德育、全过程德育、全社会德育，实现全局性发展。只有树立全员理念、优化全员环境、建立全员机制、开辟全员渠道，才能产生良好的思想政治教育效应。

（三）坚持教育方式多样性特征

传统的德育方式已经不能适应时代发展的需求，只有巧妙使用新时代青少年喜闻乐见的方法，才能使思想政治工作取得良好的效果。在大中小学思政课一体化过程中，要深入挖掘教育资源，结合不同阶段青年成长需要，选择参观红色基地、理论宣讲、知识竞答、社会实践、志愿服务、座谈讨论、观看影片、团日活动等形式多样的教育方式，润物无声、潜移默化地对学生进行教育。

三、大中小学思政课一体化的路径

（一）小学——体验式教育为主，增强情感认同

在小学教育中，学生理解能力相对较弱，但感知能力较强。因此，结合小

学生的特点，思想政治工作者应当以体验式、活动式、故事性教学为主要途径，辅之以思想道德要求的引导，激发学生精神经验、情感体验的提升，以此实现教育目的。

（二）中学——理论式教育为主，增强思想认同

在中学阶段，学生学习的知识性、学科性增强，同时逐步进入青春期，将会出现不同程度的叛逆心理，这种心理特征对思想政治工作是一个不小的挑战，同时也是思想政治工作的关键节点。在此过程中，要转变思政课理念，创新教学方式方法，突出教师主导、学生主体作用，打造与时俱进的思政课堂。

（三）大学——实践式教育为主，增强价值认同

在大学阶段中，学生已经基本具备了理性思维的能力，能够独立地辨别善恶美丑，此时思政教育工作者对学生思想的引导和行动的引领便显得尤为重要。在此过程中，大学思想政治教育工作者应当适当展开主题教育活动，以多样化形式将学生思想政治教育从教室中带到广阔的现实生活场景中，使学生在观察、体验现实生活中实现价值认同。

石河子大学政策研究室（高教研究室）主任　卿　涛

大中小学思政课教师队伍一体化建设

大中小学的思政课教学，在教学内容、教学对象与教学方法上既有共同性，又存在着阶段性的差异。据此，我将大中小学思政课教师队伍一体化建设概括为共同性目标、阶段性内容与差异性方法三条路径。

首先，以共同性的目标构建大中小学思政课教师教学共同体。可以将全学段的思政课教师队伍作为一个共同体，因为我们有着共同的教学目标。换言之，大中小学思政课教师都是要培养实现中华民族伟大复兴重任的时代新人。那么，主要就体现为三种认同效应的培养，即情感认同、理论认同以及行为认同。小学思政课引导学生产生爱家、爱国、爱党的政治情感；中学思政课重在以理论化形式，以知识体系为框架向青少年宣讲马克思主义理论及中国化成果，强化对马克思主义理论的认知以及对中国特色社会主义建设的认同；大学及硕博阶段则重在引导学生从理论到实践的进一步深化，培育高等教育阶段的学生树立坚定的理想信念，完成对马克思主义、共产主义的高度认同，以理论助力爱国、强国、报国的行为认同。至此，经过大中小学思政课教师的共同努力才能真正完成对社会主义事业建设者与接班人的培育，这也是对"培养什么样的人，为谁培养人"做出思政教学全学段的回应。

其次，以阶段性内容构建大中小学思政课教师科研共同体。内容阶段性正是内容整体性的另一个侧面，体现了整体性与阶段性的统一。大中小学思政课教师队伍一体化的根本依据就是教学内容上的整体性与教学对象的阶段性的统一。教学对象的阶段性，体现在不同学段价值观的形成发展规律上。无论是大学思政课教师，还是中小学思政课教师都必须意识到整体性基础上的阶段性教学的使命与担当。因此，要激发思政课教师"以研究带教学"的主观意愿，大学思政课教师积极发挥科研、教研优势，促进研究与教学相长，其他学段思政课教师积极展开教研，在实际教学中主动参与科研；以提升创新意识为指向，增强思政课教师的创新能力，在不同研究主题的选择上定位准确。中小学思政课教师应选择回应教育教学的实践现实困惑的主题；大学思政课教师除了选择

"微观细绘"的主题，还应选择"中观描摹""宏大叙事"的主题，对重大的教育教学理论凝练提升，从理论高度回应思政课教育教学理论应然中的困惑。增强展开科研的能力素质也是构建思政课教师科研共同体的应有之义，大学思政课教师能够胜任科研项目的立项与结项，提出有立意的理论学说。中小学思政课教师能够在科研的具体工作中大有作为，负责进行资料收集、具体实施、调查访谈、经验推广等为理论奠基的基础工作。最终，实现大中小学思政课教师研究团队的建设，在全学段进行科研资源、成果、方法和空间的开放共享，推进教师队伍一体化进程，在思政课科目内和不同学段之间形成科研伙伴关系，构建思政课科研共同体，以不同学段教师的合力进行协同创新。

第三，以弥合差异性建构大中小学思政课教师交流平台。学校是思政课全学段教师的工作场所。构建交流平台，融通校际与学段沟壑。学校管理者要从制度和理念上支持思政课教师一体化发展，提供物资支撑，强化时间保障，为思政课教师提供成长的空间，鼓励走出去与引进来并举，在不同学段的思政课教师树立全局意识，以整体性的高度出发了解其他学段思政课的教学目标、教学内容和教学评价，深刻把握差异所在，从而明确自己的教学在整体思政课教学中的位置与意义。

总之，思政课教师队伍建设的关键环节就在于坚持大中小学思政教师队伍的一体化建设。因此以一体化建设的困境为切入点，对全学段思政课教师队伍一体化建设的路径进行探索具有重大的理论与现实意义。

北京工业大学马克思主义学院教师　董　静

第三节 中学传承

大思政课程的一体化实施路径

2021年4月23日，在北京市第十一中学召开全国首届大中小学思政课一体化实践研讨会，联合发起成立了全国首个大中小学思政课一体化实践研究共同体，200余所大中小学和机构加盟，受到各方关注，产生了积极的社会影响。

如何有效实施大思政课的一体化推进？我们认为，要重点解决好三个问题，就是"怎么管、怎么教、怎么学"。

一、解决好"怎么管"的问题

十一中党委坚持把思政工作作为开展学校党建的重要抓手，把立德树人成效作为检验学校党建工作的根本标准，以深化思政课教育教学改革为动力，以思政课大中小一体化推进为抓手，创新开展大思政课程实践，我们探索了"党建引领，思政主导，一纵两横"的大思政课教学组织体系。

首先，要搭建一个大思政课工作体系。以立德树人为根本任务，强化意识形态阵地管理，抓好党建促进"大思政课"的落实落细。学校党委领导下，把支部建在立德树人第一线，建在年级组，党小组建在班级组，推进党小组、班级组、导师组三组融合。实现了从"班级管理"到"班级治理"的转变，将"教书"和"育人"从制度上融为一体。在党小组中，创新引入家长委员会党员代表，把党建引领落实到了最末端，形成大思政组织机制。

其次，提升党组织思政课领导力。成立大思政课研究室，纳入学校党委体系，充分发挥"大思政课研究室"的功能，既要组织思政课程的实施，把思政课程建设和学段衔接相统一，坚持习近平新时代中国特色社会主义思想一体化育人；还要承担课程思政和大思政课的策划，把学科融合与家校协同相结合，培育和践行社会主义核心价值观。

再次，以课题为抓手增强"大思政课"领导力。以课题研究带动课程开发，推动课程落实、促进育人成效。在此特别感谢国家哲学社会科学"大中小学一体化思政课建设衔接机制研究"课题负责人王锋院长，我们是此课题的重要成员。在课题的引领下，持续推进市级课题申报研究，完成了北京市重点课题《大思政课视域下的"共读"项目一体化育人实践研究》、北京市一般课题"大中小学思政课一体化育人课程实践研究"的申报工作，随着课题研究的不断深入，大思政课程的实践创新也不断丰富。

最后，探索立德树人实践机制。我们坚持以思政课程为主阵地，创新家校联动机制，打通立德树人实践的最后一公里。家校联动主要体现在创新"三个途径"、实现"三个协同"和聚焦"三大领域"。

创新"三个途径"，即通过组织班级组导师会、召开学生家庭会议，以及召开新班会，建立家校协同学生德育新机制。实现"三个协同"，即学校德育与家风传承相协同，协助家庭梳理家风家训；学校常规教育与家庭养成教育相协同，以家庭公约重构家庭秩序；学校思想教育与家庭美德教育相协同，以社会主义核心价值引导家庭文化。聚焦"三大领域"，包括以学习时代楷模精神、厚植家国情怀的教育，以感受时代变迁、树立理想信念的教育，以立德树人、服务国家的新生涯发展指导教育。

二、解决好"怎么教"的问题

在"怎么教"的维度上，我校探索"思政主导、大主题、小切口"的行动路径。

第一，充分发挥学校思政课教师的主导功能。要全面贯彻落实大思政课的育人目标，要全面整合各个学科的思政课资源。"学校大思政课研究室"既要立足思政课，守好主阵地，还要开展横向跨学科备课，挖掘学科课程中的思政资源，研究教材教法，创新育人路径。

第二，积极探索学科思政课程实施。在学校党委领导下，大思政课程研究室组织实施，积极挖掘学科思政资源，探索在学科课程中融合大思政课程的育人功能，落实立德树人根本任务。事实上，每一门课程都与思政课有着千丝万缕的内在联系，在发挥好思政课程核心主导功能的前提下，围绕立德树人根本任务，弘扬和培育社会主义核心价值观，主动挖掘其他学科课程的思政育人功能。各门课程都负有课程思政的职能，结合各学科特点、根据各学科需要，不断推进新时代党在该领域的育人思想和创新理念的落实。比如，在本次论坛课程实践环节中，第一个部分以"致敬奋斗者，一起向未来"为大单元主题，实现大中小学思政课一体化衔接，循序渐进、螺旋上升。第二个部分以"一起向未来，讲好冬奥故事"为大单元主题，融合了政治学科的开放之美，语文学科的诗词之美，物理学科的科学之美，地理学科的生态之美，音乐学科的艺术之美等，立足学科核心素养，展示国家之美，培养爱党、爱国政治素养。第三个部分以"致敬奋斗者，少年有担当"为主题的班会课程，厚植家国情怀，坚定永远跟党走的信念。

第三，创新大思政课的实施途径。确定大主题，创设大情景，发掘小切口，促使思政课更好地发挥作用。例如在脱贫攻坚背景下，我们确立了"大国之治"的大主题，小切口讲述脱贫攻坚故事。疫情背景下，我们确立了"致敬逆行英雄"大主题，小切口讲述身边的防疫故事。新中国成立70周年，我们确立了"寻找共和国历史足迹"大主题，挖掘校园里的历史故事。建党100周年，我们确立了"共产党精神谱系"大主题，传承红色基因。冬奥会期间，我们创设"学科与冬奥"，唱响冬奥精神。

第四，形成了学段衔接、学科融合、家校协同的大思政课体系。我们制定了《大思政课一体化育人课程实践方案》，把"课程思政"建设寓于学科融合和德育课程之中，形成"大中小课程衔接""跨学科课程融合""家校社课程协同"的育人课程体系。完成了"党建引领、家校协同育人机制"的编写，在大思政课思想指导下，搭建"一课三会"的实施载体，建立"新型班会""班级组导师例会""家庭会议"的育人成长平台，形成了家校协同育人新格局。

三、解决好"怎么学"的问题

我校立足学生实际与课程实践，推进"大思政课程"开发，探索"情景体验"学习路径，坚持"灌输式与启发式相统一""主导性与主体性相统一"，改传统的"要我学"为"我要学"。坚持"理论性与实践性相统一"，把思政小课堂与社会大课堂相结合，鼓励学生关注社会，引领学生解读社会发展；促进学生走进社会，以实践活动体悟新时代。十一中开发了实践类大思政课程，例如"走进博物馆""打卡红色教育基地""致敬英雄""我与冬奥"等系列实践活动。

同时，还与新华社《共读》新华号，"共读"栏目合作，开发线上思政课程，推动大思政课与"共读"校本课程实践的结合，在读思悟行中实现"共真、共善、共美"的育人价值。全国 67 所中小学、幼儿园成为"共读"育人旗舰学校，十一中作为其中一员。《共读》每期专题以中小学师生读、亲子读、同学读等多种朗读形式切入，形成了"家校社"联动、"大中小一体化"的新型育人模式。目前栏目累计阅读量 4000 万人次。应该说这是一次全新的大思政课尝试，是家校社共育模式的成功实践。

三年以来，北京市第十一中学立足实践，尤其是在全国首个大中小学思政课一体化实践共同体平台上，与大家一道，不断深入探索大思政课程建设。

三年探索，我们实现了思政课程与课程思政相统一，思政小课堂与社会大课堂相统一，学科课程与德育体系相统一。实现了学段衔接、学科融合、家校协同、社会共育的一体化育人课程路径。

总之，三年的探索收获很多，有待解决的问题也很多。未来我们还要继续深入实践，大思政课程建设是一项综合改革，也是一项系统变革，需要更多的力量加入进来，需要有更加具有建设性的大胆创新，从而不断谱写立德树人的育人新篇章。

欢迎更多学校加入共同体，共同推进大思政课的研究与实践，让大思政课之树越长越大。希望共同体研究论坛的根越扎越深，更多地区和学校参与承办研究论坛，让大思政课之树生机勃勃。希望更多教师参与大思政课课程实践，实现党的理论创新最新成果在一体化育人中进教材、进课堂、进头脑，让大思政课之树繁花似锦。希望共同体成员有更多的研究成果，在共商、共建、共融、共享的合作中促进共同体不断发展，让大思政课之树硕果累累。

北京市第十一中学党委书记、校长　崔楚民

加强顶层设计　完善体制机制

要想从根本上推进大中小学思政一体化建设工作，建立并完善相应的体制机制是重要的前提和条件。

所谓"体制"，指的是有关组织形式的制度。在大中小学思政课一体化建设的过程中，建立相应的"体制"，主要是为了解决不同层级的学校或教育单位之间的权责与关系问题。比如，大中小学分属不同层级的教育行政管理体系，是相对独立的法人单位，在开展跨学段合作时，没有统一的组织协调与监督管理，是很难取得实质性进展的。推进真正意义上的大中小学思政一体化建设，首先必须有顶层设计，需要国家教育行政部门建立相应的管理机构，出台相关的政策文件，明确参与主体之间的权利义务。2020年底，教育部发文，决定成立大中小学思政课一体化建设指导委员会，我们东城区的王欢校长和张斌平书记是专家指导组成员。委员会还出台了相应的章程，明确了指导组"咨询、研判、评估、培训、指导"等方面的任务和职责，标志着我国的大中小学思政课一体化建设工作已经正式进入启动阶段。但是，仅有指导委员会显然是不够的，这只是万里长征的第一步。未来，我们国家应当设立具有行政管理职权的职能部门，来统领大中小学思政课一体化建设工作，着力解决目前我们在教育体制上大中小学"各自为战"的分散局面。不仅如此，我们还应当出台相应的政策和文件，明确提出大中小学思政课一体化建设的目标要求和具体任务，重点引导大中小学在育人目标上实现贯通统一；在课程内容上实现贯通统一；在教师培养上实现贯通统一；在教学研究上实现贯通统一。简言之，建立和完善大中小学思政课一体化建设的"体制"，就是要明确权责主体，明确目标任务，在纵向上打通大中小学的学段壁垒，形成一贯到底的人才培养长链条。

所谓"机制"，原意是指"机器的构造和工作原理"，后引申为"某事物内部各要素之间的结构关系和运行方式"。对于大中小学思政课一体化建设工作来说，如果"体制"解决的是"外部关系"问题，那么"机制"解决的就是"内部运行"问题。我们不难发现，在当前的大中小学思政课课堂上，都或多或少存在着一些不尽如人意的问题。有些大学老师的思政课理论功底深厚，但是表现形式可能以讲授为主，形式比较单一，学生接受起来感觉比较枯燥。与此相反，中小学的思政课活动丰富、形式多样，但有些老师的理论功底不深，认识问题流于表面，往往就事论事，境界不高、格局不大，也在一定程度上影响了育人实效。这些现象说明，我们各个学段在各自思政课程的内部运行机制方面，都有需要解决的突出问题。而解决这些问题的最好办法，恰恰就是实现大中小学一体化建设——因为在理论深度和表现形式方面，大中小学恰恰是互补的。一方面，中小学教师应当走进大学校园，进行专业进修，提升理论素养；另一方面，大学教师应当走进中小学课堂，感受形式多样的基础教育课堂。这两届论坛所采取的大中小学同上一节思政课的方式，就是一个非常难得的跨学段交流学习的平台，让我们在对比研究的基础上，更加清晰地看到各自的优势与各自的问题，从而就能促进各自的改变。不仅如此，我们在思政课运行机制上的突出问题，还表现为在横向上的育人要素配合不够、合力不强。思政课堂是思政教育的主渠道，但思政教育绝不是仅在思政课堂上就能完成的。思政课是来源于生活，回归于生活的一门课程，"综合性"与"实践性"是思政课的突出特征。因此，大中小学思政课的一体化建设，意味着我们要在更加广泛、更加开放的平台上进行沟通交流和资源共享。比如，除了大中小学同上一节思政课以外，也可以探索大中小学共同举办一次社会实践活动，充分利用各自的校内校外优势资源，实现大中小学生跨学段混龄编组，充分发挥学生的自我教育优势，以大带小培养责任意识，以小见大树立青春榜样。简言之，探索和完善大中小学思政课一体化建设的"机制"，就是要在横向上破除课堂与校园的边界，打造互补开放的课程资源与充满活力的育人环境。

综上所述，我认为"加强顶层设计，完善体制机制"是构建大中小学思政课一体化格局的首要任务。作为长期在基础教育一线工作的我们，虽然个人力量有限，难以在外部"体制"上有所作为，但却也能守土尽责，在内部"机制"上多想办法。衷心感谢大会给我这个发言的机会。未来，五十中学愿意在大中小学思政课一体化建设工作中承担更多实践探索的任务。

北京市第五十中学党委书记　王　祺

做大先生　做尚品教师

华东师范大学教授李政涛曾经说过，我们很多中小学的校长、老师容易忽略"天气"。我想谈谈中小学老师怎么"接天气"，怎么把习近平总书记关于教育的重要论述，把思政课一体化、立德树人落实到具体的课堂教学和教育实践中。

丰台二中提倡在日常教育教学过程中学习和践行习近平总书记关于教育的重要论述，提出"做尚品教师，做大先生"。去年总书记在清华大学考察时所提出，"教师要做大先生，做学生为学、为事、为人的示范，促进学生成长为全面发展的人"。"大先生"从"为学""为事""为人"方面，要求教师能成为"学高为师，身正为范"的典范。

一、尚品教师之责，要尚师尚德，为国育才

教师要承担教师的职责，要崇尚教师的身份，要崇尚品德、立德树人，这是教师义不容辞的责任。总书记说，"一个人遇到好老师是人生的幸运，一个学校拥有好老师是学校的光荣，一个民族源源不断涌现出一批又一批好老师则是民族的希望"。梅贻琦校长说，"所谓大学者，非谓有大楼之谓也，有大师之谓也"。这种"大师"是孩子们的精神引领，是孩子们生命激情的点燃者，是孩子们知识、能力、品德等各个方面成长的源泉。这是我们当老师的责任，特别是中小学老师，有义不容辞的责任。

二、尚品教师之爱，要从学从游，亦师亦友

教师与学生相处，并不是高高在上的教化，更像是大鱼带着小鱼在游走。崇尚教师的品质，就要崇尚人的本性，尊重童心，尊重真心。教育本身就是一种唤醒。习近平总书记发表《求是》杂志上的一篇文章中提到，我们要重视小朋友的思想品德教育，"少成则若性也，习惯成自然也"，"蒙以养正，圣功也"。扣好人生的第一粒扣子，从思政课的角度，或者从日常每一节课的角度来说，

应该给予孩子们正确价值观的培育。

三、尚品教师之能，要尚道尚理，教育为本

我们尊重教育的规律和本质，以教育特殊的形式和特殊的方式培育我们的孩子。在《吕氏春秋·劝学》中有一段话："为师之务，在于胜理，在于行义，理胜义立则位尊矣。"从教师之理和道义角度，说明这是我们的能力，也是我们的本分和本职工作，"位尊矣"，才能受人尊重。

立德树人是教育的根本任务，是检验学校一切工作的根本标准。同样是做大先生和尚品教师的三个标准，一个是师之责，一个是师之能，一个是师之爱。为了更好地落实这个问题，丰台二中将的德育体系归纳为"一二三四五六七"，即一个目标：培养尚品中国人。两个原则，三级课程，四大主题，五大德育内容，六大核心素养、七大德育品牌，来解决和践行"为谁培养人、培养什么人，怎样培养人"的问题。从教学角度，以课堂为中心，教师至上，从学生出发。分层分类、课堂观察、学生指导、课程建设、教研活动、备课活动、诊断反馈，来全面培养体格健康、人格健全、品格高尚的中国人，培育丰台二中的尚品学子。

学习习近平总书记关于教育的重要论述，探讨育人的问题，就是要将总书记宏大的教育理想落地，为国为民做好我们自己的教育，培养尚品中国人。

北京市丰台区第二中学校长　何石明

高质量思政课一体化实施路径的探索

北京宏志中学创建于 2000 年 4 月，是全国第一所面向全北京市招收家庭贫困且品学兼优学生的公益性学校。在新时代思政一体化视域下，学校坚持思政课主导，课程思政同行，积极构建新时代高质量思政课一体化育人格局。

一、坚持"三全"育人，努力构建"三位一体"的思政课一体化实施框架

学校在实施思政课一体化过程中，将各要素"系统"起来，打通学段、学科壁垒，实现全过程育人；将思政课"联动"起来，打破资源供给边界，实现全方位育人；将思政课"鲜活"起来，结合新时代特征，实现全员育人。初步形成纵向递进、横向联合、场域联动，"三位一体"的思政课一体化实施框架。

纵向递进：坚持用习近平新时代中国特色社会主义思想铸魂育人，初、高中不同学段有效进阶、螺旋上升。

横向联合：内容上同心同向同行，思政课程掷地有声、有声有色地发挥主导作用；课程思政润物无声、同向同行，发挥辅助作用。

场域联动：实现家校社协同育人。发挥家庭教育的示范功能，发挥学校育人主阵地功能，发挥思政社会大课堂的育人功能，形成三方合力，共同促进学生全面发展。

二、坚持课程引领，积极探索"一主、两翼、三体、四课"的实施路径

学校积极进行思政一体化课程设计，探索有效实施路径，实现课内与课外、校内与校外、线上与线下三结合的实施方式，确立"一主、两翼、三体、四课"的实施路径。

（一）一主：把握"一条主线"，实现思政课培根铸魂

以立德树人为主线，重点围绕"政治认同、家国情怀、道德修养、法治意识、文化素养"五个方面，统筹规划，重点解决好思政课教学内容纵向一体化、课程思政与思政课程横向一体化等问题，促进思政课各要素间系统、协调发展。

（二）两翼：以"思政课程"和"课程思政"为两翼，实现思政课内涵发展

1. 构建循序渐进、螺旋上升的思政课一体化课程体系

依据不同学段学生的身心发展特点、思维及认知水平等，打破学段界限，设计各学段具体的育人目标，各学段具体目标统一于立德树人总目标这条"中轴线"，构建循序渐进、螺旋上升的思政课程体系。

2. 构建相互融通、同向同行的课程思政体系

根据各学科特点及育人价值，充分挖掘各学科思政课资源，整体构建相互融通、同向同行的课程思政体系。

（三）三体：发挥教师、学生和家长三个主体的作用，重点加强思政课教师队伍建设

思政课一体化实施关键在教师，学校努力打造一支"政治强、情怀深、思维新、视野广、自律严、人格正"的思政课教师队伍。

1. 师德方面

坚持让有信仰的人讲信仰的理念，通过让学生讲述"我心目中的好老师"，评选"最美宏志教师"等活动，加强教师师德修养和三全育人意识。

2. 师能方面

提升一体化意识。通过相关培训及教育实践，实现思政课一体化的知行合一。如通过"学习思政课"App参加高校的思政课教师"同备一堂课"、在青椒论坛上学习探讨"大中小一体化建设"的相关问题。

提高课堂实施能力。通过活动型思政课、议题式教学法、案例教学法等，提高学生的学习兴趣，提升学生自主及探究能力。

提高校本教研能力。打破初高中学段壁垒，建立思政课教师六年"大循环"机制。打破不同学科教师的壁垒，形成学校"大思政"教研组，促进纵向跨学段教师交流与横向跨学科教师交流与分享。

加强资源建设能力。运用人工智能技术、微信公众号等技术，进行思政课一体化资源库建设。

（四）四课：打造"四个课堂"，实现思政课启智润心

1. 打造"思政生态课堂"

宏志思政生态课堂引导教师从"问题情境创设环节、问题链推进环节、迁移创新环节"三个环节入手，让课堂教学充满政治高度、文化宽度、思维密度、

分层梯度、家国温度，形成"三环五度"思政课生态课堂模式。

2. 打造"思政大讲堂"

近年来，我们依托宏志师生宣讲团、宏志百家讲坛等活动，积极打造具有宏志特色的"思政大讲堂"。

3. 打造"思政云课堂"

积极运用网络和东城区数字德育网，不断加大线上思政课建设。通过云端定期向学生和家长推送丰富的思政专题教育内容。

4. 打造"思政社会大课堂"

思政课一体化不仅要在校内实现，更要利用校外社会实践大课堂的资源，实现育人功能。把思政课校内小课堂同校外社会大课堂结合起来。

三、关于思政课一体化实施的思考

思政课如何更好地实现大中小有效衔接？宏志教育如何与思政课一体化有机融合？思政课一体化如何与五育并举有效结合？

思政课一体化建设，推动了学校内涵式发展。学校将继续拓宽思政课一体化实施路径，力争让所有课程都上出"思政味道"，让立德树人"润物无声"，为培养新时代社会主义建设者和接班人贡献宏志人的智慧和力量。

北京宏志中学党总支书记、校长　蔡　雷

德育引领思政一体化建设的实践路径

    思政一体化建设事关青少年的思想政治教育，事关社会的道德文明建设，事关国家的意识形态安全。新时代下，思政一体化建设既要打破学段隔离，促成多个学段间的无缝衔接与有效进阶，又要使各个学段的思政教育把握好"守好一段渠，种好责任田"的阶段性成效，使阶段性目标统一于立德树人的整体实效，实现"一加一大于二"的整体合力。北京市东直门中学在区域改革的大背景下，在东城区教育工委、教委的引领下坚持三全育人模式，努力构建"大思政"育人格局，充分发挥思政课主渠道作用，以学校德育引领思政一体化建设，运用系统思维，统筹建设思政教育目标和内容，构建大思政育人格局，形成育人共同体。

一、运用系统思维，提升立德树人整体效果

（一）对标德育总体目标，画出立德树人最大"同心圆"

    思政一体化建设必须把立德树人的总目标放在首位，着眼于为党育人、为国育才的根本任务。使思政教育植根于、立足于中国大地，这是我们办好思政教育的前提，也是我们能够办好思政课的优势。思政课作为培育未来社会建设主力军的骨干课程，无论是小学阶段、初中阶段还是高中阶段，最终目标都需要达成高度一致。因此，各个学段的思政课要聚焦根本任务，让各个学段的目标更加具有指向性。学校思政教育对标学校德育总体目标，服务于学生成长需要。

（二）科学设计学段目标，找出铸魂育人最大"公约数"

    我们在深刻理解德育目标一体化的基础上，树立系统思维，统筹设计各学段的具体目标，找出铸魂育人的"最大公约数"，形成德育工作的合力。

    东直门中学和雍和宫小学牵手九年一贯，在学生的德育管理上打破了人为的初小的界限，真正做到人的培养一以贯之。学校根据学生在不同教育阶段的身心特点、思想实际和接受能力，科学规划小初高一体化德育体系，合理规范

各阶段德育目标内容，在学校德育工作的引领下，设置各学段思政教育的目标，体现学段特点，打牢各学段学生的思想基础并为下一学段做好铺垫，实现思政一体化内容和实效的节节高升。

二、统筹建设教育内容，推进课程内容梯度衔接

（一）加强顶层设计，促进学段间教育内容的衔接与进阶

学校坚持一体化设计，分层推进实施的原则，一方面，注重小、初、高中各学段思政教育的侧重点，另一方面，也要在不同学段思政教育的差异性中寻求共性。只有这样才可以在具有层次性的培养中形成教育合力，使思政一体化连绵不断地发挥育人的作用。

东直门中学依托学校十二年一贯的有利条件，致力于打破学科壁垒，重视跨学段、跨学科的教育教学研究。打通年级壁垒，采用线上线下相结合的方式打造跨学段的备课平台，让不同学段思政课教师同备"一堂课"，增进对彼此学段内容的了解和理解。实现方向一致、想法互通、经验互鉴、资源共享，实现培养目标有效衔接、循序渐进、螺旋式上升。学校在多名专家的指导下，以"家书活动"为切入点，小初高三个年级不同学科开展了同备一节课的"品读家书，弘扬家国情怀"活动，打破学科划分的壁垒，结合校情充分挖掘整合相关课程中的育人功能，将育人效果最大化。清华大学马克思主义学院研究生走进北京市东直门中学政治教研组，成为高中思政教师的徒弟。大、中、小彼此充分了解不同学段学生的思想动态，了解不同学段侧重的目标，使思政一体化建设能够有的放矢。

（二）丰富教育内容，建设具有学校特色的思政课程体系

学校基于"三层五领域"课程体系，不断开发完善思政相关的校本课程和社团活动，使思政必修课、校本选修课、课后服务、活力社团互为有益补充。校本课程和社团活动的开发主要是在原有教材的基础上，根据首都北京的基本状况和学校的教学提纲以及结合学生的学习状况进行校本开发，这样的内容能够更加符合本校教师和学生成长的需求。目前北京市东直门中学已形成思政课三个层级，几十门课程。

三、构建大思政育人格局，形成育人共同体

（一）推动思政小课堂和社会大课堂协同发展

实现各学段的思政一体化建设，不仅要重视思政小课堂的育人作用，也要重视社会大课堂的德育功能，实现二者的有机结合与协同发展。北京市东直门中学面对思政课一体化建设现状，既扎根于思政课教育教学实践，又着眼于思政课改革创新前沿；既立足"思政小课堂"，又面向"社会大课堂"，积极探索大中小学思政协同育人路径，协调家庭、学校和社会诸因素，构建有机融合的思政教育共同体，初步形成了思政一体化协同育人的新格局。

北京市东直门中学（前身"女二中"）是有光荣革命传统的学校，是传播进步思想的阵地，是伟大的"一二·九"运动的战斗堡垒。近百年来，学校的红色基因始终是思想政治教育的宝贵资源，学校采取校史宣讲会、校友访谈、传统六大节等形式开展教育活动，在实践中探索创新教育方式，不断丰富政治课堂的内涵和外延。

（二）家校社携手，丰富育人途径

实现各学段的思政一体化建设，必须赢得家庭、社区、媒体等大后方的支持与配合。东直门中学作为东城区北东学区家庭教育指导分中心，始终在家校共育方面加强顶层设计，构建共育体系，引领带动区域发展。我们以人的核心素养培养为基本宗旨，坚持多方共育的理念，成立家、校、社会教育共同体。加强家庭教育指导服务队伍建设，提升学校提供家庭教育指导服务供给的能力和水平。学校积极构建一个横向家校社协同、纵向小初高衔接的思政育人体系。

总之，在学校德育引领思政一体化建设的过程中，一方面，要充分发挥学校的主阵地作用，做好多个学段之间的衔接工作，实现学段之间的有效进阶，保证思政一体化的螺旋上升式发展；另一方面，要通过德育工作构建大思政育人格局，打造育人共同体，充分发挥其他学科和社会大课堂的德育塑造功能。

北京市东直门中学副校长　李洪晶

传承红色基因　建设一体化德育体系

2021 年，北京市委教育工委、市教委印发的《北京市大中小幼一体化德育体系建设指导纲要》中指出，要统筹建设校内外一体化德育资源体系，用好红色资源，打造习近平新时代中国特色社会主义思想在京华大地的生动实践教学案例库。

红色基因是一种革命精神，是中华民族的精神纽带。北京汇文中学自 1871 年建立起，就将培育国之栋梁作为学校的使命，这一使命也成为学校的育人目标。

革命战争年代，以彭雪枫将军为代表的众多英雄校友为民族独立而英勇奋斗、不畏牺牲；在和平建设时期，汇文走出的三十余位院士为国家富强而勤奋实践、砥砺前行。传承学校百年红色基因的责任感深深根植于汇文人的意识中，它不断引领学生树立正确的人生观、价值观、世界观，也为推动汇文中学的发展，更好地承担起时代赋予的重任起到了关键作用。

一、构建德育载体，开展主题教育活动

习近平总书记指出："中华民族是崇尚英雄、成就英雄、英雄辈出的民族，和平年代同样需要英雄情怀。"多年来，汇文中学坚持开展以杰出校友和英雄人物命名"英雄班"的主题教育活动，自 1954 年首届"英雄班"诞生至今的 68 年来，英雄班主题教育活动已成为学校德育工作的重要载体。

在汇文发展的进程中，彭雪枫、张克侠、张学思、于子三等众多英雄校友身先士卒，挺立潮头。以他们的名字命名的校友"英雄班"，拉近了英雄与学生的距离。新的历史时期，闻名中外的科学家、人文学者，梁思成、启功、贾兰坡、王大珩、王忠诚等，都曾在汇文度过他们的中学时代。这些响亮的名字，也同样成为新时代汇文人心中的英雄。

学校研究制订了《北京汇文中学"英雄班"评选条例》。申请"英雄班"的班级在组织全体学生以各种形式学习校史和英雄校友的事迹之后，向校团委提

出申请，并附有全班同学的郑重签名。在参加校级英雄班申报展示后，学校将对其进行一学期的考查，后经学校行政会讨论，为新一届"英雄班"命名，通过管理机制确保"英雄班"活动规范化实施。

学校"英雄班"的发展，始终坚持着薪火相传，在校学习生活的"英雄班"学生都会通过学校"英雄班"档案联系到已经毕业的"英雄班"校友或者英雄的亲属，并开展主题活动，交流分享感悟。例如，"彭雪枫英雄班"的师生每年都会与彭雪枫将军之子彭小枫上将进行交流，同学们汇报自己的学习生活情况，听彭小枫上将讲述彭雪枫将军的事迹，共同探讨作为新时代的中学生如何更好地发扬彭雪枫的英雄精神。

汇文中学作为市区两级爱国主义教育基地，注重带动区域内和集团校内的学校开展活动。汇文实验中学、汇文一小、板厂小学、培新小学等许多学校的师生都会来到我校，与我校英雄班共同举行活动。在活动中，外校的同学们对汇文的英雄校友有了深入了解，他们纷纷表示，能参加这样的活动使他们很受震撼和鼓舞。

二、坚持改革创新，红色基因融入课堂

汇文中学不断探索利用学校自身红色基因资源优势，将红色基因教育资源融入课程，融入课堂教学。

第一，《北京市大中小幼一体化德育体系建设指导纲要》要求，要发挥思政课主渠道作用，根据学生成长规律，结合不同年龄段学生认知特点，建立思政课体系。初中阶段思政课重在培养学生的道德认知，高中阶段思政课重在提升学生的政治认同。

2020年，我校思政教研组开展了"思想政治课教学中传承红色基因的探究与实践"课题研究，在理论学习和教学实践中，对红色基因传承的有效教学路径进行了深入研究，探索出活动型学科课程的实施策略。

《讲好红色故事，做有担当的中国人》，作为初三年级复习课，以杨靖宇一家四代人的故事为线索，从家庭的繁衍和传承中，以爱国、敬业、"小我"融入"大我"为主线，既对课内知识进行了整合运用，也渗透着对学生的思维训练和价值引导，使得学科知识的理解运用与理想信念的育人目标上达成了一致。

而面向高三年级设计的《品读红色家书，追寻初心力量》，则充分发挥了本校红色资源优势，以"小"家书折射"大"道理，引领学生品读校友彭雪枫将

军的家书，钱学森先生的家书，以及抗击疫情"逆行者"的家书。通过开放性的问题探究和体验性较强的学生活动，引导学生从政治、哲学、文化等多角度进行思考、表达观点，在此过程中提升学生的政治认同、科学精神和公共参与素养，培养学生的责任感和担当意识。

第二，2017 年版《普通高中历史课程标准》提出，"普通高中的培养目标是进一步提升学生综合素质，着力发展核心素养"。家国情怀是诸素养中价值追求的目标。

丰厚的校史资源是学校开展教育工作的宝贵财富，我校历史教研组通过在历史课程中引入"口述史"、"家书进课堂"、汇文校史研究课，培养学生对历史知识的深入理解，感受红色基因中蕴含的精神力量。

"家书进课堂"以"微阅读"方式配合常规历史课进行。如历史教材中，"中华民族的抗日战争"是重要章节，而抗战时期的家书保留至今的较多，汇文校友中，彭雪枫将军的家书、汇文"航空十二英烈"的家书等都已经正式出版。教师根据教学要求遴选书信，并设置相关的探究问题。

"口述史"以校本课程方式进行，教师带领学生确定采访对象、制定采访提纲，学生独立完成对家族长辈亲人的采访，再进行口述史资料的写作、修改、收集、入册，并在课堂上与全班同学分享自己的采访和写作心得。

校史课程以研究课形式呈现，教师选择百余年校史上杰出教师、校友的事迹进行教学活动的设计，突出汇文中学与近代中国命运的紧密联系，增进学生对学校文化的认同感，培育学生的家国情怀。

把红色资源利用好、把红色传统发扬好、把红色基因传承好，这是习近平总书记对我们的深切嘱托。学校不仅是科学的殿堂，还是文化的圣地、心灵的故乡，学校应该始终扮演时代和社会精神灯塔的角色。

北京汇文中学副校长　洪　京

北京市通州区小初高思政一体化实践探究

　　培养人才，既要育智，更要育人。思政课是实现立德树人的关键课程，思想政治工作贯穿教育教学全过程，实现全程育人、全方位育人。全国思政课教师座谈会，提出统筹推进大中小学思政课一体化，构建"大思政"体系的要求。2021年8月，北京市委教育工委、市教委印发《北京市大中小幼一体化德育体系建设指导纲要》，9大方面17项工作，指向全面加强大中小幼一体化德育体系建设。纲要指出，全面推动大中小学思政课一体化建设，发挥思政课主渠道作用，结合不同年龄段学生认知特点，建立纵向各学段层层递进、横向各课程相互配合的思政课体系。由此可见，各级教育部门都非常关注思政一体化，并提出了明确的要求。

一、健全顶层设计，党建引领思政工作

　　通州区教师研修中心（北京教育学院通州分院）服务学校教育教学、服务教师专业成长、服务学生全面发展、服务教育管理决策。中心分院遵照党的教育方针，党建引领研修工作，加强对思政工作的顶层设计，成立思政学术学部。党建与思政工作相结合，思政课研修员组成"四史"宣讲团，在院内每月宣讲大思政课程，提升研修员素质。在社区、学校进行党的理论政策宣讲，外树研修中心思政学术学部形象。

二、创新工作机制，支撑思政课螺旋上升

　　通州区教师研修中心（北京教育学院通州分院），为提升区域教育质量提供专业支撑。中心（分院）创新工作机制，打通学段，成立8个学术学部，尊重学生成长的连贯性、学习内容衔接性的教育规律。思政学部纵向包括小初高思政课研修员，横向涵盖德育研修员，形成贯通式备课、螺旋式递增的教研机制，建立有效的思政教师专业发展的共同体。

三、中小幼大德育横纵交融，构建通州区思政课一体化

思政学部的研修员可以联系广大的思政课教师和班主任。思政大教研可以引领思政课教师和德育主力军打造浸润学生心灵的"润心思政课"。

中小幼各学段衔接实现纵向贯通；思政课跨学科，实现课程思政与思政课程横向融合；通过作业设计使得课内课外相连接，实现综合育人；通过培育思政一体化基地示范校辐射全区域，构建思政一体化。落实立德树人，服务学生成长，促进教师发展，形成通州特色。

（一）我们的目标

1. 实现思政课教学、备课贯通衔接的大教研机制

建立区内"大中小一体化"思政备课机制；建立纵向跨学段研修机制；推进信息化技术应用支持思政课衔接教学，实现教学教研创新。

2. 创建通州区域属性的小初高品牌课程——"润心"思政课

落实统编教材，实现各学段纵向衔接，螺旋上升地讲好思政课，开发加入"红色基因"、习近平新时代中国特色社会主义思想和城市副中心变迁等相关素材，建设"红色基因"思政课课程、学习新思想思政课课程、实践类思政课课程、共建副中心融合课程，分年度主力推进相应的课程建设。

3. 打造思政一体化建设基地校，推进思政课一体化教学持续改进完善

在中心的支持下各学段确定学科基地校，发挥各学段优势，结合不同学段学生认知规律，开展小初高思政课课例研究，将思政课教材体系转化为一体化的教学体系，在教学实践中研究各学段思政课衔接与融合。同时，各基地校还将紧扣不同学段学生认知特点，探索受不同学段学生欢迎的教学方式，加强大中小学思政课一体化教学方式创新，做出基地校特色。

4. 加强思政课教师师资力量，打造符合通州区域特点的思政一体化研修成果

建立教师研学基地、举办专题研修班、组织跨区域交流观摩，培养思政教师师资力量。打造区级思政课教师备课资源库、思政精品课授课资源库、作业设计资源库。推进各学段思政课教学资源的挖掘制作和共建共享，建设升级中小学思政课资源。聚焦课程内容建设、教学方式创新和教学内容供给等，实现不同学段教学资源优势互补、相互支撑。开展小初高思政课一体化建设理论研究和实践探索。

（二）亮点工作

1. 牵手优势高校，学习"大德育""大思政"教育教学理论，提升教师理论素养

思政学部 2020 年申请了中小学思政课教师培训提升专项资金，结合教育部和北京市思政教师继续教育培训项目，邀请了清华大学、人民大学、中国政法大学、北京市委党校、河北省委党校、北京教育学院等高校教师对我区思政课教师进行理论培训。

2. 打造通州品牌，创建小初高"润心"精品思政课，锤炼教师专业技能

围绕"榜样引领""讲好红色故事""同上一节课"等主题，开展思政课教师教学设计大赛、说课展示大赛、课例征集评比，以情境、案例教学模式，设计学生参与活动，提升思政课的亲和力，创建小初高"润心"精品思政课。出现了一批"坚持党的领导""永远跟党走""吾辈自强""制度认同"等触动学生心灵，增强学生认同，实现价值引领，落实立德树人的精品课。

3. 增强区域影响，设计教学衔接研讨会，凸显学科教育价值

2021 年建党 100 周年之际，思政学部用实际行动向党的生日献礼，召开"学习百年党史，厚植红色基因"思政课一体化教学研讨会。

纵向从幼儿园、小学、初中到高中，横向从课堂教学到班会育人，围绕"坚持党的领导"这一主题，结合教材与社会热点进行思政课教学，实现循序渐进、螺旋上升"立德树人"。

2022 年迎接党的二十大，召开"红心向党，做新时代接班人"一体化系列教学研讨会，在思政课教师座谈会三周年之际，与昌平区跨区域教研，召开初高中思政课教学衔接研讨会，被《北京新闻》采编播放。4 月末继续开展小初衔接教学研讨会。

4. 尊重学习规律，关注学科间横向融合，实现学科合力育人

2021 年开展文科综合大思政"同学党史、共上党课"主题活动，2022 年召开"童心向党，争做新时代好少年"思政课协同班队会合力育人。

在双减政策的指引下，思政课回应学生内心需求，设计综合实践类长线作业，实现课内课外合力育人。思政课程与课程思政相结合，构建全员、全程、全方位育人的"大思政"格局。

5. 依托课题研究，探寻思政一体化规律，梳理一体化教学成果

在推进思政一体化建设的进程中，抓住"红色基因"教育小切口，研究纵向衔接、横向融合的思政教育教学实践策略，在北京市教育学会申请一体化视域下中小幼"红色基因"教育实践研究课题。在课题研究的引领下，通过丰富的课堂实践活动，在学生心中播撒下红色的种子；通过深入的思考与梳理，整理一体化建设的阶段成果，推进副中心思政一体化建设向更高阶发展。

通州区教师研修中心研修员　李红梅

善用大思政课　实践一体化育人

一、打造"1+3+N"大思政课实践体系

学校以党建为引领，用大思政理念统领德育全过程，形成学段衔接、学科融合、家校社协同共育的基本格局，打造出"1+3+N"的大思政课程实践体。"1"是一课，就是大思政课，包含思政课程和课程思政，突出学段衔接和学科融合。"3"是"三会"，就是新型班会、家庭会议和班级组导师例会。新型班会突出班会的课程化和系列化，构建整体育人的主题和主线，确立不同学段班会育人目标。参与主体包括班主任、班级组导师和学生家长等，打造更具教育时效性的教育场域。形式线上线下结合，受时空限制小，可以更及时解决学生成长中的问题。家庭会议是在班级组导师的指导下，全体家庭成员就教育内容进行交流探讨解决家庭教育问题。在制定家庭会议规则的基础上，指导家庭会议召开，让家庭成员学会尊重和倾听，学会换位思考，重塑家庭秩序，凝练良好家风，营造和谐的家庭氛围。班级组导师采用家校联动的方式对学生思想、学业、心理、生涯发展等方面开展教育指导，为学生提供个性化的指导帮助。导师定期召开例会，形成沟通机制，研讨教育对策，凝聚集体智慧，制订教育指导方案。"N"就是指我校的"一核两翼"多元思政实践活动课程，即以社会主义核心价值观为统领的时间轴思政活动课程，以及习惯养成课程和综合素养提升课程。实践体系把"大思政"建设寓于学科融合和德育课程之中，注重纵向打通和横向融通，将有效保证学生在不同成长阶段思政教育不缺席。

二、确立"大主题、大情境、小切口"行动路径

我们在大思政课程的推进过程中，确定了选择大主题，创设大情境，发掘小切口的行动路径，促使思政课更好地发挥教育作用。2020脱贫攻坚年，我们确立了"大国之治"大主题，展现脱贫攻坚时代大背景和创设课程思政大情境，讲述脱贫攻坚故事，通过思政课堂学习我国制度优势，帮助学生树立政治认同；

历史课堂通过民本思想的发展脉络帮助学生树立以人民为中心的理念；地理课堂通过强化人地协调观帮助学生增强理性精神与家国情怀。疫情防控居家学习，我们确立了"致敬逆行英雄"大主题，展现疫情防控大情境，小切口讲述身边的防疫故事，让学生通过家庭会议、主题班会、青春之声广播等宣讲亲人、朋友等身边平凡英雄的故事，指导学生挖掘学校党员教师坚守防疫岗位的动人故事，引导学生感受万众一心、众志成城的伟大抗疫精神。建党 100 周年，我们确立了"中国共产党精神谱系"大主题；创设纪念建党百年党史教育大情境；开展"初心 100"对话 100 位党史人物，宣讲优秀共产党员精神活动；组织"寻找党的足迹"的寻访活动，挖掘校史里的党史，从而让学生传承红色基因，永远跟党走。冬奥会期间，我们确立了"讲好冬奥故事"的大主题，创设"学科与冬奥"大情境，感受冬奥之美，打造了"看冬奥、学英语、更懂行！""雪花中的数学""冬奥开幕式中的科技之美""冬奥开幕式中的地理韵味""冬奥会运动员入场式的音乐之美""冬奥开幕式中的诗词之美"等系列课程思政内容，让学生体会冬奥会中的中国文化、中国理念和中国自信。同时邀请冬奥会开幕式分场导演和十一中毕业的三位冬奥志愿者讲述冬奥故事，让学生感受中国力量，懂得将个人发展与国家需求紧密结合，坚定永远跟党走的信念。

三、探索学段贯通一体化思政课程

近年来，学校利用与高校的共建优势，整合高校教育资源，开展大中贯通一体化思政课程，教育作用明显。与北京理工大学徐特立学院共建，成立"徐特立实验班"，创新人才培养，提升育人质量。开展"学科技前沿、立报国远志"的游学课程和"赓续红色基因、科技筑梦青春"的成长营课程，感受北理工红色基因，树立青春报国的远大理想。与北京科技大学开展生命科学领域一体化培养，在成长营和拓展选修课中，培养学生科学素养，感受国家前沿科技，坚定报国梦想。与清华大学共建成为清华大学博士生暑期实践基地，引入清华师生力量，丰富学校教育资源，促进学生高质量成长。开展"传递情怀、启迪梦想"的博士学堂，传导生涯智慧，分享学习经验，鼓励拼搏奋发，激发报国梦想。2021 年与北京工业大学、北京邮电大学围绕"对话英雄、对话时代"主题同上一节思政课。今年，与北京工业大学、首都师范大学围绕"讲好冬奥故事，致敬奋斗者"主题同上一节思政课。开展大中小学跨学段纵向同课异构，围绕同一思政主题落实不同学段思政目标。与北京工业大学学段贯通开设一体化大思政课程，北京工业大学马克思主义学院董静老师在十一中开设"大思政讲坛"，深入浅出讲解十九届六中全会，让学生懂得学习十九届六中全会学什么、怎么学、怎么做，培养学生爱党、爱国政治素养，让学生更加坚定跟党走。学校还聘请了北京理工大学、北京科技大学、北京工业大学的多位教授作为徐特立实验班和领域实验班的荣誉导师，定期到学校开展讲座、指导学习研究和开展思想辅导，激发学生的报国梦想，使学生全身心投入国家亟需的专业领域的学习中去，将来更好地报效祖国。

习近平总书记强调："大思政课要善用之"，我们既要抓住思政课这个落实立德树人根本任务的关键课程，更要结合实际、结合校情上好大思政课，实践一体化育人。做到培根铸魂、启智润心，更好地为党育人、为国育才。

北京市第十一中学德育主任　柏参天

推动大中小学思政课一体化模式的实践创新

　　大中小学思政课一体化教学与实践存在的问题，主要表现在目标设定、学段交流、衔接机制三个层面。目标设定指的是整体目标设定的差异性，虽然不同学段目标必然有特殊性，但是整体目标应该是一致的，在学段交流方面，高中与初中交流还是比较多的，但是初中与小学，尤其是大学与中学阶段沟通相对少一些，衔接还是不够的。衔接机制方面的问题，例如管理机制、课程设置、教材编写机制以及协同机制都存在问题。此外，对于大中小学思政课一体化概念界定应该非常清楚，内涵要准，外延要大，思政课不是小思政，还包括大思政，但是我认为也不能将概念泛化，即不能将什么事情都梳理成大中小学思政课一体化的探索。我认为路径问题恰恰相反，应该在大中小学思政课一体化顶层设计、系统规划后开展工作，但也不是开展了什么工作在总结时都梳理成此话题的成果。

　　我校在大中小学思政课一体化的教学、实践中进行了探索。

　　第一个维度，教学创新。根据不同学段学生认知发展水平，循序渐进、螺旋上升地规划思政课的目标、内容和方法。小学阶段主要任务是道德启蒙，初中阶段主要任务是知识建构，高中阶段主要任务是价值教育。我校是十二年一贯制学校，注重贯通小学、初中和高中三个不同学段开展活动，以政治学科课前演讲"时政达人秀"环节为例，在不同学段有基于学情的不同探索。小学取名"政眼看生活"，呈现事件为主，培养小学生初步观察社会的时政素养。初中取名"新闻播报"，以播报时政信息为主，培养学生发现和敏锐捕捉热点事件、热点问题的能力，多维度地分析问题、解决问题的能力。高中取名"时政述评"，以述评为主，鼓励学生用所学知识来解释事件本身，做到科学理性，知行合一。

　　教学创新背后起支撑作用的是教研的一体化。初高中与校尉胡同小学开展一体化教研。除了小初高的一体化，我们还注重与大学的一体化教研，就我自己而言，我经常线下、线上与我母校北京师范大学马克思主义学院的老师、同学沟通交流，还参与了首都师范大学与中学教师联合进行的政治课特级教师工作坊的学习。

第二个维度，实践创新。教学中尝试探索创新，不同学段的实践活动呈现一体化的特点。如小学的雏鹰建言、初高中的模拟政协，鼓励学生发现问题、分析问题、解决问题，持续培养具有社会责任感的公民。例如，开发"政眼看生活"中小学段系列课程，开展不同学段辩论赛、初高中模拟法庭活动，设置大手拉小手、小导师课程、小小导师课程，中学生走进校尉胡同小学"诵读宪法"，等等。此外，我们学校开辟思政课第二课堂，即特色活动"小小政协"。为了解决大学与中学思政课衔接的问题，一六六中学已经上大学的毕业生依旧与学弟学妹保持沟通。此外，学校还有融合实践课程，落实中小学思政课一体化。

第三个维度，科研创新。2021年，我们学校申请北京市教育学"十四五"教育科研课题的名称是"大中小学思政教育一体化多维度实践机制研究"。这个课题是与大学老师一起申请的，目标是做好大中小学思政课一体化研究层面的有效衔接。还有一个课题：中小学学习习近平新时代中国特色社会主义思想模式研究。

北京市第一六六中学　赵文峰

时政课程一体化贯通育人模式
探索与实践

全国教育工作会议指出，"要培养德智体美劳全面发展的时代新人，要坚持立德树人，加强学校思想政治工作"。这一要求，对思想政治学科（小学、初中称之为"道德与法治"，高中称之为"思想政治"，以下同）教育教学指明了方向。进入新时代，作为党和国家进行思想政治教育工作的主要阵地，思想政治学科对"培养什么人、怎样培养人、为谁培养人"三大根本问题做出自己的回答和在日常教育教学过程中予以落位，就显得尤为必要和紧迫。北京中学作为一所覆盖小初高的创新实验型学校，创校以来，坚持以立德树人为根本任务，积极培育和践行社会主义核心价值观，坚持依法治校与改革创新，在课程改革特别是时政课程一体化贯通模式为重点的创新拔尖人才培养等方面，做出了艰辛的实践与探索，取得了较好的效果。

一、坚持立德树人根本任务，把握时政课程性质和育人方向

从课程论的角度看，有什么样的课程认识，就有什么样的课程实施。一般而言，课程认识决定课程实施。从整体上看，思想政治学科是一门培养健全人格、科学精神、辩证思维、广阔视野、正向价值、社会担当的人文社会常识课程，也是一个人走向社会，成为社会人所必备的基础性课程。从培养目标来看，它是一门培养社会主义建设者和接班人思想政治素养的课程。从核心价值来看，它是一门进行马克思主义基本观点教育，落实立德树人，培育社会主义核心价值观的课程。而要达成上述课程目标和价值实现，就必然要通过课程改革与创新予以支撑。因此，在新课程改革的背景下，在学习者学习需求和思想政治课程认识论的呼唤下，时政课程应运而生。时政课程是在立德树人根本任务和培育社会主义核心价值观根本目的的指导下，培养学习者发现问题（事件），分析问题（事件），解决问题（事件）的能力，体现政治认同、公共参与、科学精神和法治意识学科核心素养的校本课程，也是一门根据思想政治学科的知识、原

理、价值来解决复杂社会问题和事件的应用型课程。时政课程上挂立德树人核心素养，下联活动型学科课程，既可以作为一门独立的专题性质的思想政治学科，也可以附着于思想政治学科的课堂教学，不仅具有自身的学科育人功能，而且还具有思想育人、价值育人的独特功能。

二、坚持以学习者为中心，全面建构时政课程贯通一体化体系

中小学生正处于世界观、人生观、价值观萌芽、塑形、树立的重要时期。他们的身心认知经历着懵懂—浪漫—精确的发展规律。思维认知方式往往是从单一到复杂，从发散到聚合，从具象到抽象。特别是在以互联网发展为标志的信息化时代，一方面，学习者获取信息的渠道更加多元和丰富，变化和开放；另一方面，各种思想价值文化相互激荡，相互交织，相互冲突，其思想的独立性、选择性、多变性、差异性明显增强，也日益活跃。浸润在互联网时代中成长的中小学生，被称之为"读屏一代"。在此背景下，北京中学时政课程，把学习者作为一个完整的人，根据学习者不同阶段的不同身心认知规律，研发了贯通小初高一体化、内容联动，思维进阶，纵横交织的时政课程，分别是小学阶段的"时政速递"，初中阶段的"时政播报"，高中阶段的"时政述评"，三个子课程层层递进，环环相扣，步步深入，共同构成北京中学时政课程体系。站在学习者成长的高处和远处，北京中学的时政课程体系，遵循系统性和贯通性原则，探索实施小学初中、初中高中贯通培养；遵循丰富性和选择性原则，以满足学生的个性化需求，培养学生全面而自由的发展；遵循综合性和实践性原则，以培养学生的社会责任感和实践能力。

小初高时政课程逻辑，整体上遵循"是什么，为什么，怎么办"的认知逻辑和"生活与知识，理论与实践"相统一的学科逻辑开展。

在小学阶段，"时政速递"课程旨在帮助学习者学会发现身边事、观察身边事，以日常生活事件（家庭和校园）为轴心，培养发现事件的意识和能力，并且要帮助学习者认知到这件事到底"有没有，是不是"，为初高中的时政课程奠定初步的认知基础，一般在1~3分钟内。在具体标准方面，考虑到学习者的身心认知程度，重在速递重大时事新闻，重在呈现简单事件本身，即学习者能够说出来，再现事实即可。即解决"是什么"的问题。

在初中阶段，基于学习者的身心发展认知规律，"时事播报"课程要求学习者在社会广阔的真实场景中，发现和敏锐捕捉身边和社会生活中的热点事件、

热点问题，自拟主题，自选情境，自做陈述，自我评价，要求学习者用自己的语言进行表达和演绎，从学会多维度地分析问题、解决问题的能力，逐渐成长为承担社会责任、具有政治素养的中国公民。旨在引导学习者扩大认知视野和思维触觉，发现周边区域的社会公共事件和现象，并能结合所学知识，进行初步的问题分析，主要是帮助学习者解决"知不知，懂不懂"，基本上是简单情境的一般判断问题。即"为什么"的问题。

而进入高中学段，随着学习者的理性思维等高阶认知能力的具备，学习者的思维深度有所提高，学科知识和学科能力的要求也有所提高，为此，在小学"时政速递"、初中"时政播报"的基础上，研发了"时政述评"课程。三者在课程逻辑上是贯通的，思维要求上是进阶的、一致的、自洽的。高中的"时政述评"重在"述评"上，其教育的发力点主要是帮助解决学习者内心"信不信，行不行，值不值"的问题，基本上是复杂真实情境的问题。因此，在高中，我们一方面要坚持正确的价值引领、思想引领和方向引领，比如马克思主义思想政治教育等；另一方面，要帮助学习者形成基本的认知框架和思维工具，比如逻辑思维、批判性思维和创造性思维。即不仅要回答"是什么"，分析"为什么"，还要回答"怎么办"。

小初高课程联动，时政课程的组织实施与支撑。

就具体实施过程而言，我们每节思想政治课都会拿出1~6分钟的课堂时间，来开展时政课程。流程一般如下：组建小组——选题策划——查找资料——制作PPT——邀请主持人——时政播报——邀请点评嘉宾——教师点评。

具体来说，则是学习者两人一组，自己选择主题和题材以及事件，独立制作PPT，先上来讲述，然后邀请点评嘉宾进行点评，最后教师进行当场反馈和总结归纳。

首先，在选题方面，我们提倡"世界即教材，社会即教材，自然即教材"，不限定学习者的视野和内容选择，充分发挥学习者的主观能动性，培养学习者主动搜寻题材和事件的意识和能力。一是要求学习者根据学科学习的内容来进行选题或者是在社会上或世界上具有一定影响力的公共事件和热点现象；比如，在即将讲到高一"经济与生活"中的"供求与价格的关系"时，我们师生会一起商定时政述评的情景和素材，如国际油价的涨跌问题、春节期间各种服务涨价的问题。二是要求学习者瞄准当下世界和社会正在发生的重大时政新闻；比如中美贸易摩擦、上海进口博览会、嫦娥四号等。三是要求学习者积极发现身边事、周边事、社会事和国家事以及国际事，从小到大，由近及远，慢慢延展开来；比如北京城市建设的绿色项链，北京文化产业创意园等。

其次，在叙事环节，要求学习者陈情和说理结合、共识和个性结合、价值和文化结合、语言和形象结合，做到客观、真实、理性，讲好中国故事，展现真实、立体、全面的事件，提高文化自信和认同。特别是要引导学习者主动运用中华优秀传统文化的核心价值观念如天人合一、爱好和平以及马克思主义唯物史观来还原事件，并进行适度的价值评价。

再次，在述评环节，要求学习者用所学知识来解释事件本身，做到客观审辩、科学理性、知行合一、学以致用，并且区分他人立场和官方立场以及本人立场。比如对近期的比特币暴跌，就可以要求学习者结合货币的有关知识进行解析；比如某电商平台的"双十一"活动，让学习者结合经济学知识中的消费与生产、收入与消费、需求的价格弹性等学科知识予以解释。通过主题、素材、情境，培养学习者的描述与分类、预测与选择、辨析与评价、解释与论证学科核心能力和政治认同、科学精神、公共参与、法治意识学科核心素养。

最后，在反馈总结环节，要求学习者自己先自评，培养学习者的元认知，再请其他人点评，教师最后根据评价量表来进行评价。同时注重把学习者的时政资源转化为学习资源，把时政述评的内容改编为一道考题或者作为一个开放性试题。

同时，为了帮助学习者形成合理的基本认知框架，提供学习者高阶思维的基本工具，我们在纵向上，将时政课程分别进行了适度的前置（小学）和后移（高中）延伸，形成了小初高时政课程一体化贯通体系。在横向上，帮助学习者形成正确的思维认知框架和工具，建构了逻辑思维、审辩思维和创新思维的高阶思维课程。在初中阶段每周拿出一节课的时间，开设了"逻辑思维""审辩思维""创新思维"等高阶思维课程，以培养学习者形成基本的思维框架和高阶思维认知能力（分析、评价与创造），做到不盲目，不唯书，不偏狭，进而由基本的底层认知工具——逻辑思维出发，经由审辩思维、辩证思维的必然王国，抵达创新思维的自由王国。

三、坚持活动过程评价，搭建"时政达人秀"学科品牌活动平台

课程评价是课程的重要一环。为了帮助学习者更好地评价和诊断自己的学习效果，我们强调通过表现性评价来帮助学习者自己检测学习效果，专注学科

核心素养的行为表现，坚持求同与求异相统一的原则来进行评价，鼓励学生运用相关学科知识和技能，基于不同经验，运用不同视角，利用不同素材，表达不同见解，提出不同问题方案。为此，我们搭建了"家国天下——时政达人秀"学科周活动平台，建立健全了评选活动机制。

首先，在班级层面进行海选，每个班推出 2~3 个优秀作品，教师深入学生，进行个性化辅导和答疑，起到支撑作用。

其次，在年级层面进行评选，每个年级推选出 6~8 个优秀作品，师生一起协商，进行最后的润色和打磨。

最后，在学校层面全面铺开，全校选出 8~10 个优秀作品，进行现场述评，并邀请校外专家进行答辩和评审。

总之，时政课程的实践证明，它不仅仅可以拓宽视野、激发学生积极关心国家大事、社会热点等政治生活。而且让每位同学都能在小事件、小新闻中，看大社会、大世界，提升学生学科核心素养，利于学生成长、成才、成人，更有利于引领学生树立正确的人生观、价值观和世界观，进而培养胸怀天下的家国情怀，通过思想政治课程的学习，我们的学习者将具备哲学的辩证思维而不偏激，领悟文化学的人文精神而不浅薄，掌握经济学的劳动思想而不骄奢，拥有政治学科的人民原则而不空想，进而成为一名合格的中国公民和担当民族复兴大任的时代新人。

北京中学高级教师　余国志

第四节　小学探索

打通　融通　贯通

党中央深化新时代学校思想政治理论课改革创新的战略部署，是各级各类学校坚持立德树人、培育时代新人的重要工程。习近平总书记提出，"在大中小学循序渐进、螺旋上升地开设思政课非常必要，是培养一代又一代社会主义建设者和接班人的重要保障"。思政课一体化建设工作是我们所有教育工作者都要倾心研究的一项时代课题。然而，面对这样一个时代课题，在教学一线还存在着许多实际问题，比如：不同学段还存在着课程理念衔接不足，教学内容区分度不够，教师研修"各自为政"，一体化管理机制不够完善。

基于实际问题，我们精准施策，如何能够让思政课一体化建设呈现出系统性、整体性和互动性的教育生态系统，是我们史家人开展思政课一体化建设研究的基础与逻辑起点。就此，我们提出了打通、融通和贯通的工作思路。"打通"是思政课一体化建设的关键，即需要机制保障。"融通"指向建设之中的核心工作，即需要党建引领。"贯通"则是手段，即需要突破每一个孩子的成长边界。我们不断探索解决问题的方法，并取得了一些阶段性的成果。通过以下三个方面发力，来助力思政课一体化的全面推进。

一、思政课一体化建设，打通是关键——需要机制做保障

（一）建立校际之间的合作机制，让一体化建设突破学段的边界

2019年，史家、二中与政法大学正式签署合作协议，组建青少年法治教育和思政课一体化共建基地。在合作机制的保障下，三所学校在思政课教育工作中，实现了共谋共为、整体发展的态势。合作让教师之间有更多交流的机会，不同学段的课堂也相互开放，这为思政课一体化建设的实践研究提供了基础性的保障。这种突破校际与学段的一体化合作机制让教师因为学段限制而被"碎

片化"的知识储备逐渐完整、清晰，让老师们能够在立足思政育人的长链条中重新审视自己的教材与教学。可以说，思政课一体化共建基地的建设是打通校际的壁垒的保障，也是思政课一体化建设得以实现的前提和基础。

（二）建立教师互聘与跨年段教研机制，组织建设是打通教师壁垒的前提

大中小学思政教育要循序渐进、螺旋上升，在不同年段的教学中，这个螺旋上升的"拐点"在哪里？大中小各个学段的"度"如何把握？教学目标怎样设定才能更好地凸显思政课一体化工作的循序渐进呢？

1. 教师互聘机制

在史家我们一直倡导"把小学办成教师成长的大学"。为此我们提出了"三校互聘教师"的机制。即以一体化建设项目为依托，项目成员校派出稳定的教师研究团队，团队内的教师在三所学校间互相聘用，成为思政课一体化建设协同发展的重要举措。教师互聘机制，让各学段思政教师一同进行教学研究成为可能。

2. 跨学段教研机制

跨学段教研机制确保了项目组老师们研讨的频次和数量，每学期不少于2次的三校教师研讨交流，每月不少于2次的学段小范围研讨已经成为老师们工作的常态，甚至有些不同学段的教师已经建立了研究小团队，他们针对自己日常的教学问题，随时进行网上沟通和网络研讨……这样的机制有效地打开了各学段教学的"隔阂"。可以说，这一机制的建立，是打通大中小学思政课教师队伍之间的阻隔，跨越长期以来大中小学思政课教师在文化背景、知识结构和教育教学理念上的边界，达成在人才培养上的一致性、贯通性的有效举措。

（三）建立跨学段的同课异构研讨机制，让思政内容在学段间无缝链接

日常化的教研机制是思政课一体化建设有效运行的一种手段，而研讨机制则是我们将日常的研究进行阶段性总结与展示的一种途径。因此，我们每年都会组织一次跨年段同课异构的研讨交流活动，让不同学段的老师们基于"大单元、大主题"之下，共同备课，真正找到大中小学"螺旋上升"的拐点到底在哪里。这一机制的推出体现了三大优势，一是让不同学段的思政教学呈现出"和而不同"的特色，螺旋式衔接大中小学思政课一体化教学内容。二是帮助不同学段的老师进一步读懂教材，读懂编著意图，读懂学科逻辑，全面提升教师课程领导力。三是有利于梳理典型案例、总结成功经验，形成育人特色，固化

研究成果。比如：史家教育集团与中国政法大学联手，专门针对小学《道德与法治》六年级宪法专册教师们的一些短板，出版了《道德与法治课程理解与教学设计指南》，书籍包括相关法律知识、教学设计、专家点评、精彩说课等丰富内容，供广大一线思政老师参考、借鉴、共同学习。

二、思政课一体化建设，融通是核心——需要党建来引领

党的领导是思政课建设的根本保证。在学校思想政治理论课教师座谈会上，习近平总书记发表重要讲话，强调了党的领导对做好教育工作、思想政治工作的重要性，提出了加强党对思政课建设领导的明确要求。思政课是落实立德树人根本任务的关键课程，学校党组织要把思想政治工作紧紧抓在手上，党建工作和思政课建设要相辅相成。

史家教育集团是党组织领导的校长负责制试点学校，在此项工作推进的过程中，我们率先做的便是改革学校的管理结构，特别成立了思政中心。思政中心的负责人由党委委员兼任，高度重视党领导的思政工作。在学校党组织的领导下，思政中心创新工作模式，探索工作路径，同时设计组织思政课一体化的特色育人活动。比如：2021年，我们以建党百年为契机，推出"党史国史大讲堂"系列公益视频，组织党员教师、大学生和小学生一同讲述百年来中国共产党的光辉历程。其中"95后与00后的党史故事"，即大、小学生一起讲党史故事活动备受瞩目。活动中，小学生致力于深挖故事情节，从故事中感悟中国共产党的伟大。通过故事以情动情，以情共情，增强小学生爱党、爱国、爱人民的情感。大学生则是基于小学生讲述的故事背景，阐述中国共产党的伟大与重要作用。活动增强了大学生的使命担当意识。11个党史故事，在"学习强国"上推出，后被多家媒体转发，后台统计播放量为6万余次。

再比如：2021年9月，《习近平新时代中国特色社会主义思想学生读本》进校园工作正式启动。史家教育集团得益于平日里党组织的领导，老师们对相关理论的学习扎实深入，也因而有幸被选为该课程面向全国推进中的实验学校。学校思政中心的老师们先后承担了录制全国示范课、面向全国做读本内容解读、说课展示、专题备课展示，并在全国培训中承担重要培训任务，还代表北京地区向国家教材局领导汇报了读本使用的经验与思考，得到了与会领导的高度认可。把党建工作与教学工作有机融合才是做好思政课一体化工作的根本。

三、思政课一体化建设，贯通是手段——需要突破成长边界

成长没有学段，学习也没边界。因此，思政课一体化建设要立足于全过程育人的基础。同时还要改变以教师为主导的课堂样态，让学生主动参与、愿意参与，进而形成生生互动的课堂才能实现思政课高质量发展的追求。为此，我们开启了"研究生进课堂，构建生生交互的动态课堂"的贯通课。研究生担任主讲的贯通课，如今已经成为我校学生最喜欢的思政实践课。每一年的宪法宣传周，我们都会启动"研究生进课堂"的主题活动。活动前，研究生在我校老师的指导下进行备课、试讲、制作教学课件、设计交互活动……在做足充分准备后，研究生进入小学课堂，与我们的老师一起为学生授课。

课堂上，研究生在与小学生对话的过程中，他们发现自己的"大量知识储备"有时并不能应对小学生的质疑；发现自己"良好口才"在与小学生对话中却会"败下阵来"；发现自己的"满满自信"在课堂实践中却尚显底气不足……大学生在实践中反思，在反思中更加明确了自己的不足，清晰地认识到作为时代新人的责任与使命，也能更加清晰和客观地看待自己。对于小学生而言，这样的课让孩子们能够更加大胆地表达并且敢于质疑发问，思维参与明显大于行为的参与。大小学生间平等的学习地位让他们的学习更轻松，而且小学生表示，大哥哥大姐姐的知识扎实、思维敏捷，是自己的学习榜样……

"贯通课堂"是一种动态课堂，更是学生突破自我认知的成长课堂。在思政课一体化建设中，我们聚焦"一体化"，在教学中、研究中、机制建设中，兼顾各个学段，让不同学段的学生都能有所获得才是一体化工作建设的真正意义所在。

大中小学思政课一体化建设是个宏大的系统工程，不可能一蹴而就，不是各要素的简单叠加，而是坚持问题导向与目标导向相结合，坚持德育目标一致与内容梯度相统筹，以价值引领、学生成长为根本，遵循规律，打通壁垒、融通思想、贯通课程，循序渐进，螺旋上升，才能将思政课一体化建设工作做好、做实。坚定不移地开展大中小学思政课一体化建设，是我们的责任与追求，史家人将持续发力，交出满意的答卷。

北京市东城区史家教育集团副校长　郭志滨

扎根中国大地　上好大思政课

2021 年，我校成为全国大中小学思政课一体化建设实践研究共同体单位。为推进学校思政一体化构建，学校重新梳理了以往实践，制定《芳草地国际学校思想政治理论课创新工作方案》，架构一体化推进体系。

一、整体布局，构建"思政课一体化"

（一）突出"三贯通"

首先，贯通社会主义核心价值观与学生的人生观、价值观、世界观，推动思政课程一体化提质增效。以不同学段学生身心发展规律和认知水平为基础，循序渐进、将社会主义核心价值观融入教育教学的方方面面，实现系统化铸魂育人。其次，贯通思政课程与课程思政，促进全学科育人。在一体化建设的教育理念指引下，深入挖掘各类课程的思想政治教育资源，发挥各类课程的价值塑造作用，促进专业课程育人与思政课程育人同频共振。最后，贯通学校思政与社会思政。学校主动联合社会各界力量，将思政小课堂同社会大课堂贯通起来，促进学生在了解社会、认识社会、融入社会的实践中体悟真善美，弘扬中国特色社会主义的正能量。

（二）强调"三性"

连续性，即低中高年级的教育连贯性，每个年级都有符合学生特点的教育目标，真正实现小学六年的一体化；普遍性，不同阶段必须贴近学生的认知、贴近学生的心理，通过实践课程普遍作用于每一位学生；实践性，教育必须落地，对于学生而言必须是看得到、能感受的实践参与。

二、课程为先，树牢思政课一体化建设基础

培育和践行社会主义核心价值观，是落实立德树人根本任务的重要基础。要把培育和弘扬社会主义核心价值观作为凝魂聚气、强基固本的基础工程，核心价值观教育要从娃娃抓起、从学校抓起，做到进教材、进课堂、进头脑。让

青少年学生学得其所，知之乐之且行之，最终使以优秀传统文化为内核的社会主义核心价值观成为根植于心的基本素养和如影随形终身践行的良好习惯。

（一）思政课程成为关键课程

思政一体化建设必须与课程建设相结合，让每一个学生都能受到教育，同时通过细化课程目标，各学段逻辑递进，突出教育的连续性，真正形成教育的一体化。一方面，实实在在上好每一节思政课，保证专业教师队伍，保证每一课时教学目标；另一方面，基础课程实施中，贯通思政课程与课程思政，将立德树人贯穿于所有学科、所有课堂。当前，思政意识越来越成为每个教师的必备素质，挖掘学科育人点，课程育人、课堂育人、课业育人，更成为教师的基本功。

与此同时，近年来，芳草地国际学校在"核心价值观教育"中不断探索，打造了具有芳草教育特色的路径，让社会主义核心价值观的种子在学生心中生根发芽，引导学生做好社会主义核心价值观的践行者。

我们构建了以育人目标为核心，以"道德、语言、数学、科技与创新、健康、艺术"为基础学科领域，以"我爱芳草地、可爱的故乡、美丽的中国、多彩的世界、我想去那里、唯一的地球"为探索研究主题的课程体系。每一个学科都传递着求真、求善、求美。为此，芳草地国际学校在道德领域、语言领域、数学领域、科学领域、健康领域、艺术领域研发了一系列基础学科领域的"价值观教育"课程。同时构建起以"五有思维课堂"为特征的课堂实施方案，以核心素养为导向的课程质量评价指标。切实关注学生的实际获得，现在已经形成了完整的课程体系，成为芳草的品牌。

（二）特色课程引领课程思政

作为全国红军小学爱国主义教育基地，25年来，学校以活动为依托，整体构建了"红领巾的红军行"综合实践活动主题课程，在音乐、科学、语文、数学、道德与法治等学科教学和亲身的课外体验中，孩子们了解长征，触摸、感悟长征精神。每年举行的徒步走向天安门活动，更是让学生深刻地感受到了祖国的日益繁荣，增强了对祖国的认同感和自豪感，进一步激发了广大少先队员的爱国之情。以革命传统教育为目标，传承红色基因，培养学生爱国意识，增强国防观念，激发强烈爱国情怀，从二十年前的学生"红军行"徒步远足活动，逐渐发展主题文化课程；从高年级活动，逐渐发展成全校各个年级、多种形式，一体化主题教育品牌。

进入每年的九月，低年级了解新中国的成立，了解那段革命历史，了解红军长征的故事，参与长征纪念日的全校活动，课程目的是在学生心中种下爱国的种子，主要形式是听故事、看视频、画图画；中年级学习长征历史，结合语文教材中的长征故事拓展搜集相关资料，知晓长征的路线、观看相关影视作品，设计手抄报，讲述红军故事；高年级查阅长征历史文献，撰写研究心得报告，在老师的指导下体味长征胜利的艰难，开展主题学习，调动多种技能，开设学生论坛，落实具体任务："历'泸关'险，忆红军魂""连环画创作之长征故事""一曲红歌，一种传承""以科学的视角看红军行"等等。

特别是每年的11月1日，六年级的学生要开展"红军行"徒步远足活动，继承芳草教育传统。那天，学生一早集合，从学校徒步到天安门广场观升旗，然后徒步回校，迎接他们的是四、五年级全体学生，克服困难的徒步远足给学生留下终生印象，象征性地体验更留下了多种心得感慨与研究报告，现已成为了芳草六年级学生必须经历的毕业体验。红领巾的红军行活动不仅磨炼了学生的意志品质、增强了他们的爱国主义情怀，同时更是一种精神的传承。

从芳草到天安门，从红领巾到五星红旗，芳草学子用实际行动书写了新时代少先队员的爱国之情！芳草师生也用行动回应了习近平总书记的讲话精神，"每一代人有每一代人的长征路，每一代人要走好自己的长征路"。

三、突出实践，增添思政课一体化建设活力

（一）让实践型"大思政课"走进校园

芳草必须具备"敏感体质"，要感知社会的发展，洞察时代的教育，和上祖国节拍，契合改革旋律。国家大事就是大思政课，必须走进校园，社会实践的参与把教育带给学生。

从神州大地的抗疫实践、人民至上的无私情怀，到服务保障国庆70周年、庆祝中国共产党成立100周年、服务保障2022年北京冬奥会和冬残奥会……芳草师生是幸运的，3年来，一堂又一堂实践型的"大思政课"在芳草园开讲，在服务保障党和国家重大活动一线，师生们得以不断锤炼本领、坚定信仰。

在关键时刻，学校推出"抗击疫情党团队员在行动""见字如面，对话英雄"等系列主题活动，组织教师参与朝阳区新冠病毒核酸检测志愿服务、朝阳区新冠疫苗接种青年志愿服务突击队、无偿献血、垃圾分类进社区等实践活动，

党团员联手，引领广大教师服务学生、服务社会。在脱贫攻坚决战决胜之年，学校还积极响应市区教委号召，选派优秀教师支援新疆、内蒙古地区教育事业，传递首都教育工作者的责任。2020年学校六年级同学与首都大中小师生一起，在天安门广场发出"请党放心，强国有我"的庄重誓言。2021年学校少先队大队荣获"北京市优秀少先队集体大队"称号、学校团总支荣获"北京市五四红旗团支部"称号、芳草集团语文组荣获"朝阳教育先锋号"称号、学校荣获朝阳区教育系统宣传工作"最具影响力奖""特别贡献奖"奖项。服务保障党和国家重大活动，通过一堂堂触手可及的"大思政课"，芳草师生以实际行动接受着信仰的洗礼。

（二）让校内思政课走入社会大课堂

思政课一体化的推进，不仅仅需要课程的设置，还需要借助一定的载体和方式。多年来，芳草地聚焦核心素养培育，强化课程顶层设计，加强活动与教学内容衔接，汇聚协同育人合力，让孩子在活动中体味、在参与中感悟，教育引导学生增强听党话、跟党走的思想和行动自觉，牢固树立中国特色社会主义的道路自信、理论自信、制度自信、文化自信，把爱国情、强国志、报国行自觉融入坚持和发展中国特色社会主义事业、建设社会主义现代化强国、实现中华民族伟大复兴的中国梦，培养"具有中国情怀、国际视野"的芳草学子。

习近平总书记在党史学习教育动员大会上的讲话中强调："要在全社会广泛开展党史、新中国史、改革开放史、社会主义发展史宣传教育"，要抓好青少年学习教育，厚植爱党、爱国、爱社会主义的情感。思政课的使命、要求和"四史"教育的功能、目的高度契合，理应在思政课中加强"四史"教育一体化建设。同时，让学生在实践参与中体会尤为重要。

"英雄"教育是芳草的又一思政教育主题。少年儿童应该从小有英雄梦，有目标向往。学英雄树榜样是重要的人生经历，为树立正确的人生观、价值观，芳草一直以来，坚持用英雄启迪学生、用榜样影响学生，开展有意义的传统实践活动，让孩子在参与中得到浸润。

"学英雄祭先烈"多年来一直是芳草思政教育主题实践活动。每年进入3月份，从学习雷锋开始，就有了英雄的概念。低年级听英雄故事，学雷锋，更学革命先烈，耳熟能详的故事教育他们该成为这样的人，英雄的种子埋在了心里；中年级，学生理解英雄的真正含义，革命英雄、时代英雄，"为什么学、学什么"成为必须明确的话题，孩子们在专题手抄报谈论心中英雄，在故事会讲述心中的榜样；高年级网上祭奠先烈，谈论的是英雄的时代含义，结合实际明确怎么学。此外，清明节扫墓祭奠先烈成为全校的传统实践活动。陶然亭祭扫高君宇与石评梅，香山祭扫李大钊，日坛公园祭扫马骏，成了芳草的优良传统。

特别是 2021 年，芳草地国际学校党总支以党史学习教育为契机，积极组织师生开展"青少年永远跟党走"教育活动，将思政小课堂同社会大课堂贯通起来，赢得社会支持，让红色资源成为青少年接受党史学习教育的重要课堂，学校把位于日坛公园内的马骏烈士墓作为学校对学生进行革命传统教育、爱国主义教育的基地。

早从 1984 年开始，学校就组建了马骏"护墓小队"，清明节祭扫先烈已坚持了整整 38 年。在中国共产党建党 100 周年之际，学校成立了"少先队小小讲解员"队伍，孩子们走进马骏烈士纪念馆，为来瞻仰者讲述英雄生前事迹。高年级少先队代表们用他们的真情讲解开始为社会贡献力量，实现自身学英雄的夙愿外，更履行着社会义务。"小小讲解员"们，参加了"中国共产党早期北京革命活动旧址开放仪式朝阳区马骏烈士墓分会场活动"，更接待了一批又一批来自社会各界的瞻仰者，受到了广泛赞誉。在校内，他们更是火种，带动着全校学生以课前三分钟演讲、主题班队会的形式讲述着红色故事，一批批小讲解员因此诞生，数量已达百余名。芳草"小小讲解员"现已成为朝阳区政府党史学习教育的典型代表。芳草地国际学校教育集团小小讲解员队伍被北京市朝阳区精神文明建设委员会办公室推荐参评"首都最佳志愿服务组织"。芳草地国际学校少先队员马若曦同学参加了北京市"红色小讲解员"的比赛，并获得了"金牌讲解员"称号。许晋旗同学代表朝阳区参加了北京市百姓宣讲团活动，他也是北京市所有宣讲员中唯一一名小学生，光荣地被聘为"朝阳区廉洁文化宣讲使者"。

四、强健队伍，把握思政课一体化建设关键

（一）让有信仰的人讲信仰

思政课教师是思政课程这一"关键课程"的"关键主体"，习近平总书记对思政课教师提出了"政治要强、情怀要深、思维要新，视野要广、自律要严，人格要正"的六点要求。这"六个要"基于问题导向对思政课教师队伍系统化布局给出了清晰的导向。

如何选拔、培养出具备"六个要求"的芳草教师、思政课教师，学校以标

准化为导向，制定"最美芳草教师"标准，即信念坚定、宽仁慈爱、专业扎实、视野开阔、智慧灵动、拥有大情怀。在树立"最美芳草教师"标准的同时，还站在国际化教育的视角提出"芳草教师国际化基本素养标准"。每年选树"最美芳草教师""最美芳草团队"。开展师德主题教育宣讲、教育故事讲述活动，彰显芳草教师的育人情怀，树立先进典型，展示芳草教师爱岗敬业、无私奉献的精神面貌。让有信仰的人站在思政课的讲台上、站在芳草"大思政课"的讲台上，让更多的芳草师生坚定信仰。

（二）充实思政课教师队伍

学校从思政课教师主体责任的深化教育入手，树立各学段思政课教师的战略思维、系统思维和综合思维。预防各学段教师责任的失位、缺位、越位，为整体教学赋能，用社会主义核心价值观贯穿学生成长成才全过程、引领学生思想全方面、覆盖学生学习全阶段。通过思想引领、专业培养，提升教师队伍的整体水平，反哺各学段各学科，更好地将人才培养、科教研训等融为一体，推动思政教师队伍一体化建设。

学校帮助青年教师筑本领、搭平台、促发展，今年 9 月，芳草教育集团第二轮"筑基工程"全面启动。各校区结合校区特点，为青年教师举行师徒结对仪式，从而提高教师队伍素质，增强办学实力，为"双减"政策落实奠定基础。同时，先后成立学科研修基地，聘请资深专家通过专题培训、把脉课堂传递教育理念与思想、教学策略与方法。每学期，学校组织全集团各学科教师"同备一堂课"，通过集体备课，党的创新理论得以及时、完整、准确、全面地融入课堂。

北京市朝阳区芳草地国际学校党总支书记　丁兆惠

大小联动丰富小学思政课课程资源

2019年3月18日，习近平总书记在学校思想政治理论课教师座谈会上强调，"青少年阶段是人生的'拔节孕穗期'，这一时期心智逐渐健全，思维进入最活跃状态，最需要精心引导和栽培"。

大中小学思政课一体化建设，是新时代学校思政课建设的一次重大理念创新。大中小学思政课共同的任务是立德树人，共同的目标是培养德智体美劳全面发展的社会主义建设者和接班人，共同的载体有图书馆、大中小学校园文化、实践活动、网络资源等。大中小学思政课一体化建设要注重课程的一体化设计、学生素质养成的一体化，还要对校内外资源进行一体化整合，形成整体的教育合力。

对外经济贸易大学附属小学采用"输血"的方式，输入思政课资源，贸大附小思政课课程资源迅速"富起来"。同时，也在不断增加"造血"能力，丰富自身的思政课课程资源。充分利用对外经济贸易大学的校园文化、校友榜样、特色活动等增强思政课的吸引力。根据学生的兴趣爱好，不断丰富课程开展的形式，真正实现大学和小学的深度合作，大小联动共同探索高等教育与基础教育思政课协同创新的发展路径。

一、寻找共同的文化基因

贸大附小与贸大联动，寻找共同的文化基因。从贸大的办学理念、历史文化、自身发展等方面寻找学校文化的基因，将"大学中的小学，小学中的大学"作为发展的教育理想，遵循"让每一个儿童与世界对话"的教育理念。贸大附小校园内的"对话愿景墙"展示了用联合国的六种语言书写的"一所与世界对话的学校"发展愿景，"对话雕塑"用华夏传统文化符号"五色土"打底，贸大校友创作的《贸大三字经》书写在座椅上，一本打开的书撰写着"大小惠园"的教育故事，贸大附小的校园处处有"UIBE"文化的印记。

二、激发共同的情感点

贸大附小与贸大联动，激发共同的情感点。对外经济贸易大学是世界一流学科大学，拥有综合多样的专业资源、资料丰富的图书资源、严谨科学的研究资源以及知识渊博的专家资源等。每学期开学典礼，贸大领导走进贸大附小，送上新学期的寄语，让每一名贸大附小师生满怀信心向新学期出发。每学期的六年级毕业典礼，在贸大校园隆重举行，分享贸大校友的故事，让每一名贸大附小毕业生满怀信心向新征程出发。贸大附小与贸大共同编辑中英文版《惠心报》，记录了"大小惠园"的教育故事，让每一名贸大和贸大附小师生共同记录了成长的足迹，彼此认同、彼此归属，捍卫共同的荣誉。

三、点燃共同的成长点

贸大附小与贸大联动，点燃共同的成长点。依托贸大优质资源，开设了"对话 + 语言"课程，贸大教师走进附小，开设了西班牙语、日语、韩语、法语、俄语、葡萄牙语等语言类课。贸大走进拍摄《云游附小》，通过互联网在线上与欧洲学校师生交流对话。学习多国语言，让每一名贸大附小学生了解了世界各国文化，努力成为对话世界的小使者；运用语言讲述中国故事，让世界充分了解一个全面、真实、立体的中国。贸大附小每一名学生每天锻炼 100 分钟，其中包括 40 分钟体育课 +30 分钟课间操 +30 分钟体育活动，与贸大文化结合，创编了贸大三字经操，在运动中感受世界的喝彩。

四、思考资源的创新点

如果我们还用昨天的方式教育今天的孩子，那等于抹杀孩子的未来。教育应该着眼于学生未来的人生，着眼于学生的成长。小学思政课课程资源要有"童气、童味、童真"，挖掘和使用课程资源时应基于儿童的视角，把儿童当作儿童，要以学生生活的现实为起点，以学生生活的可能为方向，以学生生活的房间为教室。学生家中的衣服、椅子、装饰物等都是可利用的思政课课程资源。学生在独立思考、探究质疑、审美情趣、合作交流、坚持超越的学习过程中，不断地成长，让学生的未来充满无限的可能，让一切皆有可能。

未来，在至真至善至美的教育路上，继续用至真的教育行动，至善的教育情怀，至美的教育梦想，继续努力奔跑，捍卫每一名儿童的童年。

对外经济贸易大学附属小学党支部书记兼校长　王　红

"1+3"思政课一体化工作机制建设的校本实践

为落实中共中央办公厅、国务院办公厅印发《关于深化新时代学校思想政治理论课改革创新的若干意见》，依据《北京市大中小幼一体化德育体系建设指导纲要》等文件精神，建立德育要素融通一体、学段衔接一体、各方协同一体的德育工作新局面，我校不断优化"1+3"工作机制，为思政课一体化建设提供了保障。我校全面落实党组织领导的校长负责制，加强党组织对教育教学的全面领导，成立"思政课一体化"建设工作领导小组，形成党组织领导、校长负责、群团组织参与、家校社联动、幼小中衔接的思政课一体化的工作格局。

一、以"快乐+"课程为载体，实现五育并举

我校以"快乐成长奠基快乐人生"理念为核心，聚焦"六乐"育人目标，将国家课程、地方课程、校本课程以校本化的方式进行整合，融合在"道德与法治、语言与人文、数学与科技、艺术与健康、传统文化与国际理解"五大领域中，形成动态的、开放的、创新的思政课一体化课程体系。

实践中，我校坚持"以德为先"，通过点、线、面的融合与贯通落实"五育"并举。"点"指以思政课程为突破点，在贴近实际的教学活动中，给学生埋下真善美的种子，做好道德启蒙培养，让思政教学枝繁叶茂。"线"指以课程思政为"拓展线"，将各学科课堂教学和思想品德培养融合，实现价值观引领与渗透，让思政元素如盐入水。"面"指以实践思政为"覆盖面"，紧扣学段特点和时代脉搏，开展主题综合实践活动、校园特色文化节活动以及学生社团活动等等，以推动思政小课堂与社会大课堂同频共振，让思政课堂延伸生长。总之，在开展学生思想品德教育中，我校通过思政课程这个突破点引导课程思政"拓展线"进而带动实践思政"覆盖面"，紧扣"知—情—意—行"教育规律，引领学生知行合一，全面落实立德树人根本任务。

二、以多方联动为载体，实现横向协同

（一）教师联动，实现"三全"育人

我校认真落实"研教学评"一体化教学模式，突出并强化教研的保障作用，设立每周思政课教研时间，针对教材与学生的实际情况，开展本组教研及年级组教研；每月各年级要进行全学科教研，全面分析学生的道德品质发展状况，打破班级、学科壁垒，实现全员、全过程、全方位育人格局。

（二）家校社联动，增强育人合力

我校建立健全了"家校社联动机制"，完善了"亲子委员会例会制度"，将思政课一体化延伸到家庭、社会，形成育人合力。

通过开展系列"快乐父母成长"课程、亲子课程、开展"快乐家庭"创建"七个一"活动以及一对一教育咨询等，提升家长育儿效能的同时也与家长统一思想，共同促进学生道德品质的发展。

我校依托社区、博物馆、新华网等力量，组织学生开展大思政课体系下的亲子共读活动、红色游学、学雷锋志愿服务、环保护城、馆校共育等活动，让学生在社会参与中形成良好的思想道德品质。

三、以课题研究为载体，实现纵向衔接

2021年底我校立项北京市学校德育研究会"十四五"重大课题"一体化德育体系建设背景下学校德育实践研究——幼小中教育阶段学生道德品质培养研究"，与部分中学、幼儿园组建一体化德育研究的共同体。我们将整体优化工作目标、内容、方法、队伍建设及评价体系，完善纵向衔接的工作机制，进而建立德育要素融通一体、各方协同一体、学段衔接一体的德育工作新格局。

育人之本，在于立德铸魂。以上是我校在"1+3"思政课一体化工作机制建设的校本实践。未来，我校将持续进行思考与实践，通过思政课一体化工作机制的完善与和谐运转将新时代中国特色社会主义思想、社会主义核心价值观的种子根植学生内心，不断增强学生对党和社会主义的情感认同、思想认同、政治认同，从而自觉成为社会主义建设者和接班人。

北京第一师范学校附属小学副校长　狄永杰

北京第一师范学校附属小学教师　杨晓明

小学道德与法治教学中兵团红色课程资源开发

一、为什么要在小学道德与法治教学中挖掘兵团红色课程资源

2020 年 9 月，习近平总书记在第三次中央新疆工作座谈会上强调，要弘扬民族精神和时代精神，践行胡杨精神和兵团精神，激励各级干部在新时代扎根边疆、奉献边疆。新疆生产建设兵团在履行屯垦戍边历史使命中形成的兵团精神"热爱祖国、无私奉献、艰苦创业、开拓进取"，是民族精神和时代精神的具体实践和生动写照，是中国特色社会主义文化和中国精神的重要组成部分。在小学这一政治引导、信仰启蒙的重要时期，以"四史"教育为切入点，挖掘"四史"中丰富的兵团红色故事资源，将其中兵团的重要人物与重大事件以通俗易懂、生动形象的形式展示出来，让小学生听得懂、愿意听，潜移默化地产生对党、对国家、对兵团的热爱，是新时代"共和国军垦名城"——石河子思政教师们的共同使命。让我们兵团青少年在红色教育中守初心、担使命，传承和发扬"兵团精神"，筑牢屯垦戍边基石，确保红色江山永不变色、红色基因代代相传。

二、兵团红色课程资源在小学道德与法治主课堂中的应用实践

（一）实现小学道德与法治主课堂兵团红色课程教学资源共建共享

通过组建大中小学思政课教师教科研团队，加大教科研合作力度，立足道德与法治课程标准，以"四史"教育为落脚点，依托新疆生产建设兵团军垦博物馆《中华民族文化基因库（一期）红色基因库首批试点单位之新疆生产建设兵团系列红色课程》，通过石河子道德与法治教学专业委员会理事会，在师市 50 所学校道德与法治课程中全面实施。

（二）运用现代信息技术搭建大中小学思政课教师协同备课平台

我们第八师积极举办兵团大中小学思政课教师网络云端集体备课会，发挥

名师专家示范引领作用，实现优质教学资源共享。3 月 18 日，我市教育局承办了兵团大中小学思政课一体化建设展示研讨活动，本次活动我们展示了小学、中学、大学的思政课，全兵团的思政教师通过线上线下的方式进行研讨。2022 年 3 月 25 日上午，石河子张艳道德与法治教学能手工作室开展了主题为"大思政下传承红色基因，打造道德与法治优质课堂"的教研活动。活动中，围绕兵团红色文化课程资源的使用，我们分课程、跨课程、跨学段组织大中小学思政课教师集体备课，开展了线上与线下相结合的集体教学研究活动、专题研修培训。规范备课流程和主题，包括教师自备、集体讨论、教案修改、教学反思等环节。明确以大中小学思政课教学内容精准衔接为导向，准确把握学生认知心理特点和教材内容逻辑，实现静态教材体系向动态教学体系的转化。邀请石河子大学兵团红色文化研究领域专家担任集体备课牵头人，帮助小学不同学段的思政课教师在认真吃透教材基本精神的基础上，熟知其他学段思政课全景的教学内容。邀请石河子大学、石河子职业技术学院、石河子第八中学、石河子第一小学的优秀思政课教师讲解教学设计，进行教学展示，针对某一内容在不同学段的知识重点、教学难点和衔接盲点，集思广益，共同研讨，确定教学内容和方法的衔接。本次会议在线下、线上同步展开。其中线上参会的单位及个人不仅有兵团教育局思政教研员、兵团李碧霄名师工作室成员、自治区名师工作室成员，还有我们兵团各师、疆内和疆外共 50 多所学校的思政老师们参与了活动，本次教研活动对跨地区学科交流进行了一次有益的探索。我们也希望今后有更多的同人参与我们的活动。

三、兵团红色课程资源在第二课堂中的应用实践

（一）"全学科、齐思政"的"大思政"育人格局初显成效

思想政治教育事关立德树人的根本任务，不能仅仅理解为开设一门思政课，要从坚持和发展中国特色社会主义、实现中华民族伟大复兴的高度来筹划，要融入青少年终身学习的过程中。思政教育不仅是思政学科的思政教育，更是所有学科的思政教育；思政课不仅是思政老师的思政课，也是所有教育人的思政课。目前我们通过党团队建设、思想政治、自然科学、社会生活、人文艺术、体育、劳动等课程学习、主题学习、"五育"活动等多种方式，形成"红线串珠"的育人合力，实现思政铸魂的育人效果。音乐教师排练的音诗画《马背上的摇篮》登上学习强国的平台，美术老师指导学生完成《石榴籽》《红色记忆》

《八千湘女上天山》等泥塑作品，将理想信念的种子播撒在孩子们的心底。体育老师将兵团精神融入体育教学，第十一小学的足球队代表兵团获得全国第一名并远赴瑞典参加享有"小世界杯"美誉的"斯凯孚杯"世界青少年足球邀请赛。

（二）研究设计兵团红色研学系列主题实践活动

习近平总书记指出："把红色资源利用好、把红色传统发扬好、把红色基因传承好。"开展兵团红色研学活动是深入贯彻落实这一重要指示精神的具体行动。石河子作为"共和国军垦第一城"、新疆红色旅游首选地，有着丰富的红色资源，兵团军垦博物馆、石河子军垦第一连、石总场周总理纪念碑（馆）是全国研学旅行营地。我们根据石河子红色军垦特色、学生年龄特点和学科教学内容需要，围绕"传承红色军垦基因，争做时代少年"的研学理念，践行"研学并举，知行合一"的目标，设计了国防军事专题、传统文化专题、非遗专题、亲子游专题等研学课程，打造红色文化研学实践系列活动，旨在让青少年了解屯垦戍边壮阔历史，感受艰苦奋斗岁月，弘扬传承伟大兵团精神。雏鹰假日小队研学成果分享环节，同学们进行了"兵团故事我来讲""军垦知识我来答""红色诗歌我来诵""红色歌曲我来唱""军垦文化我来画"等研学成果展示，在广大青少年心中播下一颗颗传承红色基因的种子。

（三）石河子校园文化建设的突出名片——兵团红色基因

在兵团教育局、师市各级党委的关心帮助下，通过加大在软硬件设施方面的投入，目前石河子各学校形成了一批有浓郁红色文化特征的校园文化品牌，例如：1962年，徐特立老人在接到农八师子女校（现第一小学）学生代表的一封信后，亲切地给全体同学回信，学校的徐老碑从此成为全体师生前行的动力。2019年初，石河子第二十中学校外辅导员鲁国平无私地将2000多件雷锋藏品捐献给学校，使学校建成"雷锋收藏品教育基地"，以便于对学生进行雷锋精神的教育。石总场第一小学紧挨着周总理纪念碑，学校打造了总理精神长廊，将周总理生平事迹逐一展示。

四、未来的展望

未来，在思政课中挖掘兵团红色课程资源我们急需要做的第一件事就是建设一支政治可靠、业务精湛、乐于奉献、勇于担当的教师队伍，我们感觉目前老师们对兵团的认识还不够全面，由于长期待在校园不能深刻感受到兵团日新月异的变化，所以我们计划带着老师们走出校园去感受兵团科技创新的农业发展，蜕变成蝶的团场面貌，让老师们对兵团的未来充满信心，才能在课堂上讲好兵团故事。第二件事就是希望得到更多部门的大力支持，比如在研学实践活动中能为我们拓宽更多的实践基地，提供一定的经费。第三件事就是希望能得到更多专家的关注，因为我们作为小学老师教科研的水平还是有限，渴望专家们的专业引领。让我们扎实有效地引导兵团的青少年们在红色教育中守初心、担使命，传承与发扬"兵团精神"，筑牢屯垦戍边基石；把红色精神转化成推进伟大事业的不竭动力，确保红色江山永不变色、红色基因代代传承。

新疆生产建设兵团石河子第十一小学副书记、副校长　张　艳

构建"四梁八柱"德育体系

2021 年北京市出台《大中小幼一体化德育体系建设指导纲要》，为学校的德育质量提升带来了新命题，创造了新契机。结合学校"以科学精神培育人才，以人文情怀塑造幸福人生"的办学理念，依托"培养创新、求实、活泼、幸福的一代新人"的育人目标和"诚真教育"的文化定位，学校德育重塑结构管理体系、长链条培养体系和家校社育人体系，从课程引领、红色传承、健康成长、美丽人生、责任培养、科学素养、爱的家园、榜样造星八方助力，打造德育一体化建设的四梁八柱。

一、重塑结构，三全育人，构建德育体系的"四梁"

（一）结构一体化支起德育建设的顶梁

学校以党支部为核心，学校德育、少先队从教师发展、学生发展、课程发展、科研发展落实立德树人根本任务。形成党支部统一领导，书记总负责，部门领导分管负责，各级组织具体落实的整体德育工作格局。让"育人有力""教改引力""活动聚力"。

（二）管理一体化撑起德育建设的脊梁

学校德育处由大队部、管理部、科艺部、思政部、课程部组成，协同培养身心健康、学有特长、全面发展、有政治信仰的社会主义建设者和接班人。

（三）为党育人长链条培养明日栋梁

学校以课题研究带动幼小衔接一体化的实践。学校和幼儿园共同研究幼儿从园到校需要的心理建设、能力培养、习惯养成；以课程体验带动六年级的中小衔接。坚持与中学的课程互动是每年毕业季的主要内容，学生们走进中学校园，参与社团活动，感受中小课程衔接。作为长链条培养中的重要一环，六年小学生活，学校从习惯培养、情感培养、意识培养、价值观引领四个层面实施阶段育人。据学生不同发展阶段的认知水平和需要，树立明确的德育目标。并利用少先队争章，通过争取 12 个基础章和 60+N 个日常好习惯的特色章，赢取在校帮厨、免写作业、社会体验等机会，孩子们积攒好习惯、热爱好习惯、形成好习惯，让好习惯陪伴一生，打造最真实的育人长链条。

（四）家校社协同教育构架育人桥梁

作为东城区"家校社共同咨询社基地校"，学校积极构建三方共育体系。家长是学校制度的参与者、工程的检验者、活动的评选者、秩序的志愿者、口碑的宣传者。学校提出家校合育、校社共育的"合伙人"理念。家校间完成爱的传递，校社间完成责任的传递。

二、"德育课程体系 + 五计划 + 双工程"，八方助力一体化建设

聚焦德育高质量发展，通过构建德育课程体系和"五计划双工程"一校一案的落地实施，将习惯养成、爱与责任的教育贯穿始终，培养学生理想信念和正确的人生观、世界观、价值观。

（一）课程引领注营养

学校构建一体化的德育课程体系，初始年级苗苗课程、班队会课程、升旗仪式课程是德育课程的基础餐；二十四节气传统文化课程、社团活动课程、国防教育课程、阳光之桥心理辅导课程是德育课程的营养餐；开学第一课、家长同心课程、假日自主课程是定制餐。以德育课程为载体注入思想政治的营养，实现课程育人。

（二）红色传承注活力

学校实施红色传承、活力提升计划，借建党百年，建立校本"3个100"红色基因库；红歌传唱，让时代赋予的新的教育含义永不落伍；"六个第一"红领巾入队课程让少先队启蒙教育成为一种文化传承：从小学做小主人，长大争做接班人。

（三）阳光成长筑健康

实施快乐生活，幸福成长计划。快乐育人，体验幸福；劳动育人，创造幸福；健康育人，享受幸福，为幸福人生奠定好身心基础。

（四）美丽人生驻底色

实施美丽人生计划。明确美育工作管理体系和美育工作机制。通过美育教育，让孩子们学会发现美、创造美、欣赏美，点润学生生命底色。

（五）责任培养铸担当

实施建设者培养计划。责任意识是当今社会最重要的公民意识，是体现一个国家国民素质高低的重要标志，也是当前推行素质教育的重要内容。学校把责任心的起始定位在学会爱，经历集体意识，最终形成责任。

（六）科学素养助发展

实施未来科学家计划。学校注重培养学生的科学素养，依托社团、课程、活动和体小科教技奥斯卡，激发学生对生活的好奇心和热情，体验科学探究过程。形成尊重事实、乐于探究、与他人合作的态度与责任。

（七）爱的家园贮传承

推进爱的家园工程。在爱的家园学会责任担当；在共同的家园相伴成长；在美丽的家园传承文化。通过清晰的定位、全面的规划、深入的挖掘，创建彰显学校特色的校园文化，形成更为醇厚的文化传承。

（八）榜样造星助成功

推进榜样造星工程。打造一批成功的榜样新星，追星要追"模范星"，树立是非观念的同时，孩子拥有更多成功的机会，教师体验更大的教育成就感。让学生"星"、家长"幸"，教师"行"，学校"兴"。

学校通过推动五计划双工程，长链条、全方位、多渠道全员育人，一个阶段以来得到了家长和社会的认同，学校的教育活动多次被媒体宣传。学校德育一体化建设的四梁八柱承载着为党育人、为国育才的担当，承载着孩子们幸福人生的希望。

东城区体育馆路小学副校长　陈进仓

树立课程思政理念　提升课程育人质量

立德树人是教育的根本任务，思政课是实施立德树人的关键课程。北京市第十一中学于 2020 年加入全国社科思政专项课题组，开展"大中小学一体化思政课建设衔接机制研究"。在实践探索中，形成"大思政课"课程实践体系，成立"大思政课研究室"，深入探索党建引领、家校一体化的班级组导师制度，构建学校为主体的大思政课实践模式，形成大思政课格局。

"大思政课"作为学校"完人教育"的重要抓手，在课程建设中发挥着积极的作用。学校将大思政理念融入育人全过程，建立了由思政课程到课程思政，再到德育课程的大思政课育人课程体系。

学校在"大十一"大思政育人体系的指导下，在学校大思政课研究室的带领下，积极探索学段衔接、学科融合的课程育人路径。打通年段、学科边界，把德育融入不同课程中，实践课程思政，提升育人实效。

一、推进中小学思政课一体化研究，凸显协同育人实效

思政一体化课程研究与实践要遵循不同学段学生的身心发展和认知规律，增强教学内容的承接和贯通，做到螺旋上升、循序渐进，实现各学段教学目标。因此在课程设计中，各学段积极开展一体化教研、"手拉手"备课研讨活动，重视和加强对统编教材的研究，学懂、弄通、用好教材。坚持知识性和价值性相统一，突出价值引领；坚持教师主导与学生主体相统一，增强教学实效。通过探究、体验、互动等方法，采用案例式、专题式、开放式教学，让学习真实发生。

课例说明：2020 年，疫情突发。举国上下，齐心抗疫；风雨同舟，共克时艰。学子空中课堂，老师同心相伴。至此，大十一政治学科组首次开展了"同上一节思政课"的教育活动，小学、初中、高中全学段进行思想政治品德教育。

小学：欣欣向荣，"疫"路成长——以生命、健康的启蒙教育为起点，通过科学面对新冠疫情，激发孩子对于生命的感知，体验生命的可贵及陪伴和分享

的快乐，实现引导孩子珍爱生命、热爱生活、快乐成长的教育目的。

初中：家国情怀，"疫"路芬芳——通过学生相互聆听同龄人的时事述评，去体验、感悟疫情对生活学习的影响，在体验中懂得理性面对疫情，履行首都公民职责。

高中：牢记使命，"疫"路担当——通过疫情下国家对社会的治理效能，实现学生领悟中国之制到中国之治的政治优势，并从我国基本国情出发，树立政治认同。

同上一节思政课，"大十一"政治组跨越小学、初中、高中全学段育人，从小学启蒙、初中体验到高中思想教育，通过道德育人、思想育人，培植学生家国情怀，培养未来国家建设者和接班人。

2021年4月首届全国大中小学思政课一体化实践研讨论坛在学校召开，推出23节课堂教学展示。大中小学生围绕同一主题同上一节思政课，落实思政课的整体育人功能，加强大中小各学段之间的有效衔接贯通。

二、课程思政理念融入教学，提升课程育人质量

将学科教学与思政教育完美结合，充分发挥学科育德、学科育人的功能，也是实现全方位育人的重要一环。课程思政理念能否落实到学科教学中，关键在教师，教师既要有课程思政的意识，也要有学科育人的意识，更要有将知识传授与思政教育融合的能力。

实践中，我们注重两点原则。一是自然融入。结合学科特点，挖掘课程思政元素，有机融入课程教学，起到潜移默化、润物无声的育人效果。二是适度融入。教学的过程，实际上是传授知识与育人相结合的过程，两者水乳交融，相得益彰，互为补充，妙在得当。思政元素在学科教学中运用恰当、适量，才能达到理想的育人效果。

课例说明1：结合书本，挖掘教材故事——六年级《十六年前的回忆》一课，教师在教学中不仅要指导学生在理解课文内容的基础上，领悟重点语句的深刻含义，更要引导学生通过细节描写感悟文中主人公李大钊的英雄形象。在品文读句中，学习李大钊先生忠于党、忠于人民、工作认真负责的精神；学习他英勇顽强、不屈不挠、从容镇定、处事不惊的意志品质。进而通过补充资料和联系生活，感悟英雄们付出生命的意义，激发学生珍惜生活、努力学习、奋发进取的动力，品德教育也随之水到渠成。同学们也被革命先烈大无畏的英雄

气概所感染，课下纷纷走进红色经典阅读之旅。

课例说明 2：品味生活，讲好榜样故事——二年级《雷锋叔叔，你在哪里》，教师在引导学生品读故事中，想象画面，感受雷锋叔叔平凡小事中的伟大精神。进而通过引导学生寻找日常生活中身边的"雷锋"——乘车为老人让座的，积极参与社区垃圾分类的，主动为班级、为同学服务的……去体会平凡小事见行动、举手之劳扬美德的优秀品质；教师还帮助学生挖掘在重大灾难面前挺身而出的"雷锋"——在地震、洪水、新冠疫情等灾难面前，无数普通人伸出援助之手，传递爱心，筑起钢铁长城。既有冬奥志愿者，又有学校的毕业生，服务社会，全心全意为他人，用行动践行雷锋精神。同时将课内学习拓展到课外，学校少先队大队开展了"雷锋精神永驻校园"主题升旗仪式，号召队员们用自己的实际行动践行雷锋精神，一二年级通过学习雷锋日记，讲述雷锋故事来学习雷锋的事迹，三至六年级在校园或社区以小队活动形式开展志愿服务。活动后很多同学表达着同一个意思：帮助别人，自己很快乐，未来也要像雷锋叔叔那样，时时处处寻找为他人、为社会、为人民服务的机会。正所谓，育人匠心处，润物细无声。

以上是我们在思政课实践探索中一些肤浅的认知和做法，对于大中小学思政课一体化教学模式创新的研究我们永远在路上。十一中首任校长傅任敢老先生对于"完整人格教育思想"是这样解读的——"教育之目的，以造就完人为宗旨。唯身体康健、学识丰富、德行无疵者，方足以当完人而无愧。"这也是所有"大十一"教育人的初心和使命。

北京市第十一中学附属精忠街小学校长助理、教学主任　秦　颖

融会贯通　全面育人

2019 年中共中央办公厅、国务院办公厅印发的《关于深化新时代学校思想政治理论课改革创新的若干意见》指出：在大中小学循序渐进、螺旋上升地开设思想政治理论课非常必要，是培养一代又一代社会主义建设者和接班人的重要保障。小学阶段重在启蒙道德情感，引导学生形成爱党、爱国、爱社会主义、爱人民、爱集体的情感，具有做社会主义建设者和接班人的美好愿望。

一、尊重规律，联系生活

现阶段使用的教材版本为教育部统编的小学《道德与法治》，与之前教材相比，在原来注重知识框架的基础上，倾向于儿童能力与情感、态度、价值观的培养与发展，注重学生综合能力与核心素养的发展。教材按主题单元结构编排，以学习活动为核心，指向学生发展核心素养。儿童时期是儿童道德发展的启蒙期，是儿童良好行为习惯、个性品质的形成期。教材遵循教育规律，聚焦儿童生活，将儿童生活中知、情、行等方面的经验结合起来，引导儿童发展其道德自主构建的能力。

大中小思政一体化建设的核心是"一体化"，过去大中小学思政课是"各守一段渠"，思政老师基本是背靠背，要一体化首先要让老师由背靠背变为面对面、由相互分离变成手拉手，"瞻前顾后"，让大中小三个学段教师相互了解大家教的是什么内容、怎么教，这样才能实现大中小一体化贯通。另一方面就是共同探索"螺旋式上升"，要根据教育教学规律和学生思想认知的发展规律，实现不同学段的有效衔接，实现步步思政、教学育人的总目标。要想开展这样的研究首先要有一个研究团队，在大学的引领下我们已经初步建立一个研究共同体，从各学段的思政课特点出发，从学校现阶段思政课遇到的问题和实际情况出发开展交流，寻找切入点开展研究。

二、对话"双减"，提质增效

2021 年 7 月 24 日，中共中央办公厅、国务院办公厅印发《关于进一步减轻义务教育阶段学生作业负担和校外培训负担的意见》，在这样一个大的教育政策背景下，如何让思政课焕发出新的活力，落实提质增效的目标，是所有老师都要面对的又一个挑战。

第一，教师角色与意识的转变。教师是课堂的组织者、引导者，要积极创造学生自主道德学习的情境，让学生在情境体验、问题解决、探究中进行自主的道德学习。注意学生高阶思维的培养，开展深度学习，注重知识经验向实践层面的转化。目前我们围绕单元主题下的教学整体建构是一个系统化的任务，需要建立学科共同体，在深入解读教材的过程中，准确提炼单元主题下的知识线、能力线、方法线。

第二，教师自身专业水平方面。思政课教师必须要政治觉悟高、理论功底硬、知识素养强，这就需要教师要不断学习理论知识，参加专业的培训，还要不断拓展自己的视野、提高创新能力。比如法治教育是小学道德与法治课程中重要的教学内容，注重法治教育与道德教育的融合，培育学生法治思维与法治观念。在保证法律知识准确的条件下，如何将"法言法语"转化为"童言童语"是有一定难度的。

也正是基于此，大中小思政一体化的重要意义就突显出来了，一方面能够落实思政课程螺旋上升总目标，另一方面就是促进思政课资源的整合与拓展，形成大中小学思政课研究共同体，增强协同育人的效果。例如，2021年我们在大学的引领下完成了两个主题的"永远跟党走"大中小学思政课优秀教学课例的设计与研讨，更加体会到了大中小思政一体化研究的重要意义。在大学的引领下，我们分别组建了两支研究团队，每支团队都由大学、中学、小学三个学段思政课教师构成。

在专家的指引下，我们将切入点放到了《习近平新时代中国特色社会主义思想学生读本》。为深入推动习近平新时代中国特色社会主义思想进教材、进课堂、进学生头脑，增强学习的系统性、实效性，落实立德树人根本任务，教育部组织编写了大中小学《习近平新时代中国特色社会主义思想学生读本》。

该读本是学生学习习近平新时代中国特色社会主义思想的重要教材，是推动大中小学思政课一体化建设的重要载体。以习近平同志为核心的党中央站在培养担当民族复兴大任的时代新人战略高度，为学校思想政治工作提供了根本遵循。百年党史，蕴含丰厚的精神滋养，为学校推动思想政治工作、筑牢理想信念之基提供了生动教材，最终选择了"党和人民心连心"和"人类命运共同体"两个主题，开展不同学段的研究，共同建构课程内容与层次。

三、协同发力 全面育人

2017 年，习近平总书记主持中央全面深化改革领导小组第 35 次会议，提出"构建以社会主义核心价值观为引领的大中小幼一体化德育体系"的德育发展新战略。一体化德育，是大中小幼各个学段围绕一个共同育人目标相向而行，协同发力，形成一个结构合理、体系完整、内容丰富、动态优化的内在性育人系统。

2021 年，北京市委教育工委、市教委印发《北京市大中小幼一体化德育体系建设指导纲要》指出，全面推动大中小学思政课一体化建设，发挥思政课主渠道作用，结合不同年龄段学生认知特点，建立纵向各学段层层递进、横向各课程相互配合、必修课选修课相互协调的思政课体系，实现课程目标、课程设置的有效贯通。着力加强高校课程思政和中小学学科德育，深入挖掘各类课程和教学方式中蕴含的思想政治教育资源，逐步构建起全面覆盖、类型丰富、层次递进、相互支撑的课程思政体系。

作为一名小学思政课教师，同时也是一名德育工作者，在实际工作中如何开展德育一体化的研究与建设是现阶段都要思考的核心问题。思政一体化与德育一体化两者之间的联系非常紧密，我们经常讲课程思政，也就是课程育人，要落实立德树人的根本任务关键要让课程发挥最大的育人价值，要把家庭课堂和学校课堂、孩子人生第一任教师和学习成长第一责任教师统一于立德树人的根本任务中。

学校立足全学科育人，将社会主义核心价值观教育融入学科教学，在学科知识与技能的学习中潜移默化渗透价值观的教育，出版了从儿童视角出发的《爱国志、报国情、强国梦》社会主义核心价值观漫画读本。同时邀请大学的老师和在校生走进校园与不同学段学生对话，开展党史、语言、法治等主题学习，在这个过程中，我们也收到反馈，越来越多的大学生主动参与附小的实践与志愿服务，还有很多大学生在毕业后非常愿意从事教师这份职业，这是我们在开展思政一体化研究之初没有预想到的。

通过大中小学思政课一体化的研究激活学校大中小幼德育一体化建设的思路，让德育教育在课程的构建下融会贯通，不断拓展到德育资源的整合，最终实现全面育人、全面发展的总目标。

对外经济贸易大学附属小学德育主任　康　琪

Chapter 5

第五章

论文撷英

大中小学思政课一体化建设研究

摘　要："大中小学思政课一体化建设"是破解我国大中小学各学段思政教育人为分离的最佳切入点，也是"构建服务全民终身学习的教育体系"的重要举措。本文从终身学习视角出发，研究探析构建"大中小学思政课一体化建设"的保障机制和实施办法。

关键词：终身学习；大中小学；思政课；一体化

2019 年 3 月 18 日，习近平总书记在学校思想政治理论课教师座谈会上指出："在大中小学循序渐进、螺旋上升地开设思想政治理论课非常必要"；2020 年 10 月 13 日，中共中央、国务院印发的《深化新时代教育评价改革总体方案》要求，"推动构建服务全民终身学习的教育体系，努力培养担当民族复兴大任的时代新人，培养德智体美劳全面发展的社会主义建设者和接班人"；2020 年 10 月 26 日至 29 日，党的十九届五中全会审议通过了《中共中央关于制定国民经济和社会发展第十四个五年规划和二〇三五年远景目标的建议》，明确了"建成教育强国"和"建设高质量教育体系"的政策导向。从终身学习视角推动"大中小学思政课一体化建设"（以下简称"一体化建设"），既是破解大中小学各学段思政教育人为分离的最佳切入点，同时也是落实中共中央、国务院关于"构建服务全民终身学习体系"相关会议文件精神的重要举措。

转变教育理念，夯实"一体化建设"理论基础

近些年来，以"五唯"为表象的旧教育评价一直是教育评价体系中的"顽疾"，破"五唯"关系教育发展导向和人才培养质量，涉及面广，影响深远。大、中、小学是教育体系中既相互独立又相互联系的学习阶段，在旧教育评价体系引导下，学习压力层层传递，存在"不能输在起跑线""一考定终生"等明显不科学的教育现象。我国受教育人口众多，2016 年至 2019 年我国高校毕业生累计 3200 多万人，是名副其实的教育大国，但优质教育资源依然紧缺。高考改革数十年来，考试试卷从全国一张卷到分省分卷，考试科目从文理分科到

"3+X"，录取方式从提前招生到自主招生，出台一系列改革措施。在现实招生压力下，中、小、幼各学段教育人为分离，除了智育和体育，包括德育、美育、劳育在内与高考关联度不强的教育，大多被有意无意忽视。尤其是中学阶段为了迎接中考和高考，当前大多学校基本在初三下学期和高三上学期前就已结束全部课程，毕业班学生在初三下学期或高三全年都在全力以赴进行备考复习。在这一年半内，中学生的思政教育基本是断裂或缺失的，无论是知识获取还是身心养成，对学生来讲都是一种极大的伤害。

当前存在部分学校和家长受"五唯"评价观念影响，单纯把下一级的教育看成是接受上一级教育的一个手段，造成一些学生出现"高分低能"的情况，到了大学阶段，自我管理、自我认知、自我成长的能力较弱，责任担当、家国情怀和政治素养的培养不足。其实，无论是基础教育、大学教育还是继续教育，应该都是公民成长成才所受教育的一部分，终身学习就是在公民需要的时刻用最好的教育方式提供必要的知识和技能。人才培养是一个连贯又有阶段性的过程，需要有一个共同的终极教育目标和不断递进的教育体系。因此，我们应该转变教育理念，认真学习贯彻习近平总书记关于教育的重要论述，大力弘扬终身教育理念和终身学习习惯，在"立德树人"教育目标引导下，根据不同学段学生不同身心需求，实现"纵向上有机衔接、横向上相互融通"的"一体化建设"目标。

加强顶层设计，健全"一体化建设"保障机制

2020年11月10日，教育部部长陈宝生在《光明日报》撰文指出："建设高质量教育体系要对标服务全民的终身学习体系。"从终身学习视角出发，做好"一体化建设"的顶层设计，将"一体化建设"纳入"大中小幼一体化德育体系建设"和深化教育体制改革的整体布局中，从政府、学校、教师三个方面分类建设、分层实施。

首先，在政府层面要出台"一体化建设"创新激励机制。政府部门要有刀刃向内的勇气，敢于打破现有教育评价机制，出台相关激励制度文件，引导大中小学积极主动开展"一体化建设"创新；要统筹协调社会各方资源，努力形成社会、学校、家庭齐抓并举的大思政良好教育环境，共同推进"一体化建设"文化氛围；要主动搭建科研沟通合作平台，从深层次探索解决"一体化建设"进程中存在的困难和问题，推动"一体化建设"进程的螺旋上升和稳步发展。

其次，在学校层面要探索"一体化建设"创新管理模式。各学校要根据区域特点、学校特色、学生情况设置不同的思政课程教育目标，创新思政课程教育内容和教学方法；学校要引导思政教育从重结果向重过程转变，加快建立有利于教师潜心育人、学生全面发展的思政教育新评价机制；学校要主动打破学段壁垒，加强大中小学各学段思政课专业教师的沟通交流，实现教学目标、教学内容、教学方法的相互衔接和融会贯通。

最后，在教师层面要形成"一体化建设"创新实践文化。教师要根据各学段学生不同身心特点，创新教学目标、教学内容和教学方法，打造"色、香、味俱全"的思政教育金课，让思政内容"如盐在水"，让学生容易"入眼、入脑、入心"；不同区域、不同学段的教师要积极加强沟通交流和调查研究，总结和反思思政教育实施过程中的经验和教训，进一步推动思政课的纵向衔接和横向贯通，做好"一体化建设"的改进和提升。

实施局部试点，推动"一体化建设"知行结合

"一体化建设"有利于破解当前思政教育人为分离的弊病，同时也有助于进一步深化教育体制改革。当前针对"一体化建设"的相关研究和实践都还不够深入，需要更多社会力量的关注和支持。

一方面，鼓励社会各界针对"一体化建设"进行探索研究。各界人士从不同角度对"一体化建设"进行探索研究，有利于形成群策群力、共同攻坚的大好局面。以"一体化建设"为主题词，当前可在万方数据平台上搜索到期刊论文 78 篇，其中 2020 年 63 篇。纵览当前研究存在两个特点：一是研究多为学理探究，主要针对"一体化建设"的现实意义或存在问题进行剖析和总结；二是研究中欠缺"一体化建设"相关实证案例佐证。当前"一体化建设"要形成科学完善的理论体系、保障机制和实施办法还需要较长时间，还需要众多政府部门管理者、专家学者和一线教育工作者开展大量相关调查研究。

另一方面，在加强理论研究的同时，我们要大胆实践，在实践中检验改革成效，修正改革失误。当前，针对"一体化建设"的相关实践已在全国各地先后开展。例如，上海市近年来一直以"讲台上的新思想"为主题，开展以"劳动创造美好生活""我和我的祖国"等为主题的教学观摩活动；再如，北京市 2019 年选取全市 57 所大、中、小学等单位作为首批德育实验基地，旨在构建"纵向衔接、横向贯通、分层递进"的德育资源共享格局。但是，目前全国针对

"一体化建设"的创新实践还很少，覆盖的范围也不够广，可供借鉴的经验更是少之又少，迫切需要各界人士统一认识，大胆尝试，并通过监督和检验机制，及时修正偏差和不足，最终形成规范、有序、科学的"一体化建设"保障机制和实施办法。

◀ 参考文献：

[1]李昕.统筹推进大中小学一体化 推动思政课建设内涵式发展 [J].中国高等教育，2019（07）：10-12.

[2]石书臣.以问题导向推进大中小学思想政治理论课一体化建设的思考 [J].思想理论教育，2020（05）：24-29.

[3]张凤池.立德树人背景下中小学德育活动衔接性研究 [J].课程·教材·教法，2019，39（06）：79-86.

王 锋

[本文系 2020 年度国家社科基金高校思政课研究专项课题"大中小学一体化思政课建设衔接机制研究"（20VSZ060）的阶段性成果，已经发表于《中国高等教育》2021 年第 2 期]

凝聚合力　铸魂育人

2019 年 3 月，习近平总书记主持召开学校思想政治理论课教师座谈会并发表重要讲话，为新时代学校思想政治理论课建设指明前行方向，对广大思想政治理论课教师提出殷切期望。习近平总书记强调指出，"在大中小学循序渐进、螺旋上升地开设思想政治理论课非常必要，是培养一代又一代社会主义建设者和接班人的重要保障""要把统筹推进大中小学思政课一体化建设作为一项重要工程，推动思政课建设内涵式发展"。

2022 年 4 月，第二届全国大中小学思政课一体化实践研究高峰论坛在北京圆满召开。论坛坚持"为党育人，'大思政课'要善用之；为国育才，培根铸魂启智润心"核心思想，以"创新'大思政课'实践应用模式，落实立德树人根本任务"为主题，推动新时代"大思政课"内涵式发展，探索创新学校育人模式。

本次活动由北京教育科学研究院德育研究中心主办，中共北京市东城区委教育工作委员会、北京市东城区教育委员会支持，由北京市东城区教育科学研究院、北京市第十一中学、全国大中小学思政课实践研究共同体等单位承办，国家社科思政专项课题组、傅任敢教育思想实践联盟协办。活动主要包括主论坛、分论坛和课程展示三大部分，来自全国不同地区大中小学的领导、专家和教师围绕"大思政课"建设的顶层设计与实践应用进行深度探讨。《中国高等教育》总编辑唐景莉在主持论坛开幕式时首先提出建设"大思政课"的核心问题：大中小学思政课怎样提高政治站位、学术站位、学科站位？怎样发挥思政课立德树人、培根铸魂的功能？对此，与会领导、专家和教师在"大思政课"顶层设计及实践探索等方面碰撞出思想的火花。

"大思政课"建设要做好顶层设计

"大思政课"顶层设计必须以习近平新时代中国特色社会主义思想为指导，培育和践行社会主义核心价值观。思政课是落实立德树人根本任务的关键课程。

在顶层设计中，要基于思政课的课程性质，立足于课程标准，围绕政治认同、家国情怀、道德修养等核心内容，系统开展马克思主义理论教育。

思政课如何更好地铸魂育人？中国高等教育学会副会长张大良强调，"思政课是学校对学生进行政治引领和价值引领的重要阵地，推动思政课建设内涵式发展是我国教育内涵式发展的应有之义。大中小学思政课一体化内涵建设，要围绕'思想政治铸魂育人'这条主线，设计思政课的整体教学目标，并将其统一贯穿不同学段的思政课教学过程之中，保证思政教育的方向性、整体性、针对性"。北京教育科学研究院党委副书记、副院长冯洪荣认为，"推进大中小学思政课一体化建设，系统融入了习近平新时代中国特色社会主义思想，强化了对社会主义先进文化、革命文化、中华优秀传统文化等方面的教育"。"大思政课"的顶层设计要抓住育人之魂、思想之魂，育人育心；要抓住素养之核、家国情怀、必备品格，落实课程之体、学段衔接、学科融合。

办好思政课，最根本的是要全面贯彻党的教育方针，培养德智体美劳全面发展的社会主义建设者和接班人。教育是国之大计、党之大计，要从党和国家事业发展全局的高度，坚守为党育人、为国育才。北京市学校德育研究会副会长、首都师范大学副校长杨志成认为，"坚持党的领导是新时代思想政治工作的根本保障，是领导思想政治工作方向的根本要求，是新时代党的重要工作任务之一。党和国家要求'把思想政治工作作为治党治国的重要方式'，这对思政课的发展起到了重要的领导和支撑作用"。

北京市第十一中学党委书记、校长崔楚民指出，"'大思政课'建设是教育综合改革，也是系统变革"。十一中学坚持把思政工作作为学校党建工作的重要抓手，把立德树人成效作为检验学校党建工作的根本标准，学校创新"大思政课"课程实践，探索出了一条"党建引领，思政主导，一纵两横"的"大思政课"育人体系。搭建"大思政课"工作体系，在学校党委领导下，把党组织建立在立德树人第一线，支部建在年级，党小组建在班级，推进党小组、班级组、导师组三组融合，形成"大思政课"组织机制。十一中学成立"大思政课研究室"，纳入学校党委工作体系，做好课程建设的顶层设计。

做好大中小学思政课一体化建设的顶层设计，要创新思政课课程开发和建设。对于如何推进思政课一体化建设，论坛专家也提出了意见。北京市委宣传部原二级巡视员李建国认为，"一要构建教材一体化体系。将各个学段的思想政治教育教材看作一个整体，统一设立各阶段教学目标，统一编写各阶段教材内容，使小学、中学、大学各阶段互通有无，教材内容衔接顺畅，提升教材使用效果。二要构建教学一体化体系。设计一套完整的能够囊括各学段的思政教学模式，本专科阶段重在开展理论性学习，高中阶段重在开展常识性学习，初中阶段重在开展体验性学习，小学阶段重在开展启蒙性学习。三要构建一体化评价体系。既要将思想政治教育有机融入高考评价体系，定性与定量相结合，注重形成性评价，又要将综合评价方式向小学、初中和大学延伸，建立大中小学综合素质一体化全程评价机制。四要构建实践育人一体化体系。利用好思想政治教育资源，建设好实践教育基地，充分发挥基地的育人功能，推动第一课堂和第二课堂有机融合"。

大中小学思政课一体化建设关键在教师，拓展教师视野要促进各学段教师协同发展，形成联动机制。北京市东城区教育委员会主任高伟提出，"要实施高校战略合作工程，建立思政教师重点实验室及教研员工作站"。"围绕实施教育综合质量及队伍质量双提升计划，全面提升育人质量，构建区级德育课程，中小幼德育一体化，完善区、学区、社区、学校多位一体'18X'教育，树立大思政观。""大思政课"建设顶层设计要加强组织构建，学校党组织要承担"大思政课"建设的主体责任，组织教师培养，加强课程建设。

做好"大思政课"课程育人的顶层设计，要立足大时代，着眼大主题、落实小切口。大时代有大作为，要从时代大局出发，体悟国家发展的脉搏与节奏，树立科学的世界观、发展观、国家观。大主题有大格局，要从国家发展主题入手，在新时代国家发展的大局中坚定永远跟党走，弘扬社会主义核心价值观。小切口有大情怀，要以故事和生活为情境，讲好中国故事，讲好生活故事，讲好成长故事，实现故事小切口与思政大课堂相结合。

"大思政课"建设要突出协同效应

协同创新思政课建设，要促进大中小学思政课一体化纵向贯通，纵向统筹课程思政一体化建设。在小学启蒙道德情感，初中打牢思想基础，高中提升政治素养，大学增强使命担当，实现全过程衔接统一、循序渐进。

大中小学思政课一体化如何有效衔接？北京教育科学研究院党委副书记、副院长冯洪荣指出，"进一步抓住思政课一体化建设这个关键问题，在系统性、整体性、协调性上下功夫。我们要深刻理解和把握习近平总书记关于教育的重要论述，用科学理论武装我们的头脑，深化理论思考，实现纲举目张的效果"。

"大思政课"建设还要做好不同学科之间思政元素的融合。打通学科边界，发挥思政课在各类课程中的政治引领和价值引领作用，推动各类课程与思政课建设形成协同效应。对于如何在学科融合的课程建构下延伸学生的学习体系，李建国提出，一要推动思政教育与体育相结合，在体育课堂教学中渗透思想政治教育；二要推动思政教育与美育相结合，积极回应新时代对思想政治教育提出的新要求，发现和感受人物之美、发展之美、时代之美，丰富思想政治教育中的美育载体。对于学科融合而言，课堂是基础，活动是关键。北京市东城区史家教育集团副校长郭志滨分享经验：学校建设思政课一体化的共建基地，每学年组织一次的不同学段、跨不同学科的同课异构研讨，老师们共同探讨一个话题，同备一堂课，实现学科融通。

"大思政课"建设还要做好家校协同育人。以思政课程为主阵地，创新家校联动机制，打通立德树人实践的"最后一公里"。"家校联动，要创新三个途径，即通过举行班级组导师会，召开家庭会议，以及召开新型班会，建立家校协同的学生德育新机制。要实现三个协同，即学校德育与家风传承相协同，学校常规教育与家庭养成教育相协同，学校思想政治教育与家庭美德教育相协同。"北京市第十一中学党委书记、校长崔楚民分享了学校在家校联动方面的经验。

"大思政课"建设还要建立一体化衔接机制。机制建设是"大思政课"的重要保障，也是做好学段衔接、学科融合、家校协同的润滑剂和连接桥。要建立组织保障机制，建立思政课一体化建设的组织机构，对"大思政课"建设进行指导、组织、管理、考核，规范课程建设，为统筹协调课程开发奠定组织基础。要建立课程评价机制，把课程建设纳入教师绩效考核，鼓励教师参与课程开发，提高教师课程参与和创新的积极性、主动性、创造性；把课程育人纳入学生综合素质评价体系，计入学分，从而提高育人的实效性。北京邮电大学马克思主义学院党委书记、院长周晔指出，要精准解决落实教材一体化、课程一体化、教师队伍培养一体化问题。精准提速大中小学思政课纵向跨学段、横向跨学科贯通联动，实现思政课内涵式发展。形成"省市区联动、知意行联动、时空云联动、家校生联动"工作机制。在增强育人效果方面，从注重流程到注重质量，教育引导学生用马克思主义立场观点方法观察时代、解读时代。在完善体制机制方面，要加强中小学教师配备、教师培训、完善考核方式、建立大中小学思政课交流机制。要精准搭建信息平台，发挥多方优势来实现大中小学思政课程资源共建共享。处理好独立性与整体性、衔接性与渐进性、差异性与平衡性、稳定性与发展性等若干关系。

"大思政课"建设要推进实践创新

实践是理论之源，育人实践是"大思政课"建设的归宿。本次论坛以"创新'大思政课'实践应用模式，落实立德树人根本任务"为主题，把大中小学思政课一体化实践探索与经验总结作为论坛的重点，各学段在"大思政课"建设上做了积极尝试，也收获了很多有价值的经验。

"大思政课"实践创新要聚焦时代。"大思政课"要讲好中国发展的大时代的故事，以课程大主题为引领，从讲好红色故事小切口导入。对于如何用小故事讲大时代，不少学校都进行了积极探索。北京第二实验小学副校长华应龙在课堂教学实践中，用"半条被子"的故事告诉学生中国共产党为什么能够成功，将来怎样继续成功。课堂以老师的爱育出学生的爱，实现了课程的升华。

"大思政课"实践创新要聚焦问题。课程实践中，既要培养学生提出问题的能力，又要给学生能够解决问题的方法，还要提高学生解决问题的能力。冯洪荣认为，基于问题研究的思政课教学，可以有效提升教学效果，让"大思政课"更加有情感、有品质、有温度。对于怎样在问题转化中育人，崔楚民提出，"要立足学生的实际，探索情景体验学习路径，坚持灌输式与启发式相统一、主导性与主体性相统一，实现从'要我学'到'我要学'的学习动能转换"。

"大思政课"实践创新要聚焦课堂。要把思政小课堂与社会大课堂结合起来，拓宽学生视野，鼓励学生关注社会，引领学生解读社会发展，促进学生走进社会。要提高课堂政治站位，政治引导是思政课的基本功能。本次论坛课程设计分三个单元。第一单元以"致敬奋斗者，一起向未来"作为大单元主题，实现大中小学思政课一体化衔接循序渐进，螺旋上升。第二单元以"一起向未来，讲好冬奥故事"为大单元主题。第三单元以"致敬奋斗者，少年有担当"为主题，厚植家国情怀，坚定永远跟党走的信念。三个单元纵向衔接大中小学思政课，横向融合语文、历史、音乐、物理、地理等，立足课堂建立"大思政课"课程体系，开发课程资源。

大中小学思政课一体化建设实现大协同、大协作，还需要继续深入开拓。北京教育科学研究院德育研究中心主任谢春风表示，推进大中小学思政课一体化建设还需要破解一些问题和挑战，例如随着学生年龄的增长、学段的上升，思政课教学中还存在着学生抬头难、举手难、开口难的现象，这些都需要我们关注和解决。全国大中小学思政课一体化实践研究共同体发起人之一、国家社科思政专项"大中小学一体化思政课建设衔接机制研究"课题组组长王锋认为："大中小学思政课一体化建设重在机制衔接，加强大中小学思政课一体化建设顶层设计，推动大中小学思政课一体化建设实践创新，形成'纵向衔接、横向协同'的大思政全员育人文化氛围，实现'大中小幼一体化德育'和'立德树人'的最终育人目标，这一直是我们课题组开展大中小学一体化思政课建设衔接机制研究的初心和使命。"

崔楚民　王　锋　刘志娇

〔本文系 2020 年度国家社科基金高校思政课研究专项课题"大中小学一体化思政课建设衔接机制研究"（20VSZ060）的阶段性成果，已经发表于《中国高等教育》2022 年第 10 期〕

大中小学思政课教师队伍一体化建设的对策研究

摘　要： 思政课作为落实立德树人根本任务的关键课程，教师又是其核心力量。教师队伍的建设是思政课教学效果的保证。思政课建设内涵式发展与大中小学思政课一体化建设具有高度相关性。对思政课教师队伍建设一体化对策进行探索，为"办好思想政治理论课的关键在教师"提供理论的佐证与实践路径。

关键词： 大中小学思政课；教师队伍；一体化建设

教师队伍一体化建设是大中小学思政课一体化建设的关键。在大中小学循序渐进、螺旋上升地开设思想政治理论课非常必要，是培养德智体美劳全面发展的社会主义建设者和接班人的重要保障。大中小学思政课一体化建设作为引导学生"扣好人生的第一粒扣子"的关键举措，能够在全学段发挥其铸魂育人的积极作用。在落实立德树人根本任务中，思政课教师是核心力量以及根本保障。在对大中小学思政课教师队伍一体化建设困境的探寻中，有针对性地深挖全学段思政课教师队伍建设的路径与对策，是大中小学思政课教学的关键环节。

大中小学思政课教师队伍一体化建设的必然性

思政课是落实立德树人根本任务的前沿阵地，是完成知识性教育与精神品格塑造的双重统一。思政课教师是教学过程中的主要责任主体，教师的学理性、主动性与创造性是上好思政课的关键所在。新时代面对全学段学校思政教育的重大问题，如何更好地适应新历史方位与新历史使命，更好地建设大中小学思政课教师队伍是关键命题。思政课不仅传授知识，更重要的是引导学生的政治意识与价值观建构，从政治信仰上提高全学段学生的政治坚定性，从思想上增强学生对社会主义意识形态的认同感，在实际行动中践行社会主义核心价值观。以培养社会主义建设者和接班人的高度完成对学生的培育。

首先，思政课的课程性质和特点要求推进大中小学思政教师队伍一体化。共同价值追求：各学段思政课教师拥有共同的价值追求，思政课要落实立德树人根本任务，解决好培养什么人、怎样培养人、为谁培养人这个根本问题。立德树人是全体思政课教师价值追求的共同出发点与归宿，以培养社会主义建设者和接班人为价值取向，在从小学到大学的学生培养中完成思政课教师的根本任务。全学段思政课教师价值追求具有共通性、价值目标具有聚焦性。共同价值追求成为大中小学思政课教师一体化培育的土壤。学理递进体系：显然，大中小学思政课教师分属于不同学段，面对不同年龄的学生，对于学理性的知识传授具有衔接性与分段性的张力。思政课教师的教学开展都要从学生已有的基础出发，深入浅出地阐述本学段的知识，更要注重对后继学段的衔接，促使学生在思政课一体化的整体性教育中落实立德树人根本任务。从启蒙到塑造，从塑造到引导正是践行螺旋式上升的过程。实现对不同学段的学生从整体性体现出政治素养的层次提升。在政治认同、家国情怀、道德修养与法治意识多层次培养中重申思政课的教学重点，实现思政课的教育诉求，推进各学段递进式的体系化建构，呈现出大中小学思政课教师队伍一体化的必然性。

其次，大中小学思政课的授课对象认识水平的差异要求大中小学思政课教师一体化。认识规律需要：思政课教师承担着三个传播与三个塑造的思想性与知识性使命，是大中小学思政课教师共同面对的机遇与挑战。大中小三学段是感性认识、知识认知到理性分析的认识需求，思政课教师需要将整体性教学目的，按照不同的认知特征，将阶段性与连续性统一起来，立足于统一目标基础上，持续深入。因此，教师是办好思政课的核心所在。思政课教师要深刻把握学生的基本认知规律，坚持全学段思政课教师队伍一体化建设，形成整体性的教师共同体。思政课教师主导性作用的充分发挥要依靠主阵地和主渠道，在整个教学过程中发挥教师主观能动性，以更高层次的思想共识为指向，实现对师生主体间性的超越。教学方法差异：教育部对于不同学段的思政课教学各有明确要求。思政课教学方法必须围绕着共同的目标，采用差异性方法面对相对的问题。思政课教师必须针对不同学段的学生采用适合其认知能力的方法进行解读与引领，才能具有说服力与吸引力，从共情、同理与反思等不同的方法达到共同的培养目标。

再次，大中小学思政课教师的共同要求需要教师队伍一体化。政治要强、情怀要深、思维要新、视野要广、自律要严、人格要正是对思政课教师提出的六大要求。六"要"体现了对大中小学思政课教师素质要求的"公约数",也是思政课教师提升自身的"锚点"。做一名合格的思政课教师必须坚定政治立场、明晰使命任务、全面提高能力,在全学段的教学有机体中发挥思政课教师共同体的特征,在教学过程中以政治要强为首要原则,区分体现不同学段的思想主旨、教学重点和差异性教法。将学生认知的阶段性与教学体系的整体性兼顾起来,体现"守好一段渠,种好责任田"的教学水平与教学目标。另外,思政课教师承载着为党育人、为国育才的教学使命,每个学段都需要用情怀感染学生,用新的思维与视野,展现出理论的魅力与扎实的理论功底,使学生明确政治态度与政治立场。

大中小学思政课教师一体化建设的现实状况

思政课一体化进程长期被大中小学思政课教师队伍缺乏共通性所制约,纵观大中小学思政课教师队伍建设的过程中还存在着一些需要解决的问题。

首先,管理有待强化。从大中小学思政课教师的整体状况出发,全学段的思政课教师的管理普遍处于失位状态。中小学以升学为教育目标,思政课通常是被弱化的科目。在大学的学分制设置中,几乎近四分之一的学分分配给思政课教学,但由于其实用性不足,造成学生学习热情不高,存在学生不爱学、专业课教师不重视等现象。从课程设置看,小学思政课与音体美育课混在一起,总体上是让位于语数英教学;中学思政课往往也是让位于升学考试中占分值比例更高的学科;大学思政课是必修课,相对于中小学来说重视程度较高,但也存在学生缺课等现象。

其次,质量有待提升。从当前师资力量上分析大中小学思政课教师的情况,在全学段存在量上普遍不足的状况,中小学思政课教师的专业性差,兼职较多。通常专任专业的思政课教师不多,往往是哪位副科老师有空,就以代课形式给同学们讲讲,自身专业性不强、理论体系不完备、教学计划完成情况较差。大学思政课教师总体数量不足,按教育部要求的 1∶350 的师生比,还有很大空白需要填补。小学的思政课教师专职化水平低,多由其他课程教师代班。中学思政课教师以应试为教学主旨,思政课在培育人、塑造人方面的教学主旨体现不够。大学思政课教师专业化水平高、理论能力强,但往往将科研与教学分别对待,存在课程准备不充分、不鲜活的问题。

再次,发展应更加通畅。思政课教师具有共同的教学目的,但从属于不同的教学学段。最突出的问题就是思政课教师发展的空间与路径不通畅，大学思政课教师更注重科研，教学中以理论为主，宣讲和灌输为主要方式，但由于理论基础的共性特征，学生往往认为中学已经学过了，觉得没有趣味性与实用性，对课堂教学不关注，教学不能实现教学相长，教与学没有共鸣，使得教师对教学研究的发展逐渐失去了动力。中学教学因升学压力，思政课教师职业认同感与成就感走低，学科发展与教学研究也不再引起教师的重视。而在小学思政课教学中有数据显示，将近四分之一的教师认为学校忽视了思政课教育的重要性，存在着思政课教学与考试挂钩的功利性现状，对学生世界观、人生观、价值观层面的基础教育失去应有之义。

最后，评价要更加合理。思政课是培养社会主义建设者和接班人的平台，思政课教师在学生思想上始终要发挥引领作用，在教学的全过程中引导学生树立正确的三观。面对"做人的工作难，最难的还是思想工作"的现状，以及思政课教师教学工作兼有知识性与思想性的特征，为思政课教师建立单独的评价体系。形成兼顾教学与科研、过程与结果、短期与长效的评价模式，同时将发展性评价作为思政课根本的评价标准，实现形成性与过程性的统一。

大中小学思政课教师队伍一体化建设的路径探索

思政课教师无论是大中小学哪个学段，都有共同的教学目的，只是教学内容、教学对象与教学方法在共通性原则之上存在着阶段性的差异。大中小学思政课教师队伍一体化建设可以概括为共同性目标、阶段性内容与差异性方法三条路径。

首先，以共同性的目标指向构建大中小学思政课教师共同体。全学段的思政课教师队伍作为一个共同体，有着共同的教学目标。大中小学思政课教师要深入学习领会习近平新时代中国特色社会主义思想，在教学中推进思政课内容入耳、入脑、入心，融入情感与思想，实现其铸魂育人的积极作用。大中小学思政课教师主要体现为三种认同效应的培养，即情感认同、理论认同以及行为认同。小学思政课引导学生产生爱家、爱国、爱党以至于人类命运共同体的政治情感；中学思政课向青少年以知识体系为框架宣讲马克思主义理论及中国化成果，强化对马克思主义理论的认知以及对中国特色社会主义的认同。大学及硕博阶段引导学生从理论到实践的进一步深化，培育学生树立坚定的理想信念，树立对马克思主义、共产主义的高度认同，以理论助力爱国、强国、报国的行为认同。至此，经过大中小学思政课教师的共同努力才能真正完成对社会主义建设者和接班人的培育，这也是对"培养什么人、怎样培养人、为谁培养人"做出思政教学全学段的回应。

其次，以阶段性内容构建大中小学思政课教师科学共同体。阶段性内容正是内容整体性的另一个侧面，思想政治理论教育内容是整体性与阶段性的统一。大中小学思政课教师队伍一体化的根本依据就是教学内容上的整体性与教学对象的阶段性的统一。教学对象的阶段性，体现在不同学段价值观的形成发展规律上。无论是大学思政课教师，还是中小学思政课教师都必须意识到整体性基础上的阶段性教学的使命与担当。因此，要激发思政课教师"以研究带教学"的主观意愿，大学思政课教师积极发挥科研、教研优势，促进研究与教学相长，其他学段思政课教师积极展开教研，在实际教学中主动参与科研。以提升创新意识为指向，增强思政课教师的创新能力，在不同研究主题的选择上定位准确：中小学思政课教师应选择回应教育教学的实践现实困惑的主题，大学思政课教师除了选择"微观细绘"的主题，还应选择"中观描摹""宏大叙事"的主题，对重大的教育教学理论凝练提升，从理论高度回应思政课教育教学理论应用中的困惑。增强展开科研的能力素质也是构建思政课教师科学共同体的应有之义，大学思政课教师能够胜任科研项目的立项与结项，提出有立意的理论学说；中小学思政课教师能够在科研的具体工作中大有作为，负责进行资料收集、具体实施、调查访谈、经验推广等为理论奠基的基础工作。实现大中小学思政课教师研究团队的建设，在全学段进行科研资源、成果、方法和空间的开放共享，推进教师队伍一体化进程，在思政课科目内和不同学段之间形成科研伙伴关系，构建思政课科研共同体，以不同学段教师的合力进行协同创新。

再次，以弥合差异性建构大中小学思政课教师交流平台。学校是思政课全学段教师的工作场所。构建交流平台，融通校际与学段沟壑。学校管理者要从制度和理念上支持思政课教师一体化发展，提供物资支撑，强化时间保障，为思政课教师提供成长的空间，鼓励走出去与引进来并举，在不同学段的思政课教师要树立全局意识，从整体性的高度出发了解其他学段思政课的教学目标、教学内容和教学评价，深刻把握差异所在，从而明确自己的教学在整体思政课教学中的位置与意义。大学要加强高质量后备师资的准备，同时也要为中小学思政课教师培养人才，积极促进与中小学合作。

思政课教师队伍建设的关键环节就在于坚持大中小学思政课教师队伍的一

体化建设。因此以一体化建设的困境为切入点，对全学段思政课教师队伍一体化建设的路径进行探索具有重大的理论与现实意义。

董　静

〔本文系 2020 年度国家社科基金高校思政课研究专项课题"大中小学一体化思政课建设衔接机制研究"（20VSZ060）的阶段性成果，已经发表于《中国高等教育》2021 年第 22 期〕

中华优秀传统文化对大中小学思政课一体化建设的影响刍议

摘　要：从中国优秀传统文化中吸取管理精义，有助于加强大中小学思政课一体化建设，特别是对衔接机制研究有着重要的启示作用。大中小学思政课一体化建设过程中，借鉴中华优秀传统文化中的一些观点，有助于进一步加强大中小思政一体化的顶层设计。

关键词：优秀传统文化；思政课；一体化建设；衔接机制

2019 年 3 月 18 日，习近平总书记在学校思想政治理论课教师座谈会上，开篇就讲了"蒙以养正，圣功也"。这句话出自《周易》蒙卦，意思是说在蒙童时代培养正直无邪的品质是人才培养的必经之路。周易六十四卦，蒙卦是第四，在"谈天论地"的乾、坤卦和描述万事万物肇始躁动的屯卦之后，被古人称之为"教育之卦"。可见中华优秀传统文化非常重视教育在培养人的浩然正气中的重要作用。习近平总书记引用《周易》中的话，给全国思政课教师提出了"教给他们正确的思想，引导他们走正路"的明确要求，同时也为大中小学思政课一体化建设指明了方向。中国有着五千年的文明历史，重视从中华优秀传统文化中汲取管理精义，有助于进一步加强大中小学思政课一体化建设，特别对加强大中小学思政课一体化顶层设计，深化大中小学思政课一体化机制研究有着重要实践和理论意义。

一、中华优秀传统文化在大中小学思政课一体化建设中的借鉴作用

2020 年 9 月，习近平总书记在湖南考察时强调，要把课堂教学和实践教学有机结合起来，充分运用丰富的历史文化资源，紧密联系中国共产党和中国人民的奋斗历程，深刻领悟马克思主义中国化的内在道理。在大中小学思政课一体化建设的实践研究中，要注重加强以马克思主义中国化最新成果——习近平新时代中国特色社会主义思想为指导，在研究方法上多用马克思主义的辩证法，

多用中国哲学的辩证法，善用中华优秀传统文化丰富的营养助力我们的实践研究。

《周易》作为中华文化的基础，是诸子百家学术思想的源泉。用易学之理作为大中小学一体化思政课衔接机制的研究方法，其本身就体现了中华优秀传统文化和西方管理文化之间的有机衔接，也体现了中华优秀传统文化的传承。这种衔接和传承如盐在水、顺理成章，不会产生水土不服、生拉硬扯的排异反应。特别是《周易》中一些道理表达和规则的设立，对大中小学思政课一体化的创新实践和理论研究有重要的借鉴意义。

《周易》有"易者，易也。变易也，不易也"之说，还有"穷则变，变则通，通则久"之理。《周易》的这种变与不变以及何时变，对衔接机制研究有着明确的引领作用；立德树人是中国教育永恒的主题，也是所有教育工作者的不变初心。同时，改革创新是中国强盛和民族复兴的时代要求。积极主动地把学习《周易》获得的启示，运用于大中小学思政课一体化建设，特别是运用于衔接机制的创新实践中，既是非常有益的尝试，也是勇敢的探索，更是办人民满意教育的客观需求。

用中华优秀传统文化思考现实问题，用的是其原理或者是逻辑和方法。"取其精华、去其糟粕"始终是坚守中华文化根脉、弘扬传统文化所应坚持的原则和态度。用《周易》解读衔接机制，不是把全部拿出来照搬照用，而应把其中的"阴阳互动""旺极而衰"等有着辩证思想的原理理解好、运用好。

二、"变与不变"规律与大中小学思政课一体化衔接机制

《周易》不变的是大道，是根本，是"乾为天、坤为地、震为雷、巽为风、艮为山、兑为泽、坎为水、离为火"的规定性。而"易"的核心是变易。也就是说，没有变化就没有易。不变是一以贯之的根本，是一阴一阳的本原，变的是阴阳组合的形式，是观察角度的不同方式。

大中小学思政课一体化建设过程中，首要的一点是，要明确在大中小学思政课上，不能变的是马克思主义的指导思想和共产主义的远大理想，不能变的是爱国主义、集体主义。决不能允许任何人打着"学术自由"的幌子，兜售历史虚无主义的私货。可以变的，是根据不同年龄段的学生情况、根据不同学校的校情，为了坚持指导思想、为了坚定远大理想而采取的各种不同的教学模式和教学方法，是为了弘扬讴歌爱国主义、集体主义的各种生动活泼的实践探索。

《周易》中的"象"是规定性的，是不能讨论、不能亵玩的。思政课中的"大是大非"同样是原则性的，也是不能质疑、不能亵渎的。对"不变"的部分，只能通过自身努力学习提升理论素养，而不能因自己一知半解、理论功底不够，就以怀疑的口气去对"不变"的部分妄加评论，以达到所谓活跃课堂气氛的目的。这不是所谓的学术自由，而是贻害无穷的哗众取宠。

加强大中小学思政课一体化建设，重要的是在"一体化"上着力。"一体化"不排斥不同学段安排不同内容的学习和讨论，认可这样的学习和讨论也是"一体化"建设有益的组成部分。但是不能因此就忽视、弱化不同学段中坚持不变的共同内容：国旗在幼儿园的教室里要有，博士上课的教室也要有；要给幼儿园的孩子讲革命先烈的英雄故事，也要给硕士生、博士生宣传新时代涌现出的可歌可泣的英雄事迹等。在大中小学思政课一体化建设中的"变与不变"体现了衔接机制建设的重要性。"不变"的内容要先定下来，然后再去根据知识的传授规律和学生的成长规律，安排不同形式、不同学段特点的不同教学内容。

习总书记要求要"守好一段渠、种好责任田"。守好一段渠，为的是让"促进学生德智体美劳全面发展，培养学生爱国情怀、社会责任感、创新精神、实践能力"的源头活水不被污染。同时要坚持变和不变的统一，渠的沿途地貌可以有变化，让学生们感受到渠水流经的不同地段应有的不同风貌，同时也要让学生知晓"水往低处流""百川归大海"的颠扑不破的真理。一体化建设要有跃升也要有依从，"循序渐进、螺旋式上升"。如果只看到螺旋的最新上升，而看不到原有的出发点和旋转的过程，就不会有全面客观的分析，同时也不能感受到螺旋式上升应该有的美感。

三、"当位、得位"之说与大中小学思政课一体化建设的环境氛围

《周易》中有"当位、得位"之说，是诸多易理阐发的重要根据。"当位、得位"做得好，就是摆对了位置、认清了方向，做事就能起到事半功倍的功效。具体到大中小学思政课一体化建设上，既不能因为各学段学生年龄、身心不同而忽视了一体化建设的重要性，又不能因为需要衔接就无视各学段教育管理者相对独立的地位。既要重视各学段在一体化建设过程中的整体性，又要发扬各学段在一体化建设过程中的创新性。只有各学段各自做好、做得有特色，一体化建设和衔接机制才能做得好。

研读《周易》会发现，适当留白有一定的道理。在大中小学思政课一体化

建设中，同样要正视教育管理，特别是教育顶层设计的留白。当然，这个"白"并不是"真空"，也不是一无所有，而应该是让学生有无限发展的空间，有利于成长的社会大环境。没有好的社会环境，思政课要达到立德树人的教育目的将会是非常困难的。要十分珍惜党的十八大以来社会大气候越来越好、社会大环境越来越净化这样一个非常有利于教育，特别是非常有利于思政课达到其立德树人教育目的的机会。

在周易中多有"利见大人"的表述。对"大人"的理解，乾卦文言传："夫大人者，与天地合其德，与日月合其明，与四时合其序，与鬼神合其吉凶，先天而弗违，后天而奉天时。""利见大人"可以理解为"可以用伟大思想武装学生的头脑"。新时代的好气候、好环境，就是"大人"，就是思政课教师和思政课教学的"大人"，是发扬光大、顺势而为、更好完成立德树人任务的有利时机。

四、大中小学思政课一体化建设的"管理精义"

"易有太极，是生两仪，两仪生四象，四象生八卦"。这本身就是一个生发的过程，从无到有、从小到大、从少到多的过程。教育管理应该也是这样，一体化建设和衔接机制研究更应是这样一个过程。

蒙卦的卦辞爻辞和"三岁看大、七岁看老"的传统俗语，其中蕴含着深刻的道理。国内外相关研究表明，人的智力发育在五岁以前已构建了一半以上。所以，从幼儿园抓起，在幼小心灵里播撒下高尚的种子，是非常必要、也是可行的。

在幼儿和小学阶段，教育不要多、不要复杂，但是又不能没有目标，忽视根基。要有目标，也就是新时代的教育方针和培养社会主义接班人的根本目的。如果没有目标和根基，只是遵从"潜龙勿用"，只是强调顺从天性，给些所谓这个年龄段喜欢的东西和能接受的东西，那就很有可能让孩子们在玩耍中失去了在幼小心灵里种下伟大种子的机会。

中学和大学，正是学生血气方刚、阳气旺盛的时期，是年轻人要努力奋力实现人生愿望的时期。思想政治教育工作者在这个时期应该千方百计加大力度，努力使教育的目的成为他们的人生愿望，让教育目的在这个时期得到强化，扎根在他们的内心深处，成为他们思想的一部分。

乾坤二卦，撑起天地，天地育人于自然。立德树人，最终要培养中国特色社会主义事业的建设者和接班人，培养"顶天立地"的有用之才。然而，人的世界观、人生观的形成过程是复杂的，不会有着如同年龄长大一般线性的规律。就如同教孩子学说话，虽然不能直接给孩子讲《语言学》，但如果常常多说话、多引导，对其语言能力的培养肯定是有益的。

利用中华优秀传统文化的精髓来推动思想政治教育应该成为一种新的探索。研读《周易》能给人以各种启示和启发，就像大海的广大和深邃、富于变化和精彩。在大中小学思政课一体化建设过程中，借鉴其中的一些观点，可收到庖丁解牛之效。

王爱民　王　锋

［本文系 2020 年度国家社科基金高校思政课研究专项课题"大中小学一体化思政课建设衔接机制研究"（20VSZ060）的阶段性成果，已经发表于《北京教育（德育）》2022 年第 5 期］

构筑"鲜活、灵活、激活"的思政课一体化教学新样态

摘　要：要落实好新时代教育根本任务，增强育人成效，需要构筑"鲜活、灵活、激活"的大中小学思政课一体化教学新样态。为了让思政教育更加温馨、暖心、走心，更有吸引力、影响力、生命力，应当努力追求：思政教育素材鲜活、思政教育形式灵活、思政教育课堂激活。

关键词：思政课；一体化；教学新样态

习近平总书记指出："思政课是落实立德树人根本任务的关键课程。"要落实好新时代教育根本任务，增强育人成效，需要构筑大中小学思政课一体化教学新样态。大中小学教师从事思政教育犹如厨师做烹饪，每一位教师都是思政教育一体化的"掌勺人"。"掌勺人"的教育教学本领、艺术与智慧直接关系到思政课教学质量、效果和品位。

以下就各学段教师怎样构筑"鲜活、灵活、激活"的思政课教学新样态，让思政教育更加温馨、暖心、走心，更有吸引力、影响力、生命力，谈一点思考、实践与建议。

思政教育素材鲜活

做好高校思想政治工作，要因事而化、因时而进、因势而新。这就要求广大教师进行思政教育时应与时俱进，体现差别性、时代性、新颖性，而这必须依靠思政教育素材的"鲜活性"。

每一位大中小学老师都要做积累鲜活教育素材的"有心人"，从平凡生活之中见新奇，善于发现、收集、挖掘、拓展素材，增强思政教育素材鲜活度。只要平时善于积累大量鲜活素材，思政教学自然就如厨师"烹小鲜"。鲜活素材的生命力在于积累、利用与创造。积累还需活用，在运用中拓展，在运用中创新，在运用中"再生"，进而发挥其育人功能。

第一，鲜活素材来自自己收集、整理与积累，建立属于自己的思政教育典型素材案例"资源库"。关键要靠平时对于经典名著、书画、诗句、哲理箴言、小幽默、漫画等资源的积累，善于多留心、多捕捉、多观察、多阅读、多摘录。

第二，鲜活素材往往源于重大事件、重大活动、重大题材、重要时期、重要会议、重要人物、重要景观、重要赛事、重要媒体等，需要教育者去发现、收集、挖掘。例如，央视精品栏目《经典里的中国》《故事里的中国》《大美中国》《中国品牌故事》《经典咏流传》《中国诗词大会》《中国地名大会》《朗读者》等，其中蕴藏着许多与思政教育相关的鲜活素材。

第三，鲜活素材往往源于教育者自己、身边人、身边事及周围环境。处处留心皆素材，例如，挖掘利用、适时融合地方历史文化与人文教育资源来进行思政教育，往往更有亲近感、更加"接地气"。可融合自身的人生成长经历故事、兴趣爱好特长（书画作品、球技等）教育影响学生，往往更有亲和力、说服力，让学生更羡慕、更崇拜，效果会更佳。

第四，鲜活素材往往来自学生。一方面善于收集学生自身学习、生活中的鲜活案例；另一方面，调动学生的积极性，充分发挥学生的自主作用，邀请学生帮助教师收集典型素材，而此过程也是学生自己学习和受教育的过程。

第五，鲜活的素材往往隐藏着一些鲜为人知，甚至不为人所知的背景资料、细节、幕后故事等，需要人们进一步去发现、挖掘、加工、研究。这样会促进素材资源"保鲜"与"再生"，生成出人意料、更加鲜活灵动的新素材。

第六，鲜活素材来自于分享与交流。为了让一线教师更方便地获得更多精彩的思政教育鲜活素材，呼吁政府、教育部门尽快建立大中小学思政课一体化组织协调机制、教学研究衔接机制与资源共享机制，创设思政课老师与其他专业课程教师之间的学习借鉴、交流切磋、资源共享的平台与机遇，加强跨学段、跨学校、跨区域、跨学科教师之间的联系、沟通、交流与协作。

思政教育形式灵活

广大教师要遵循思想政治工作规律，遵循教书育人规律，遵循学生成长规律，不断提高工作能力和水平。每一位大中小学老师都要做探索思政教育灵活方式的"有心人"。立德树人有道，春风化雨无声。当下，课程思政已成为学科教师的重要使命，如何增强育人智慧、探寻思政教育的方略与诀窍、创新思政教育形式，是摆在新时代每一位老师面前的重要课题。

在大中小学思政教育一体化过程中，应当追求新视角、新思维、新境界、注重形式新颖、方式多样、方法灵活、活动务实，能触及学生的心底与灵魂，做到有理论、有高度、有深度、有底蕴、有文化、有新意、有温度、有情感、有案例、有故事、有情节、有体验、有活力、有品位、有感悟。以上灵活多变的教育形式让学生听了、看了、读了、品了，自然会入耳、入脑、入心、入神、入行，也自然会提高学生的"点击率""点赞率""抬头率"与"回头率"。

在思政教育具体实践中，每一位教师要结合学校自身特点和学生实际，创新思路、创新方法、创新模式，构筑"必修＋选修"的课程体系，拓展与创新"集中＋自学""授课＋讲座""线上＋线下""理论＋实践""专业＋公益""学分＋综合评价"等丰富多彩的课程样态。要探索、创新思政教育载体、形式与手段，善于把握课前、课中、课后或课内课外、校内校外等教育时机，适时插入短小精悍的哲理箴言、名人名言、故事等素材，丰富与创新思政课教学样态。

另外，还要注重调动学生的积极性、主动性、创造性，提高学生的参与度，让他们参与思政教育相关策划、研讨与体验，从而增强社会责任感、使命感与获得感。

思政教育课堂激活

要用好课堂教学这个主渠道，思想政治理论课要坚持在改进中加强，提升思想政治教育亲和力和针对性，满足学生成长发展需求和期待，其他各门课都要守好一段渠、种好责任田，使各类课程与思想政治理论课同向同行，形成协同效应。这就要求广大教师守土有责、守土负责、守土尽责，立足课堂、激活课堂、激活思维、激活学生，进而增强育人效果。

每一位大中小学老师都要做激活思政课堂的"有心人"，立志当思政课程、课程思政与大思政课的"大先生"。要贯彻落实好中共中央办公厅、国务院办公厅印发的《关于深化新时代学校思想政治理论课改革创新的若干意见》精神，针对不同学段学生特点、思想政治理论教育规律和学生成长规律，围绕"立德树人"目标，把传授知识、启迪智慧、完善人格融为一体。

课堂教学是思想政治教育的主渠道。当下的大中小学思政课堂往往令人担忧，教学模式陈旧、僵化，任务式、教条化、"满堂灌"，课堂气氛沉闷，学生缺乏学习兴趣与热情，有的干脆"躺平"，甚至逃课，导致思政教育课收效甚微。针对这一现象，老师要做"有心人"，将思政课讲出"味道"来，力求做到讲出"道儿"、讲出"味儿"、讲出"范儿"。

在思政课堂教学中，每一位"掌勺人"功夫在课外，本领在课堂上，其教学能力显示在临场发挥、驾驭课堂、激活课堂的灵活性。每一位教师除了全面提升专业素养外，更应在提高课堂教学艺术、认真备课上课、激活课堂上下功夫，让思政教育更"接地气""好吃又有营养"，让学生青睐和喜爱。

每一位老师都要坚持以学生为中心，以"真情、真心、真诚"拉近与学生之间的距离，增强思政课堂教学的亲和力、吸引力、感染力与可接受性；要按照各学段螺旋上升的总要求，分级、分类、分层、分步要求，谨防教学要求"一刀切"；要磨炼教学语言基本功，追求语言精练、声情并茂、抑扬顿挫、传神动听、言有尽而意无穷的境界；要注重发挥学生主体作用，增强学生的主动性、师生互动性；要精神饱满、仪表大方、充满自信；要厚积底蕴、增强底气，争创思政教育特色与品牌（品牌项目、品牌课堂、品牌教师、品牌学科组、品牌学校）。

有心人，天不负。每一位教师都要当好思政教育"有心人""掌勺人"，善于构筑鲜活、灵活、激活的"三活"教学新样态，携手创新教育新模式，让思政教育更加人性化，更有人文味，更富创新性，更具实效性。

蒋建华　王　锋　张宏建

［本文系 2020 年度国家社科基金高校思政课研究专项课题"大中小学一体化思政课建设衔接机制研究"（20VSZ060）的阶段性成果，已经发表于《中国高等教育》2022 年第 Z3 期］

坚持党建引领　促进大中小学思政课一体化建设高质量发展

2018年，习近平总书记在全国教育大会上强调，教育要坚持立德树人，提出了"为谁培养人"的时代之问。2019年3月18日，习近平总书记在学校思想政治理论课教师座谈会上强调："在大中小学循序渐进、螺旋上升地开设思想政治理论课非常必要，是培养一代又一代社会主义建设者和接班人的重要保障。"2019年8月，教育部发文，突出强调了要统筹大中小学思政课一体化建设的问题。

2021年初，教育部成立大中小学思政课一体化建设全国指导委员会，并把这项工作列为教育部的年度重点工作。2021年3月，习近平总书记在两会期间指出："'大思政课'我们要善用之，一定要跟现实结合起来。"强调"思政课不仅应该在课堂上讲，也应该在社会生活中来讲。"总书记的一系列重要讲话，为我们继续深化思政课一体化改革提供了根本遵循、指明了方向。

我们认为，要切实促进思政课一体化建设的高质量发展，应当做到以下四点。

一、履行思政课一体化建设的主体责任

推动思政课一体化建设的主体责任在学校，学校理应成为思政课一体化建设的高地。

北京市第十一中学成立于1950年，是新中国成立后党和人民政府在北京建立的第一所公立完全中学。第一任校长是著名人民教育家傅任敢先生。傅先生是清华大学的第一届毕业生，在梅贻琦校长身边学习工作了15年。傅先生毕生践行"教育复生中国"的思想。他认为，教育应当从国家目前与未来的建设任务出发，将人才的培养与社会主义建设事业紧密联系在一起。他明确提出，"学生要把自己的兴趣爱好与国家社会的发展需求结合起来。"这一教育思想，七十年来我们薪火相传。十一中的培养目标中提到"培养有国家情怀的新时代公

民。"就是对这一办学思想的传承，与今天的教育目标深度契合。

傅先生自己是这样想的，也是这样做的，也引导学生这样做。为了对学生进行政治启蒙，要求学生每天坚持阅读报纸，关心时政，每周的国旗下讲话，傅校长要亲自现场点名，让学生谈读报感受，这种做法成为学校的风气，延续至今，这是非常好的思政课程。二十世纪五十年代，十一中有很多高中毕业生考上了清华、北大、南开等大学，但是为了响应党和政府的号召，大家都留了下来，服务国家建设。从这个层面来分析，我们可以认为，那个年代的大思政课程确实在实践中做到了知行合一。

进入新时代，十一中坚持以高质量党建为引领，开学习型学校建设之先河，推动思政课建设。引导学生把个人的兴趣爱好与国家社会的发展需求结合起来，打好生命底色，"系好人生第一粒扣子"。在工作中突出学校在家校社教育链条中的主体责任，不断强化思政课的主体地位，探索不同学段的思政课贯通办法、机制和模式。总结出了校本化的大思政课实践模式，以及大思政课实践体系。

二、构建"党建引领，思政主导，一纵两横"的大思政课程实践模式

坚持党建引领，推进大思政课的模式转变，发挥学校思政课教师先导功能，打通立德树人的实践瓶颈，改变"5+2 = 0"的困局，我们在实践中总结了"党建引领，思政主导，一纵两横"的大思政课实践体系。

将大思政融入教育教学全过程，提升党组织思政课领导力和党员教师的立德树人意识。把支部建在年级上，建在教书育人的第一线，让党员更好地发挥精神引领和模范带头作用。

2012年学校开始导师制探索，2019年，成立班级组导师制，实现了从班级管理到班级治理的转变。由班主任和任课教师组成"班级导师组"，共同负责班级学生发展指导、家校联系等工作，将"教书"和"育人"从管理制度上融为一体。2020年，在党小组建设中，创新引入家长委员会党员代表，全面升级党小组建设，形成了新的内设支部建设模式，党小组长为党员导师，把党建引领的思想落到了最末端，形成了大思政组织机制。

充分发挥学校思政课教师的主导功能。我们成立了"学校思政课研究室"，归口学校党委领导，既要教好思政课，还要制订计划，开展横向备课，挖掘学科课程中的思政资源，研究教材教法。

"一纵两横"思政课实施模式具有鲜明的校本特色。"一纵"就是在学段上探

索大中小学的纵向贯通。"两横"就是横向打通：一是打通学科边界，实践课程思政；二是打通家校社壁垒，形成思政课合力。

（一）建立学段贯通的思政课程机制

大中小学思政课一体化纵向贯通，统筹课程思政一体化建设。小学阶段目标重在启蒙道德情感，引导学生形成爱党、爱国、爱社会主义、爱人民、爱集体的情感，涵养做社会主义建设者和接班人的美好愿望。初中阶段重在打牢思想基础，引导学生把党、祖国和人民装在心中，强化争做社会主义建设者和接班人的思想意识。高中阶段重在提升政治素养，引导学生确立"四个自信"，衷心拥护党的领导和形成对我国社会主义制度的政治认同，完成政治启蒙，形成做社会主义建设者和接班人的理想信念。

2020年3月开展小学、初中、高中"同上一节思政课"，以"战疫"为主题，对三个学段学生进行"启蒙教育""思想教育""素养教育"，课程反响较好。我们也是国家思政专项课题组的主要成员，进行了高中和大学的思政课程衔接的新尝试。

（二）坚持学科打通的思政教育模式

发挥思政课在整个课程体系中的价值引领作用，整合不同学科思政资源，各学科共同构建育人逻辑主线，寻找育人结合点，形成协同效应。我们开展了课程思政的一系列有益尝试。例如，以精准脱贫为主题融合政治、历史、地理三大学科的"战贫"课，以爱国为主题融合政治、历史、语文学科的"致青春"课，以制度自信为主题融合政治、地理、物理学科的"学两会"课，取得了较好的实践效果。

（三）促进家校社大思政横向打通

大思政课以学校思政课程为主阵地，坚持党建引领，创新家校联动机制，发挥社会大课堂的作用，促进学生完整人格的形成。家校联动主要有"三个途径""三个协同"和"三大领域"。"三个途径"即成立班级导师组、召开家庭会议、召开新班会。"三个协同"即学校德育与家风传承相协同，协助家庭梳理家风家训；学校常规教育与家庭养成教育相协同，制订家庭公约，重建家庭秩序；学校思想教育与家庭美德教育相协同，贯穿核心价值，引导家庭文化的确立。与社会联动聚焦"三大领域"，即以学习时代楷模精神、厚植家国情怀的教育，以感受时代变迁、树立理想信念的教育，以立德树人、服务国家的新生涯发展指导教育。

三、建立 1+3+N 的大思政课实践模式

什么是 1+3+N？简单来说就是"一课三会"，加上多元思政实践课程。一课就是大思政课，包含思政课程和课程思政。"三会"就是新型班会、家庭会议和班级组导师例会。新型班会的创新在于参与主体和形式的变化，以往参加班会的主体是学生和班主任，现在的新班会参与主体还有班级组导师和家长委员会代表。体现了从班级管理到班级治理的转变，从形式上也出现了线上线下混合式班会。家庭会议是在学生导师的指导下，全体家庭成员共同参与，就家庭教育和家校共育进行分享交流。班级组导师例会就是基于党小组，定期召开会议，商讨学生思想成长、心理问题、学业指导等问题的解决方案。

"N"就是指我们学校的系列思政实践课程，是"一轴两线"的实践性思政课程。"一轴"即以社会主义核心价值观为统领的，按照时间节点开展的思政活动课程。"两线"即以培养学生行为规范为目标的习惯养成课程，以及提升学生综合素养为目标的社团类实践课程。

四、关于推进大中小学思政课一体化建设的几点思考

2022 年 4 月我们召开了全国大思政课实践研讨会，全国有 230 多家大中小学参与了本次会议，包括 28 所大学和来自全国各地以及市内各区县的中小学及研究机构，发起成立全国大中小学思政课一体化建设实践共同体，目的在于推动大中小学思政课的高质量发展。研讨会参与发言的专家、教授和思政老师共计有 60 多位，共展示了大中小学思政课 23 节。经过研讨分享，我们认为要促进大中小学思政课一体化建设应注重以下三个问题。

（一）强化党建引领，做好课程顶层设计

党建引领是落实立德树人，深入实践大思政课，提升大思政课效果的重要制度设计。第一，要加强党委对思政课和意识形态管控的主体责任，要加强对思政课建设的顶层设计和总体调控，形成有效的管理机制。习近平总书记在"3·18"重要讲话中也提到，思政课建设离不开党委的统筹。第二，在基层尤其要重视党组织对思政课建设的领导和管理，把支部建在立德树人一线的思想要形成有效的实践。第三，要特别重视支部建设和党小组功能的落地落实，重新定义支部和党小组的立德树人责任，严格规范支部以及党小组建设。

（二）创新机制、发挥学校主体责任

推动大中小学思政课一体化建设，学校要发挥主体责任。要创新机制建设，自主探索适合大中小学思政课一体化建设的新做法、新思路。创新评价机制，制定与思政课一体化建设相匹配的教师评价标准，突出育人实效导向；建立与思政课一体化建设相适应的激励机制，表彰思政教育的独特价值。

学校、家庭、社会要协同推动大思政课建设。以学校为主体，共同推进大思政课实践。家校联动中，要依托家校共育机制，发挥家庭教育指导师的作用，开展家庭思政教育。加强学校和社会的横向联动，充分依托社会大课堂教育资源，培育学生爱党爱国爱社会主义的深厚情感。同时，还应发挥教育行政部门、研修部门以及学校等多元主体育人优势。

（三）注重落实，创新研修，整合资源

思政课教师队伍水平决定着思政课的育人水平。思政课一体化建设还要发挥数字思政的优势，应搭建一体化的线上、线下研修平台，开展大中小学思政课集体教研、跨学段教研，开展思政教师的业务培训，优化思政教师队伍发展。发挥各学段优秀思政课教师引领示范作用，实现学段教育的无缝衔接。

深入挖掘、整合好本土红色课程资源，是不断增强思政课的思想性、亲和力与针对性的良好途径。当前全党正在开展党史学习教育，是善用"大思政课"的重大契机。充分发掘学校红色资源，抓好青少年党史学习，让红色基因、革命薪火代代传承，是思政课程的使命，也是大中小思政教育一体化做深、做细、做实的内在要求。

总之，大中小学思政课一体化建设是一项重大的新时代课题，一体化建设要坚持党建引领，党委管总，要做好大中小学之间的起承转合机制。一体化建设过程是一场接力赛，每一棒都十分重要。要发挥学校的主体责任、引导功能，把学校建设成为思政课实践的责任高地，既要发挥学校的桥梁纽带作用，也要创新机制，确保家校社的横向贯通育人，打通立德树人实践的最后一公里，确保立德树人、为党育人、为国育才的目标不落空，不跑偏，有实效。让思政课成为立德树人的验证码，经得起社会实践的验证。思政课育人的关键在教师，在学生。尊重激发好教师育人主导地位，保护发挥好学生发展主体作用，育人才有活水，才接地气。

崔楚民

立足思政一体化教育　发挥小学阶段的奠基作用

——北京工业大学附属中学宪法教育实践探索

摘　要： 工大附中以宪法教育为突破口，实施思政一体化教育。小学部不等不靠，以专家为指导，以课题为抓手，以课堂和活动为主阵地，主动和初中、高中建立大思政教学教研共同体，立足实际，主动担当，占位不越位，主动不错位，充分发挥奠基作用。在跨学段教研、跨学科合作、课内外结合、校内外结合等方面大胆尝试，初步形成了小学阶段宪法教育的新途径。

关键词： 思政一体化；跨学段；跨学科；课内外；校内外

北京工业大学附属中学（简称"工大附中"），是一所一校四址，另有四所分校，小学、初中、高中十二年一贯的教育集团。学校始建于 1957 年，前身为北京市 102 中学。1982 年更名为"北京工业大学附属中学"，成为朝阳区第一所大学附中。2004 年，被评为"北京市普通高中示范校"。2010 年，成立工大附中首城校区小学部。2019 年，经朝阳区教委批准成立"工大附中教育集团"。

近年来，工大附中人一直在谋划小学、初中、高中几个学段的一体化建设。在科技教育、艺术教育、传统体育学校建设等方面已经在北京市有不错的影响力，属于北京市金鹏科技学校、体育传统学校、女排训练基地，相应项目的课程已经贯通小学、初中、高中。

2020 年 6 月，北京工业大学继续研究院王峰副院长申报了国家社科基金高校思想政治理论课研究专项"大中小学一体化思政课建设衔接机制研究"，学校有幸参加了课题研究，并经北京市教学学会中学德育研究学会批准，成为"全国大中小学思政课一体化建设实践研究共同体"发起单位和会员单位。

2021 年 5 月，工大附中副校长侯保成牵头申报了北京市学校德育研究会课题"宪法教育在中小学课堂不同学段的衔接研究"。该课题立足工大附中教育集团的实际，挑选不同学段的骨干教师成立课题组，建立了我校思政教育共同体的核心力量。通过跨学段教研，我们在明确宪法教育总体要求的基础上，把宪法教育的任务依据学生的认知水平，有效分解到不同的学段，各学段老师立足实际，关注前后学段，采用本学段学生喜闻乐见的教学方式，让学生喜欢学，学到位，循序渐进，从而实现持续发展，螺旋上升的最终目标。

在大中小思政一体化理论的指导下，我们尝试做到"五位一体"。即：时间上的一体化，空间上的一体化，内容上的一体化，管理上的一体化，评价上的一体化。具体上，我们主要做了以下几方面的探索：

一、跨学段教研，进一步明确我们的目标和定位

在课题组的调研中我们发现：尽管我们是同一所学校的老师，但是小学、初中、高中学段之间学科交流十分有限，即使是同一校区的老师，天天在一起，低头不见抬头见，天天吃饭都在一起，但是彼此之间的学科交流却几乎不存在。小学"道德与法治"老师拿到初中的《道德与法治》教材，初中的"道德与法治"老师拿到小学的《道德与法治》教材，大家不约而同地都大吃一惊：六年级上期的法制专册和八年级下期的法制专册内容竟然大同小异。小学老师不知道初中还要学习，初中老师不知道小学已经学习过。对于高中是否还要学习，该如何学习，大家更是一头雾水。

于是，我们一起学习了《青少年法治教育大纲》《新时代学校思想政治理论课改革创新实施方案》《义务教育道德与法治课程标准》《普通高中思想政治课程标准》，各学段负责人领学和分析了各自学段法制部分的内容、目标、教学方法和教学评价等。就整个宪法教育大家形成了以下共识：

第一，中小学是一个人形成正确的世界观、人生观、价值观的关键阶段，也是学法、懂法、守法、用法的培养阶段，所以，此阶段的宪法学习至关重要。

第二，宪法是国家的根本大法，学习和研究宪法有助于提升学生学法意识、培养学生懂法能力、增强学生用法本领，推动公民积极参与政治生活。

第三，2016 年 6 月，《青少年法治教育大纲》强调："以宪法教育为核心，形成螺旋递升的法治教育体系，以增强公民的法治意识与国家观念。"

基于以上的背景，工大附中小学部把宪法教育的目标定位在：围绕提高学生学习宪法的兴趣，积极参与宪法宣讲，积极联系自己生活，认知宪法基本内容，初步确立尊崇宪法的精神。

为了更好了解其他学段的教学内容、教学方法，小学、初中、高中各学段教师，采用集体备课、互相听课、同上一课的办法，取人之长，补己之短，把尽职尽责和适当留白结合在一起，充分发挥小学阶段的奠基作用，初中、高中阶段的螺旋发展作用。

二、跨学科合作，围绕学生认知组织开展活动

课堂是基础，活动是关键。宪法教育的入耳、入脑、入心、外化于行，内化于心，需要完成知情意行的融会贯通。我们的思政教学，要从思政课程发展到课程思政，需要全学科、全过程、全时段都有立德树人的理念和行动。

以宪法教育为例，我们不仅仅要在《道德与法治》这一册学习宪法，而且要从一年级开始，所有学科都要有尊崇宪法、宣讲宪法的义务和责任。把抽象的宪法内容具象到学生的学习生活，树立一个概念：尊崇宪法精神不是抽象的概念而是具体的行为，就在我们生活的点点滴滴。

《宪法》序言中说："中国的前途是同世界的前途紧密地联系在一起的。中国坚持独立自主的对外政策，坚持互相尊重主权和领土完整、互不侵犯、互不干涉内政、平等互利、和平共处的五项原则，坚持反对帝国主义、霸权主义、殖民主义，加强同世界各国人民的团结，支持被压迫民族和发展中国家争取和维护民族独立、发展民族经济的正义斗争，为维护世界和平和促进人类进步事业而努力。"

2020年10月19日，习近平总书记强调："在新时代，要继承和弘扬伟大抗美援朝精神，为实现中华民族伟大复兴而奋斗。"随后，经过党中央批准，"抗美援朝精神"被列入第一批中国共产党人精神谱系的伟大精神。

我们理解：发生在1950年到1953年的抗美援朝战争，是中华儿女弘扬宪法精神，挺身而出保家卫国的伟大壮举。

践行宪法精神，我们设置了抗美援朝校本课程。本课程历时一个多月，涵盖语文、道德与法治、音乐、美术等多个学科。围绕一个主题，各个学科整合调整各自学科内容，借用本学科的教育手段，道德与法治老师组织学生收看抗美援朝故事，美术老师带学生画英雄故事，音乐老师带学生唱英雄赞歌，语文老师组织学生给英雄写信、对身边参加过抗美援朝的老英雄采访……在相对集中的时间段，让学生对保家卫国的抗美援朝有一个认知提升的过程，情感积累的过程。

2020年10月23日，我们承办了朝阳区"致敬抗美援朝，争做时代新人"少先队主题教育活动。由于前期的课程渗透，在活动日这天，再次听同学们讲

述英雄故事邱少云的故事，听诗朗诵"致敬最可爱的人"，唱献给英雄的赞歌《山河已无恙》，现场采访"三代人的英雄梦"……教育的效果肯定就不一样了。同学们对"中国的前途是同世界的前途紧密地联系在一起的"宪法前言的这句话，理解就完全不同了。

随后，我们以《承红色基因，育时代新人》为题，在中央电化教育馆主办的"中国梦——行动有我：2020年全国中小学校本课程和教育案例征集展播活动"中，荣获小学校本德育课程视频资源组"示范作品"。

三、课内外结合，让学生的生活有计划引入到课堂

"风声雨声读书声声声入耳，家事国事天下事事事关心。"我们要培养的学生，一定是善于思考的学生，善于学习的学生。真正的学习，一定是从生活中来到课本中去，再从课本中来，到生活中去。我们的教育不能改变学会的生活认知，不能促进学生在生活的认知和行为，就失去了教育本来的意义。

"宪法天天读"是我们坚持的一个课前礼，师生问好后不马上坐下，保持肃立和庄重，学生领诵《宪法》，带着虔诚，用声音来尊崇宪法。

"时事评述"是我们六年级以上思政课的课前规定动作。学期初排出展示顺序，人人都要参与，纳入学业考核，有活动流程，有评价标准，不耽误老师多少精力，不耽误大家多少时间，但是大家获取信息之丰富，播报水平之精彩，却超乎大家想象的。在此活动中，教师及时引领，让学生所选播报内容尽可能和教学接轨，尽可能是和宪法沾边的内容。慢慢地，同学们发现：我们的生活很多事例，或多或少都和宪法沾边，都能和宪法搭上关系。

2021年12月4日，在第八个"国家宪法日"到来之际，工大附中小学部举行了第二届雏鹰杯辩论大赛。辩论赛前，学校组织了"小手拉大手，亲子学宪法"活动，印发《宪法》学习内容，让学生带回去和家长一起诵读。辩论赛当日，全体师生一起进行了诵读宪法活动。然后，正反双方围绕"严格纪律会不会限制学生天性"展开激烈辩论。专业教师还从辩论技巧和思想引领的角度进行了问题理清和点评。

真理越辩越明。一场辩论赛持续一个多月，从初赛到复赛，到最后的决赛，前期有海报宣传，过程中有学生观众全员打分，后期有校园广播推波助澜。关于权利和义务、纪律和自由、校园欺凌和团结友好……我们通过课内课外结合，把宪法教育穿越课本和学生生活。

此外，初中的"模拟法庭"也非常有特色。我们学校旁边就是南磨房法庭，在法官的协助下，带学生观摩庭审，组织学生设计"模拟法庭"，逐渐形成自己法制教育的一个特色。北京电视台科教频道《非常向上》法制进校园特别节目，特意选用我们于娇老师设计的关于预防校园欺凌的案例，该案例还被评为北京市普法案例一等奖。

四、校内外结合，让学生的学习和儿童的生活建立联系

尊崇宪法精神，还体现在"升国旗，唱国歌"。每周一的升旗仪式，我们都煞费苦心办成宪法宣传的大讲堂。威风凛凛的国旗班，庄重严肃的升旗仪式，激情四射的国旗下讲话……规范的升旗仪式，成为我们爱国主义教育的重要阵地。根据北京市教委的统一安排，初中的学生还有到天安门观看国旗班升国旗和护卫国旗等活动。

建党七十周年庆祝大会在天安门广场隆重举行时，我校派出260名师生参加了阅兵式和群众游行活动。借助这一活动，我们不仅强化了师生的作风建设，更利用此机会对学生进行爱国爱党教育。在潜移默化中，弘扬宪法精神。

2020年9月8日，全国抗击新冠肺炎表彰大会在北京人民大会堂隆重举行，我校学子承担了迎宾任务，代表广大青少年迎接钟南山、张伯礼、张定宇、陈薇等抗疫英雄。活动之前，学校非常重视教育和引领，把参加活动的意义上升到爱国爱党，上升到尊崇宪法精神，所以，每一名学生都展示了良好的精神风貌和严明的纪律作风。活动结束，学校组织国旗下演讲、主题班会活动、主题征文等，充分挖掘活动中的教育作用，让更多人的学生和老师受到教育和感染。

除此外，宪法宣讲上街头，宪法宣讲进社区等学生志愿者活动各学段也有序开展，得到了社会一致认可。

工大附中的育人目标是培养有担当的人，小学部把"亲社会"作为培养目标的重要内容。借助宪法教育，我们引领学生从小把个人发展和社会进步、祖国发展结合起来，践行我们的校训：天下为公，矢志笃行。让教育的立德树人，在课程中、活动中，普普通通的生活中落地生根。

相信种子，相信岁月。我们培根铸魂，打好基础，带学生系好人生第一粒扣子。守望教育，守望美好，我们静待花开。

侯保成

开启家校协同育人新模式

——北京市第十一中学家校协同育人工作纪实

"这样的家庭会议，让我们和孩子共同成长，共同面对那些成长的烦恼……"日前（2021年12月25日），一场别开生面的"构建家校协同共育新模式，落实立德树人根本任务"家庭会议实践研究论坛在北京市第十一中学金鱼池校区隆重举行。

什么是家庭会议？家庭会议在家校协同共育中到底有什么用？一些人还是会有疑惑。"家庭会议是学生家庭成员共同参与，致力于良好家庭教育生态建设或家庭问题解决的一种交流沟通方式。家庭会议是学校开展家庭教育的重要抓手，我们要让家庭会议真正成为学校开展家庭教育指导的重要方法和途径。"北京市第十一中学校长崔楚民介绍说。

这样的育人实践，在北京市第十一中学已经开展近两年了。学校此项工作推进源起于疫情防控学生居家学习期间，很多家长和孩子在亲子关系上出现一些亟须解决的问题。面对新的教育情况和家庭教育出现的新问题，学校在家校协同共育工作中开展了包括家庭会议在内的一系列积极有效的探索，形成了家校协同共育新机制和新模式。

在党建引领下，构建家校协同共育体系机制

"学生教育还是学校在单打独斗，更多的还是依靠老师的教育和指导，学校一头热，家长缺乏这方面的意识，家校不能形成很好的教育合力。"一位班主任老师谈到以前的家校协同育人时不禁感慨道。

而现在这种情况在北京市第十一中学得到根本性的转变，家校协同育人成为"党建引领、思政主导、一纵两横"大思政德育实践体系的重要内容，"一纵两横"即纵向大中小学段衔接、横向学科融合、家校社协同共育的基本格局，家校协同共育工作摆在学校育人体系的核心位置。"家校协同共育首要在于完善

家校协同共育实践体系，创新家校协同育人机制。"崔楚民校长谈及学校家校协同共育工作时如是说，"我们建立了以大思政统领的家校协同育人体系，吸纳家教协会党员家长委员加入年级党小组，从而有效强化家校联动，全面提升学校的家庭教育服务质量，解决立德树人最后一公里的问题。"

除此之外，学校以年级为单位建立内设党支部，选拔优秀党员担任年级主任，并兼任党支部书记，紧密结合家校协同育人实际工作，推动立德树人实践。"现在我不仅要带领年级的党员教师工作，更要引领家教协会的家长党员委员共同开展家校协同共育工作，还要近距离听取家长委员意见和建议，我感到身上的责任更重了，年级的家校协同育人工作更实了。"高二年级主任、党支部书记杨洁老师感慨地说。

现在，在北京市第十一中学家校协同共育工作已经成为学校育人工作的核心内容，家校协同育人的机制越来越健全，家校协同育人实效越来越好，已经成为老师和家长的共识。学校的家校协同共育工作从体系和机制上得到充分保障，家校协同共育的格局基本形成。

聚焦立德树人，启动家校协同共育的新模式

建立大思政统领的家校协同育人体系，创新协同育人工作机制，只是北京市第十一中学的家校协同共育工作的举措的一部分。

2020年学校提出了打通家校壁垒、形成家校联动的"1+3+N"的大思政课实践模式。其中的"3"就是家校协同共育的"三会"，即新型班会、家庭会议和班级组导师例会。

这是一节有深度的新型班会

说起新型班会的"新"，学校德育副校长谭雪涛说："新型班会的新在于参与主体和形式变化，以往参加班会的主体是学生和班主任，现在的新班会参与主体增加了班级组导师和家长代表，体现了从班级管理到班级治理的转变，从形式上也出现了线上线下混合式班会。"

与传统班会相比，新型班会参与主体增加，教育资源更加丰富，教育效果更加深入。"以往的班会都是我一个人在设计和准备，现在我可以与班级组导师协商，和导师共同设计班会，还可以引入家长教育资源，让家长来现身说法，教育的效果明显不一样。"一位召开了新型班会的班主任老师说。

"这样的班会我更愿意参与了，不再只是班主任和我们的单调互动，导师和家长的加入让班会变得更加活泼，我们的收获更多了。"学生在参与新型班会后兴奋地说。

这是一次坦诚的亲子沟通

"家庭会议是学校协助家长建立良好亲子关系的有效载体，能帮助家庭形成相互尊重、助力孩子成长的良好氛围。"谈到家庭会议，学校班主任工作室负责人、北京市紫禁杯特等奖获得者赵琳老师说。

在家庭会议的召开过程中，家长对家庭教育也有了新体会。"家庭会议密切了亲子关系，通过家庭会议的召开，我们和孩子围绕会议的主题，平等地表达自己的认识和想法，在情感上交心交底，赢得孩子的信任，使教育效果更好了。"一位家长这样说。

"指导家庭会议的过程中，我对学生和他们的家庭有了进一步的了解，同时也看到在民主平等尊重的氛围中，解决了一些实际问题，这是我作为导师深感欣慰的事。"一位学生导师满足地告诉记者。

这是一起为学生发展而商讨

学校以班主任为核心，吸纳班级课任教师加入，成立了班级共同治理的班级组，班级组成员即为班级组导师，班级组导师负责学生指导和家校沟通工作。班级组导师要定期召开会议，商讨学生思想、心理、学业等问题的解决方案。

"作为导师我们在做好教学工作基础上，要转变角色对学生开展教育和指导，我们会经常针对学生的问题开展导师的集体汇商和研讨，为学生制订个性化指导方案，通过家校沟通的方式，解决学生的具体问题。"一位导师向记者介绍说。

北京市第十一中学的班级组导师制将"教书"和"育人"从组织制度上融为一体，强调班级多元治理方式，在家校协同育人上将原有的靠班主任"单打独斗"转变为现行的发挥"集体智慧"，协同育人效果更好了。

"在大思政统领下，我们初步形成三个协同工作内容，即学校德育活动与家风传承相协同，协助家庭梳理家风家训；学校常规管理与家庭养成教育相协同，制订家庭公约，重建家庭秩序；学校思想教育与家庭美德教育相协同，贯穿核心价值，引导家庭文化的确立。"崔楚民校长说。

完善教育指导，提升家校协同共育整体质量

好的家庭教育氛围和家庭教育文化的形成，往往离不开学校的家庭教育指导。北京市第十一中学崔楚民校长介绍说："多年来，学校始终注重家庭教育指导工作的开展，尤其是《家庭教育促进法》颁布后，我们进一步明确家庭教育指导的主体责任，不断丰富指导内容，优化指导方式，切实提升家庭教育指导服务的实效性。"

今年，学校成立了以家庭教育指导服务师为骨干的学生发展指导中心，专职负责家庭教育指导服务工作。"我们联合北京市教科院，共同开发编撰《家庭教育亲子互助成长手册》和《家庭作业管理家长指南》，指导家长开展更加专业化的家庭教育，提升家庭教育的质量。"学校学生发展指导中心主任田丽娟老师介绍说。

在家庭教育指导平台的建设上，学校还依托家长学校，开设系列化家庭教育必修课程。"学校开设系列化的家长必修课程和家长自主选择的专题课程，为我们这些家长提供了丰富的选择，对家庭教育能力水平的提升都有很大帮助。"家长座谈会上，家长对学校的家庭教育指导课程充分认可。

学校还参与东城区"一网四线"心理援助热线的值守，为家长提供专业而个性的家庭教育指导，解决家庭教育难题。学校德育主任柏参天老师说："家长觉得通过拨打心理援助热线，在家庭隐私得到充分尊重上，可以得到更加专业的指导，能够第一时间解决家庭教育问题。"

"作为党和政府在北京建立的第一所公立完全中学，我们始终不忘为党育人为国育才的教育初心，切实履行好家校协同共育的学校主体责任。特别是'双减'政策落地后，我们持续强化家校联动，全面提升学校的家庭教育服务质量，有效促进了学生高质量的成长。"崔楚民校长满怀深情地说。

柏参天　刘志娇

高校艺术设计教学与大中小思政育人一体化研究

——以时代楷模公益海报设计为例

摘　要：贯彻创新实践教学理念，优化课程设置，改进教学方式，完善教学内容，联合省委宣传部山东省文明办，带领"新时代山东好人"形象设计创作实践团队，以"山东好人""中国道德模范"的时代楷模英雄事迹为主题，以插画、剪纸、版画等不同表现手法，形式多样地再现雷锋、焦裕禄等时代楷模形象，以视觉语言有效传递给社会大众，将其精神内化至新时代大中小学生的精神世界，将艺术设计作品与立德树人深度结合。

关键词：公益海报；时代楷模；思政育人；大中小一体化

引言

山东工艺美术学院以"为人民而设计"为设计教学总体目标，2018 年围绕山东省委宣传部工作要求，展开了新时代山东好人公益海报主题设计实践教学任务。公益海报设计是高校艺术设计专业的核心课程，以时代楷模人物为主题的公益海报也十分丰富。大多数情况下，公益海报的设计是根据中央与地方政府宣传工作需要而展开。因此如何将公益海报的设计传播与政治形象、国家形象的推广联系起来，如何突破概念化、商业化的认知局限，让大中小学生和社会各界都能够接受，用设计语言多维度解读社会主义核心价值观，创作出亲民、亲和、接地气的时代人物形象，就显得尤为重要。

1. 公益海报设计与常规设计教育的融合、冲突与挑战

公益海报是将国家精神与艺术形式融合的重要手段，是一种宣传方式，它以艺术的手段，将感人事迹及蕴含的先进精神形象化、图像化，影响公众对社

会问题的观点和看法，促使公众参与到社会问题的解决过程中，以此引领社会文明的发展，引领人民道德素质的提升。然而在艺术设计中，如何艺术地、审美地、个性地展现出设计主题的内涵，而避免千人一面的设计套路，是这类设计面临的一种长期性挑战。根据我们的实践所形成的案例，以及业内同行的其他一些关联讨论，我们可以提供应对这些挑战的原则、方法与共识，主要有以下几点：

1.1 处理好时代楷模的写实性与公益海报的审美性的关系

审美是人类艺术发展的必然结果，公益海报作为平面设计的重要载体，追求视觉的审美性与信息的传播性。与传统海报的艺术性不同，时代楷模的公益海报首先着眼于"楷模"二字，运用海报这一表现形式作为政治传播的媒介，具有政治导向的楷模精神与具有艺术倾向的海报存在着一定的冲突与交融。"时代楷模"指的是在习近平新时代中国特色社会主义思想指导下，集中宣传的全国重大先进典型人物。与雷锋、焦裕禄等英雄楷模相关的海报设计层出不穷，时代楷模的选题将海报创作元素框定为"人"，具有写实性的特征，而在公益海报中围绕楷模人物进行艺术创作时，需要从人物选取到精神内化，形式多样地再现写实的、逼真的时代楷模形象，以视觉语言有效传递给社会大众，将艺术符号和主题背后的深意具体结合。

1.2 处理好国家精神、主流意识形态与艺术个性的关系

艺术服务于国家精神与主流意识形态，同时也张扬着艺术的个性特征。在海报艺术的历史长河中，从一战期间的"战争征兵"海报到二战期间的"生产建设"海报再到"妇女权利运动"的海报主题，公益海报一直扮演着宣传国家精神、主流意识形态的角色，但与此同时也存在着表现主义、未来主义、达达主义等艺术个性，可见在海报创作中国家精神、主流意识形态与艺术个性是并行的、相容的。重视楷模及其价值引领作用始终是党的宣传思想工作的一项重要内容，是国家精神与主流意识形态的凝结，新时代的"时代楷模"体现了新时代发展目标，展现了新时代人民昂扬向上的精神面貌。

1.3 处理好专业艺术作品与大中小学生思想道德教育的关系

艺术设计教育在于培养学生的艺术技能，通过基础课程、实践课程等专业课程，使其拥有高尚的艺术素养。思想道德教育旨在提升大中小学生思想认识，培养良好的思想品质，树立科学的世界观、人生观和价值观。从某种角度来说，

艺术教育和大中小思政教育的教学目标相同,都是要让学生形成正确的认知,并在精神层面得以升华。不同的是,艺术教育和思政教育的教育方法不同,前者为情感熏陶,后者为理论引导。艺术教育与道德政治教育的融合,是现代教育发展的重要方向,二者的有效结合,不仅可以缓和过于僵硬的道德政治教育,还可克服艺术教育中存在的弊端,弥补其在教育过程中存在的功利性与技能化的特征,有助于学生养成良好的价值观念与思想观念。

2. 公益海报设计创新的核心要素

公益海报具有时代性、开放性、主题性三大特征,设计传播紧紧围绕通过专业设计创作,鼓励青年设计师以文化赋能为己任,关注文化传承、社会价值,树立社会责任意识。以视觉语言有效传递给社会大众,将其精神内化至新时代大中小学生的精神世界,将专业知识讲授与立德树人深度结合。在创作主题、创作方法等方面关注三个核心要素。

2.1 深入研究时代楷模人物的价值主题

重新解读中国道德模范的精神内涵。主题创作要从思想深处理解,研究设计主题在宣传什么,借助宣传画、招贴形式,把这种符号和主题背后的深意具体结合起来,通过故事、情景、情节内容及艺术表现形式,融入生活中,展现出来。深入探讨主题海报的核心精神,通过我们的设计语言,让大众接受,突破概念化、商业化,要对创作有新的理解,应与政治形象、国家形象的推广联系起来。

2.2 深入理解设计传播的针对性

通过分解不同受众群体,将海报设计从普通民众、中小学生和机关公职人员三个层面入手,根据各层次具有不同的理解力、不同的接受程度,分层次去创作,在指导学生创作过程中,要引导学生思考,从不同年龄段、职业、理解力的角度,以设计语言多维度解读核心价值观,创作出亲民、亲和、接地气的时代人物形象。

2.3 将政治语言转化为招贴语言

作品最终还是要符号化、物化、图像化。一个时代有一个时代的符号,一个时代有一个时代的设计语言。作品表现形式力求接地气,确保大中小学生接受、群众认可、专家认同、领导满意四者兼顾,同时保证生活性、政治性与艺术性相互融合。增强学生对生活、对人性的理解，设计中选取先模人物的感染事迹、典型形象、语言动作等特色细节进行深入剖析，进行再创作、再设计、再解读，充分展现艺术创作的感染力，潜移默化地对思想政治进行宣传推广。

3. 公益海报服务创新的理念思路

3.1 转变观念、理念创新，精神涵养与专业教学深度融合

为深入贯彻党的十九大精神，扎实落实立德树人根本任务，按照"思想政治教育元素与专业课程深度融合、相辅相成"的教学思路，以立德树人为中心，以专业设计课程为载体，推动社会主义核心价值观进课堂、进校园，引导学生树立家国情怀与社会责任意识。一方面，该课程深化专业设计内涵实质。紧紧抓住公益海报的时代性、开放性、主题性三大特征，通过专业设计创作，鼓励青年设计师以文化赋能为己任，关注文化传承、社会价值，树立社会责任意识。另一方面，该课程创新思政工作思路。持续深化专业育人实践路径，把思想政治引领作为立德树人的重要抓手，把立德树人成效作为检验教学成果的根本标准，将专业教学同教育初心紧密结合，引导学生强化政治素养，面向社会，心怀民生，在专业创作中融入政治思想内涵。

3.2 目标导向、服务社会，艺术创作深入基层、扎根生活

选取"中国道德模范""山东好人"等先模典型作为创作的重要内容，纳入公益海报设计课堂教学，深入研究时代楷模人物的价值主题，重新解读中国道德模范的精神内涵。从思想深处破解当下设计教育与服务社会实践相结合的现实问题，培养学生认识社会、研究社会、理解社会、服务社会的意识和能力。从国家、社会、个人三个层面，将行为方式转化，让艺术设计与思想政治、核心价值观等内容深度融合。引导学生从细节、生活、基层入手，创作出更为亲民、亲和、接地气的形象，不仅要符合政治要求、时代要求、群众需求，同时要确保生活性、政治性与艺术性相互融合。

3.3 文化赋能、创新发展，专业设计服务地方文化建设与社会发展

该课程不断完善以教学成果为导向的课程建设评价机制，将文化赋能、文化传承等内容融入教学成果目标，形成多类型、多样化的教学内容与课程体系。着力推动优秀传统文化艺术形式创新性发展，提炼中国传统艺术表现形式中的

年画、版画、剪纸、书法、金丝沙画等传统视觉表现形式与当下时代人物原型的创新表现，立足弘扬传统文化、服务当代生活，致力于推动中华文化的理念和智慧转化为当代设计资源，探求中华优秀传统文化与当代设计的交流互鉴，开创了一批有历史积淀、有传承发展的设计成果，有效助力地方经济社会、政治文化发展。

结论

"山东好人"课程通过全面调研、系统设计，教学边界无限延展和动态检验，呈现完整的思考链和实践链，跨时跨地动态性创作。通过楷模调研与人物选定、创意分析与视觉语言分析、设计完成与工艺制作、设计展览和社会评价四个阶段完成。师生团队 30 余人耗时 6 个月，设计制作 8 个系列 24 件公益海报作品。通过展览、比赛、媒介推广，向社会大众大力宣传了"中国道德模范"孝老爱亲、敬业爱岗、助人为乐、见义勇为的价值观念。得到政府、教育部门、媒体和大中小学生的好评。

设计作品《孝老爱亲》《山东好人》等作品获得山东省教育厅多项主题赛事金奖；团队及成员先后获得 2019 年、2020 年国家级奖学金，参与班级被评为山东省优秀班集体、山东省红旗团支部，入选国家活力团支部；大中小学生观众媒体采访中表示，作品以设计语言多维度解读核心价值观，创作出了亲民、亲和、接地气的时代楷模人物形象；设计团队学生在为期半年的课程实践中，不断加深对英模人物的理解和挖掘，政治品格、服务意识、专业能力同步快速提升。

《中国教育报》2020 年 10 月 19 日专题报道《艺术让思政活起来》评价该课程"以优秀的文艺作品弘扬爱国主义精神为主题，教育引导学生把握当下艺术创作的方向要求，坚守'为人民而设计'的艺术担当；注重专业课和思政课有机结合，积极引导学生教育学生勇担设计使命……"；"学习强国"平台 2020 年 12 月 19 日专题报道《思政育人"携手"专业育人，让艺术思政"活"起来》，评价本课程"积极引导学生思考并尝试'文化赋能设计''思想赋能设计'，教育学生勇担设计使命、服务社会发展，推动'思政课程'向'课程思政'转变"。

参考文献：

[1]习近平.把思想政治工作贯穿教育教学全过程，开创我国高等教育事业发展新局面[N].人民日报，2016-12-09（1）.

[2]中共中央宣传部主管，以习近平新时代中国特色社会主义思想和党的十九大精神为主要内容，立足全体党员，面向全社会的学习平台.

[3]王雪青，（韩）郑美京.图形语言与设计[M].上海：上海人民美术出版社，2009.

[4]曾小兰.关于公益海报设计的多维思考[J].文学教育（下），2018（03）：76-77.

[5]张颉.关于当代公益海报的公共性思考[J].美术大观，2009（07）：98-99.

张 瑞 张 琦

Chapter 6

第六章

调查报告

"大中小学一体化思政课建设衔接机制研究"调查报告（教育管理者&教师版）

一、调查目的

为贯彻落实习近平总书记关于"大中小幼一体化德育体系"和"大中小学思政课一体化建设"等重要论述精神，准确把握当前大中小学思政课一体化建设的实际情况，了解大中小学思想政治教育现状、衔接机制建设等问题，剖析大中小学思政课一体化建设中存在的问题，进一步深化对大中小幼一体化德育体系和大中小学思政课一体化衔接机制建设的理论与实践创新。2020年国家社科基金项目"大中小学一体化思政课建设衔接机制研究"课题组面向大中小学思政课的一线教师及教学管理者开展此次调研。

二、调查设计与实施

本课题组紧紧围绕"大中小学一体化思政课建设衔接机制"这一主题，经过认真研究与策划，多次组织相关专家交流讨论，进行调查设计。调查采用专家访谈、问卷调查、实证考察以及数据统计等方法，特别选取50~100所大中小学作为研究样本进行调查分析，设置若干"大中小一体化思政课建设衔接机制"研究指标；设计"大中小一体化思政课建设衔接机制"调查问卷，组织教育政府部门、大中小学校管理者、教师及相关专家学者进行访谈，探讨破解高校"大中小学一体化思政课建设"难点问题的方法或途径。

（一）调查方法设计

1. 问卷调查法

根据研究的主题和具体的研究问题，课题组精心设计了针对大中小学的教学管理者、一线教师及大中小学学生三种群体的调查问卷，分别由专人负责，并做了小范围抽样调查。之后课题组对抽样数据做了分析，对问卷的信度、效度进行了可行性评估。在抽样调查的基础上，课题组对问卷进行了修改和补充，于 2021 年 4 初月形成了最终的调查问卷，针对不同群体进行了调查。

本文中的问卷是针对一线教师及教学管理者设计的，问题涵盖大中小学思政课教学目标、教材设置、课程内容、教学方法等内容，并对大中小学思政课一体化衔接机制建设的宏观管理等问题进行了开放性设计。调查问卷采取问卷星线上调查，被调研者匿名填写各项调查内容。调查时间为 2021 年 4 月至 8 月。截止到 2021 年 8 月底，本次调查共回收有效问卷 710 份，其中，一线思政教师问卷 236 份，非思政教师问卷 219 份，教育管理者问卷 144 份，其他问卷 111 份。

2. 访谈调查法

在历时七个月的调查过程中，课题组多次组织相关领域的专业学者和具有丰富工作经验的教育工作者和一线教师参与研究和讨论。共有上百名专家、学者及大中小学校长、教师参与研讨会及访谈，共整理百余篇主题谈话纪要，为课题的下一步研究取得了珍贵的一手资料。

（二）调查问卷信度与效度

经过前期专家指导和课题组研讨以及前期抽样调查，调查问卷前后设计修改多次，问卷内容效度和结构效度大大提升。为了广泛并准确地得出调查结果，此次调查采取分层随机抽样、匿名线上填写的方式，在问卷中按一线教师和教学管理者两种身份对被调查者进行了细分，然后再进行随机抽样调查，从而更全面地、有针对性地了解大中小学思政课一体化衔接机制的实际情况。本课题从问卷的分层方式和对象选择、问卷设置的题目数量、题目与研究主题的切合度、有效问卷回收情况来看，运用统计分析方法，对数据的信度（可靠性）进行了分析，得出本调查问卷的信度系数为 0.879（ 0.9>0.879>0.8 ），如表 6-1 所示，可以确定本问卷的信度可接受，且信度较好。**需要特别声明的是，受限于各种条件，本调查数据仍不能完全代表全国大中小学思政课一体化及衔接机制的绝对真实状况，课题组还运用专家访谈和专题论坛等多种方式进一步收集相关情况，作为后期进一步深入研究的基础。**

表 6-1　本次调查可靠性分析表

克隆巴赫 Alpha	基于标准化项的克隆巴赫 Alpha	项数
0.879	0.871	19

注：信度系数（Alpha系数）是衡量信度的一种指标，越大表示信度越高。>0.9表示信度非常好；>0.8表示可以接受，>0.7表示需要进行进一步修改，在0.7以下说明应该放弃。上表Alpha系数是0.879，说明信度可接受。

三、调查结果及分析

经过对调研数据的综合分析，运用定性分析与定量分析相结合的方法，现就大中小学思政课一体化建设的认知、现状、制约因素等方面存在的问题进行梳理和分析。

（一）调查对象分析

参与本次问卷调查的对象为大中小学校管理者、教师，共计 710 名。在以下几个方面呈现不同的特征。

1. 年龄层次

从调查结果看，被调查者从 20 岁至 50 岁以上基本呈平均分布，其中 40~50 岁人群最多，达到了 34.37%，占全部被调查者的 1/3 以上。20~30 岁的人群占比最少，仅为 15.49%。数据表明，中青年是大中小学的教师及教育管理者的主力军。

2. 学历与专业情况

从调查结果看，教师与教育管理者中本科学历达到 56.76%，研究生学历达到 39.3%，二者占总数的 96.06%。数据表明，参与大中小学思政课一体化的教师与教育管理者队伍学历水平均相对较高。被调查者专业主要集中在人文社科类，占总数的 68.03%，其次是理工类专业，占 27.04%。艺术类和医学类等专业占比较少。数据表明，目前从事思政课教学和学校管理工作的人员以人文社科类专业背景为主，相对专业比较对口。

3. 身份与所在学段情况

从调查结果看（见图 6-1），被调查者的身份主要分为四类，占比最多的是思政课一线教师，达到 33.24%；其次是非思政课一线教师，占 30.85%；教育管理者占 20.28%，其他身份者占 15.63%。这组数据表明，关注大中小学思政课一体化机制的人群非常广泛，思政课程与课程思政的研究与实践均在火热进行中，二者互为载体与依据。

从被调查的一线思政课教师所教学段来看（见图 6-2），初中学段教师最多，占比近一半，达到 47.88%；其次是高中学段教师，占比 25.42%；小学学段教师占比 16.95%；高校教师较少，占比 9.75%。其中初中和高中两个学段之和占比 73.3%，足见，作为承上启下的中间学段，对一体化建设的关注度更高。

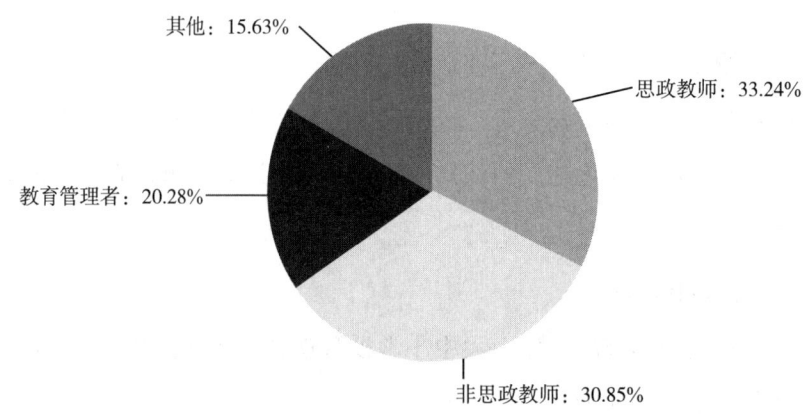

图 6-1　被调查者的身份情况

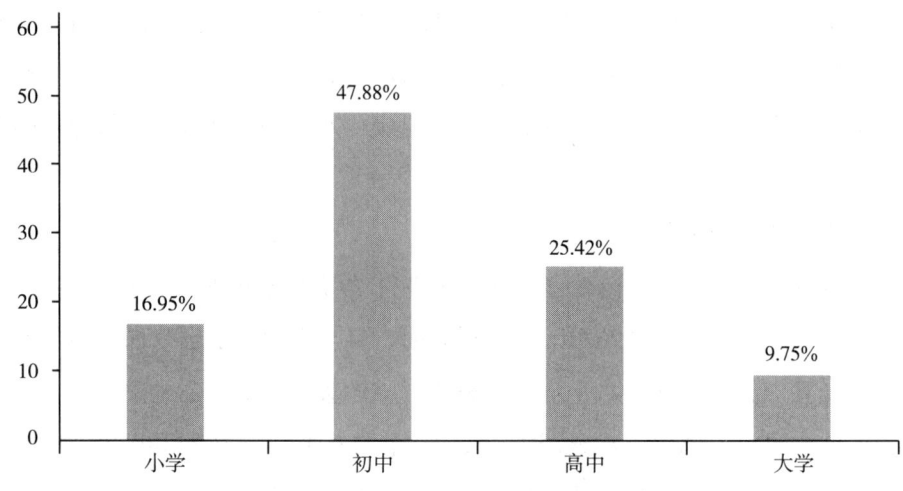

图 6-2　被调查教师的教学学段情况

4. 对大中小学思政课一体化了解情况

本问题旨在掌握被调查者对调查课题的了解情况。数据表明，了解调查课题的被调查者占多数，达到了 83.24%。其中十分了解占 8.87%，比较了解占 36.2%，基本了解占 38.17%。值得关注的是依然有 16.76% 的被调查者选择了"不了解"。足见，在推进大中小学思政课一体化建设过程中，加强一线教师与教育管理者对于此项工作的深入了解与价值认同任重道远。

（二）大中小学思政课开展情况现状分析

大中小学思政课一体化建设的重点和核心工作，即在不同的教育阶段，思政课的教育内容应该与不同学段学生成长的特点紧密结合。也就是说，要服从"因材施教"这一总体性的教育规律。因此，本次调查在专家访谈的基础上，结合 236 份一线教师的调查问卷，做如下分析。

1. 教学目标了解情况

教师对教学目标的清晰认识，是开展教学工作、提升思想政治理论课教学质量的前提。调查数据显示，所有学段的教师对本学段思政课教学目标均表示"清楚"（见图6-3），但是对其他学段思政课的课程目标"熟悉"的占比74.58%（见图6-4），即有约1/4的教师选择了"不熟悉"。而在"对于不同学段思政课开设情况是否合理"的反馈中（见图6-5），认为"比较合理"和"基本合理"的达到80.08%，有5.08%的教师选择"不合理"。这都直观地表明，目前仍存在"不同学段的思想政治理论课目标有效衔接不足""缺乏对大中小学思想政治理论课的顶层设计""不同学段思政课教学目标一体化方面依然有待改善"等问题。

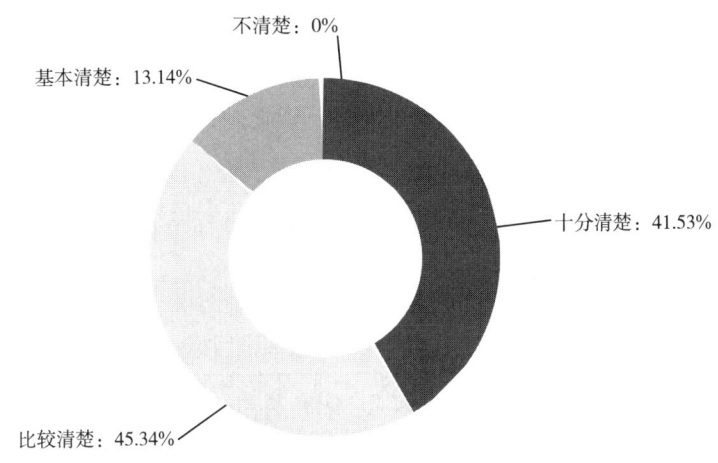

图 6-3　您对本学段思政课教学目标是否清楚?

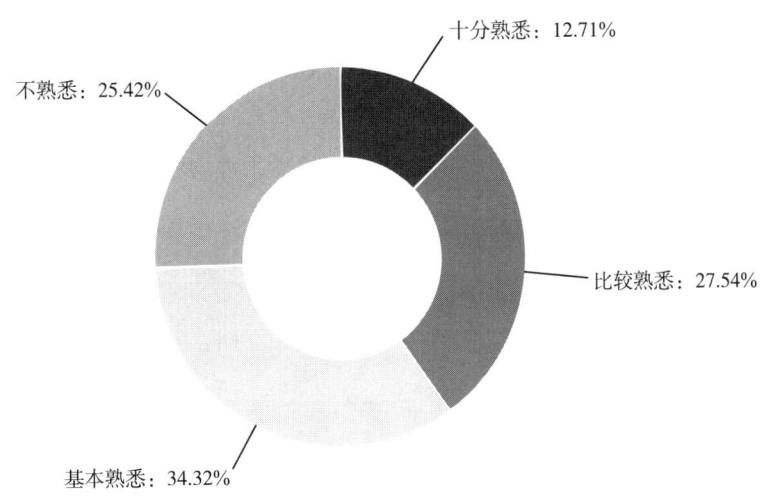

图 6-4　您是否熟悉其他学段思政课的课程目标?

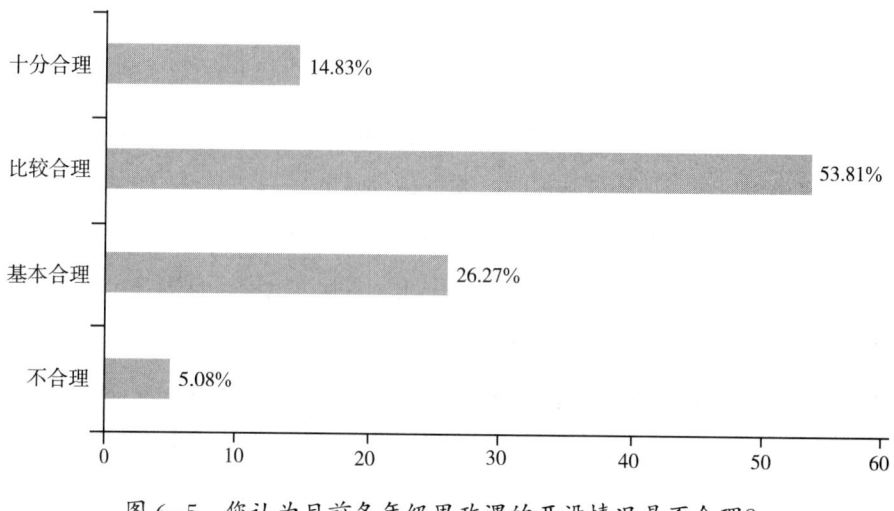

图 6-5　您认为目前各年级思政课的开设情况是否合理？

为了进一步摸清一线教师对于思政课一体化的课程目标了解情况，我们借助统计分析工具（SPSS），选择了相对常用的皮尔逊（Pearson）相关系数，对不同学段的教师对本学段教学目标和其他学段课程目标是否清楚（熟悉）的相关性进行了分析（如表6-2所示）。

表6-2　教师对本学段教学目标和其他学段课程目标熟悉的相关性分析表

		7. 您对所在本学段思政课教学目标是否清楚？	8. 您是否熟悉其他学段思政课的课程目标？
7. 您对所在本学段思政课教学目标是否清楚？	皮尔逊相关系数	1	0.618**
	Sig.（双尾）	—	0.000
	平方和与叉积	197.463	163.737
	协方差	0.826	0.685
	个案数	240	240
8. 您是否熟悉其他学段思政课的课程目标？	皮尔逊相关系数	0.618**	1
	Sig.（双尾）	0.000	—
	平方和与叉积	163.737	355.996
	协方差	0.685	1.490
	个案数	240	240

注：皮尔逊相关系数的说明：一般相关系数在0.7以上，说明关系非常紧密；0.4~0.7之间，说明关系紧密；0.2~0.4说明关系一般。

从上面两题的相关性分析可以看出，教师对本学段教学目标和其他学段课程目标是否清楚（熟悉）的皮尔逊相关性达到了 0.618，同时，相关系数右上角有两个星号（**），代表 $p<0.01$（p 值表示这个相关性的显著性，$p<0.01$ 说明在 1% 水平上显著相关），因而说明教师熟悉本学段教学目标和教师清楚其他学段教学目标之间存在正相关的关系，且相关程度较强。这个结果表明，一线教师在教学中，在清楚本学段思政课教学目标的同时，也会大概率地去了解其他学段思政课的课程目标。这样在教学上才能形成教学目标的衔接，从而做出有效的教学设计。

2. 教材设计评价情况

在大中小学思政课一体化建设中，教材是载体，需要实现知识教育与价值教育的统一。在调查中（见图 6-6），认为目前思政课教材"十分合适"的占 18.64%，认为"不合适"的占 2.54%，而选择"比较合适"和"基本合适"的共有 186 人，分别占总数的 54.24% 和 24.58%。同样，在教材"内容衔接和一体化开发"方面（见图 6-7），认为教材"无缝衔接"的只有 14 人，而认为"没有衔接"的达到了 37 人，占比 15.68%，认为"比较到位"和"基本到位"的则占绝大多数，分别占比为 38.98% 和 39.41%。这个结论客观地反映了当前思政课教材在注重大中小学段内容衔接方面依然存在不足，在教材目标的整体性、内容的贯通性、组织的系统性等方面的表现还需要进一步科学论证。

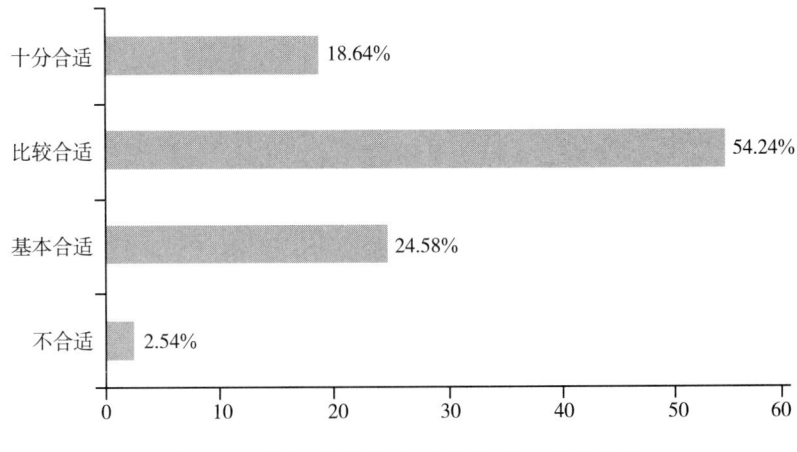

图 6-6　教师对本学段教材是否合适的评价

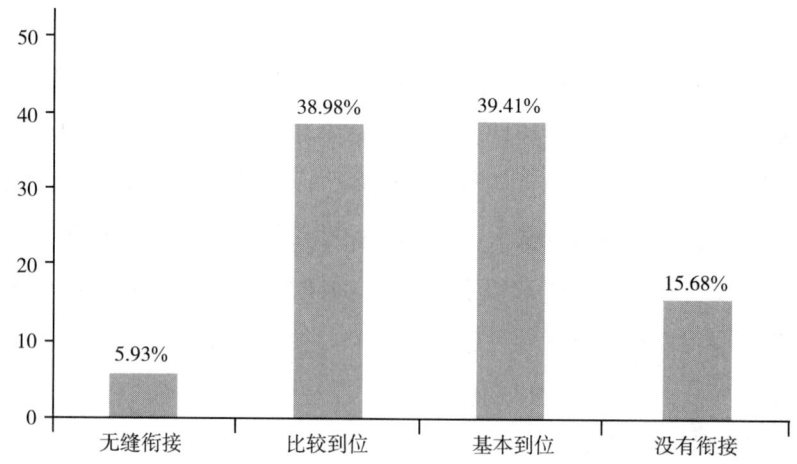

图 6-7　教师对思政课教材的内容衔接和一体化的开发的评价

3. 教学设计一体化情况

对于各个学段的思政课教学设计，既要体现不同学段学生的接受程度，"因材施教，循序渐进"，也要有宏观上的一体化设计思路，具体体现在教学内容和方法上。

数据显示（见图 6-8），教师在进行教学设计时"十分注意"和"比较注意"与其他学段衔接的被调查者接近 70%，选择"偶尔注意"和"不注意"的占比 31.35%。为了进一步比较不同学段的一线教师对该问题的区分度，我们对数据做了交叉分析（见图 6-9）。这两组数据说明在四个学段中仍有相当一部分一线教师还只是关注本学段的思政课教学，这种状况并不乐观，这也进一步解释了教学目标存在脱节的深层次原因。

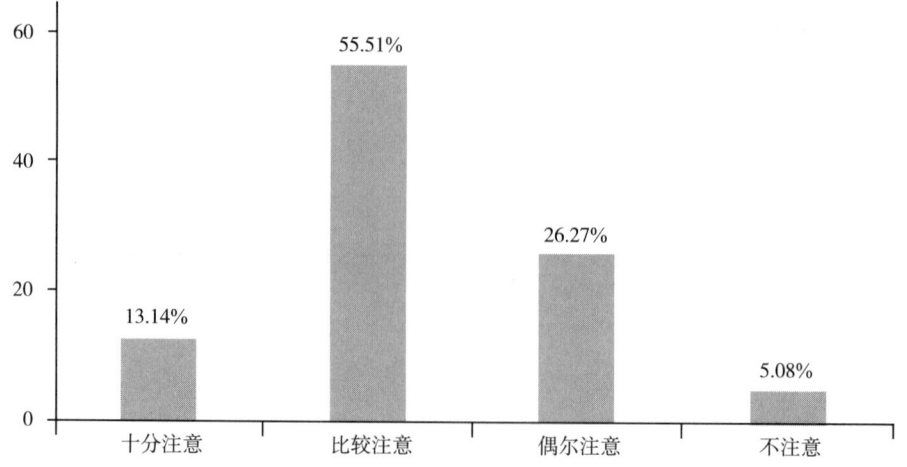

图 6-8　教师在进行教学设计时，是否会注意与其他学段的衔接

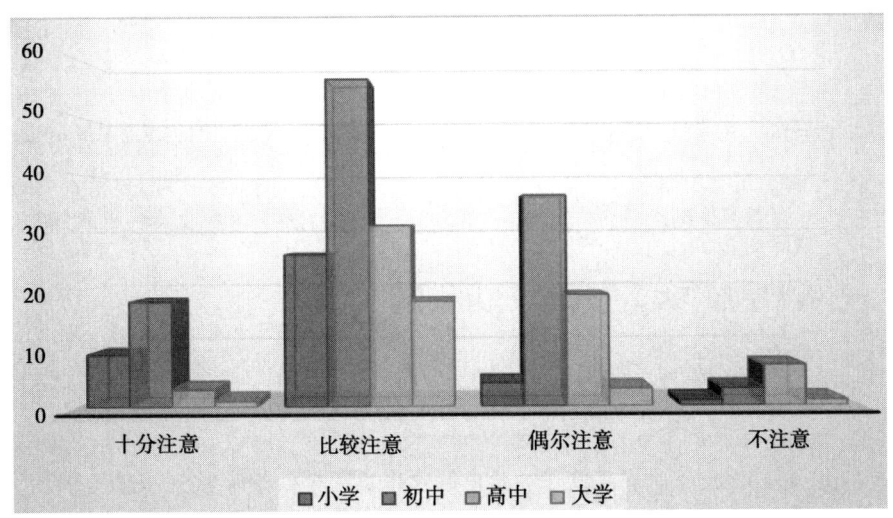

图 6-9 比较不同学段教师注意与其他学段衔接的情况

　　据调查数据显示（见图 6-10），在"思政课教学中组织的教育活动"方面，占前三位的依次是"自主学习、课堂讨论"占比 93.64%，"多媒体教学"占比 88.98%，"传统的课堂教学"占比 76.27%。此外，"参观爱国主义教育基地"也成为开展思政教育实践的重要方式，占比达到 41.53%。为了进一步分析不同学段的思政课教学更偏向于哪些教育活动，我们以学段为变量，对每个选项的数据，也做了交叉分析（见图 6-11~6-14）。从数据不难看出，在教学中不同学段的教师们都十分关注学生主体，注重在课堂内外灵活开展思政教育，有益于提高思政课的教学效果。小学思政课更多注重启蒙式学习，中学思政课更偏重于体验式学习、常识性学习，大学思政课选择理论性学习、探究式学习为主要的教育活动方式。这说明，大中小学思政课程在教学内容上，是符合《新时代学校思想政治理论课改革创新实施方案》中关于课程体系的要求的，体现了"循序渐进、螺旋上升"的目标。同时，也对我们有所启示：思政课一体化建设要在各个教育阶段的教学内容上和方法上进行协调，遵循每一个教育阶段的认知规律，努力避免"知识重复"和"知识断档"。

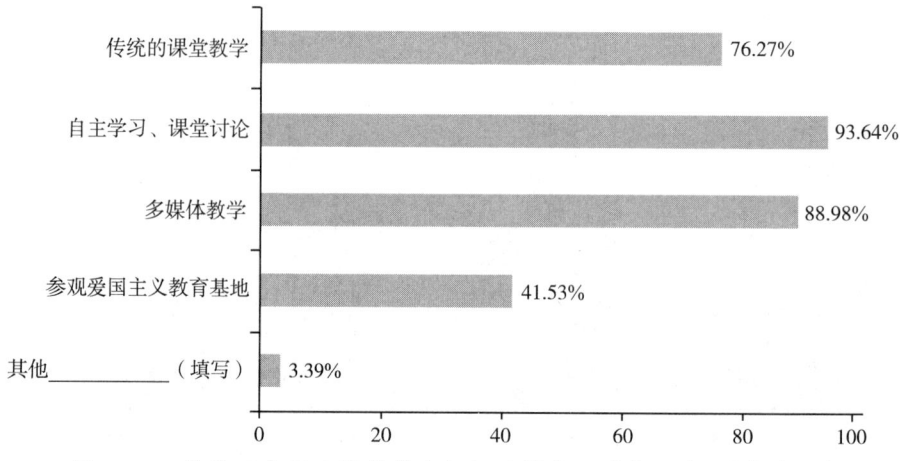

图 6-10　您平时在思政课教学中组织的教育活动有哪些?(多选题)

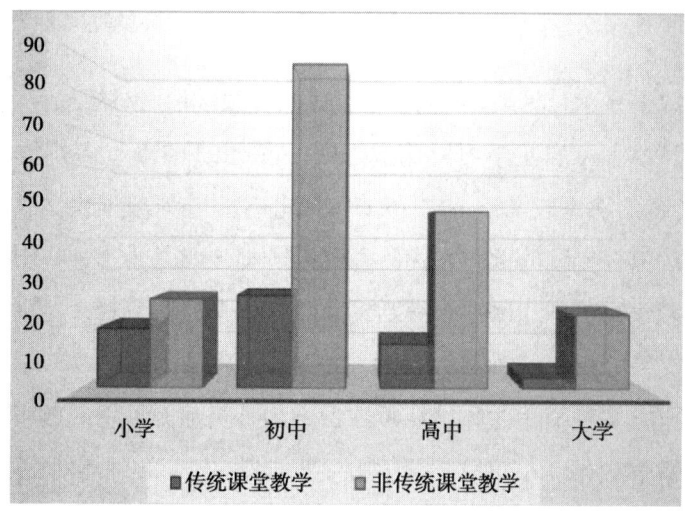

图 6-11　不同学段采用传统课堂教学的比较

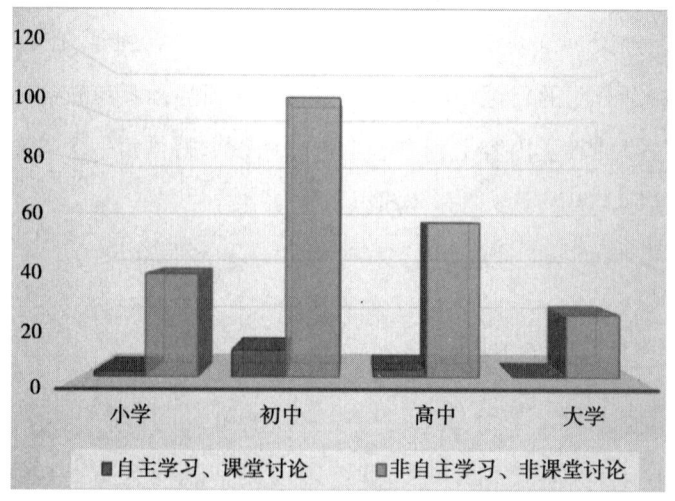

图 6-12　不同学段采用自主学习、课堂讨论等教学方式的比较

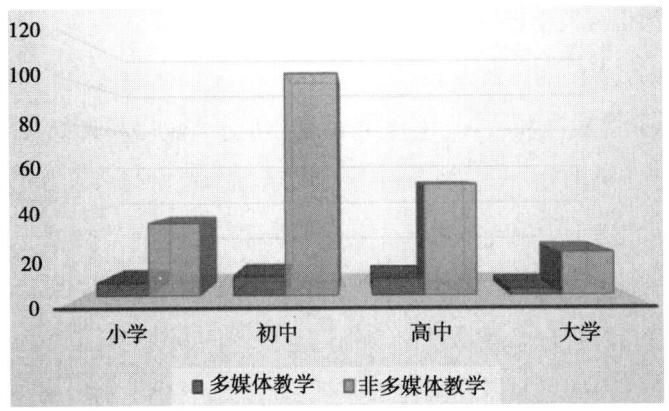

图 6-13　不同学段采用多媒体教学手段的比较

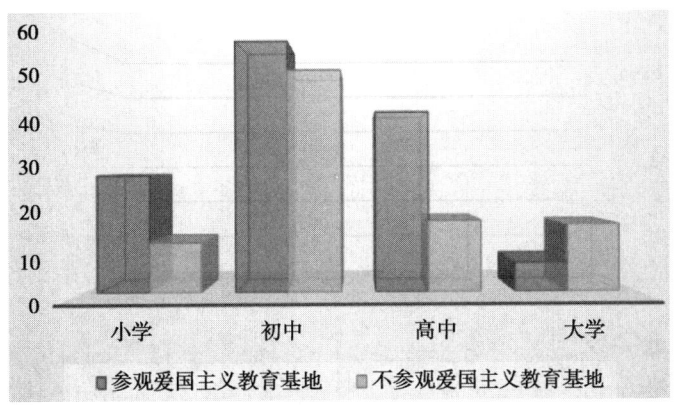

图 6-14　不同学段开展爱国主义教育基地参观的比较

　　而在突出思政课教学特色方面，数据显示（见表6-3），被调查者更多地倾向于"与学生多交流互动，发挥学生主动性"及"结合实际，精心设计教学内容"方面，占比分别高达92.8%和91.53%。此外，"开展丰富多彩的实践教学活动"和"营造严肃活泼的课堂氛围"，占比分别为79.24%和68.22%，这些无疑都是突出思政特色的共同着力点。

表6-3　思政课教学内容和方法上突出特色的比例分析（多选题）

选项	小计	比例	
结合实际，精心设计教学内容	216		91.53%
营造严肃活泼的课堂氛围	161		68.22%
与学生多交流互动，发挥学生主动性	219		92.8%
开展丰富多彩的实践教学活动	187		79.24%
其他	3		1.27%
本题有效填写人次	236		

4. 教学评价与教学效果方面

在对于各个学段的思政课教学评价方面，我们重点关注了"对思政课教师的教学考核评价方式"和"对学生思想道德政治素养的考核评价方式"。

数据显示（见图6-15），被调查者对"所在学校对教师和学生评价方式是否合理"的认知趋于一致，多数认为"比较合理"和"基本合理"，认为"不合理"的均低于10%。这说明在对大中小学各单独学段的思政课教学评价方面，目前评价体系相对合理。在访谈中，我们也就此问题进行了深入了解。多位专家表示，各个学段的思政课教学评价体系的合理性和科学性仍处于发展和完善中，要体现不同学段教学目标，也要有宏观上的全方位设计思路，尽量做到定量和定性相结合。

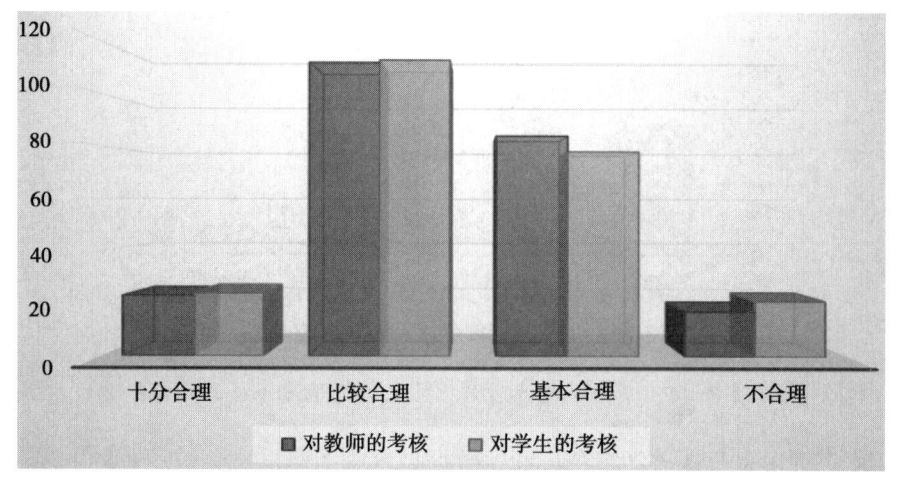

图 6-15　您认为所在学校对思政课教师的教学考核评价方式是否合理？

在对各个学段的思政课教学效果方面，我们主要关注了各学段思政课教师之间的交流情况，以及思政课教师对"在一体化建设思想指导下，如何上好思政课"的认识。对于"各学段思政课教师之间的交流情况"，调查显示，有34.75%的思政课教师会与其他学段思政课教师"经常交流"；交流不多的教师占到54.24%；"没有交流"的教师达到11.02%。这表明，各学段之间教师的交流目前还不够充分。

针对思政课教师在一体化建设思想指导下，如何上好思政课的认识，我们特别设计了一些影响教学效果的选项。数据显示（见表6-4），一线教师在六个选项上达到了高度认同，思政课教师从教育理念、政治素养、教学能力、综合素质等多方面都在不断提升，这为思政课一体化建设提供了重要基础和动力。

表 6-4　在一体化建设思想指导下，您认为如何上好所在学段思政课？

选项	小计	比例	
树立先进的思政教育理念	189		80.08%
重视和提高教师政治素养	200		84.75%
增强教师的综合素质、提升能力	193		81.78%
理论联系实际，解答学生关心的重点、难点和热点问题	209		88.56%
采用先进的教学手段，改革考试、评定成绩的方式	174		73.73%
加强实践教学环节	179		75.85%
本题有效填写人次	236		

（三）对大中小学思政课一体化衔接机制建设的认知情况

这一部分的问题相对比较宏观，侧重被调查者对大中小学思政课一体化衔接机制建设及其管理的整体了解和认识，分为单选题、多选题和开放式问答题三个部分。共有 710 名被调查者参与并做了答卷。

1. 教育管理者对一体化建设的了解与重视程度

大中小学各学段的教育管理者对大中小学思政课一体化衔接机制的了解和重视程度，二者之间存在较强的相关性，是推动该项工作实施的重要影响因素。

通过对调查数据的分析（见图 6-16）可以看出，90% 以上的管理者对这项工作"重视"，其中 33.52% 表示"十分重视"，32.82% 表示"比较重视"，25.07% 表示"一般重视"。如图 6-17 所示，76.9% 的管理者对思政课一体化衔接机制有所了解，其中"十分了解"占比 4.93%，"比较了解"占比 31.27%，"基本了解"占比 40.7%。数据也显示出，还有 23.1% 的被调查者认为，各学段的教育教学管理者对该机制"不了解"。这个比例反映出的问题值得我们予以重视和反思，目前各学段、各学校仍需进一步加强对学校思政课及一体化建设的统一设计和领导。

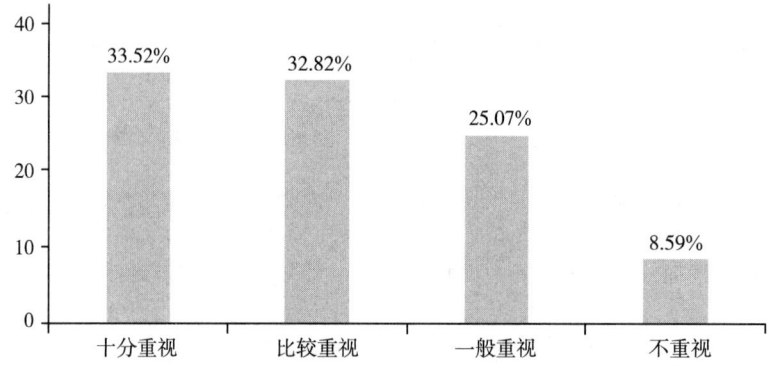

图 6-16　您所在单位领导是否重视大中小学思政课一体化建设工作?

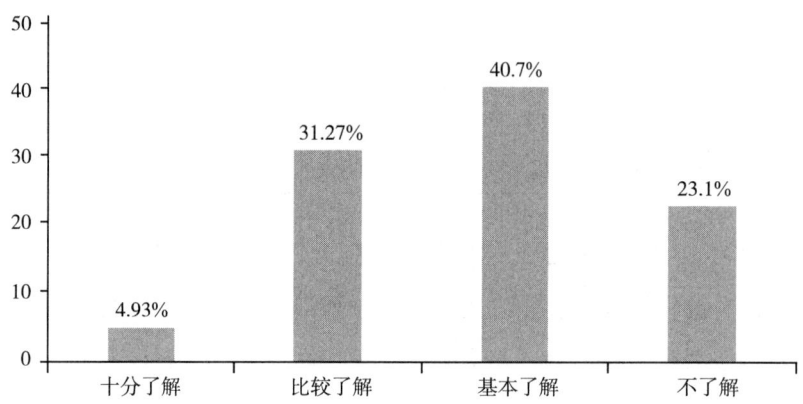

图 6-17　您认为大中小学各学段的教育管理者对思政课一体化衔接机制的了解情况

2. 一体化建设环境分析

大中小学思政课一体化建设离不开学校、家庭、社会的合力。对于当前"社会环境是否有利于推动大中小学思政课一体化建设深入进行"这一问题的调查（见图 6-18），认为"有利"的占到了绝大多数，达到了被调查者总数的94.51%，共 671 人。而对于"目前大中小学思政课一体化衔接机制是否完善"这一问题的反馈，被调查者的意见也趋于一致，可以看到一半以上的被调查者认为"已有相关机制，但尚未完善"，认为"没有相关机制"和"没有了解"的被调查者也占到了三分之一。这与目前思政课一体化建设现状是相符的，也从另一侧面表明，重视和加快大中小学思政课一体化建设是当前我们的紧要任务。

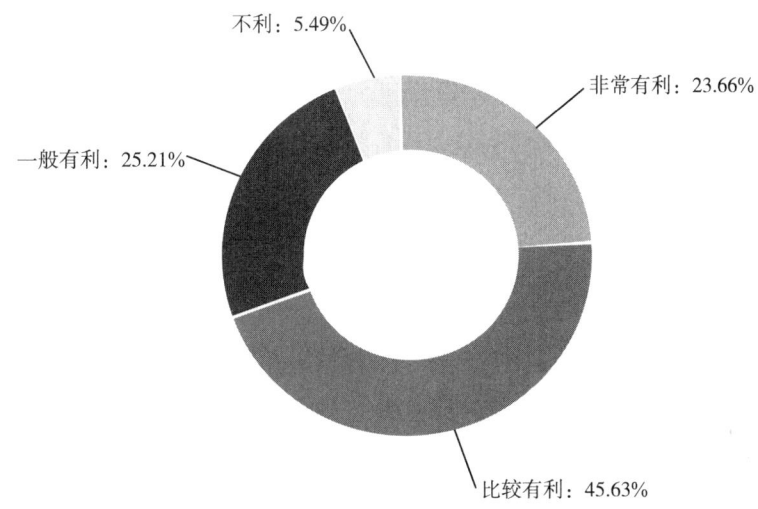

图 6-18 社会环境和媒体舆论对一体化的影响

3. 一体化建设主要影响因素分析

在调查问卷中，关于课程思政一体化建设的主要影响因素方面，共归纳了五项：管理者的重视程度不够、中小学思政课教学目标偏离课程标准、缺少一体化教学资源交流平台、缺少有效的一体化管理体制、其他因素。调查数据显示，超过半数的调查者认为，缺少"大中小学思政课一体化的教学资源交流平台"和"管理体制"是最重要的两个影响因素，其次为教育管理者的重视程度。这均体现出，有关大中小学思政课一体化建设的顶层设计，以及管理部门从上至下的领导和推动，成为确保一体化建设取得实质性成效的重要保障。

4. 一体化师资队伍建设分析

习近平总书记在学校思政课教师座谈会上的重要讲话中指出："办好思政课，离不开一支政治素质过硬、业务能力精湛、育人水平高超的高素质专业化思政课教师队伍。"如何加强思政课教师队伍的建设，也是本次调查的重点之一。本次调查着重关注了思政课教师的激励机制、考核机制、培训机制、专业化程度及其他几个方面。数据显示，对于大中小学思政课一体化教师队伍建设，73.8% 的人认为应重视教师的培训机制，71.55% 的人认为应重视教师的激励机制。此外，还有 60% 以上的被调查者认为，应重视"教师专业化程度"。这说明，在思政课一体化建设过程中，更多的教师有内在的学习动力和积极性，有不断提升自身政治理论水平和综合素质的要求，与时俱进。

在"如何进一步激励教师"这个问题上，数据显示，推动思政课一体化建设过程中，激励教师的有效手段里，创设有利的"文化氛围"是比例最高的选项，达到 72.11%，接下来依次是进修机会、津贴奖励、工作环境、职称评定、学术休假及其他。从调查结果可以看出，对于一体化师资队伍建设来讲，精神激励、薪酬激励、荣誉激励、工作激励都是促进教师投入工作的重要激励因素，在对师资的培养和评价体系中，需要合理考虑这些要素的设计和实施。

5. 一体化管理机制建设分析

这部分的调查，在结合专家访谈的基础上，预设了与问题相关的多种建议，并以多选题的形式出现，旨在调查各类建议的普遍认同性及所占比重。

（1）管理机制方面

在大中小学思政课一体化衔接机制建设方面需要加强的工作中（见表 6-5），"加强大中小学思政课一体化建设的顶层设计，体现教育理念创新"和"加强各学段学校纵向衔接、横向协同，将一体化建设工作落到实处"是被调查者的共识。

表 6-5　大中小学思政课一体化建设需要加强内容（多选题）

选项	小计	比例
加强大中小学思政课一体化建设的顶层设计，体现教育理念创新	562	79.15%
加强各学段学校的纵向衔接、横向协同，将一体化建设工作落到实处	575	80.99%
促进思政课教师队伍建设和发展，提高整体素质	523	73.66%
创建大中小学思政课一体化衔接机制建设的良好文化氛围	512	72.11%
您还有哪些对策建议？	28	3.94%
本题有效填写人次	710	

（2）参与一体化建设工作动力方面

思政课一体化建设工作是一项系统性工程，建设主体和参与者众多。本次调查的对象中，既有教育领域专家、教育管理者，也有思政课和专业课一线教师。调查数据显示，被调查者中有 557 人参与大中小学思政课一体化建设的工作动力来源于"对思政课一体化余人工作理念的认同"，占总数的 78.45%。此外，选择"学生对自我教育能力的肯定激励""考核评价机制驱动""自我内心驱动及荣誉满足感"的人数也达到了一半左右。这说明，有效的沟通协同机制是一体化管理机制建设的重要通道。

6. 开放式问题

在回收的 710 份问卷里，共有 168 份问卷对"您认为加强大中小学思政课一体化衔接还应包括哪些具体措施？"和"您认为大中小学思政课一体化衔接过程中还存在哪些问题和难题？"这两个开放性问题做了简要答复。限于篇章，本报告将这部分内容与后面的内容相结合加以阐述。

四、存在的问题及挑战

（一）大中小学思政课一体化建设的顶层设计缺乏深入解读和贯彻实践

习近平总书记在学校思想政治理论课教师座谈会上的讲话，以及《关于深化新时代学校思想政治理论课改革创新的若干意见》，提出思政课大中小学一体化建设，是对以往经验教训的总结，是对学生思政教育规律认识的深化，也是对大中小学思政课一体化做了权威的顶层设计。然而，在调查和访谈中，关于"您认为大中小学思政课一体化衔接过程中还存在哪些问题和难题"所得到的反馈中，"顶层设计"成为出现最多的高频词之一，比较有代表性的意见有："如何做好一体化顶层设计和具体落实""顶层设计和实践总结融合度不够""缺乏一体化理念的推广和认同""推进一体化制度建设和落实""加强顶层设计、推进实践研究"等。结合实际情况可以看出，尽管中央和相关部门对大中小学思政课一体化建设进行了相对完整的顶层设计指导，但是目前尚处于"上热下冷"的初级阶段，亟须各个层面对其进行深入研究、解读，并结合各个学段的任务和特点，结合思政课的教学实践，制定出横向和纵向相结合的"多层设计"，并加以贯彻落实。

（二）大中小学思政课一体化建设的主体之间缺乏有效的沟通协同衔接机制

大中小学思政课的主体是教师和学生。对于以学生为主体的调查已另行分析。本文调查的对象，将大中小学思政课主体主要限定在从事思政课管理、组织、服务、教研的相关人员范围之内。教师和管理者是思政课一体化建设的关键。调查和访谈数据中，关于建设主体对于思政课一体化的了解程度、管理者重视程度、需要加强的管理机制、教师间的交流情况等问题的反馈，都在不同程度上体现出一些问题。目前，各建设主体之间横向和纵向的沟通和协同远远不够，制约了教育教学管理者和不同学段教师进行思政课一体化建设的积极性、主动性和创造性。如在开放性问题"您认为加强大中小学思政课一体化衔接还应包括哪些具体措施？"中，经过筛选，有效反馈的 168 条中，涉及加强主体的沟通和协同的回答达到一半以上。如有的被调查者提出："顶层领导理念引领，教师和管理干部轮训，对一体化有整体正确认识和把握。"很多被调查者建议"专家引领，搭建大中小学思政课教师沟通平台"，"将建设主体之间的交流、研讨和培训机制化、平台化"，保障上下左右之间的协同一体化，从政策和实践上落实和推动大中小学思政课一体化建设。

（三）大中小学思政课一体化建设的教学层面仍需分项深耕细化衔接措施

思政课是体现我国教育性质和方向的重要课程，是学校对学生进行思想政治教育的主阵地。目前我国大中小学现有的思政课体系，在小学、初中、高中、大学本科、大学研究生阶段都设置了相应的国家规定的思政课程，制定了本学段的教育任务、课程目标、课程内容等。但分段设计的局限也很明显，各学段之间有些思政教育内容存在重复交叉，或不连贯、相互脱节等问题；各学段之间重点任务分工不够清晰明确，导致不同学段的思政课教师在教学过程中没有定位感，没有形成思政课一体化的整体概念。

1. 不同学段的思想政治理论课目标有效衔接不足

缺乏对大中小学思想政治理论课的顶层设计，不同学段思政课教学目标一体化方面依然存在待改善的地方。

2. 大中小学思政课教材建设的统筹和落实需加快推动

教材是落实立德树人的重要载体。调查数据显示，当前的大中小学思政教材，在教材目标的整体性、内容的贯通性、组织的系统性等衔接方面依然缺乏宏观统筹和细化落实。

3. 大中小学思政课课程内容一体化的平台和机制建设尚未形成

大中小学思政课一体化建设，在课程内容方面是指在整体布局和部分安排上，实现由低向高的循序渐进和螺旋上升，这既包括同一学段内的横向内容呈现，也包括纵向不同学段之间的内容安排。结合学生版调查报告内容，可以看出，目前大中小学思政课课程内容依然存在重复、断层、倒置等现象。增加思政课的亲和力和学生的获得感，才能提高思政课教学实效。如何遵循学生的生理心理发展规律，对目前不同学段思政课课程内容进行深入研究，厘清其内在逻辑及教学规律，彻底解决思政课程在高等教育阶段和基础教育阶段的分离，依然任重而道远。

4. 大中小学思政课一体化教学评价体系不完善

思政课课程内容设定之后，需要在实践中应用才能获得应有的效果。从专家访谈中可以看出，大中小学思政课一体化问题主要源自大学思政课教学实践的反思。大学思政课是一体化的中端和高端，必须要承接中小学思政课教学的直接结果，因此，大学思政课及大学思政课教师需要根据自己的实际经验提出自己对基础端思政课的要求和期望。从教师和学生的调查结果可以看出，目前还没有形成一个完善的、合理的、科学的大小学思政课一体化教学评价体系。

（四）大中小学思政课一体化衔接机制建设仍是一项长期和复杂的挑战

大中小学思政课一体化衔接机制的研究和建设，表现出了思政课教育行动的协同性和复杂性。如何既能充分发挥各建设主体的职能和作用，实现不同阶段、不同学段的教育目标要求，又能兼顾各层次教育目标的过渡性、配套性和衔接性，对于新时代大中小学思政课一体化衔接机制建设提出了一系列复杂性挑战。本文仅根据调查结果，做出如下总结。

1. 各个建设主体对大中小学思政课一体化衔接机制建设的了解与重视程度参差不齐

有 23.1% 的被调查者认为，各学段的教育教学管理者对该机制"不了解"（见图 6-19），也有 8.59% 的被调查者认为所在单位领导并不重视一体化建设（见图 6-20）。这两组数据反映出的问题值得重视和反思。在对一体化建设主要影响因素的分析中，反映出了同样的问题，"缺乏管理体制"和"教育管理者的重视程度不够"是位列前三的重要影响因素。这均体现出，有关大中小学思政课一体化建设的顶层设计，以及管理部门从上至下的组织、领导和推动，成为确保一体化建设取得实质性成效重要保障。大中小学思政课一体化能否办好，能否充分发挥教师的积极性、主动性和创造性，能否推动思想政治理论课改革创新，参与其中的各个主体之间的沟通协同是关键所在。

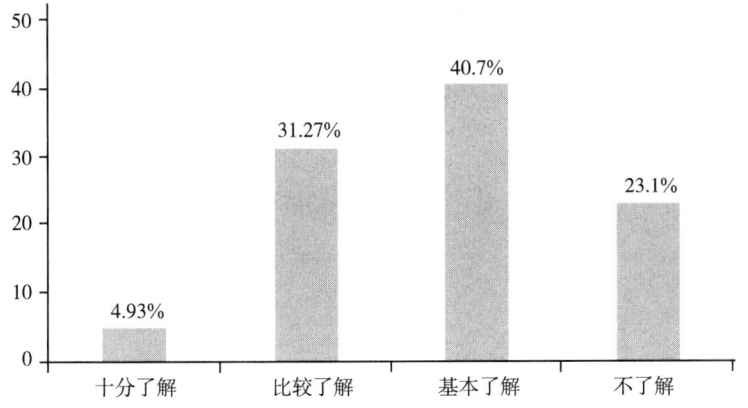

图 6-19　各学段教育管理者对大中小学思政课一体化衔接机制了解情况比较

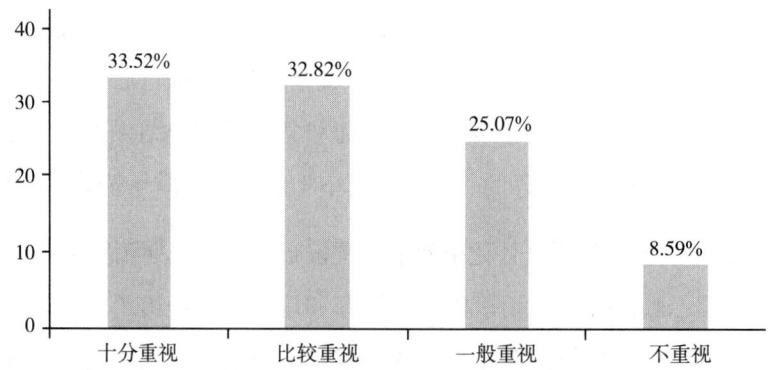

图 6-20 您认为您所在单位领导是否重视大中小学思政课一体化建设工作？

2. 大中小学思政课一体化衔接机制的建设环境整体趋好但尚在初期

对于社会环境和媒体舆论氛围对一体化建设的影响（见图 6-21、6-22），分别有约 70% 和约 80% 的被调查者认为是"比较"和"十分"有利和积极的。家校协同育人、社会协同育人的环境正在形成。但是也有 16.33% 的被调查者认为"无影响"和"消极"。鉴于本次调查的样本主要来自一线教师和教学管理者，这个数据在一定程度上也说明，大中小学思政课一体化衔接机制建设的社会环境和舆论氛围还需要大力建设和宣传，更要鼓励科研单位、党政机关、企事业单位、其他社会组织积极参与思政课建设，形成全社会努力办好思政课的"大思政"格局。

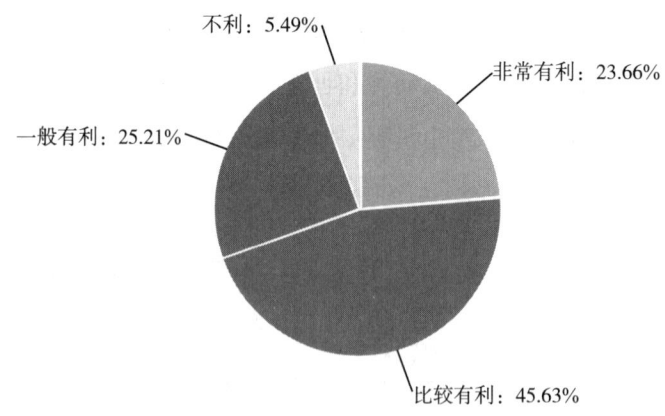

图 6-21 您认为您所处的社会环境是否有利于推动大中小学思政课一体化建设深入进行？

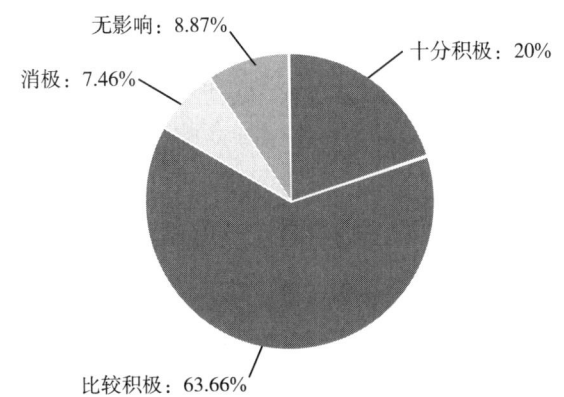

无影响：8.87%

消极：7.46%

十分积极：20%

比较积极：63.66%

图 6-22　您认为当前媒体舆论氛围对大中小学思政课一体化建设有什么样的影响？

3. 大中小学思政课一体化师资队伍建设仍待加强

思政课教师是落实大中小学思政课一体化建设任务的一线人员思政课教师的梯队结构、专业水平等因素直接影响大中小学思政课一体化的推行效果。在访谈和问卷调查中，很多专家和一线教师对大中小学思政课一体化师资队伍建设特别关注。提出的问题主要有：思政课教师专业化、专职化程度还不够，特别是在小学和中学阶段，体现得比较明显；师资年龄结构仍需优化，缺乏科学的、结合实际的老中青思政教师的传帮带机制和长期培养计划；打破学段壁垒的师资一体化交流平台和机制尚不完善，学段之间衔接难度大，学段交流不足；思政课教师知识储备和知识结构仍需不断完善，建构新形势下的思政课一体化师资培训渠道和培训机制成为当务之急。

五、对策及建议

（一）各建设主体要加强对顶层设计的重视，深入解读和贯彻落实中央精神

2019 年 8 月，中共中央办公厅、国务院办公厅联合印发《关于深化新时代学校思想政治理论课改革创新的若干意见》（以下简称《意见》）；2020 年 12 月，中共中央宣传部、教育部又联合印发《新时代学校思想政治理论课改革创新实施方案》（以下简称《方案》）。从总体上看，《意见》是宏观指导，《方案》是具体落实。二者均对大中小学思想政治理论课（以下简称思政课）一体化建设进行了顶层设计和总体安排。两个重要文件就是大中小学思政课一体化的顶层设计和纲领性指导。这两个文件一个侧重整体规划，一个侧重具体实施，明确了思政课总体目标以及大学阶段、高中阶段、初中阶段、小学阶段的重点，提

出"在大中小学循序渐进、螺旋上升地开设思政课"。关于思政课课程体系，提出结合大中小学各学段特点构建形成必修课加选修课的课程体系，并规定了博士、硕士、本科、高等职业学校专科阶段和高中、初中、小学各学段的必修课程的门类和名称。关于思政课内容建设，提出遵循学生认知规律设计课程内容，体现不同学段特点：研究生——探究性，本专科——理论性，高中——常识性，初中生——体验性，小学——体验性。此外，《意见》和《方案》还规定思政课教材由国家教材局统筹建设和规划，完善教材编审制度，健全一体化教材建设机制，加强教材研究，构建立体化教材体系；鼓励高校和大中小学组建思政课一体化教学改革创新联合体；组织大中小学思政课教师开展交流培训等等。这些措施对思政课大中小一体化建设构想真正得以实现，将起到重要保证作用和引领作用。

中央对思政课大中小学一体化建设的顶层设计，是基于历史和现状做出的整体规划。目前之所以还有相当数量的教师及教育管理者不清楚其内容，是因为从上到下传递的信息渠道不够畅通，各层面、各学段的理解与实践处于各自为政的阶段。因此各建设主体要重视顶层设计，结合实际深入解读和贯彻大中小学思政课一体化建设实践。首先，要吃透中央的顶层设计，从立德树人、培养合格建设者和接班人的时代要求和战略高度出发，形成大思政工作思路和工作格局。其次，积极拓展大中小学思政课一体化建设的局面，形成全社会努力办好思政课一体化的合力。教育部"成立教育部大中小学思政课一体化建设指导委员会"，对不同类型思政课建设分类指导；各地方党委及职能部门做好工作部署、队伍建设、支持保障等实事；各类各级各学段学校则研究合作、跨校备课并讲好思政课，推动一体化内涵建设。

（二）加强大中小学思政课一体化建设主体之间的联系，构建横向联合、纵向协同的沟通一体化衔接机制

大中小学思政课一体化建设既是整合的、系统的，又是发展的、动态的，集中力量、与时俱进地专门研究和制定推进一体化建设的政策、制度和机制，必须要打通个建设主体之间的沟通渠道，实现协同运作，做到集中规划和科学发展。

从纵向联合方面，教育部"大中小学思政课一体化建设指导委员会"，是深化学校思政课改革创新的决策协调议事机构；各地方党委及职能部门，承担

思政课一体化建设的协调保障责任；各类各级学校则承担思政课一体化建设的教学实践责任，特别是高校，可以由马院牵头，拉动与中小学思政课合作。从上至下要建立起全局性的沟通协作机制，畅通沟通交流、问题反馈、建言献策，破解以往德育体系中缺乏有效的沟通联系与协作机制的局面，注重建立良好的互动机制，进而发挥衔接与纽带作用。

从横向联合方面，推动家庭、学校、社会共同积极参与，拓宽新媒体沟通合作渠道，协同推进大中小学思政课一体化建设和发展。

（三）完善大中小学思政课教育体系，构建具有层次性、梯度性、系统性的思政课教学一体化衔接机制

思政课一体化建设需要对教育内容做整体性规划，构建具有层次性、梯度性和系统性的教育体系。这是提升思政教育针对性、实效性的必要路径。加强大中小学思政教育内容的整体性建设必须要充分考虑学生的认知能力和成长需求，避免不同学段之间教育内容的重复赘述，进而促进思政教育在小学、中学、大学间的有序进阶、有效衔接。

1. 教学目标一体化

首先在顶层设计上做好课程目标的整体规划和层段设计，明确各学段思政课的课程目标以及教学目标。其次要加强各学段教学目标关联性建设。一线教师不仅要熟悉本学段的教材，还要了解其他学段的教材，只有这样才能站在整体性的视角设计具有关联性的教学目标。

2. 教材建设一体化

对教材目标的整体性、内容的贯通性、组织的系统性等衔接方面进行宏观统筹和细化落实。一方面，从组织上进一步优化思政课教材编审队伍结构，加大思政课教材研究力度，全面构建新时代思政课教材体系；另一方面，探索和落实教材一体化建设路径，明确新时代思政课教材建设的新要求，构建纵向衔接、横向关联、类别互通的立体化教材体系。

3. 课程内容一体化

大中小学思政课一体化建设，在课程内容方面要实现由低向高的循序渐进和螺旋上升，进行分层设计，逐级递进，不断深化。一方面，要在遵循学生认知规律的基础上对不同学段思政课程进行合理组合与科学配置，如小学阶段注重启蒙性和趣味性课程设置、中学阶段注重体验性和常识性课程设置、大学阶

段注重理论性和探究性课程设置。另一方面，要进一步统筹课程思政与思政课程的携手联动、显性教育与隐形教育的相互补充，不断强化显性灌输与隐性启发对于学生思政教育的双重作用。从课程的开展形式来看，要结合不同学段学生的认知结构与兴趣爱好，不断构建包括校园课堂、网络课堂、社会课堂、实践课堂在内的一体化课程教学模式，切实增强思政课的亲和力、感染力与吸引力。

4. 教学评价体系一体化

制定与大中小学思政课一体化特点相匹配、以思政教育教学为中心的教学评价体系，从内容上来说，一体化教学评价体系要求将动态评价与静态评价相结合、过程评价与结果评价相衔接、定性评价与定量评价相贯通、短期评价与中长期评价相融合。从形式上来说，一体化教学评价体系要以学生的长期成长发展需要为立足点，贯穿于学生思政教育的全过程，在大中小学三个学段建构起立体、有序、互动的评价反馈机制，最大限度地真实反映不同学段思政课的教育教学成效，从而为进一步改进思政课一体化建设提供科学合理的依据。

（四）以提升专业能力为抓手，构建师资队伍建设一体化衔接机制

师资队伍的专业能力提升是大中小学思政课一体化取得成效的关键。要构建一支高素质的、能够"专职为主、专兼结合"的一体化师资队伍。首先，高校教师与中小学教师要加强政策学习和师资培训，形成日常化的跨纵向学段的交流机制，通过集体备课、交流探讨等互动交流，合理呈现各学段思政课的教学形式；其次，以课题为载体，依托高校马克思主义学院以及大中小学名师工作室，鼓励大中小学思政课教师联合申请、承担一体化建设相关研究课题，联合发布、推广相关成果；最后，建立思政课教师培训基地，建立大中小学思政课教师一体化培养机制，建立思政课学校内部贯通、区域联动、基础教育与高等教育协同推进的工作机制。

（五）促进和提高大中小学思政课教学实效，构建激励和监督一体化衔接机制

激励和监督一体化衔接方面，第一，严把思政课教师资格关，健全准入制度，建立退出制度，坚持激励与监督并行，落实机会公平、优者从教、教者从优，健全科学、长远、可操作的师资培养提升长效机制。第二，制定区域内贯通大中小学各学段的一体化思政课教师培养体系，既以荣誉及职称评选的政策倾斜作为激励手段来提升其水平，也用阶段性的培训选拔来充实思政课教师的

骨干力量，例如推行低学段思政课教师在高学段学校的进修计划，最终实现教师知识结构优化的目标，提升思政课教师的师资水平。第三，在思政教师评聘标准以及绩效分配、评优评先、评教评奖等方面，把重点落到思想政治素质、师德师风、理论功底和专业素养等方面，增强价值引领，牢记使命担当，提高政治站位，以不断增强教师职业认同感、责任感、使命感、荣誉感、幸福感，发挥评测激励机制在改革创新建设中的真正作用。第四，鼓励创新思政课教师评价机制，加大激励力度，开展思政课程与课程思政特色项目、特色课堂、特色教研组、特色学校等思政课一体化系列特色评估评选活动，通过评先进、树典型，为思政课一体化建设注入动力、活力。

大中小学思政课一体化的实践是一个长期的、全局的、复杂的过程，大中小学思政课一体化衔接机制建设是一篇大文章，要慎终如始地全面开展。只有坚持高屋建瓴、脚踏实地，才能逐渐走向深入和成熟，才能切实提高大中小学各学段的教学实效，进而整体提高思想政治教育的实效。

本次调查得到广大教师和专家的关注与指导，得以顺利展开。但是限于样本和时间的关系，挂一漏万，尚有不少亟待完善的地方，提出的问题仍需后期继续跟踪研究。

◀ 参考文献：

［1］中共中央办公厅、国务院印发《关于深化新时代学校思想政治理论课改革创新的若干意见》［N］，人民日报，2019-8-15（01）.

［2］王治东.统筹推进大中小学思政课一体化建设的三个维度［J］.中国高等教育，2020（01）：10-12.

［3］宋道雷，谭金欣，叶靖.大中小学思政课一体化成效与影响因素研究：基于教师的视角［J］.复旦教育论坛，2021，19（04）：42-51.

［4］邓力.大中小学思政课一体化建设主体有效衔接的生态性研究［J］.北京印刷学院学报，2021，29（09）：140-142.

［5］吴宏政，高丹.大中小学思政课一体化建设的目标论要［J］.东北师大学报（哲学社会科学版），2021（05）：130-136+164.

［6］吴宏政，徐中慧.论大中小学思政课教师队伍一体化建设［J］.现代教育管理，2020（07）：15-21.

［7］姜显臣，范雨婷.新时代大中小学思政课一体化建设的整体架构与实践路径

［J］，现代教育管理，2021（09）：42-48.

执笔人：魏莉霞、刘砚秋，国家社科基金"大中小学一体化思政课建设衔接机制研究"课题组成员。

附件：

2020 年国家社科基金项目"大中小学一体化思政课建设衔接机制研究"调查问卷（教育管理者＆教师版）

尊敬的老师：

您好！

为落实党中央和习近平总书记关于大中小学思政课一体化建设的相关文件精神，准确把握当前大中小学思政课一体化建设的实际情况，剖析大中小学思政课一体化建设的存在问题，以更好地推动大中小学思政课一体化建设的实践创新，特制作了本调查问卷。我们将占用您一点宝贵时间，请您帮助完成以下问题，问卷所有数据仅用于本课题组进行科学研究，我们承诺对所有数据对外完全保密，并保证不用于任何商业应用，衷心感谢您的参与和支持！

"大中小学一体化思政课建设衔接机制研究"课题组

1. 您的年龄　　［单选题］

　　A. 20~30 岁　　　B. 31~40 岁　　　C. 41~50 岁　　　D. 50 岁以上

2. 您的学历　　［单选题］

　　A. 专科　　　　　B. 本科　　　　　C. 研究生　　　　D. 其他

3. 您的专业　　［单选题］

　　A. 理工类　　　　B. 人文社科类　　C. 艺术类　　　　D. 医学类

4. 您对大中小学思政课一体化是否了解？　　［单选题］

　　A. 十分了解　　　B. 比较了解　　　C. 基本了解　　　D. 不了解

5. 您的身份　　［单选题］

　　A. 思政教师　　　B. 非思政教师　　C. 教育管理者　　D. 其他

6. 您所教学的学段　　〔单选题〕

　　A. 小学　　　　　　B. 初中　　　　　　　C. 高中　　　　　　D. 大学

7. 您对所在本学段思政课教学目标是否清楚？　　〔单选题〕

　　A. 十分清楚　　　　B. 比较清楚　　　　C. 基本清楚　　　　D. 不清楚

8. 您是否熟悉其他学段思政课的课程目标？　　〔单选题〕

　　A. 十分熟悉　　　　B. 比较熟悉　　　　C. 基本熟悉　　　　D. 不熟悉

9. 您认为目前各年级思政课的开设情况是否合理？　　〔单选题〕

　　A. 十分合理　　　　B. 比较合理　　　　C. 基本合理　　　　D. 不合理

10. 您对所在学段思政课教材的评价　　〔单选题〕

　　A. 十分合适　　　　B. 比较合适　　　　C. 基本合适　　　　D. 不合适

11. 您认为目前大中小学思政课教材的内容衔接和一体化的开发如何？　　〔单选题〕

　　A. 无缝衔接　　　　B. 比较到位　　　　C. 基本到位　　　　D. 没有衔接

12. 在进行教学设计时，您是否会注意与其他学段的衔接？　　〔单选题〕

　　A. 十分注意　　　　B. 比较注意　　　　C. 偶尔注意　　　　D. 不注意

13. 您平时在思政课教学中组织的教育活动有哪些？　　〔多选题〕

　　A. 传统的课堂教学

　　B. 自主学习、课堂讨论

　　C. 多媒体教学

　　D. 参观爱国主义教育基地

　　E. 其他_____（填写）

14. 您认为思政课教学内容和方法上如何突出特色？　　〔多选题〕

　　A. 结合实际，精心设计教学内容

　　B. 营造严肃活泼的课堂氛围

　　C. 与学生多交流互动，发挥学生主动性

　　D. 开展丰富多彩的实践教学活动

　　E. 其他_____（填写）

15. 您认为所在学校对思政课教师的教学考核评价方式是否合理？　　〔单选题〕

　　A. 十分合理　　　　B. 比较合理　　　　C. 基本合理　　　　D. 不合理

16. 您认为所在学校对学生思想道德政治素养的考核评价方式是否合

理？　　〔单选题〕

　　　　A. 十分合理　　　　B. 比较合理　　　　C. 基本合理　　　　D. 不合理

17. 您是否与其他学段思政课教师进行过交流？　　〔单选题〕

　　　　A. 是的，经常交流　　　　　　　B. 是的，但是不多

　　　　C. 没有交流

18. 在一体化建设思想指导下，您认为如何上好所在学段思政课？　　〔多选题〕

　　　　A. 树立先进的思政教育理念

　　　　B. 重视和提高教师政治素养

　　　　C. 增强教师的综合素质、提升能力

　　　　D. 理论联系实际，解答学生关心的重点、难点和热点问题

　　　　E. 采用先进的教学手段，改革考试、评定成绩的方式

　　　　F. 加强实践教学环节

19. 您认为大中小各学段的教育管理者对大中小学思政课一体化衔接机制的了解情况如何？　　〔单选题〕

　　　　A. 十分了解　　　　B. 比较了解　　　　C. 基本了解　　　　D. 不了解

20. 您认为您所在单位领导是否重视大中小学思政课一体化建设工作？　　〔单选题〕

　　　　A. 十分重视　　　　B. 比较重视　　　　C. 一般重视　　　　D. 不重视

21. 您认为您所处的社会环境是否有利于推动大中小学思政课一体化建设深入进行？　　〔单选题〕

　　　　A. 非常有利　　　　B. 比较有利　　　　C. 一般有利　　　　D. 不利

22. 您认为目前大中小学思政课一体化衔接的机制是否完善？　　〔单选题〕

　　　　A. 相关机制已经很完善

　　　　B. 已有相关机制，但尚未完善

　　　　C. 没有相关机制

　　　　D. 没有了解

23. 您认为当前媒体舆论氛围对大中小学思政课一体化建设有什么样的影响？　　〔单选题〕

　　　　A. 十分积极　　　　B. 比较积极　　　　C. 消极　　　　D. 无影响

24. 您认为影响大中小学思政课一体化建设的主要原因是什么？　　〔多

选题〕

  A. 教育管理者对大中小学思政课一体化建设不够重视

  B. 中小学思政课教学目标偏离课程标准

  C. 缺少大中小学思政课一体化教学资源交流平台

  D. 缺少有效的大中小学思政课一体化管理体制

  E. 其他

  25. 您认为大中小学思政课一体化教师队伍建设应该重视哪方面？ 〔多选题〕

  A. 对教师的激励机制

  B. 对教师的考核机制

  C. 教师的培训机制

  D. 教师专业化程度

  E. 其他

  26. 您认为在大中小学思政课一体化建设过程中有效手段有哪些？ 〔多选题〕

  A. 职称评定   B. 进修机会   C. 津贴奖励

  D. 工作环境   E. 文化氛围   F. 学术休假

  G. 其他

  27. 从管理机制角度出发，您觉得大中小学思政课一体化衔接机制建设方面，有哪些方面需要加强？ 〔多选题〕

  A. 加强大中小学思政课一体化建设的顶层设计，体现教育理念创新

  B. 加强各学段学校的纵向衔接、横向协同，将一体化建设工作落到实处

  C. 促进思政课教师队伍建设和发展，提高整体素质

  D. 创建大中小学思政课一体化衔接机制建设的良好文化氛围

  E. 您还有哪些对策建议？＿＿＿＿＿＿＿＿＿＿＿＿（填写）

  28. 您参与大中小学思政课一体化的工作动力主要来自哪些方面？ 〔多选题〕

  A. 对思政课一体化育人工作理念的认同

  B. 上级或本部门的考核评价机制驱动

  C. 同事对自己教育能力的评价压力

  D. 学生对自我教育能力的肯定激励

E. 自我内心驱动及荣誉满足感

F. 其他

29. 您认为加强大中小学思政课一体化衔接还应该包含哪些具体措施？ ［填空题］

_____

30. 您认为大中小学思政课一体化衔接过程中还存在哪些问题和难题？ ［填空题］

_____

《大中小学一体化思政课建设衔接机制研究》调查报告（学生版）

　　以习近平新时代中国特色社会主义思想为指导，全面贯彻党的教育方针，落实立德树人根本任务，提升思想政治理论课质量，需要积极探索思想政治理论课教育教学规律，其中从大中小幼一体化建设和衔接机制的角度探索思想政治理论课教育教学规律是一个重要命题。为落实党中央和习近平总书记关于大中小学思政课一体化建设的相关文件精神，更好地推动大中小学思想政治课一体化建设实践创新，本课题组通过设计和开展问卷调查，较为全面地掌握当前大中小学思政课一体化建设的实际现状，剖析目前大中小学思政课一体化建设存在的问题，并取得初步调查研究结果。基于此，就如何推进和完善大中小学一体化衔接机制，如何在大中小学一体化衔接视域下进行高校思想政治课教育教学创新研究等问题进行深入分析，形成研究报告。

一、基于问卷调查结果的分析

（一）大中小各学段学生基本认同思想政治理论课，程度有别，原因有异

　　落实立德树人根本任务，坚持铸魂育人，推动习近平新时代中国特色社会主义思想进课堂、进头脑，课堂教学是"主渠道"。提升思政课教育教学效果，首先要培养和加强学生对思想政治理论课程的认同感，形成学生积极学好思想政治理论课的良好氛围。从对于大中学段思政课程开设情况是否合理的调查统计情况来看，大学生普遍对大学开设思想政治理论课持肯定态度，调查数据中可以看出大中学生认为在本学段开设思想政治理论课的合理值分别为96.97%和97.7%，初中和高中学段认可度较高，尤其在初中整体认同度比较高。中学阶段正是学生思想不断成熟，世界观、人生观、价值观形成的时期，学生开始关注社会，对国家的认知也更加强烈，也关注中国在国际的地位与影响力。这些都转化为学生对思想政治理论课的认可度，呈现出对思想政治理论课的认可与喜欢。

从学生对思想政治理论课的喜好程度和喜爱原因两个角度对思想政治理论课进行价值分析，可以看出大中小各学段学生对思想政治理论课的认可度呈现出程度有别，原因有异的差异性特点。

1. 喜好程度

根据你是否喜欢上思想政治理论课的调查结果，做了两个交叉分析：一个是以学段为自变量，一个是以专业为自变量，因变量都是你是否喜欢上思政课。大学生对于思想政治理论课的喜欢程度，回答"一般"占到50%以上，喜欢值不到50%。从学生专业角度来看，理工类、人文社科类和其他专业的数据统计结果基本一致。从学段统计结果分析可以看出，对于思想政治理论课的喜爱程度，大学生和高中生都低于小学生和初中生。从整个小学学段统计结果分析可以看出，小学生对于思想政治理论课喜爱程度较高（见图6-23）。

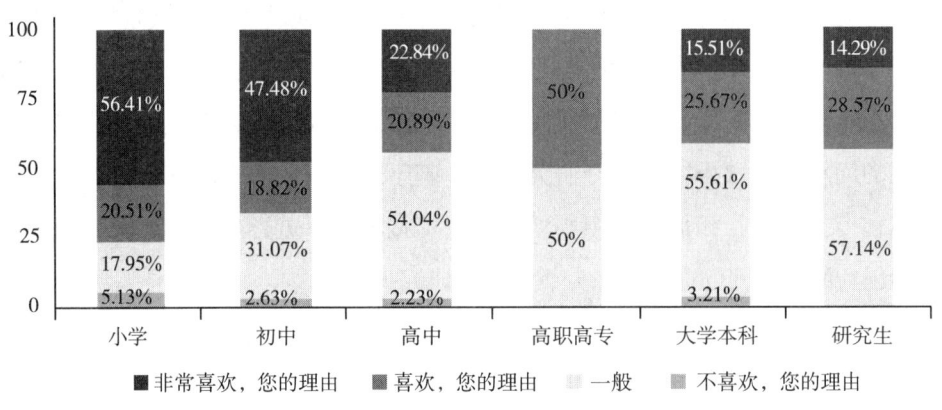

图6-23　小学生对于思想政治理论课喜爱程度

2. 喜好原因

从调查文本数据来看，对于思想政治理论课的喜好原因，回答"非常喜欢"和"喜欢"的主要聚焦于"有趣""感兴趣""意义""道理""思想上的博弈""明事理""树立正确人生观""增强政治认识""思想认知能力的提升""长知识""理论结合实际""接近生活"等原因。可以看出，大学生对思想政治理论课传统的枯燥无味和刻板印象已经发生了变化，这同思想政治理论课改变课堂形式与风格，以及思政课教材内容更适应时代变化和学生思想实际是分不开的，使学生能够感觉到在思政课堂上有收获，能够促进学生的成长。小学段学生对"喜欢的原因"，选择"老师教得好，所以喜欢""喜欢这门课的内容"这两项的占70%左右，但是选择"没有作业，比较轻松"的有接近一半的学生。

（二）大中小各学段教材体系和课程内容衔接基本完善

从对于大学段思想政治理论课教材的评价调查统计情况来看，大学生对于大学思想政治理论课教材认可度较高，认为本学段思想政治理论课教材的适合值占 96.96%。小学生对于小学段思想政治理论课教材也基本认可，选择"喜欢这门课的内容"占到 74.03%。大中小学思政课程一体化建设教材内容衔接情况的调研结果比较接近客观实际，目前我们国家基本构建了大中小学思想政治课不同层次的课程体系和教材体系，关照和体现了大中小不同学段的特点和要求。在思想政治理论课教材中，从小学、初中、高中到大学基本体现了教学内容一脉相承的一贯性和不同时期要求螺旋式上升的情况。

（三）思想政治理论课教学效果还有很大提升空间

虽然对于各学段思政课程开设情况是否合理以及对思想政治理论课的喜好程度，从各学段统计情况来看，普遍对开设思想政治理论课持肯定的态度。但是通过对"哪个学段的思政课最有意思"这样的问题设计，得出的结果是对于思想政治理论课认可度较高的学段主要集中在初中和高中学段。对于以上调查结果，做了一个交叉分析，以学段为自变量，因变量是哪个学段的思想政治理论课最有意思，从上面数据中可以看到，大学生选择本学段思想政治理论课最有意思的比例占 41.71%，低于初中和高中学段。存在这些问题的原因是多方面的。大学生进入大学的学习，通常表现为更加专注于自己所学专业的了解和认知，对于专业课程学习有更多兴趣。当然，某种程度上也与大学生对于思想政治理论课期待更高有某种关系。如上面所指出的，小学思想政治理论课课后作业相对较少，成为近乎一半的小学生选择喜欢政治课的原因。这也反映出小学思政课在一定程度上还没有实现"培育和践行社会主义核心价值观要在落细落小落实上下功夫""努力做到每一堂课不仅传播知识而且传授美德，让社会主义核心价值观的种子在学生们心中生根发芽"。

（四）大中小学思政课一体化建设有待加强，衔接机制有待健全

由于课题研究聚焦于大中小学一体化思政课建设衔接机制研究，所以问卷调查设计的重点在于对大中小学思政课一体化衔接机制有关问题的调查和分析。

1. 对于大中小学思政课程一体化建设了解情况的调查

根据对大中小学思政课程一体化建设了解情况的调查结果做了一个交叉

分析，以学段为自变量，因变量是你是否了解大中小思想政治理论课一体化建设。大学生回答"有所了解"的占多数，但是仅占比 42.78%，其次是"基本了解""完全不了解"，而回答"十分了解"的仅有 8.56%；研究生的数据较为乐观，"基本了解"的居多，占 71.43%。数据结果分析可以说某种程度上反映了一体化建设一方面社会宣传力度还不够，在大学课堂教学层面的落实显然也不够，目前大中小学思想政治理论课一体化建设更多处于理论研究阶段，实践层面的推广和应用还有待加强。

2. 各学段思想政治理论课教学内容衔接基本完善，有待细化

调查数据显示有 63.89% 的初中生认为低段的思政课内容对后来的学习是"很有帮助"，占比最多，这与目前北京市初中阶段思想政治理论课普遍使用统编教材成正相关，在学生学习过程中产生了实际的效果，所反馈的结果也是非常合理的。比如，很多思想政治理论课内容在小学阶段属于道德启蒙或德育启蒙课程内容，如民族英雄及其身上所具有的精神，对学生的要求主要是感受和了解，有初步的情感体会和感悟。而到了初中思想政治理论课上，会有系统的中华文化和民族精神的讲解，帮助学生学习基本核心知识，锤炼基本核心素养。而在高中思想政治理论课中，本部分内容更加注重培养学生的政治觉悟，深度挖掘知识内涵和联系。这样一以贯之的思想政治理论课学习内容设计，对学生学习知识和情感体验来说不会感觉到陌生和突兀。研究生阶段经过大学阶段思想政治理论课程全面系统的学习和掌握，显然也是有所裨益的。高中阶段处在高考指挥棒下，思想政治理论课某种程度上有其学习特点，到了大学阶段思想政治理论课又完全抛开了高中阶段的应试模式，与前一阶段学习缺少更多的衔接性，这应该是高中阶段和大学阶段的学生没有认为低段学习的思想政治理论课内容对于后来的学习很有帮助的原因之一，也在某种程度上反映出大中小一体化思政课内容建设方面衔接机制还有待进一步完善。

3. 大中小学思政课教学目标衔接性问题

从学生对"是否清楚所在学段思政课的学习目标"以及"是否了解大中小其他学段的思政课学习目标"的调查结果情况来看，学生对本学段的思政课学习目标比较清楚，但对于思政课程在不同学段的目标呈现和衔接认识不够清晰，对大中小学思政课一体化螺旋式上升的课程结构认识不足。根据统计结果做了交叉分析，能看出各段学生对其他学段的学习目标并不十分了解。高中阶段多数同学对相同内容只知道在初中课堂上老师说过，难以形成螺旋式上升渠道，而到了大学又多否定高中教学的相关内容，这样就出现了"初中知道一些、高中背过一些、大学推翻这些"的局面。小学生对小学思政课和中学、大学思政课的课程结构关系没有具体、深入的认识，更没有全面认识。这在一定程度上也反映出老师在教育教学中，进行小初衔接时存在的问题，突出表现为师生对思政课大中小一体化螺旋式上升的课程结构认识不足。

二、大中小一体化衔接视域下提升思政课教学质量研究

（一）创新思政课教育教学手段和学习方法

围绕"您所在学校的思政课教师在思政课教学中组织的教育活动有哪些？"等问题以多选题的形式问卷调研，从统计结果来看，"传统的课堂教学"和"多媒体和视频资料教学"占比最多，均在 80% 以上，其次是"课堂讨论""研究性学习"。此外，"线上和线下教学相结合"也占有 44.95%，说明疫情之后，大学使用线上布置作业、开展主题讨论等教学手段和线下课堂教学相补充，逐渐成为较为普遍的教学方式。对小学思政课学习和教学现状的调查，主要围绕"你最喜欢哪些"道德与法治"课活动？"等问题进行多选题形式问卷调研。其中"道德与法治"课教学活动，从统计结果来看，选择"老师讲我们听""看视频资料"和"时事播报"占比最多，其次是"小组讨论和分享"。对于思政课必修课程学习如何进行考核评价的调研结果，比较符合现状，不同的思政课程采取闭卷考试、开卷考试、小论文、调查报告等多种考核评价方式，学生对于思政课的现有考核方式是认可的，合理值占 97.48%。

针对加强和提高大学思政课教学质量和受欢迎程度等问题，调查问卷设计了"大学思政课教师应如何提升思政课教学效果"和"大学思政课在教学内容和方法上如何突出特色"等多选题进行调研。就如何提升大学思政课教学效果而言，选择"理论联系实际，解答同学关心的重点、难点和热点问题"最多，占 78.79%，其次是"加强实践教学环节""采用先进的教学手段"等。当然大学思政课作为必修课，学生对于考试及成绩的关注占到 73.74%，某种程度上反映了大学生对于绩点要求的实际关注。关于大学思政课在教学内容和方法上如何突出特色的调查，从统计结果来看，"理论联系实际""多与学生交流互动，调动学生学习主动性""开展丰富多彩的实践教学活动""精心设计教学内容""营造严肃活泼的课堂氛围"等都有较多的选择（见图6-24）。

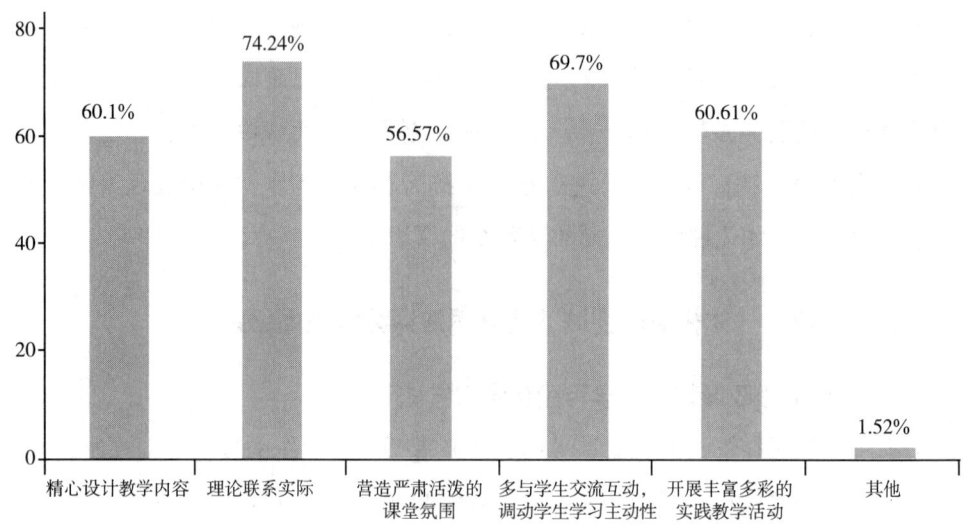

图 6-24　大学思政课在教学内容和方法上如何突出特色

　　从调查结果可以看出，大学生希望思政课多注重理论联系实际，加强学生实践活动。从教学内容分析，希望思想政治课的理论性和时代性密切结合，使学生能够在社会生活中去加深和提升对思政课内容的理论认知和理解。从授课形式来看，信息技术的广泛应用使教师的课堂授课形式和途径呈现出多样性，使思政课堂能够跨越时空、聚焦社会热点，从而丰富学生的思想。中学各学段喜欢思政课的理由主要集中在"感觉思政课有趣""有意义，能学到知识，锻炼思维""正能量，学到做人道理，了解国家时政""老师讲得好，喜欢老师"等。可以看出，教师因素也是学生喜欢思政课的重要原因。比如，教师比较活泼的授课方式，老师面授中结合故事、实际、时事讲解知识；课堂注重师生互动；课堂中教师通过纪录片、新闻、电影、PPT 对信息化手段的使用等；思政课注重课后学生实践活动，如辩论赛、问答竞赛、演讲竞赛、法庭角色扮演、游戏等活动。这些都成为加深学生喜好思政课的原因。针对小学 1~6 年级调研当中，可以看出教师因素等也是学生喜欢思政课的重要原因。比如，教师比较活泼的授课方式，课堂注重师生互动，及 PPT、视频播放等信息化手段的使用等，都成为加深学生喜欢"道德与法治"课的原因。

　　课堂教学以学生为主体，思政课教师在课堂上采取灵活多样的教学方式，是各学段学生喜欢上思政课的主要原因之一。形象思维是逻辑思维的前提，青少年的思维能力发展是逐步由形象思维转入逻辑思维的，比如小学生的思维特点是以形象思维为主，逻辑思维刚刚启蒙、形成，这时候思政课教师不能以自己的认知灌输于学生，而忽视学生的思维能力规律。我们应该以学生为主体，遵循各学段学生的思维特点和规律，探究学生喜闻乐见的思政课教育教学和学习方式，如讨论互动、看视频、讲故事、辩论、角色扮演等，让学生在学习中达到情感共鸣，在学习中实现能力成长，发自内心地喜欢思政课堂。

（二）大中小学不同层次的思政课教学内容匹配和衔接

考察不同层次思政课程的教学内容匹配和衔接，从学生思想政治理论课学习的角度来说，主要是体现在低段学习的思政课内容对于后来的学习是否有帮助，学习内容是否有提升，而不是让学生简单认为是重复学、又学一遍。从对于低段学习的思政课内容对于后来的学习是否有帮助的调查统计情况来看，普遍持肯定态度，认为"很有帮助"的最多，占48.52%；其次是"有些帮助"，占46.15%，加起来觉得有帮助的占94.67%。根据此调查结果，做了一个交叉分析，以学段为自变量（见图6-25），因变量是低段学习的思政课内容对于后来的学习是否有帮助。从交叉分析结果可以看出，认为"很有帮助"的，主要集中在初中阶段，研究生阶段次之，高中阶段和大学阶段相对较少。

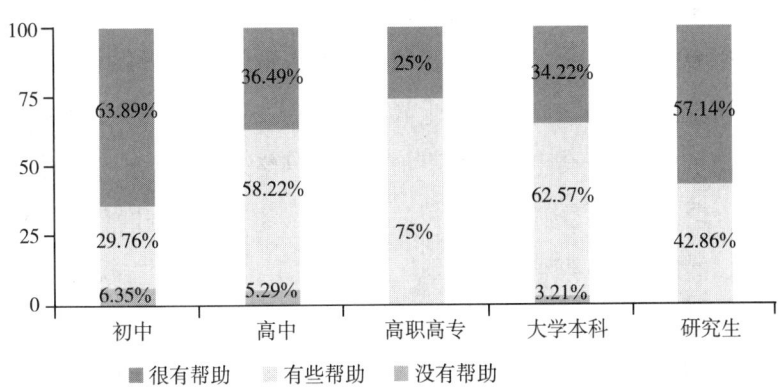

图 6-25　低段学习的思政课内容对于后来的学习是否有帮助

从教师教育教学方面看，调查结果显示，一方面学生对思政课的喜好和认同程度很大程度上来自教师课堂教学的吸引力；另一方面，各学段思政课教师对于一体化注意的程度还有所欠缺，其中"有注意"占比最多，达到52.24%，"十分注意"占29.26%，"十分注意"的教师低于"有注意"的教师比例。这说明，大学思政课堂教学已经注意与中小学段思政课所学有所区别，有所提高。但是，一方面注意的程度还有所欠缺，教师课堂教学一体化建设还有待进一步加强。某种程度上可以说，思政课堂上学生的学主要是来自老师的教，要想让学生切实体会到不同层次思政课堂不是简单重复，感觉到低段学习的思政课内容对于后来的学习有帮助，学习内容有所提升，主要取决于老师的课堂教学是否注意到不同层次的思政课教学内容匹配和衔接。同时，还有不太注意和完全不注意的共占 18.49%，其中大学略高占 23%，说明有些高校老师还并没有意识到在教学中一体化衔接这个问题，或者说还没有给予足够重视。虽然目前各学段对于一体化衔接并没有硬性指标和原则要求，但是从调查结果来看，是否关注到各学段一体化衔接问题显然影响思政课教育教学效果，换个说法就是如果要切实提升思政课质量，给予各学段思政课教育教学一体化衔接机制足够的关注是十分必要的。

（三）加强问题意识，对症分析，提升学科素养

针对以上调查结果分析，目前思政课在教学以及课程开发、大中小学一体化建设上还有不足。这些问题背后有教师、学校、社会、学生个体等多方面原因交织而成。我们既要重视学生思想主流和思维规律，还要对症分析。

1. 从社会层面看

当前我国正处在社会主义新时代，时代新人之"新"特别体现在有自信、尊道德、讲奉献、重实干、求进取，培养什么人的问题是社会主义核心价值观建设的根本问题。当前我们正处在世界百年未有之大变局，我国发展仍存在不充分不平衡的状况，社会思想道德更加多元，网络时代信息扩张对学生的影响不断增强，学生更容易受到网络舆论的影响等，能否适应新时代学生成长需要是当前教育和教师的重要课题。

2. 从学校和家庭层面看

升学率是每一个家庭对学校的评价标准，家校协同育人的融合过程深入还不够。学校常规育人与家庭家风传承协同过程还不充分。家校一体育人的环境还需要不断完善，只有为思政课立德树人建立良好的环境，打下现实的基础，才能实现课堂内外的统一、学生家校的统一。

3. 从课程建设层面分析

思政课建设的不同学段衔接目前仍然不够充分。小初高大学思政一体化纵向贯通，不同阶段循序渐进、螺旋上升，在纵向上统筹课程思政的一体化建设的课程结构在学段间还没有很好地建立起来。大中小学思政课相衔接的机制还不成熟，还没有成为常态化，依然各管一段。这样，制约了思政课的发展。发挥思政课在课程体系中的政治引领和价值引领作用上依然不够深入，课程思政

建设力度不足，难以发挥各类课程与思政课建设的协同效应。各学科在共同构建育人逻辑主线，寻找共同育人价值结合点上还没有形成课程体系，对于把学科价值上升为素养价值和政治认同上，使课程思政在解决现实问题情境中真正落实还有很长的路要走。

三、建立和健全大中小学思政课一体化建设衔接机制的对策与建议

（一）建立大中小学一体化思想政治道德素养考核评价机制

从对于"是否对学生思想道德政治素养进行评价"的调查结果来看，回答"不了解"的占 67.17%，回答"无"的占 19.7%，两者加起来占 86.87%，远高于回答"有"的 13.13%。对于进一步的问题，如何评价，从调查文本数据来看，有"课堂纪律""综合素质考查""网测""正常生活中达标"等评价手段。而对于评价是否合理的调查结果来看，回答"比较合理"的最多，占 56.57%，合理值高达 99.5%，个别同学的回答是"没必要"。

思政课是立德树人的关键课程，应该培养德才兼备的人才，对国家社会有情怀有素养，而非只会背知识默写。从教学本身看，教师侧重理论内容的落实，理论偏难，学习任务偏重，在学生的情感和价值观上的功夫还有不足。思政课主要评价体系仍是考试或考核，评价体系多元化建设仍有不足，综合性评价中思想素质和道德素质评价量化难度较大。思政课是学校德育工作的主力军与核心内容，是对学生进行思想品德教育的重要途径，思政课存在育人效果与评价体系建设怎样统一的问题。目前思政课主要评价体系仍是考试和考查，思政评价体系多元化建设仍有不足，综合素质评价平台使用还不够规范。在评价中侧重应试评价，综合性评价中思想素质和道德素质评价量化难度较大，因此，开拓育人评价方式，以及建立大中小学一体化评价方案是思政课评价体系建设的重要内容。从对学生评价层面看，虽然对于学生综合评价体系进行改革有了一定的成果，但是评价最终还是看应试效果。学生评价体系建设一体化程度较低，不同学段有不同的评价要求，能够体现学段特点，但评价过程学段的衔接性不够，对于综合性评价、发展性评价、过程性评价、结果性评价相互结合的评价体现落实还不到位。

（二）建立大中小学思政课一体化教学质量评价机制

构建大中小学思政课一体化教学质量评价体系，发挥思政课长链条育人效应，要注重过程性评价和结果性评价相结合，教师评价与学生评价相结合，通

过评价机制的落实，提高教师的积极性、主动性、创造性，提升育人效果。

1. 要完善综合性评价

综合的现代评价体系建设要大中小学一体化科学设置学生学分制，学生多元评价信息量化纳入学生综合素质评价系统。评价更倾向于多种方法，扩展多种途径、吸纳多元主体，共同进入开放的系统中，"兼容行为观察、访谈、描述、学生成长记录等多种形式的表现性评价、量化评价与质性评价、过程性评价与结果性评价、整体评价与局部评价结合，发挥诊断性评价、形成性评价、个性化评价等多种评价优势"，帮助评价者关注不同的方面，以不同的方式收集不同类型的信息，做出多角度的解释和说明。不同方法可以相互补充，不同方法取得的资料和结果可以相互比较和验证。因此，在传统考试的基础上构建一个科学多元的评价体系，使得不同学段、不同方式、不同评价在内容上相互交融、在逻辑上相互贯通。

2. 要完善发展性评价

要以促进学生发展为目的，坚持以人为本是发展性评价的核心。基于思政课学科核心素养的评价，是具有强烈的人本性的，评价核心注重学生正确价值观的形成，具备必备知识和关键能力，引导教学更加关注育人为目的。思政课以落实立德树人的根本任务，培养学生政治认同、科学精神、法治意识、公共参与为学科核心素养，形成独特育人价值，厚植爱国主义情怀，培养社会主义建设者和接班人，促进学生的发展。当然，在某些学段不能忽视评价选拔功能，但是从根本上讲，评价的选拔功能要服从和服务于促进学生发展的目标。发展性评价由对考试分数的关注，转变为对人本身发展的关注。充分体现评价的育人功能。发展性评价要在诊断学生学业情况，判断其存在的优势和不足中发现他们的兴趣和潜能，并了解学生的需求，提出适合学生发展的具体建议和改进意见，激发创造性，发挥评价的教育功能。

3. 要不断完善大中小学思政课一体化教学质量评价机制

学生在学校只要有学习发生，就应该有学习课程化，就要伴随着评价体系化。而思政课的评价体系是多元的，每一学段的评价分析要为下一学段的育人服务，小学评价方案要服务于初中育人过程，初中评价结果要为高中选拔和培养人才服务，高中教学质量评价体系要为大学的教育提供条件，完善的一体化评价体系有利于形成长链条育人效应。一体化评价体系建设就像接力跑，我们要一棒接着一棒跑，每一棒都要为下一棒打好基础，创造好的条件，实现课程育人，评价为人。比如，由于小学生的思维和心理发展特点，小学阶段的思想政治道德素养的培养不适合以考试为主的评价方式。但是考虑到初中、高中、大学都存在一定数量的、相对系统的考试评价体系，因此应该在小学不同学段，结合学段特点，丰富评价要求，将综合性评价、发展性评价、过程性评价、结果性评价进一步结合起来，并更好地衔接起来，为小学生进入初中阶段的下一步学习，打好基础，做好准备。

（三）探索螺旋上升的大中小学一体化思政课学科素养和思维培养衔接机制

从教学内容分析，很多思政课内容在小学阶段属于道德启蒙或德育启蒙课程内容，如民族英雄及其身上所具有的精神，小学五年级和六年级课本都有初步的设计和展示，对学生的要求主要是感受和了解，有初步的情感体会和感悟。到了初中思政课会有系统的中华文化和民族精神的讲解，帮助学生学习基本核心知识，锤炼基本核心素养。而在高中阶段思政课中本部分内容更加注重培养学生的政治觉悟，深度挖掘知识内涵和联系。在思政教材中从小学、初中到高中体现了教学内容一脉相承的一贯性和不同时期要求螺旋式上升的情况，这样对学生学习知识和情感体验来说不会感觉到陌生和突兀，比如在初中思政课授课中，可以适当展示小学曾经学习过的内容，或在新内容学习的导入中用已有的知识或方法进行问题设计，以便于学生的回顾和知识学习的连续性和系统性。

通过螺旋式上升的思政课学习，可以探索出大中小学一体化思政课学科素养和思维培养模式，锻炼不同学段学生学习思政课过程中的基本素养和关键能力。比如在小学阶段就会注重问题的思辨性，突出思政学科特点。初中阶段思政课与小学相比理论性、思辨性和时效性增加，让学生学习后会有一定的成就感。比如最新发生的国内外时事、电视新闻热门话题很可能已经成为课堂中讨论的内容，时政性这也是初中思政课的一大重要特点，这在无形中会增加学生的学习兴趣和正确看待解决生活中问题的能力。同时初中阶段对于辩证思维的要求更加具体和详细，如"某文化是世界上最优秀的文化"等问题需要辩证看待，最后经过学科思维的锤炼，学生能够认识到"文化有差异无优劣"，突出了学科特色和科学精神素养的落地，这对于小学的思政课是一种思维和能力的质的飞跃，而对于高中的学习又是承前启后、非常有帮助的。目前，高中思政课已经进入新的课程方案和高考改革，政治课的理论性和时代性密切结合，使学生能够在社会生活中去提升对学科的理解，高中思政课有着丰富的社会实践活动和社会资源，能够对课堂的教学内容给予更大的补充，加深学生的理论理解，同时高中思政课与大学思政在内容上存在着紧密的衔接，打好高中理论基础有助于促进大学内容的学习。

离开了学科核心素养，课程就失去了灵魂。思政课程的建设中心在落实思政课标的核心素养。课程思政的整体建构、课程思政内容体系的设计和实施，都要同思政课程的核心素养进阶关联，这是对课程一体化研究的正确理解。课程思政的内容主干设计可以多种多样、丰富灵活，但一定要在思政课的学科课程标准的核心素养指引下进行。同时要调动思政课自主性主体的自觉能动性。学生作为自主性主体的课堂地位充分发挥出来，尊重学生的成长规律和认知规律，引导和启发学生探究问题，激发学生追求真理的积极性和主动性。重视因材施教，在不同学段依据学生不同特点遵循不同的教学路径，在实践和思考、辨析与评价中形成科学观点，提升学科素养。大中小学思政课，以及大学本科不同思政课程，本硕博思政课程都有不同侧重点，不同讲法，深度逐级加深。同一个历史事件或者同一个问题从不同角度、不同深度进行阐释，使获得不同层次的认知，形成不同层级的学科素养和思维能力。比如关于五四运动的授课，大中小各学段可以从爱国运动到思想启蒙运动，从激发爱国主义情感到感受五四时期波澜壮阔的时代背景，从了解五四运动与中国共产党的成立到理解五四运动作为新民主主义革命的开端，从了解五四运动的革命性、进步性和群众性的历史特点到理解五四运动为中国共产党成立做了思想上、干部上的准备，为新的革命力量、革命文化、革命斗争登上历史舞台创造了条件的里程碑意义，从感受、理解和认知到分析问题和解决问题能力的提升，从对于重大历史事件的学习和领悟中全方位、立体化、分层级地培养各学段学生思政学科素养和思维能力。

（四）构建大中小学思政课一体化发展衔接机制

建设大中小学思政课一体化育人课程体系需要行之有效的机制保障，助力思政课一体化高质量发展。一体化课程是一个复杂的系统工程，要优化各要素之间的作用，必须坚持系统思维，统筹推进，必须形成大中小学一体化协同育人机制，实现"1+1 > 2"的效应。

1. 成立大中小一体化思政育人联盟

建立一体化思政课程的组织机构，对大思政课进行指导、组织、管理、考核，规范大思政课建设。实现课程有人管、责任有人担、效果有人评，为统筹协调不同学段教师的课程开发奠定组织基础。建立联盟章程、合作机制、协同制度等，完善机构职能，发挥协同作用。

2. 发挥思政课主导性主体的主观能动性作用

思政课的主力军在于思政教师，打造一支政治强、情怀深、思维新、视野广、自律严、人格正的思政教师队伍是提高课堂效果的根本，思政教师是引导学生系好人生第一粒扣子、找到人生正确方向的引路人。

3. 建设思政一体化师资培育机制

提高思政教师的整体素质需要智力支持，要加大对一体化思政教师队伍的培训，要依据大中小课程衔接的资源优势统筹设计、科学规划，提高教师队伍的专业化水平。打通中小学沟通交流的学段限制，促进小学教师走进中学、中学教师走进大学、大学教师走进中学，实现教师资源的科学合理流动，打开思政课堂视野，增强教师的一体化意识和能力。

4. 紧紧抓住教师队伍"主力军"

建设思政课一体化激励机制，形成物质、精神双激励的制度，提高教师大思政课程建设、资源开发、实践探索的积极性和主动性。

5. 建立大中小学一体化思政课的组织机构

形成一体化思政教师交流机制，搭建贯通交流的平台，促进优质资源的共享交流。对思政课程进行有效、有序指导、组织、管理、评价等，规范思政课课程建设，为统筹不同学段教师的课程开发奠定制度保障和组织基础。

（五）提升思政课堂教学效果，形成大中小各学段教学特色形成机制

基于"大中小各学段思政课或政治、历史等课程在教学中有哪些你喜欢的方式和内容""大中小各学段的教师应该如何上好一门思政课或政治、历史等课程"等调查内容，以及大中小全学段学生"最喜欢的思政课上课形式是什么"的问卷结果，做了个词云分析，从中可以看出，无论是从教师受欢迎角度，还是学生喜好的角度，比较高频出现的词有以下这些：联系实际、互动、讲故事、事例、有意思、历史、时政、视频、小组讨论、交流、知识点、参观、思想、寓教于乐、深入浅出、语言，等等。

思政课是立德树人的关键课程，从教学的角度来看，提升思政课的实效性和更好地贯彻思政课立德树人的根本目的，首先，要增强思政课的吸引力和课堂教学效果，解决思政课政治认同实现由虚到实的问题。目前思政课堂上，教师侧重理论内容的落实，理论偏难，学习任务偏重，以试卷评判为主的评价方式较为单一，在学生的情感以及价值观上下的功夫还有不足，存在着重应试轻德育的问题。思政课教师要积极提升专业素养，与时俱进做好新时代的"六要"

好老师，用更深的情怀，更广的视野，更新的思维，以学生喜欢的讨论互动、讲故事、案例分析、聚焦时政等多种方式开展思政课课堂活动，讲好中国故事，传播中国声音，弘扬中国精神，让学生在学习中达到情感共鸣，在学习中实现能力成长，发在内心地喜欢思政课。

其次，要致力于探索如何突出大中小各学段教学特色和教学效果的统一问题，进一步挖掘思政课的特色和独特教学方法。各学段思政课作为教育部统编教材和统一课标，有着相对统一的课程设置、授课流程和考试标准，但作为思政教师自身的素养和能力不同，各学段学生学习特点和诉求不同，可以探索呈现有大中小各学段教学特色的思政课。调查显示，新时代大学生对课堂氛围、交流互动、教学设计、实践活动、教师魅力等有着较高的诉求，对教师课堂采用先进教学手段进行教学更容易接受，思政课联系社会实际、解决学生关心的重点和热点问题有更好的课堂效果。

最后，在思政小课堂中要丰富课堂教学资源、完善思政资源平台建设，促进教师能够有更多的参与机会，提升思政教师的课堂改革积极性、主动性。多渠道促进教师创新课堂形式，尊重学生主体，更好地与学生互动，调动学生的课堂参与积极性和主动性，从而提升教学效果。

（六）推动"大思政课"建设，形成一以贯之、层次清晰的德育实践衔接机制

落实立德树人根本任务，仅侧重思政课堂的"一亩三分地"，是远远不够的。思政课是学校德育工作的主力军与核心内容，是对学生进行思想品德教育的重要途径。要探索如何以思政课为课程引领，把学生对国家发展、社会生活、家庭成长三大领域与各类课程相互协同，推动大思政课建设，构建德育共同体，进行德育一体化设计，形成一以贯之、层次清晰的德育实践模式。

首先，要形成家庭、学校、社会思政课一体化的协同主体效应，打造大中小学思政课命运共同体，形成大思政课主体构成体系。思政小课堂要与社会大课堂相结合，利用社会资源，实现社会共育，学校、家庭、社会资源共享，合力育人，共同促进成长。在调查数据中，学生对实践环节和侧重理论联系实际的教学过程表现出极大的热情。所以，落实思政小课堂与社会大课堂相结合，组织相应的社会研学实践，实现思政教师的社会调查实践和学生的研学实践相结合，在实践中实现思政教师和学生共同成长与发展，提升师生的理论水平与认识深度，落实思政课核心素养。

其次，思政课实践模式既要考虑作为全学段整体性的统一，又依据不同学段学生特点，循序渐进、螺旋上升，比如北京陶然亭公园红色文化实践活动，小学生可以通过拜谒高石墓，认识英雄，致敬先烈；初中生可以通过了解北京早期建党成员高君宇和五四先进青年石评梅的红色爱情故事等，加深对革命先烈的感性认识；高中生可以进一步了解五四社团活动及其成员，如少年中国学会的邓中夏和高君宇、天津觉悟社的周恩来和邓颖超等，加强对革命先烈和五四时期先进分子的理性认识；大学生和研究生可以深入了解陶然亭五团体会议召开始末及其背景、意义，分析五四时期先进分子的思想历程，研究北京在建党中的重要作用等。再比如各学段学生参观北京李大钊故居实践活动，可以从认识和敬仰革命先烈李大钊，了解他的生平、革命故事和革命活动经历，到了解李大钊在五四新文化运动和马克思主义在中国传播中的重要作用，及其作为"播火者"的历史意义，了解和分析马克思主义在民国初年从学说到主义的传播历程。

培养什么人、怎样培养人、为谁培养人是根本问题，教育的使命是为国育才、为党育人，育人在立德，思政课是落实立德树人根本任务的关键课程，发挥着不可替代的作用。2019 年 8 月，中共中央办公厅、国务院办公厅《关于深化新时代学校思想政治理论课改革创新的若干意见》指出，小学阶段重在启蒙道德情感；初中阶段重在打牢思想基础；高中阶段重在提升政治素养；大学阶段重在增强使命担当。人的认识总是由表及里、由浅入深、由少到多、由近及远、由感性到理性的，大中小学学生处于人生的不同阶段，人的认知理解能力、心理情感状况、意志承载水平、理想信念追求等都有着巨大的不同，因此要发挥不同学段思政教师的合力，推进大中小学思政课程一体化建设，打造育人体系的纵贯线，形成育人体系的横向协同，引导学生立德成人、立志成才，树立正确世界观、人生观、价值观，坚持马克思主义理论信仰，坚定对社会主义和共产主义的信念，厚植爱国主义情怀，增强中国特色社会主义道路自信、理论自信、制度自信、文化自信，完成立德树人根本任务。

◤ 参考文献

[1] 教育部 . 普通高中思想政治课课程标准（2017 年版 2020 年修订）[M]. 北京：人民教育出版社，2020.

[2] 梁侠，李晓东 . 新版课程标准解析与教学指导：高中思想政治 [M]. 北京：北京

师范大学出版社，2019.

［3］宋学勤，罗丁紫."四史"教育推动大中小学思政课一体化建设［J］.中国高
　　　等教育，2021（10）：4-6.

［4］刘峰，姜建成.大中小思政课一体化建设的主体构成及职能［J］.思想政治课
　　　教学，2021（04）：15-18.

［5］聂庆艳，贺俊杰.思政课一体化的建设机制研究［J］.思想政治课教学，2021
　　　（07）：8-11.

［6］汪文龙.党建引领中小学思政课一体化路径［J］.中学政治教学参考，2021
　　　（33）：4-6.

执笔人：黄晓红、侯保成、刘志娇、李志彬、常倩、孙玮，国家社科基金
"大中小学一体化思政课建设衔接机制研究"课题组成员。

附件：
2020 年国家社科基金项目"大中小学一体化思政课建设衔接机制研究"调查问卷（学生版）

尊敬的同学：

您好！

为落实党中央和习近平总书记关于大中小学思政课一体化建设的相关文件精神，准确把握当前大中小学思政课一体化建设的实际情况，剖析大中小学思政课一体化建设的存在问题，以更好地推动大中小学思政课一体化建设的实践创新，2020 年国家社科基金项目"大中小学一体化思政课建设衔接机制研究"课题组特制作了本调查问卷。我们将占用您一点宝贵时间，请您帮助完成以下问题，问卷所有数据仅用于本课题组进行科学研究，我们承诺对所有数据对外完全保密，并保证不用于任何商业应用，衷心感谢您的参与和支持！

"大中小学一体化思政课建设衔接机制研究"课题组

一、被调查者情况

1. 您的年龄 ［单选题］

    A. 5~10 岁   B. 11~15 岁   C. 16~20 岁   D. 20 岁以上

2. 您的专业 ［单选题］

    A. 理工类   B. 人文社科类   C. 艺术类

    D. 医学类   E. 其他

3. 您所处的学段 ［单选题］

    A. 小学   B. 初中   C. 高中   D. 高职高专

    E. 大学本科   F. 研究生

二、思政课一体化衔接：教学内容与教材方面

（一）指导思想、教学目标

4. 您对大中小学思政课一体化建设是否了解？ ［单选题］

    A. 十分了解   B. 基本了解   C. 有所了解   D. 完全不了解

5. 您对所在学段思政课的学习目标是否清楚？ ［单选题］

    A. 十分清楚   B. 比较清楚   C. 基本清楚   D. 不清楚

6. 您是否了解大中小其他学段的思政课学习目标？ ［单选题］

    A. 十分了解   B. 比较了解   C. 基本了解   D. 不了解

7. 您觉得低段学习的思政课内容对后来的学习有帮助吗？ ［单选题］

    A. 很有帮助   B. 有些帮助   C. 没有帮助

8. 您觉得哪个学段的思政课最有意思？ ［单选题］

    A. 小学   B. 初中   C. 高中

    D. 大学   E. 研究生

9. 您认为所在学段思政课教师应如何提升思政课教学效果？ ［多选题］

    A. 采用先进的教学手段

    B. 加强实践教学环节

    C. 改革考试、评定成绩的方式

    D. 理论联系实际，解答同学关心的重点、难点和热点问题

    E. 学生在课程考试中取得好成绩

    F. 其他＿＿＿＿＿＿＿＿＿（填写）

（二）教学内容、教材、体系

10. 您认为目前大中小各学段的思政课开设情况是否合理？　　［单选题］

    A. 十分合理　　　　B. 比较合理　　　　C. 基本合理　　　　D. 不合理

11. 您对所在学段思政课教材的评价　　［单选题］

    A. 十分适合　　　　B. 比较适合　　　　C. 基本适合　　　　D. 不适合

12. 您认为目前大中小学思政课一体化建设教材内容衔接如何？　　［单选题］

    A. 无缝衔接　　　　B. 比较到位　　　　C. 基本到位　　　　D. 没有衔接

13. 您所处学段思政课教师在教学时是否注意与其他学段的衔接？　　［单选题］

    A. 十分注意　　　　B. 有注意　　　　C. 不太注意　　　　D. 完全不注意

（三）教学特色、教学改革

14. 您所在学校的思政课教师在思政课教学中组织的教育活动有哪些？　［多选题］

    A. 传统的课堂教学

    B. 多媒体和视频资料教学

    C. 线上和线下教学相结合

    D. 研究性学习

    E. 课堂讨论

    F. 其他＿＿＿＿＿＿＿＿＿＿＿＿＿＿＿＿＿＿＿＿（填写）

15. 您认为思政课老师在思政课教学内容和方法上应如何突出特色？　［多选题］

    A. 精心设计教学内容

    B. 理论联系实际

    C. 营造严肃活泼的课堂氛围

    D. 多与学生交流互动，调动学生学习主动性

    E. 开展丰富多彩的实践教学活动

    F. 其他＿＿＿＿＿＿＿＿＿＿＿＿＿＿＿＿＿＿＿＿（填写）

三、思政课一体化衔接：教学评价方面

16. 你喜欢上思政课吗？　　［单选题］

    A. 非常喜欢，您的理由＿＿＿＿＿＿＿＿＿＿＿＿＿＿＿（填写）

B. 比较喜欢，您的理由 _____（填写）

C. 一般

D. 不喜欢，您的理由 _____（填写）

17. 您所在学校对思政课必修课程学习如何进行考核评价？　〔多选题〕

A. 撰写小论文

B. 调查报告

C. 开卷考试

D. 闭卷考试

E. 其他_____（填写）

18. 您认为所在学校对思政课必修课程学习的考核评价方式是否合理？〔单选题〕

A. 十分合理　　　　　　　B. 比较合理

C. 基本合理　　　　　　　D. 不合理

您的建议：_____（填写）

19. 您所在学校是否对学生思想道德政治素养进行评价？如有，如何评价？〔单选题〕

A. 不了解　　　　　　　　B. 无

C. 有：_____（填写）

20. 您认为所在学校对学生思想道德政治素养的评价方式是否合理？〔单选题〕

A. 十分合理　　　　　　　B. 比较合理

C. 基本合理　　　　　　　D. 不合理

您的建议：_____（填写）

21. 您认为大中小学思政课一体化建设教学质量评价如何衔接？〔多选题〕

A. 思政课教学目标衔接、统一

B. 思政课教材内容衔接、统一

C. 思政课教学方法衔接、统一

D. 思政育人评价体系遵循各学段学生成长规律

E. 思政育人观念衔接、统一

F. 其他_____（填写）

四、思政课一体化衔接：开放性问题

22. 您最喜欢的思政课上课形式是什么？ _____

23. 您所经历的大中小学各学段思政课或政治、历史等课程在教学中有哪些您喜欢的方式和内容？ _____

24. 您认为大中小学各学段的教师应该如何上好一门思政课或政治、历史等课程？ _____

Chapter 7

第七章

案例选登

第一节　生态文明专题

北京工业大学：深刻领会习近平生态文明思想

基本信息			
姓　　名	董　静	学　　校	北京工业大学
年　　级	大一	教科书版本及章节	《习近平新时代中国特色社会主义思想概论》中的习近平生态文明思想
大中小学思政课一体化教学设计			
一体化学习专题		习近平生态文明思想	

1. 一体化教学设计说明

　　本学习专题围绕"生态文明建设"，进行大中小学一体化思政课教学实践探索。立德树人，抓牢关键课程。"在大中小学循序渐进、螺旋上升地开设思想政治理论课非常必要，是培养一代又一代社会主义建设者和接班人的重要保障。"思政课是"立德树人"的关键课程，要加大对学生的认知规律和接受特点的研究，发挥学生主体性作用；要坚持灌输性和启发性相统一，注重启发性教育，引导学生发现问题、分析问题、思考问题，在不断启发中让学生水到渠成得出结论。

　　一体思政，课程螺旋上升。统筹推进大中小学思政课一体化建设是一项重要工程。各学段思政课既要"守好一段渠，种好责任田"，更要树立起整体性思维，接力培养、上下贯通、形成合力。因此，推进大中小学思政一体化，既是深入贯彻落实新时代党和国家人才培养方针的现实需要，也是推进各学段思政教育统筹发展的必然选择，更是立德树人根本任务取得实效的根本保证

2. 一体化学习目标与重点难点

　　课程在实践探索的基础上，拟将围绕"生态文明建设"这一重要学习专题，在不同学段，教学内容、教学方法、教学目标方面分别依据本学段课标要求和学生实际，突出阶段性特点，又体现循序渐进、螺旋式上升的同向接续，实现共同育人目标。本章教学从知识角度要让学生了解习近平生态文明思想形成背景、理论逻辑、主要内容、来源及发展历程。从价值角度要使学生体会中国共产党人不忘初心、牢记使命、持续不懈探索人与自然和谐的执着坚韧和一脉相承的精神特质，体会我们党的宗旨使命、执政理念和责任担当。

　　教学重点：本节课重在讲授习近平生态文明思想的形成发展的脉络，把握从马克思主义生态文明思想、中华民族优秀传统文化、西方生态理论的理性反思以及历代中共领导人的生态思想的角度，来理解习近平生态文明思想的理论逻辑。了解习近平生态文明思想的科学内涵，并解读这一思想之于区域、国家和世界的重要意义。

　　教学难点：结合实例，深入分析习近平生态文明思想在生态文明领域指导实践、推动发展的生动实践，努力做到讲深、讲透、讲活

续表

3. 教学结构图

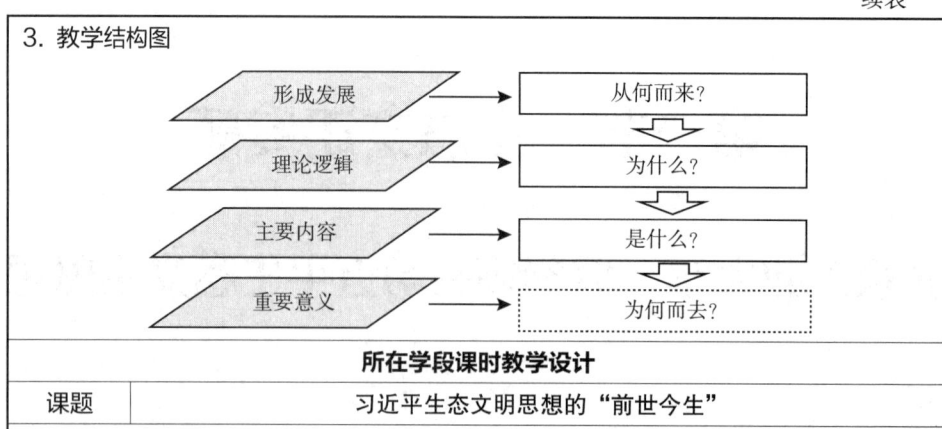

形成发展	→	从何而来?
理论逻辑	→	为什么?
主要内容	→	是什么?
重要意义	→	为何而去?

所在学段课时教学设计

课题	习近平生态文明思想的"前世今生"

1. 教学内容分析

本课时着重从习近平生态文明思想的形成发展、习近平生态文明思想的理论逻辑、习近平生态文明思想的主要内容、习近平生态文明思想的重要意义四个角度解析习近平生态文明思想的形成、内涵、要义和意义,带学生全方位地了解习近平生态文明思想的"前世今生"

2. 学习者分析

(1)本课程的授课对象是本科一年级学生,他们在高中政治课中有一定的学习基础,但由于掌握的理论知识零散,大多停留在感性层面,系统性不强。

(2)随着学习者进入大学,对他们逻辑思维能力的要求越来越高,但同时也要注意不能只是简单地对理论知识的照本宣科,要注意对他们学习兴趣和自发动力的培养

3. 学习目标确定

(1)知识角度:要让学生了解习近平生态文明思想形成背景、理论逻辑、主要内容、来源及发展历程。

(2)价值角度:要使学生体会中国共产党人不忘初心、牢记使命、持续不懈探索人与自然和谐的执着坚韧和一脉相承的精神特质,体会我们党的宗旨使命、执政理念和责任担当

4. 学习重点难点

理解掌握习近平生态文明思想的形成发展及内在逻辑

5. 学习活动设计

教师活动	学生活动
导入:视频"云南亚洲象北移南归的大象奇游记" 	学生明确本课学习目标; 通过观看视频,讲述云南野象迁徙的故事,围绕"近年来我国生态文明建设的变化"与学生讨论互动人与自然和谐共处,引发学生思考

续表

环节一：习近平生态文明思想的形成发展的脉络	
教师活动	学生活动
明确习近平生态文明思想是由习近平同志主要创立的关于生态文明建设的全部观点、科学论断、理论体系和话语体系。 　　（1）萌芽阶段：1969—1975年陕北生活期间在插队的梁家河建成陕西第一口沼气池； 　　（2）起步阶段：1982—1995年任县市领导期间探索正定旅游模式，在《福州市20年经济社会发展战略设想》中针对生态建设方面的建设做出详细的规划与设计； 　　（3）发展阶段：1995—2012年任省市领导期间提出"既要GDP又要绿色GDP""绿水青山也是金山银山"等重要论断； 　　（4）形成阶段：2012年以来任国家领导人期间，列举将生态文明摆上国家发展战略位置、上升到全面深化改革的政治高度、把生态文明建设递进到依法治国的法治层面、把"绿色发展"作为引领发展的五大理念之一、把"美丽中国"建设作为新时代中国特色社会主义强国建设的重要目标、"生态文明"写入宪法等事例，在2018年5月，全国生态环境保护大会上正式确立习近平生态文明思想	引导学生理解习近平生态文明思想的形成，与习近平同志长期扎根基层，了解人民，与人民群众有着密切联系是分不开的。 　　以小组为单位，参与讨论总书记学习、工作和从政生涯不同历史时期、重大节点上对生态文明思想的重要贡献，把握习近平生态文明思想的形成发展的历史脉络。利用视频、提问等方式，突出四个阶段中的典型事件，进一步理解掌握

活动意图说明

　　本环节通过全面梳理总书记学习、工作和从政生涯不同历史时期、重大节点上对生态文明思想的重要贡献，把握习近平生态文明思想的形成发展的历史脉络

环节二：习近平生态文明思想的理论逻辑	
教师活动	学生活动
从继承和发展马克思主义的辩证自然观、生态政治观、绿色发展观、生态权益观的角度理解马克思主义生态文明思想是其理论根基； 	针对此环节中四个逻辑，参与讨论与举例，从而进一步理解与掌握

续表

教师活动	学生活动
从天人合一、道法自然的角度理解中华民族优秀传统文化是其文化渊源；在对西方生态理论进行理性反思的基础上进行借鉴； 通过梳理毛泽东、邓小平、江泽民、胡锦涛等历代中共领导人的生态思想，理解其形成的思想源泉	针对此环节中四个逻辑，参与讨论与举例，从而进一步理解与掌握

活动意图说明

　　本环节是重点与难点，之前学生接触这部分的理论相对较少，通过讲解和举例，帮助学生们更好地理解习近平生态文明思想的理论根基、文化渊源、西方借鉴和思想源泉

续表

环节三：习近平生态文明思想的主要内容	
教师活动	学生活动
视频：一分钟了解生态文明 列举习近平生态文明思想金句并加以说明 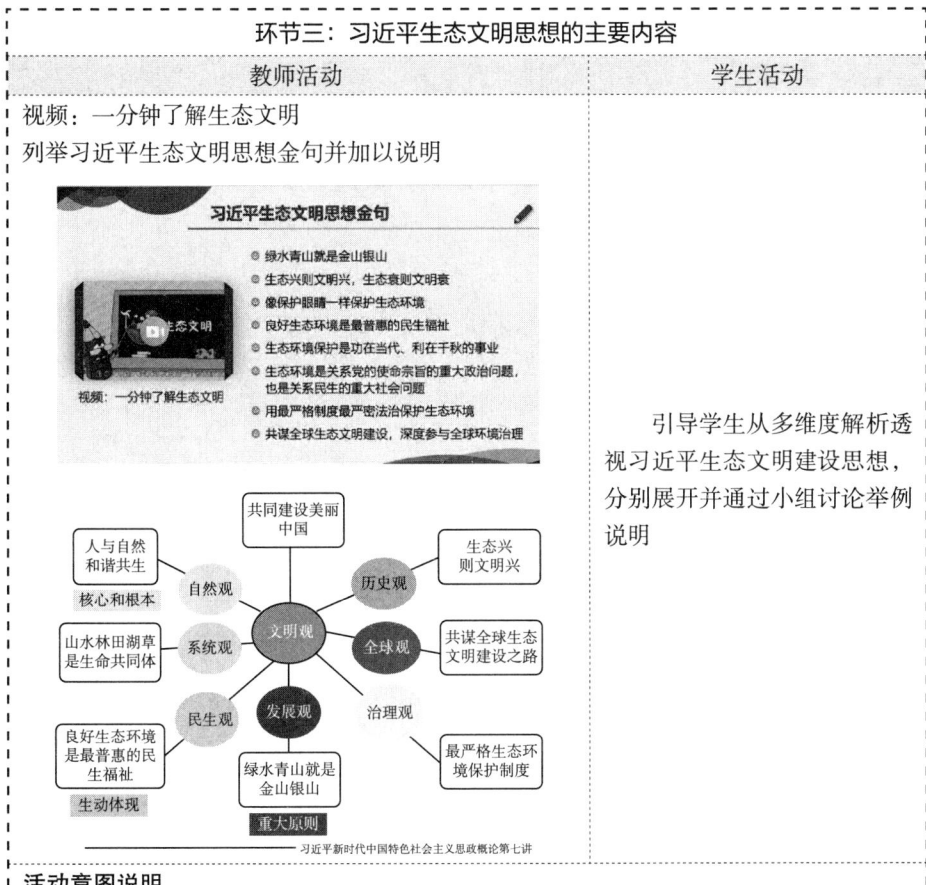	引导学生从多维度解析透视习近平生态文明建设思想，分别展开并通过小组讨论举例说明

活动意图说明

本环节内容比较多，在讲授过程中，要有详有略，重在启发学生从总体上掌握生态文明思想的核心内容，并能够结合事例进行解析说明

环节四：习近平生态文明思想的重要意义	
教师活动	学生活动
借助热播的电视连续剧《山海情》的原型西海固移民迁往闽宁镇"生态移民"、中国绿色奇迹塞罕等地近年来今昔对比的变化，来说明"坚持山水林田湖草是生命共同体"等理念的实践效果；突显习近平生态文明思想的时代价值	认真观看视频，主动思考，互动回答问题

续表

活动意图说明

　　本环节力图从习近平生态文明思想的区域意义、国家意义和世界意义等方面，全方面较为系统地理解其重要意义，从而进一步领悟习近平生态文明思想是习近平新时代中国特色社会主义思想的重要组成部分，是我们党对人类社会发展规律和中国特色社会主义事业发展规律认识所取得的重大理论成果，为我国社会主义生态文明建设指明了科学方向

课程总结及思考题

　　归纳本章节的四个要点，结合所学内容，回答课后思考题，并提供推荐书目。

　　结合我们今天所学的内容，请思考：

　　（1）为什么说生态环境是关系党的使命宗旨的重大政治问题，也是关系民生的重大社会问题？

　　（2）绿水青山就是金山银山的具体含义是什么？应该如何将绿水青山转化为金山银山？

　　（3）学习习近平生态文明思想，给你最大的启示和收获是什么？

　　师生互动，引导学生举手回答课后思考题

参考书目

　　（1）习近平：《在纪念马克思诞辰200周年大会上的讲话》

　　（2）《习近平新时代中国特色社会主义思想学习纲要》十三。

　　（3）《习近平新时代中国特色社会主义思想三十讲》第二十二讲。

　　（4）《习近平关于社会主义生态文明建设论述摘编》，中央文献出版社2017年版。

　　（5）习近平：《推动我国生态文明建设迈上新台阶》，《求是》2019年第3期

6. 作业设计

　　结合所学内容，选取一个习近平生态文明思想在京华大地的生动实践的事例，进行理性思考和逻辑分析，加以说明

北京工业大学：把握六大原则
践行生态文明

基本信息			
姓　名	黄晓红	学　校	北京工业大学
年　级	大一	教科书版本及章节	《习近平新时代中国特色社会主义思想概论》（大学本科）第八讲"二、加强生态文明建设必须坚持的原则"
大中小学思政课一体化教学设计			
一体化学习专题	习近平生态文明思想		

1. 一体化教学设计说明

本专题学习围绕"习近平生态文明思想"和"生态文明建设"，进行大中小学思想政治理论课一体化教学实践探索。

立德树人，抓牢关键课程。2019年3月18日，习近平总书记在学校思想政治理论课教师座谈会上的讲话中指出："在大中小学循序渐进、螺旋上升地开设思想政治理论课非常必要，是培养一代又一代社会主义建设者和接班人的重要保障。"思想政治理论课是立德树人的关键课程，要加大对学生的认知规律和接受特点的研究，发挥学生主体性作用；要坚持灌输性和启发性相统一，注重启发性教育，引导学生发现问题、分析问题、思考问题，在不断启发中让学生水到渠成得出结论。

一体思政，课程螺旋上升。统筹推进大中小学思想政治理论课一体化建设是一项重要工程。大中小各学段的思想政治理论课既要"守好一段渠，种好责任田"，更要树立起整体性思维，接力培养、螺旋上升、上下贯通、形成合力。因此，推进大中小学思想政治理论课一体化建设，既是深入贯彻落实新时代党和国家人才培养方针的现实需要，也是推进大中小各学段思想政治教育统筹发展的必然选择，更是立德树人根本任务取得实效的根本保证

2. 一体化学习目标与重点难点

理解和掌握包括坚持人与自然和谐共生、绿水青山就是金山银山、良好生态环境是最普惠的民生福祉、山水林田湖草是生命共同体、用最严格制度最严密法治保护生态环境、共谋全球生态文明建设等新时代生态文明建设所必须坚持的六条基本原则的具体内涵和意义，理解六条原则所体现的马克思主义自然观、发展观、民生观、系统论、治理观和全球观，领悟习近平生态文明思想的理论创新成果的重大意义

续表

　　重点：学习领悟"两山论"，深入理解金山银山和绿水青山的关系归根到底就是正确处理经济发展和生态环境保护的关系；深入理解良好生态环境是最公平的公共产品，是最普惠的民生福祉；生态文明建设是构建人类命运共同体的重要内容。

　　难点：深刻理解社会主义现代化是人与自然和谐共生的现代化；深入学习中国古代自然观和马克思主义自然观的基本观点和现实意义

3. 教学结构图

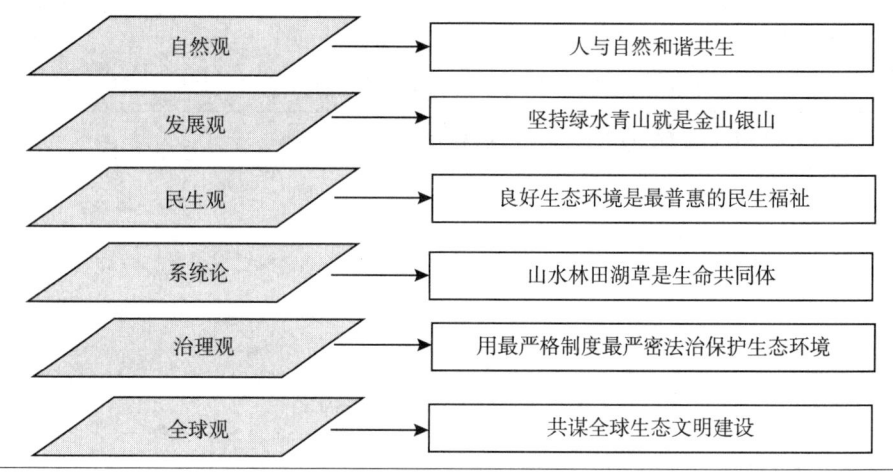

自然观	→	人与自然和谐共生
发展观	→	坚持绿水青山就是金山银山
民生观	→	良好生态环境是最普惠的民生福祉
系统论	→	山水林田湖草是生命共同体
治理观	→	用最严格制度最严密法治保护生态环境
全球观	→	共谋全球生态文明建设

所在学段课时教学设计

课题	加强生态文明建设必须坚持的原则

1. 教学内容分析

　　本课时围绕2018年5月18日习近平总书记在全国生态环境保护大会上提出的新时代推进生态文明建设必须坚持好六大原则进行专题学习，深刻领悟"绿水青山就是金山银山"的绿色发展理念，理解社会主义现代化是人与自然和谐共生的现代化，理解良好生态环境是最公平的公共产品，生态文明建设是构建人类命运共同体等重要内容

2. 学习者分析

　　（1）经过初高中阶段的学习，大学生掌握一定的理论知识，有一定理论基础，但知识储备整体性、全面性、系统性不足，深刻性有待挖掘。

　　（2）新时代大学生关心国家和社会发展，参与社会实践活动较多，有自己的思想、思考和感悟，引导学生深入学习，提升认知能力，培养独立思考能力

3. 学习目标确定

　　（1）通过专题内容学习，了解在新发展理念指导下，我国生态文明建设所取得的巨大成就，认识生态环境是关系党的使命宗旨的重大政治问题，理解马克思主义自然观的基本观点和现实意义，深刻领悟习近平生态文明思想的理论创新成果及其重大意义。

　　（2）通过展现新时代生态文明建设取得的巨大成就，培养政治认同，使学生进一步坚定中国共产党的领导，感党恩，跟党走，坚定走中国特色的社会主义现代化道路，增强"四个自信"。

　　（3）以问题探究方式和小组讨论的方式，围绕典型事迹和重点问题进行科学探讨，培养科学精神，坚持真理，使大学生有意识地运用学科知识与学科思维理解习近平生态文明思想。从自我做起，积极践行科学理性的生产、生活和消费方式

续表

4. 学习重点难点

"两山论"、马克思主义自然观、社会主义现代化是人与自然和谐共生的现代化、生态文明建设是构建人类命运共同体的重要内容等

5. 学习活动设计

教学过程			
教学环节	教师活动	学生活动	设计意图
提出问题 导入新课	提问： 1. 什么是生态文明？生态文明建设的基本含义是什么？ 　　生态文明是工业文明发展到一定阶段的产物，是实现人与自然和谐发展的新要求。生态文明建设是指人类在利用和改造自然的过程中，主动保护自然，积极改善和优化人与自然的关系，建设健康有序的生态运行机制和良好的生态环境。 2. 生态文明建设的基本原则是什么？ 　　2018年5月18日，习近平总书记在全国生态环境保护大会上指出新时代推进生态文明建设，必须坚持好以下原则。 引发思考： 　　这些基本原则如何坚持和发展马克思主义基本理论？如何体现习近平生态文明思想的理论创新成果	自由发言、交流	通过学习重要论述，了解新时代生态文明建设的基本原则，展开课堂讲授内容
学习掌握原则一：坚持人与自然和谐共生	1. 讲授：生态文明新理念——尊重自然、顺应自然、保护自然 2. 小组讨论、发言：请阐述中国古代自然观关于"人与自然关系"的基本观点；请阐述马克思主义自然观关于"人与自然关系"的基本观点	分组讨论，发言	通过对比分析和思考讨论，重点掌握马克思主义自然观

续表

教学过程			
教学环节	教师活动	学生活动	设计意图
学习掌握原则二：坚持绿水青山就是金山银山	提问：绿水青山、金山银山，二者如何取舍？ 1. 不同发展时期、不同历史阶段、不同认识水平，人们的答案不一样。 2. "两山论"的提出过程。 3. 观看视频：雄安新区规划。 4. 结论：金山银山和绿水青山的关系，归根到底就是正确处理经济发展和生态环境保护的关系。这是实现可持续发展的内在要求，是坚持绿色发展、推进生态文明建设首先必须解决的重大问题。 5. 延伸课堂讨论：谈谈你对社会主义现代化是人与自然和谐共生的现代化的理解	阅读材料、观看视频，结合教师讲解，进行总结归纳；小组讨论，自由发言	认识到绿水青山就是金山银山的理念的重大理论价值和实践价值，理解马克思主义发展观
学习掌握原则三：坚持良好生态环境是最普惠的民生福祉	1. 学习重要论述："良好生态环境是最公平的公共产品，是最普惠的民生福祉。" 2. 课堂讨论：老百姓的需求：从"盼温饱"到"盼环保"；从"求生存"到"求生态"。 3. 结论：环境就是民生，青山就是美丽，蓝天也是幸福。必须坚持以人民为中心，重点解决损害群众健康的突出环境问题，提供更多优质生态产品。 4. 具体举措之一：蓝天保卫战、碧水保卫战、净土保卫战；具体举措之二：美丽乡村建设、生态城市建设。 5. 课堂讨论：结合身边事例，谈谈你的认识	结合重要论述学习，综合分析、认知；课堂讨论	认识到把解决突出生态环境问题作为民生优先领域的重要意义，理解马克思主义民生观

续表

教学过程			
教学环节	教师活动	学生活动	设计意图
学习掌握原则四：坚持山水林田湖草是生命共同体	1. 学习重要论述："山水林田湖是一个生命共同体，形象地讲，人的命脉在田，田的命脉在水，水的命脉在山，山的命脉在土，土的命脉在树。" 2. 系统论：生态环境是统一的有机整体，必须按照系统工程的思路，构建生态环境治理体系，着力扩大环境容量和生态空间，全方位、全地域、全过程开展生态环境保护。 3. 观看视频：塞罕坝。 4. 原则和成效：坚持保护优先、自然恢复为主，深入实施山水林田湖草一体化生态保护和修复；对自然恢复要有历史耐心，持之以恒，久久为功	阅读材料、观看视频	认识统筹山水林田湖草系统治理，加快推进生态保护修复的重要性
学习掌握原则五：坚持用最严格制度最严密法治保护生态环境	1. 学习重要论述："保护生态环境必须依靠制度、依靠法治。只有实行最严格的制度、最严密的法治，才能为生态文明建设提供可靠保障。" 2. 提问：为什么说制度建设是推进生态文明建设的重中之重？请举例说明。 解答：建设生态文明，是一场涉及生产方式、生活方式、思维方式和价值观念的革命性变革。实现这样的变革，必须依靠制度和法治。 3. 举措：坚持用最严格制度最严密法治保护生态环境，构建产权清晰、多元参与、激励约束并重、系统完整的生态文明制度体系，让制度成为刚性约束和不可触碰的高压线。 4. 延伸阅读：习近平总书记主持审定的《生态文明体制改革总体方案》（八项制度）、《水污染防治行动计划》（水十条）、《环保法》（"史上最严环保法"）	课堂讨论、小组发言，正反举例论证	认识保护生态环境必须依靠制度、依靠法治的重要性，理解马克思主义治理观

续表

教学过程			
教学环节	教师活动	学生活动	设计意图
学习掌握原则六：坚持共谋全球生态文明建设	1. 十九大报告学习："我们呼吁，各国人民同心协力，构建人类命运共同体，建设持久和平、普遍安全、共同繁荣、开放包容、清洁美丽的世界。2. 讲授：从生物安全、生态安全、环境安全的角度，加深理解生态文明建设是构建人类命运共同体的重要内容。必须同舟共济、共同努力，构筑尊崇自然、绿色发展的生态体系，推动全球生态环境治理，建设清洁美丽世界	结合十九大报告学习，综合分析、理解认知	从马克思主义全球观和国家安全的高度，充分认识坚持共谋全球生态文明建设的重要意义
课堂小结	习近平生态文明思想聚焦环境问题，深刻阐述了一系列新思想新理念新观点，对生态文明建设进行了顶层设计和全面部署，是我们建设美丽中国的强大思想武器，丰富和发展了马克思主义理论	加深美丽中国全民行动的认知	深刻领悟习近平生态文明思想的理论创新

6. 作业设计

"劳动生产率是同自然条件相联系的。这些自然条件都可以归结为人本身的自然（如人种等等）和人的周围的自然。外界自然条件在经济上可以分为两大类：生活资料的自然富源，例如土壤的肥力、渔产丰富的水域等；劳动资料的自然富源，如奔腾的瀑布、可以航行的河流、森林、金属、煤炭等。在文化初期，第一类自然富源具有决定性的意义；在较高的发展阶段，第二类自然富源具有决定性的意义。"（《马克思恩格斯选集》第2卷，2012年版，第239页）

围绕所学内容，结合以上材料，谈谈你对如何正确处理好经济发展同生态环境保护的关系的理解。

北京市第十一中学：做促进人与自然和谐共生的践行者

基本信息			
姓　名	刘志娇	学　校	北京市第十一中学
年　级	高一	教科书版本及章节	《习近平新时代中国特色社会主义思想学生读本》（高中）第五讲"五、促进人与自然和谐共生"

大中小学思政课一体化教学设计	
一体化学习专题	习近平生态文明思想

1. 一体化教学设计说明

　　本学习专题围绕"生态文明建设"，进行大中小学一体化思政课教学实践探索。立德树人，抓牢关键课程。"在大中小学循序渐进、螺旋上升地开设思想政治理论课非常必要，是培养一代又一代社会主义建设者和接班人的重要保障。"思政课是"立德树人"的关键课程，要加大对学生的认知规律和接受特点的研究，发挥学生主体性作用；要坚持灌输性和启发性相统一，注重启发性教育，引导学生发现问题、分析问题、思考问题，在不断启发中让学生水到渠成得出结论。

　　一体思政，课程螺旋上升。统筹推进大中小学思政课一体化建设是一项重要工程。各学段思政课既要"守好一段渠，种好责任田"，更要树立起整体性思维，接力培养、上下贯通、形成合力。因此，推进大中小学思政一体化，既是深入贯彻落实新时代党和国家人才培养方针的现实需要，也是推进各学段思政教育统筹发展的必然选择，更是立德树人根本任务取得实效的根本保证

2. 一体化学习目标与重点难点

　　课程在实践探索的基础上，拟将围绕"生态文明建设"这一重要学习专题，在不同学段，教学内容、教学方法、教学目标方面分别依据本学段课标要求和学生实际，突出阶段性特点，又体现循序渐进、螺旋式上升的同向接续，实现共同育人目标。本课通过对塞罕坝的过去、现在和未来展示中国在实现人与自然和谐共生的伟大创造，坚定学生中国特色社会主义道路自信，坚定永远跟党走的信念。

　　教学重点：通过对塞罕坝前世原因的具体分析，我们为什么建设绿水青山，树立人与自然和谐共生的理念，并坚定中国特色社会主义信念。

　　教学难点：通过塞罕坝的生态环境治理分析，我们怎样建设绿水青山，深化对我国新发展理念、五位一体指导思想的理解

续表

3. 教学结构图

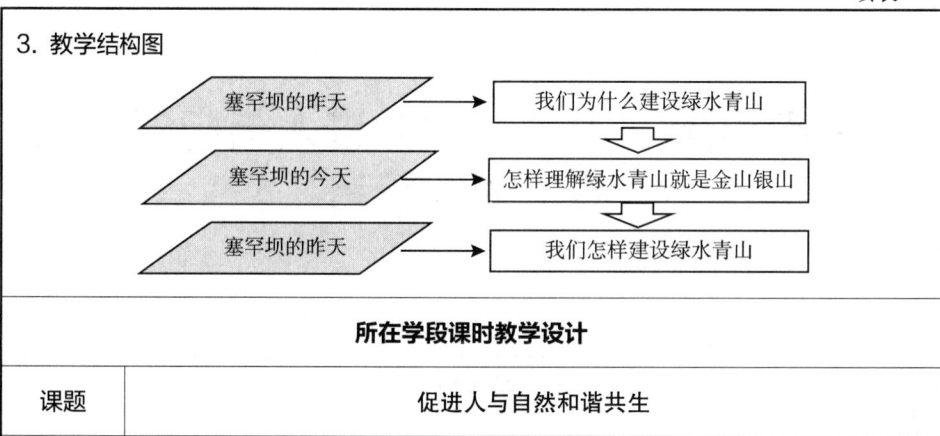

所在学段课时教学设计

课题	促进人与自然和谐共生

1. 教学内容分析

　　本课时从塞罕坝的前世今生来展现我国在新发展理念指导下，生态文明建设所取得的巨大成就，体悟"绿水青山就是金山银山"的理念，理解这一理念是推动社会主义现代化建设的重大原则。

　　通过塞罕坝的生态变迁，认识到"良好生态环境是最普惠的民生福祉"。坚持建设和完善生态文明制度体系，坚定走生产发展、生活富裕、生态良好的文明发展道路，建设美丽中国

2. 学习者分析

　　（1）有一定理论基础，但系统性不足：在前期学习的基础上，掌握一定的理论知识，但相对较零散，缺乏系统性。

　　（2）理论学习兴趣不足，实践经验较匮乏：由于高中生的年龄特点与性格特征，一般对于枯燥的理论缺乏足够的兴趣，而相关的实践活动又参与较少。因此，以故事融入学习，提升学生认知能力

3. 学习目标确定

　　（1）政治认同：通过塞罕坝的前世今生巨大变化，以问题探究方式，使学生进一步坚定中国共产党的领导，感党恩，跟党走，坚定走中国特色的社会主义道路，增强"四个自信"。

　　（2）科学精神：通过典型事迹的感悟，使学生有意识运用学科知识与学科思维理解习近平生态思想。树立科学精神，坚持真理。

　　（3）公共参与：通过学生小组探究活动，探讨我们为什么建设生态文明、我们建设什么样的生态文明、我们应怎样建设生态文明，从而形成科学的生产和生活方式

4. 学习重点难点

　　坚持和完善生态文明制度体系

续表

5. 学习活动设计

教师活动	学生活动
【导入】视频"塞罕坝的前世今生" 	学生明确本课学习目标 认真学习视频资料，边听边记录，领悟塞罕坝变化的过程，思考原因 习语学习
【习语学习】人与自然是生命共同体，人类必须尊重自然、顺应自然、保护自然。——习近平在中国共产党第十九次全国代表大会上的报告	

环节一：塞罕坝的过去——人与自然是生命共同体

教师活动	学生活动
【解读】塞罕坝，蒙语原意为"美丽的高岭"，PPT展示塞罕坝的战略地位。 【设问】提出问题，引发思考 鸦片战争之后，清政府国库空虚，伐樵 进入20世纪，烽火连天，日寇多年掠夺 与浑善达克沙地接壤，以高原山地为主 山火不断 开禁放垦 → 塞罕坝荒原 ← "美丽高岭退变为茫茫荒原" 你能概括下"美丽高岭"变成"茫茫荒原"的原因吗？ 【归纳】生态兴则文明兴，生态衰则文明衰。人与自然是生命共同体，保护自然就是保护人类，建设生态文明是就是造福人类。 【习语学习】我们既要绿水青山，也要金山银山。宁要绿水青山，不要金山银山，而且绿水青山就是金山银山。——习近平	阅读思考，根据信息认识塞罕坝的地理重要性 阅读文献材料，根据问题整理思考逻辑，问题逻辑、事实逻辑与理论逻辑相结合 归纳塞罕坝变化的原因，总结生态和人的关系，从而认识到我们为什么建设生态文明 习语学习

活动意图说明

　　本环节通过对塞罕坝的介绍体悟环境与人的关系，人类文明是在改造自然过程中不断创造也不断毁灭，真正造福人类必须保护生态，懂得生态文明建设关系人民福祉，关乎民族未来。学生在问题探究中理解人与自然是生命共同体

续表

环节二： 塞罕坝的今天——绿水青山就是金山银山	
教师活动	学生活动
视频"美丽的高岭——塞罕坝"  	观看视频，思考中国特色社会主义如何推进中华民族伟大复兴 体悟塞罕坝精神，认识绿水青山就是金山银山的理念
【解读】塞罕坝人用55年的攻坚克难，把荒岭变成了高岭，昔日飞鸟无栖的地方变成了白鸟的天堂。而且每年提供就业4000余人，人均年收入1.5万元。每年实现社会总收益6亿多元，塞罕坝在经济效益上取得了显著的成就。一代代塞罕坝人用双手创造了"塞罕坝精神"：牢记使命、艰苦创业、绿色发展。	在塞罕坝人在生态建设的时间创造中理解塞罕坝精神
【设问】有人认为，我们要"靠山吃山、靠水吃水"，你怎么评价这种观点。	思考评价观点，辩证分析绿水青山就是金山银山的关系。
【归纳】经济发展不应是对资源和生态环境的竭泽而渔，生态环境保护也不应是舍弃经济发展的缘木求鱼，而是要坚持在发展中保护、在保护中发展，实现经济社会发展与人口、资源、环境相协调。 　　绿水青山和金山银山是辩证统一的。保护生态环境就是保护生产力，改善生态环境就是发展生产力。 　　绿水青山蕴含无穷经济价值，源源不断带来金山银山。绿水青山是人民幸福生活的重要内容，胜过金山银山，良好的生态环境是最公平的公共产品、最普惠的民生福祉	课堂笔记，二者辩证统一

活动意图说明
　　本环节通过塞罕坝人民经过几代人的艰苦奋斗，创造了生态奇迹和经济奇迹的故事，理解绿水青山就是金山银山。能够用辩证的思维论证生态效益和经济效益的关系。在塞罕坝人生态建设中理解生态也是民生，生态也是人权，良好的生态就是人民的福祉，是公共产品。从而深刻领会习近平生态思想的内涵

环节三：塞罕坝的未来——坚持和完善生态文明制度体系	
教师活动	学生活动
"毋坏室，毋填井，毋伐树木，毋动六畜。有不如令者，死无赦。"周文王颁布的《伐崇令》，被誉为世界上最早的环境保护法令。我国古代很早就有尊重自然、保护生态的观念，并把这种观念上升为国家管理制度，专门设立掌管山林川泽的机构，制定政策法令，这就是虞衡制度。	阅读材料，概括材料信息
【解读】西周时期的《伐崇令》距今已3100多年，是我国古代最早的关于保护环境的法规，同时也是世界最早的环境保护法，严重违反者会遭到死刑惩处，由此可见，中国古人高度重视生态环境可持续发展。	在对中国优秀传统文化的解读中感悟中国古代先进的生态保护理念
我国古代很早就把关于自然生态的观念上升为国家管理制度，专门设立掌管山林川泽的机构，制定政策法令，这就是虞衡制度。虞衡制度为中华传统文化的传承与今天的生物多样性保护奠定了良好的基础，是中国对世界生态环境保护和自然资源管理做出的重要制度性贡献。	思考生态治理如何走向现代化
【设问】如何理解今天建设美丽中国要实行最严格的生态保护制度？	理解生态文明的重要性
【归纳】分析逻辑 （1）为什么必须依靠制度和法治。建设生态文明是一场涉及生产方式、生活方式、思维方式和价值观念的革命性变革，必须依靠制度和法治。必须从根子上解决，做出系统性制度安排。 （2）生态保护制度的内容。实行最严格的生态环境保护制度；全面建立资源高效利用制度；健全生态保护和修复制度；严明生态环境保护责任制度。	

续表

教师活动	学生活动
（3）生态保护制度怎样为生态中国保驾护航。坚持习近平生态文明思想；制度生命力在于执行；生态环境保护能否落到实处，关键在领导干部，要实施严格的考核问责	认识我国生态文明保护的制度安排

活动意图说明

　　本环节作为课程内容的理论难点和重点，通过对中华优秀传统文化的解读，在学生的探究活动中落实：我国生态文明制度具有悠久的历史，今天生态文明保护制度是继承优秀传统文化的过程，并与时代相结合，形成生态制度体系。使学生认识到制度建设是实现生态治理的重要保障，把制度优势更好地转化为生态环境治理效能，实现中华民族永续发展

6. 作业设计

　　结合所学内容，从生活出发，使绿色消费成为每一个公民的责任，从自身做起推动消费方式绿色转型，我们应该怎样做？结合实例加以说明

北京工业大学附属中学：见证绿色奇迹 感悟塞罕坝精神

基本信息			
姓　名	孙　玮	学　校	北京工业大学附属中学
年　级	五年级	教科书版本及章节	《习近平新时代中国特色社会主义思想学生读本》（小学高年级）第10讲"绿水青山就是金山银山"
大中小学思政课一体化教学设计			
一体化学习专题		习近平生态文明思想	

1. 一体化教学设计说明

　　本学习专题围绕"生态文明建设"，进行大中小学一体化思政课教学实践探索。立德树人，抓牢关键课程。"在大中小学循序渐进、螺旋上升地开设思想政治理论课非常必要，是培养一代又一代社会主义建设者和接班人的重要保障。"思政课是"立德树人"的关键课程，要加大对学生的认知规律和接受特点的研究，发挥学生主体性作用；要坚持灌输性和启发性相统一，注重启发性教育，引导学生发现问题、分析问题、思考问题，在不断启发中让学生水到渠成得出结论。

　　一体思政，课程螺旋上升。统筹推进大中小学思政课一体化建设是一项重要工程。各学段思政课既要"守好一段渠，种好责任田"，更要树立起整体性思维，接力培养、上下贯通、形成合力。因此，推进大中小学思政一体化，既是深入贯彻落实新时代党和国家人才培养方针的现实需要，也是推进各学段思政教育统筹发展的必然选择，更是立德树人根本任务取得实效的根本保证

2. 一体化学习目标与重点难点

　　课程在实践探索的基础上，拟将围绕"生态文明建设"这一重要学习专题，在不同学段，教学内容、教学方法、教学目标方面分别依据本学段课标要求和学生实际，突出阶段性特点，又体现循序渐进、螺旋式上升的同向接续，实现共同育人目标。本课通过对塞罕坝的过去、现在和未来展示中国在实现人与自然和谐共生的伟大创造，坚定学生中国特色社会主义道路自信，坚定永远跟党走的信念。

　　教学重点：通过对塞罕坝前世原因的具体分析，我们为什么建设绿水青山，树立人与自然和谐共生的理念，并坚定中国特色社会主义信念。。

　　教学难点：通过塞罕坝的生态环境治理分析，我们怎样建设绿水青山，深化对我国新发展理念、五位一体指导思想的理解

续表

3. 教学结构图

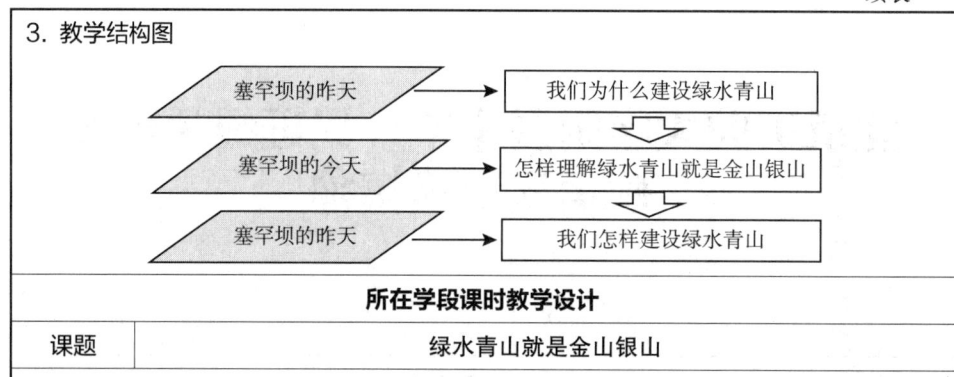

所在学段课时教学设计

课题	绿水青山就是金山银山

1. 教学内容分析

党的十九大报告指出：建设生态文明是中华民族永续发展的千年大计，必须树立和践行绿水青山就是金山银山的理念。坚定走生产发展、生活富裕、生态良好的文明发展道路，建设美丽中国，为人民创造良好生产生活环境，为全球生态安全做出贡献。

《义务教育道德与法治课程标准（2022年版）》中"国情教育"的学习主题中有相关内容要求"初步理解社会主义核心价值观的内涵，并在日常学习和生活中践行和弘扬社会主义核心价值观"以及"知道中国特色社会主义进入新时代，初步了解习近平新时代中国特色社会主义思想，明确习近平新时代中国特色社会主义思想的指导地位"。

教学提示：列举生活中社会主义核心价值观的行为表现，讨论我们怎么做才能更好地践行和弘扬社会主义核心价值观。立志为建成富强、民主、文明、和谐、美丽的社会主义现代化强国而努力学习。通过收看和阅读新闻报道，学习有关文献，初步领悟习近平新时代中国特色社会主义思想精髓，把个人理想与中国梦联系起来，感受新时代中国社会的发展成就。

本课是《习近平新时代中国特色社会主义思想学生读本》（小学高年级）第10讲内容，读本内容包括三部分。第一部分，人与自然和谐共生。生态环境保护是功在当代、利在千秋的事业。建设生态文明，关乎人民福祉，关乎人民未来。第二部分，让自然生态美景永驻人间：塞罕坝历史上森林广布，水草丰茂。后来树木被采伐殆尽，大片森林荡然无存，自然环境十分恶劣。20世纪60年代以来，几代塞罕坝人艰苦奋斗，在塞北荒原成功营造起了全国面积最大的百万亩人工林海，创造了一个变荒原为林海、让沙漠成绿洲的绿色奇迹。习近平爷爷对他们的感人事迹作出指示，强调要持之以恒推进生态文明建设，一代接一代地干，驰而不息，久久为功，努力形成人与自然和谐发展新格局，把我们伟大的祖国建设得更加美丽，为子孙后代留下天更蓝、山更绿、水更清的优美环境。第三部分，像保护眼睛一样保护生态环境——我们怎样保护生态环境，以及作为小学生应该怎样做

2. 学习者分析

通过对学生进行访谈、问卷调研，了解到学生普遍知道保护环境的重要性，但是对"绿水青山就是金山银山"的理解不深刻，坚持节约资源和保护环境的方法认识比较表面，缺乏系统性。小学生理论认识不足，实践活动经验较匮乏

3. 学习目标确定

（1）通过小组思考讨论，理解"绿水青山就是金山银山"这一生态理念的内涵。

（2）通过小组合作学习，了解塞罕坝林场建设者创造的绿色奇迹，感悟"牢记使命、艰苦创业、绿色发展"的塞罕坝精神。

（3）初步树立"像保护眼睛一样保护生态环境"的意识，努力践行简约适度、绿色低碳、反对浪费的生活方式

续表

4. 学习重点难点
学习重点：理解"绿水青山就是金山银山"这一理念的内涵。 　　学习难点：初步树立像保护眼睛一样保护生态环境的意识，努力践行简约适度、绿色低碳、反对浪费的生活方式

5. 学习活动设计

教师活动	学生活动
【导入】同学们，今天我们学习《习近平新时代中国特色社会主义思想》学生读本，第10讲《绿水青山就是金山银山》。  【提问】看到题目，你知道"绿水青山"和"金山银山"分别指什么吗？你对课题有什么疑问吗？ 【板书】绿水青山　金山银山	思考、回答 预设： 1.分别指美好的自然环境和物质财物。 2.为什么说绿水青山就是金山银山？绿水青山就是金山银山是谁提出的？
活动意图说明 　　提出问题，引发学生思考。	
环节一：走进余村	
教师活动	学生活动
课前，同学们已经预习了教材，现在请大家阅读教材60~61页，小组讨论下面的问题。 【出示】 1. 二十世纪八十年代，余村人为了脱贫致富是怎么做的？结果怎样？他们得到了什么教训？ 2. 如果你是余村人，你会怎么做？为什么？ 3. 新时期新的发展，余村转变发展理念，又是怎样做的？效果如何？你有什么感受？ 【总结】随着百姓对生活品质的要求不断提高，用绿水青山换金山银山的传统发展模式难以为继。从卖矿石到卖风景，从靠山吃山到养山富山，余村人认识到了人与自然和谐共生的理念。美丽风光变身美丽经济，生态文明建设提升了经济发展。 【出示】2005年8月15日，习近平爷爷来到余村，听到村里主动关停矿山的做法后说："你们下定决心要关掉矿山，这是高明之举！过去我们讲既要绿水青山，又要金山银山，实际上，绿水青山就是金山银山。"	小组思考、讨论交流 预设： 1. 怎么做：为了摆脱贫困，余村人炸山开矿，卖矿石，造水泥，成了安吉县有名的首富村。 结果：大山变得满目疮痍，抬头见不到蓝色的天空，清澈的溪水就像酱油一样…… 教训：不能因为发展经济，追求物质财富，而牺牲美好的自然环境。 2. 答案一：我选择追求"金山银山"，经济发展太重要了。 答案二：我选择"绿水青山"，应该加大保护环境的力度，不能因为追求经济发展而牺牲自然生态环境，代价太大了。

续表

教师活动	学生活动
【习语学习】山峦层林尽染，平原蓝绿交融，城乡鸟语花香。这样的自然美景，既带给人们美的享受，也是人类走向未来的依托。——习近平 【小结】习近平爷爷首次提出了绿水青山就是金山银山的理念。（板书：就是）因为绿水青山可以不断地创造财富，所以说绿水青山就是"金山银山"。好的生态环境就是宝贵的财富，生态环境保护是功在当代、利在千秋的事业。我们应该尊重自然、顺应自然、保护自然，人与自然和谐共生	答案三：我认为"绿水青山"和"金山银山"都很重要，两者要兼顾。 3. 新时期，余村人停掉了矿山、关掉了水泥厂。关停矿山后，满山的毛竹又长起来了，山里的溪水也变得清澈了，余村大力发展生态旅游、乡村度假景区

活动意图说明

　　通过阅读思考、小组讨论，使学生懂得绿水青山与金山银山之间的关系，从而理解"绿水青山就是金山银山"这一生态理念的内涵

环节二：走进塞罕坝

教师活动	学生活动
【过渡】理解了南方的余村坚持人与自然和谐共生的做法，我们再来了解一下北方地区的人们又是怎样守护绿水青山的呢？一起到河北省承德市的塞罕坝去看看。 【出示】 ①塞罕坝的地理位置图； 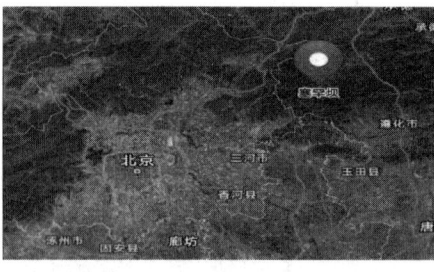 ②解放初期塞罕坝的图片 	观看、倾听、思考 观察、思考 思考、小组讨论、写一写

续表

教师活动	学生活动
塞罕坝与我们北京关系十分密切，因为它距离北京仅有400多公里，海拔较高，在北风呼啸下，犹如屋顶向院落扬沙般，沙尘直接入侵北京。塞罕坝的环境保护对于改变"风沙紧逼北京城"的严峻形势有非常重要的意义。 【视频】播放《赛罕坝：绿色梦想创造人间奇迹》  图片：今日塞罕坝 【提问】塞罕坝人是怎样建设林场的？他们的事迹体现了什么样的精神？ _____ _____ 【板书】自然　人　 艰苦奋斗　持之以恒 【出示】习近平爷爷也对他们的感人事迹作出指示，强调要持之以恒推进生态文明建设，一代接着一代干，驰而不息，久久为功，努力形成人与自然和谐发展新格局，把我们伟大的祖国建设得更加美丽，为子孙后代留下天更蓝、山更绿、水更清的优美环境 【小结】生态环境没有替代品，我们要像保护眼睛一样保护我们的生态环境，要像对待生命一样对待我们的生态环境	预设：面对困难，他们艰苦奋斗、永不言弃，创造了一个变荒原为林海，让沙漠变绿洲的绿色奇迹。体现了了不起的塞罕坝精神"牢记使命、艰苦创业、绿色发展"

活动意图说明

　　通过观看视频、思考、小组合作学习，了解塞罕坝林场建设者创造的绿色奇迹，领悟"牢记使命、艰苦创业、绿色发展"的塞罕坝精神

续表

环节三：像保护眼睛一样保护生态环境；环保有我	
教师活动	学生活动
每个人都是生态环境的保护者、建设者、受益者，没有哪个人是旁观者、局外人、批评家，谁也不能只说不做、置身事外。 【提问】想一想，你身边的人有哪些保护环境的好做法？你又是怎么做的呢？为了保护环境，国家采取了哪些措施？  【出示】国家采取的措施有：①2018年《中华人民共和国宪法修正案》，将生态文明理念和生态文明建设写入宪法，纳入中国特色社会主义总体布局。②2018年，生态环境部启动蓝天、碧水、净土保卫战。汽车尾号限行、倡导垃圾分类…… 【习语学习】大自然充满乐趣，无比美丽，热爱自然是一种好习惯，保护环境是每个人的责任，少年儿童要在这方面发挥小主人的作用。——习近平 【小结】我们要发挥主人翁的作用，争当"环保小卫士"，开展"简约适度，绿色低碳，反对浪费"的活动。保护绿水青山有你有我！ 【板书】倡导绿色　反对浪费	思考 小组讨论交流 预设： 我和身边的朋友能够做到： ①珍惜粮食，光盘行动。吃多少点多少，吃不完打包。 ②节约用水，平时家里洗过菜的水用来拖地或冲马桶，随手关水管等。 ③随手关灯，节约用电。 ④垃圾分类。 ⑤外出游玩尽量乘坐公共交通工具，减少碳排放，过绿色低碳生活。 ⑥减少塑料制品的使用

活动意图说明

　　本环节作为课程内容的理论难点和重点，让学生联系生活，践行保护。通过学生小组讨论交流，明白要像保护眼睛一样保护生态环境。知道环保应从我做起，从身边做起。

课堂小结	
教师活动	学生活动
【提问】同学们，通过今天的学习，你有什么收获、感受或者疑问吗？ 【总结】人与自然和谐共生，让生态美景永驻人间，我们要像保护眼睛一样保护生态环境，像对待生命一样对待生态环境。同学们，希望你们从小树立保护环境的意识，从我做起、从身边的小事做起，用自己的双手为祖国播种绿色，美化我们共同的世界	思考、回答

6. 作业设计

和家长一起制定"家庭环保方案",提高环保行动力。

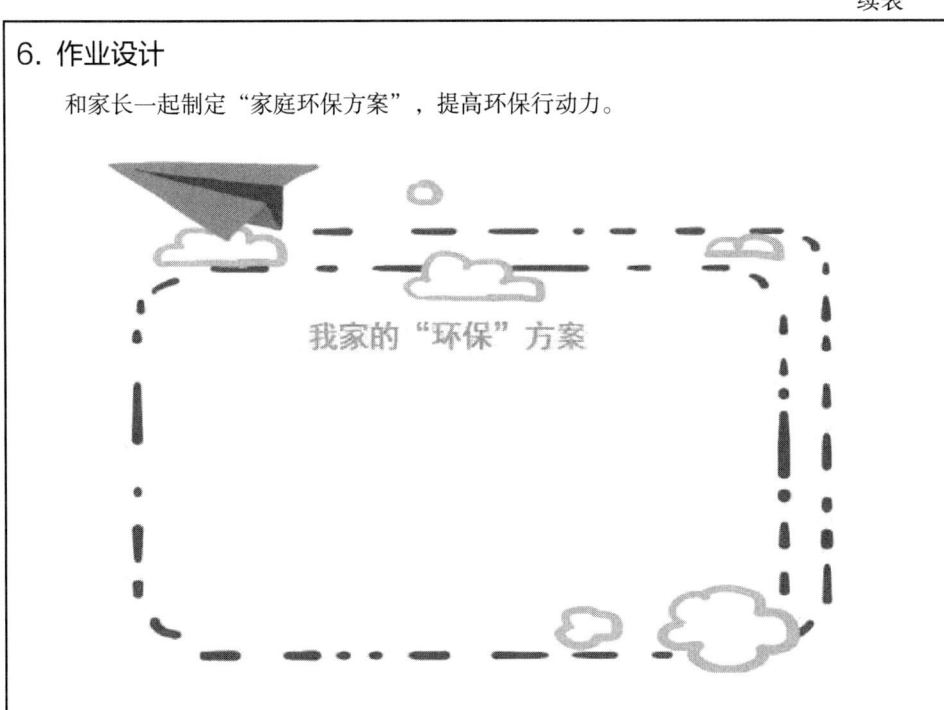

我家的"环保"方案

史家胡同小学：像保护眼睛一样保护生态环境

基本信息			
姓　名	乔龙佳	学　校	北京市东城区史家胡同小学
年　级	五年级	教科书版本及章节	《习近平新时代中国特色社会主义思想学生读本》（小学高年级）第十讲"十、绿水青山就是金山银山"

大中小学思政课一体化教学设计	
一体化学习专题	习近平生态文明思想

1. 一体化教学设计说明

习近平总书记指出："在大中小学循序渐进、螺旋上升地开设思政课非常必要，是培养一代又一代社会主义建设者和接班人的重要保障。""习近平新时代中国特色社会主义思想"作为当代思政课教学的核心内容和关键基点，在全面推进其进教材、进课堂、进头脑的过程中也必须坚持整体性设计、一体化建设。

《习近平新时代中国特色社会主义思想学生读本》是一套系统安排、全面覆盖、螺旋上升的一体化教材。本学习专题正是以《习近平新时代中国特色社会主义思想学生读本》为抓手，紧紧围绕"生态文明建设"，进行的一次有效地大中小一体化思政课教学实践探索。实践过程中将读本内容进行大中小整体关联，整体把握不同学段主题教育学习要义，进行一体化整体教学设计，真正做到循序渐进、螺旋上升，从而落实好立德树人根本任务，不断推动思政一体化育人

2. 一体化学习目标与重点难点

课程在实践探索的基础上，拟将围绕"生态文明建设"这一重要学习专题，在不同学段，教学内容、教学方法、教学目标方面分别依据本学段课标要求和学生实际，突出阶段性特点，又体现循序渐进、螺旋式上升的同向接续，实现共同育人目标。

本课引导学生从原有经验出发，课堂中通过分析、比较、表演、辩论等方式，调动学生的积极性，发挥其潜能，从而帮助学生理解"绿水青山就是金山银山"这一生态理念的深刻内涵，并挖掘"四史"中蕴含的生态文明建设以及生态保护理念等，进而知道环保应从我做起，从身边做起，能够主动参与保护环境的活动并在生活中自觉践行，像保护眼睛一样保护生态环境。

重点：了解塞罕坝林场建设者创造的绿色奇迹，领悟"牢记使命、艰苦创业、绿色发展"的塞罕坝精神。

难点：理解"绿水青山就是金山银山"这一生态理念的内涵

续表

3. 教学结构图

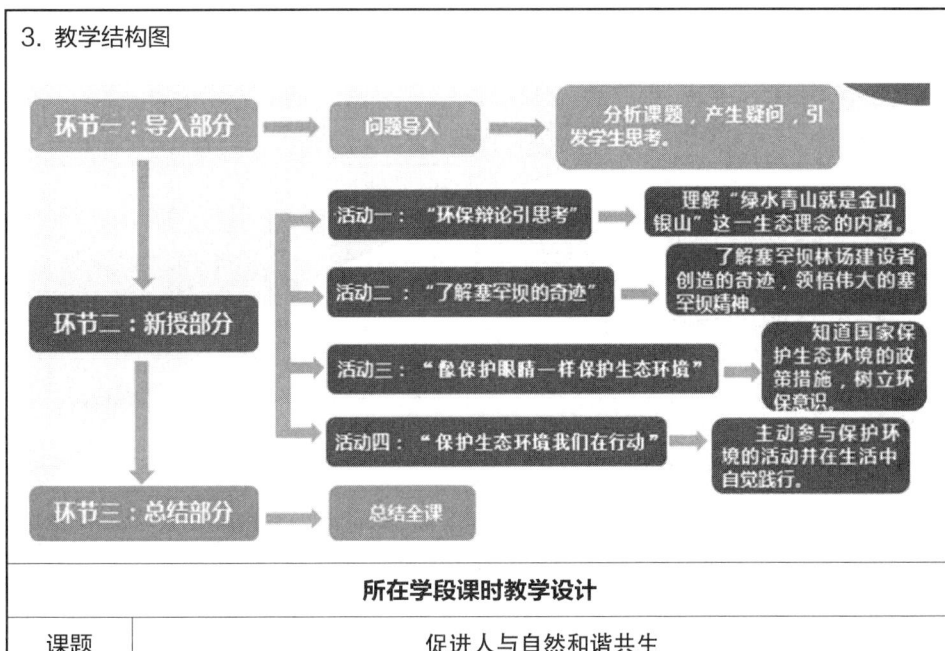

所在学段课时教学设计

课题	促进人与自然和谐共生

1. 教学内容分析

　　本课是《习近平新时代中国特色社会主义思想学生读本（小学高年级）》中的第十讲，正是与"十四个坚持"中的"坚持人与自然和谐共生"相对应，教材内容由三个部分组成，分别是：栏题一"人与自然和谐共生"，结合浙江省余村发展变化的故事，初步感悟"绿水青山就是金山银山"这一生态理念的内涵；栏题二"让生态美景永驻人间"，讲述了塞罕坝人通过三代人不断努力，持之以恒推进生态文明建设，创造了一个变荒原为林海，让沙漠成绿洲的绿色奇迹；栏题三"像保护眼睛一样保护生态环境"，让学生能够明白环保应从我做起，从身边做起，能够主动参与保护环境的活动并在生活中自觉践行

2. 学习者分析

　　课前，教师围绕"你听说过绿水青山就是金山银山这句话吗？能够理解其中的道理吗？"这两个核心问题对我校小学五年级一班学生进行了课前谈话访问，通过访谈发现五年级1班的学生大多数听说过"两山"理论，且在日常的"道德与法治"学科教学中对于生态环境保护的相关知识有所了解，有自己的主观判断，具备一定的独立思考能力以及自主探究能力。但就本课而言，习近平总书记提出的哲学辩证的"两山"理论内涵学生很难深入思考和理解，日常生活中知道要保护环境但很难知行统一

3. 学习目标确定

　　（1）理解"绿水青山就是金山银山"这一生态理念的内涵。

　　（2）了解塞罕坝林场建设者创造的绿色奇迹，领悟"牢记使命、艰苦创业、绿色发展"的塞罕坝精神。

　　（3）知道环保应从我做起，从身边做起，能够主动参与保护环境的活动并在生活中自觉践行，像保护眼睛一样保护生态环境

4. 学习重点难点

　　重点：了解塞罕坝林场建设者创造的绿色奇迹，领悟"牢记使命、艰苦创业、绿色发展"的塞罕坝精神。

　　难点：理解"绿水青山就是金山银山"这一生态理念的内涵

5. 学习活动设计

教师活动	学生活动
【导入】问题驱动导新课。 1. 同学们，今天我们学习《习近平新时代中国特色社会主义思想》学生读本《习近平新时代中国特色社会主义思想学生读本（小学高年级）》，第十讲《绿水青山就是金山银山》。 2. 看到题目，你有什么疑问吗？	学生自发产生疑问并明确本课学习主题。 1.为什么绿水青山就是金山银山？ 2.什么是绿水青山？ 3.什么是金山银山？

环节一：环保辩论引思考

教师活动	学生活动
1. 让我们走进一个小山村，看看那里有没有答案。阅读书中60页的内容，了解安吉县有名的首富村背后的故事。 2. 虽然富裕了，但村庄环境遭到了严重的破坏，面对这样的情况，生活在余村的村民与工厂负责人展开了一场激烈的辩论。  3. 通过这次激烈的辩论，你们发现余村发展过程中出现的矛盾焦点是什么呢？ 4. 余村人认识到坚持人与自然和谐共生的观念之后，余村发生了怎样的变化？ 【视频】余村的变化。	阅读思考，了解安吉县有名的首富村背后的故事 学生小组讨论，确定辩论观点，开展环保辩论 归纳余村发展过程出现矛盾的原因，总结生态环境与物质财富之间的关系，进一步理解为什么绿水青山就是金山银山这一生态理念

续表

教师活动	学生活动
【习语金句】 习语金句  "你们下定决心要关掉矿山，这是高明之举！过去我们讲既要绿水青山，又要金山银山，实际上，**绿水青山就是金山银山。**" ——习近平 2005年8月15日，习爷爷来到余村。 5. 在绿水青山就是金山银山理念的引领下，像余村这样的小山村可以说是不胜枚举，在我们身边，在我们北京被称为"煤炭供应地"的门头沟区，如今就告别了千年采煤史，用自己的实际行动践行着总书记的"两山"理论，最终实现了由"黑"转"绿"。 【小结】 　　无论是余村还是我们北京的门头沟区，都向我们证明了好的生态环境就是宝贵的财富，而且是源源不断、可持续的财富，我们应该尊重自然、顺应自然，保护自然	阅读学习习语金句

活动意图说明
　　本环节通过环保辩论以及身边事例的补充使学生懂得绿水青山与金山银山之间的关系，从而理解这一生态理念的内涵。

环节二：了解塞罕坝的奇迹

教师活动	学生活动
1. 南方的余村坚持人与自然和谐共生，发生了翻天覆地的变化。那我们北方地区的人们又是怎样落实、实现人与自然和谐共生的呢？怎样守护好我们的绿水青山呢？共同走进河北省承德市的塞罕坝去看看。 2. 将清朝时期《木兰秋狝图》、解放初期塞罕坝的图片以及现如今塞罕坝林场的图片进行对比，说说你的发现和疑问。 清兴隆阿《木兰秋狝图》	对比图片谈感受并自发产生疑问。 从清朝时期的塞罕坝草木茂盛，森林密布。到解放初期，人迹罕至、一片荒芜。再到现如今的植被恢复，这当中到底经历了什么？

续表

教师活动	学生活动
3. 小组探究学习：塞罕坝林场建设者遇到了怎样的困难？他们又是如何克服的？这其中体现了怎样的精神？小组探究，完成学习单。 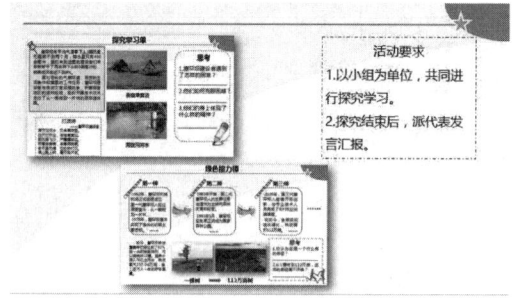	小组探究，完成学习单，分组进行汇报
【习语金句】 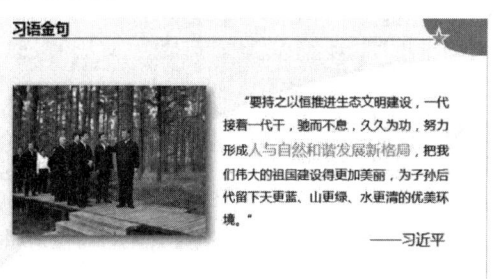	学生阅读习语金句
4. 沙漠变绿洲容易吗？这么难为什么一代又一代塞罕坝人还坚持去做，驰而不息，久久为功呢？ 【小结】 　　生态环境没有替代品，我们要像保护眼睛一样保护我们的生态环境，要像对待生命一样对待我们的生态环境	

活动意图说明

　　本环节通过小组探究学习，了解塞罕坝林场建设者创造的绿色奇迹，领悟"牢记使命、艰苦创业、绿色发展"的塞罕坝精神。

环节三：像保护眼睛一样保护生态环境

教师活动	学生活动
1. 为了更好地保护我们赖以生存的生态环境，我国于2018年将生态文明理念和生态文明建设写入《中华人民共和国宪法》，纳入中国特色社会主义总体布局。国家还出台了汽车尾号限行、倡导垃圾分类、禁渔令等一系列政策措施以及《中华人民共和国环境保护法》《中华人民共和国大气污染防治法》等相关法律予以保障。	了解我国为生态文明建设出台的的一系列政策与举措

续表

教师活动	学生活动
2. 生活中，你还知道哪些保护环境的举措呢？ 3. 为什么要有这么多的政策措施出台呢？ 4. 因为生态环境太重要了，我们要像保护眼睛一样保护生态环境。 【习语金句】  2021年10月12日《生物多样性公约》第十五次缔约方大会领导人峰会	节水、节电、节粮，垃圾分类。 思考生态治理如何走向现代化 学生阅读习语金句。

活动意图说明

本环节通过对国家保护生态环境政策措施的了解并结合生活实际，懂得要像保护眼睛一样保护生态环境

环节四：保护生态环境我们在行动

教师活动	学生活动
1. 同学们，每个人都是生态环境的保护者、建设者、受益者，没有哪个人是旁观者、局外人、批评家，作为小学生的你们又能做哪些具体的事情呢？ 2. 我们史家小学也开展了很多环保活动，倡导简约适度、绿色低碳的生活方式。 例如：Byebye塑料吸管、保护濒危植物等活动。  3. 你参加过哪些类似的活动呢？ 4. 日常生活中也不乏出现这样的情况，遇到这样的情况，你应该怎样做呢？ 【总结】 希望同学们说到做到，保护绿水青山有你有我！习爷爷对少年儿童还有这样的嘱托，他说："大自然充满乐趣、无比美丽，热爱自然是一种好习惯，保护环境是每个人的责任，少年儿童要在这方面发挥小主人作用。"	节约粮食、绿色出行、垃圾分类等 学生分享参加过的环保活动并谈谈体会和收获 学生阅读习语金句

续表

活动意图说明

　　本环节通过分享交流，知道环保应从我做起，从身边做起，能够主动参与保护环境的活动并在生活中自觉践行

6. 作业设计

　　本课注重学生的环保教育，通过学习，学生课后可以与家人一同制定一份家庭环保公约，相互监督，在实际生活中自觉、主动践行绿色生活方式，不断养成绿色环保可持续的生活习惯，逐渐形成现代生态文明观，从而落实核心素养中的责任意识的培养。教师定期收集学生制订的家庭公约计划，及时肯定并予以反馈，有效促进学生的知行合一，让绿色环保的责任意识能够落地生根

第二节　英雄精神专题

北京工业大学：溯力量之源　扬英雄精神

<table>
<tr><td colspan="4" align="center">基本信息</td></tr>
<tr><td align="center">姓　名</td><td align="center">李晓平</td><td align="center">学　校</td><td align="center">北京工业大学</td></tr>
<tr><td align="center">年　级</td><td align="center">大一</td><td align="center">教科书版本及章节</td><td>《中国近现代史纲》（2021年版，高等教育出版社）第七章第四节建立人民民主专政的新中国</td></tr>
<tr><td align="center">学习领域/模块</td><td colspan="3" align="center">中国革命胜利的伟大意义和基本经验</td></tr>
<tr><td colspan="4" align="center">大中小学思政课一体化教学设计</td></tr>
<tr><td align="center">一体化学习专题</td><td colspan="3" align="center">赓续红色血脉　传承英雄精神</td></tr>
</table>

1. 一体化教学设计说明

　　本学习专题围绕"赓续红色血脉，传承英雄精神"，进行大中小学，一体化思政课教学实践探索。由北京工业大学牵头，由来自北京工业大学马克思主义学院、北京市第十一中学、北京市第十一中学实验学校、北京市东城区安定里小学的4位思政课讲师共同协作。选题背景及教学设计理念如下：

● **立德树人，抓牢关键课程。**党的十九大报告明确提出"培养担当民族复兴大任的时代新人"。习近平总书记提出"大思政课我们要善用之"，强调"在大中小学循序渐进、螺旋上升地开设思想政治理论课非常必要，是培养一代又一代社会主义建设者和接班人的重要保障"。思政课是"立德树人"的关键课程，要加大对学生的认知规律和接受特点的研究，发挥学生主体性作用；要坚持灌输性和启发性相统一，注重启发性教育，引导学生发现问题、分析问题、思考问题，在不断启发中让学生水到渠成得出结论。

● **培根铸魂，深入党史学习。**2021年2月20日，习近平总书记在党史学习教育动员大会上的讲话中明确指出，"开展党史学习教育意义重大""中国革命历史是最好的营养剂，重温这部伟大历史能够受到党的初心使命、性质宗旨、理想信念的生动教育，必须铭记光辉历史、传承红色基因""历史充分证明，江山就是人民，人民就是江山，人心向背关系党的生死存亡。赢得人民信任，得到人民支持，党就能够克服任何困难，就能够无往而不胜"。习近平总书记运用历史思维分析现状、认清趋势、把握未来，强调"历史在人民的探索和奋斗中造就了中国共产党，中国共产党领导人民又造就了新的历史辉煌""人民才是真正的英雄"

- **启智润心，传承精神谱系**。习近平总书记始终坚信 "人民才是真正的英雄"，历史是人民书写的，英雄来自人民，英雄是人民的杰出代表。他强调，"一个有希望的民族不能没有英雄，一个有前途的国家不能没有先锋""一切民族英雄，都是中华民族的脊梁，他们的事迹和精神都是激励我们前行的强大力量"。2021年是中国共产党百年华诞，本节大中小学一体化课程以传承英雄精神为主题，把百年党史与思政课教学相结合，使党的百年辉煌历程所凝结的精神谱系进课堂、进教材、进学生头脑，意义重大，也正逢其时。
- **一体思政，课程螺旋上升**。统筹推进大中小学思政课一体化建设是一项重要工程。各学段思政课既要 "守好一段渠，种好责任田"，更要树立起整体性思维，接力培养、上下贯通、形成合力。因此，推进大中小学思政一体化，既是深入贯彻落实新时代党和国家人才培养方针的现实需要，也是推进各学段思政教育统筹发展的必然选择，更是立德树人根本任务取得实效的根本保证。本课例致力于实现大中小学思政课跨学段一体衔接，纵向贯通。以 "赓续红色血脉，传承英雄精神"为大思政课题，从小学阶段注重道德启蒙，在听、说革命英雄故事和身边榜样中启蒙爱党、爱国的道德情感；在初中阶段注重锤炼品格，通过体验中国共产党革命和建设中英雄先辈的事迹，打牢做社会主义合格的建设者和接班人的思想基础；到高中阶段注重政治认同，在实践参与中通过对中国共产党百年革命和建设的伟大历程的自主学习，感悟党的精神谱系的内涵，提升学科素养，坚定 "四个自信"；到大学阶段注重使命担当，在党史理论的学习中聚焦 "谁是真正的英雄"，筑牢马克思主义唯物史观的基本立场，人民之真正的英雄。四堂课从 "知事"— "懂事"，到 "知史"— "晓义"，再到 "明理"— "行道"，最后达到 "铸信仰"— "担责任"，从而实现学生的贯通成长

2. 一体化学习目标与重点难点

　　课题组在前期实践探索的基础上，拟将围绕 "赓续红色血脉，传承英雄精神"这一重要学习专题，在小学、初中、高中、大学四个学段，在教学内容、教学方法、教学目标方面分别依据本学段课标要求、教材和学生实际，突出阶段性特点，又体现循序渐进、螺旋式上升的同向接续，实现共同育人目标。

- **小学学段：听红色故事，话英雄模样**。围绕道德启蒙，通过讲述奋斗者的故事懂得美好生活都是奋斗出来的，启发学生崇敬英雄、致敬模范、向奋斗者学习，培养学生对中国共产党的朴素感情。

  重点难点：在故事启蒙中激发做优秀少先队员的愿望。

- **初中学段：述榜样事迹，品英雄力量**。围绕品德锤炼，通过感悟新民主主义革命和社会主义建设中的英雄，学习英雄的优秀品质，激励学生传承英雄精神，将个人成长与祖国发展相统一，与时代同向、与民族发展同步，提升政治觉悟。

  重点难点：通过体验和感悟革命英雄的伟大事迹，能够在学习和生活中践行英雄品质。

- **高中学段：访红色线路，学英雄品格**。围绕政治认同，通过学生 "复兴之路上的英雄精神"的游学线路活动设计，感悟我国中国共产党百年历程中，为实现民族独立、人民幸福而奋勇前进的英雄，树立革命文化和社会主义先进文化的政治认同，坚定 "四个自信"，在青春的使命担当中培植家国情怀、实现精神升华。

  重点难点：在实践参与中，揭示英雄精神的内涵，深刻认识到历史和人民选择马克思主义、选择中国共产党

◆ **大学阶段：溯力量之源，扬英雄精神**。围绕理想信念，一方面，要关照高中生的知识结构、学习习惯和身心特点，在思政课教学中继续注重核心价值观的塑造和引领；另一方面，更要注重培养学生的历史思维、国际视野、时代担当，用习近平新时代中国特色社会主义思想引导学生，提高理论认同、政治认同、情感认同，提高运用科学理论分析问题、解决问题的能力，并转化为不断增强"四个自信"、努力为民族复兴大业努力奋斗的自觉践行。

重点难点：在党史理论学习中善于总结经验，探索规律，用科学理论指引实践，实现明理增信、崇德力行

3. 一体化整体教学思路（教学结构图）

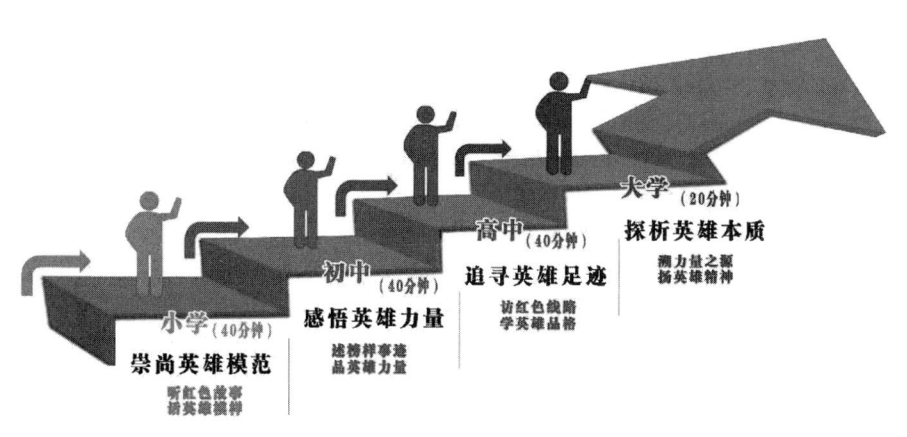

所在学段课时教学设计			
授课专题	溯力量之源　扬英雄精神		
课程名称	中国近现代史纲要	授课时长	20分钟

1. 课程简介

本课时所属课程为大学《中国近现代史纲要》。本课程是全国高等学校开设的本科生公共思想政治理论课，是从历史教育角度对大学生进行思想政治教育的公共必修课。课程主要内容为1840年鸦片战争以来中国人民反对帝国主义、封建主义，争取民族独立和人民解放，以及进行社会主义改造和社会主义现代化建设，实现中华民族伟大复兴的历史。通过本课程的学习，帮助学生认识近现代中国社会发展和革命发展的历史进程及其内在规律，了解国史、国情，深刻领会历史和人民为什么和怎样选择了马克思主义、选择了中国共产党、选择了社会主义道路、选择了改革开放，深刻领会中国共产党为什么能、马克思主义为什么行、中国特色社会主义为什么好，更加坚定地在中国共产党坚强领导下为实现中华民族伟大复兴而不懈奋斗

2. 学情分析

Feature 1：有一定独立思考能力，但深入探究力相对缺乏

新时代大学生大都是"00后"，他们的成长环境较之于以往有很大的不同，正是这种不同使他们有着较好的独立思考能力，较广泛的兴趣爱好，对未知领域充满好奇。特别是北京地区学生，这方面特征更为凸显。但另一方面，受到年龄和阅历的限制，大部分学生对某些事物的认知还停留于表层，深入探究本质、根源的能力还不够，也缺乏自主探究的方式方法。对于诸如英雄精神内涵、马克思主义英雄观等相关领域，学生们在小学、初中、高中阶段都有接触，有了初步的认识，但真正让他们详细、全面、专业地进行阐释，却欲言又止，或答非所问，不知道该从何处下手解释。

Feature 2：获取信息多元多样，但聚焦力、辨识力相对缺乏

当前大学生活成长于网络信息时代，特别是自媒体发展更是吸引了一大批青年学生群体。面对授课教师的教学内容，学生们可查阅了解的途径多元多样，这极大地开阔了学生视野。但另一方面，网络信息鱼龙混杂，自媒体发布的信息更是缺乏权威性，如果自身并未形成较成熟的"三观"，很容易陷入杂乱无章、盲目多元，甚至三观不正的窘境。对于英雄及英雄精神，网络文章、帖子数不胜数，如何聚焦其本质根源？如何从官方媒体获取权威信息？如何更准确、全面地认识"人民就是江山、江山就是人民""人民群众是真正的英雄"的深刻内涵，坚持用马克思主义唯物史观认识问题、解决问题，认清历史虚无主义、精致的利己主义等诸多解构英雄精神的错误思潮的本质，这是新时代大学生面临的挑战。

Feature 3：理论学习较有兴趣，但问题导向、践行力度相对缺乏

北工大学生整体素养较高，虽然理工科学生占大多数，但并不影响他们对理论学习的热爱与求知。在中国共产党建党百年之际，随着党史学习教育活动不断走深走实，绝大多数学生对于百年党史，还是比较希望全面学习了解的。但另一方面，大部分学生还停留在为学理论而学理论的阶段，死记硬背居多，缺乏学习的问题导向，更难于将所学内容与自身联系贯通起来。比如讲到新民主主义革命时，很多学生感觉离自己所处的时代太遥远，认为时代已大不相同，老师讲的革命历程只是当作故事听听而已，对青年所肩负的历史使命尚不清晰，未能结合自身实际深刻领会平凡英雄与自我成长、新时代青年与民族复兴伟大梦想的契合

3. 教学目标

认知要求：运用马克思主义唯物史观，引导学生学习探究中国共产党带领人民取得伟大成就的力量源泉和基本经验；引导学生深刻认识"人民就是江山、江山就是人民""人民是历史的创造者，人民是真正的英雄"的深刻内涵；深刻认识"人民立场是中国共产党的根本政治立场，是马克思主义政党区别于其他政党的显著标志"，认识中国共产党是人民创造伟大历史的先锋队和主心骨；深刻认识新时代青年肩负的使命并争做时代先锋、争做时代楷模的重要意义。

技能提升：培养大学生多维度视角认识、分析、研究问题的能力；引导学生逐步树立历史思维，开阔国际视野，注重理论与实践相互结合；以问题导向激活学生自主探究学习的方式方法。

情感价值：引导大学生认识到，英雄来自人民、植根人民，在中国特色社会主义进入新时代、中华民族前所未有地接近伟大复兴目标、中国日益走近世界舞台中央的今天，伟大目标的实现更需要英雄辈出，需要崇尚英雄精神，需要加强对中国特色社会主义道路、理论、制度、文化的高度自信自觉，加强对党的领导的高度认同。激发大学生从党史学习中提升思想境界、涵养英雄气概，汲取奋进力量，激励时代担当

4. 教学内容

本讲内容与教材第七章第四节"中国革命胜利的原因和基本经验"相对接，将围绕着"溯力量之源、扬英雄精神"这一主题，带领学生领略人民江山的英雄本色，探寻百年大党风华正茂的力量之源，领略英雄本色、传承英雄精神。

Part1：以淮海战役广大民众踊跃支前的生动案例为切入点让同学们感悟人民战争之伟力，然后进一步从建国初期十三陵水库建设的案例中带领同学们继续感悟人民力量，随后把视野推及100年来中华民族复兴之路上的奋斗求索，感悟百年党史中人民群众创造历史的磅礴伟力，最后从马克思主义唯物史观出发，阐释"人民是历史的创造者"、"人民是真正的英雄"、人民创造历史需要先锋引领、崇尚英雄不等于唯心主义英雄史观等马克思主义立场、观点、方法，为同学们讲清楚"人民群众是真正的英雄"之理论逻辑，帮助同学们理解"人民就是江山、江山就是人民"的深刻含义。

Part2：阐述时代使命造就时代英雄，人民群众创造历史需要英雄引领。首先以延安时期"只见公仆不见官"的案例切入，为同学们展现百年来优秀共产党员为推进民族复兴而为大公、守大义、求大我的光辉奋斗历程，然后阐述中国共产党的性质、宗旨，回顾中国共产党团结带领中国人民救国、兴国、富国、强国的不懈奋斗史，帮助同学们深刻领会历史和人民选择中国共产党的必然性。深刻领会中国共产党始终是中国人民创造伟大历史的先锋队。

Part3：立足于中华民族伟大复兴战略全局和世界百年未有之大变局，从实践层面讲清楚伟大、光荣、英雄的中国人民是实现中华民族伟大复兴中国梦的依靠力量，伟大、光荣、正确的中国共产党是实现中华民族伟大复兴中国梦的领导力量，党心所向就是民心所望，民力所聚就是党之法宝，继续汇聚起新时代创造伟大历史的磅礴力量。激励新时代大学生提升思想境界、涵养英雄气概，争做时代先锋，不负党和人民，为民族复兴大业贡献青春力量

5. 教学重难点分析

教学重点：

本节课重在围绕着"溯力量之源、扬英雄精神"这一主题，从百年来党带领人民为实现民族复兴而不懈奋斗的历史中，深刻认识"人民是历史的创造者""人民是真正的英雄"这一唯物史观的基本观点；深刻认识中国共产党人始终坚持"以人民为中心"、一切为了人民、紧紧依靠人民，是我们党伟大、光荣、风华正茂的青春密码；激励新时代大学生从党史学习中提升思想境界、涵养英雄气概，汲取奋进力量，激励时代担当。

教学难点：

（1）在第一部分讲到"谁是创造历史的真正英雄""百年大党风华正茂的力量之源"时，需要通过历史事件、具体案例的讲述，带着学生进一步理解唯物史观关于相关问题的立场、观点。这对于大一学生是一个难点。

（2）在第二部分讲到中国共产党是中国人民的先锋队时，既要从百年来一个个具象的优秀共产党员的光辉典范层面讲清楚先锋引领的现实意义，从伟大英雄精神为人民群众创造历史提供精神动力这一视角讲述先锋引领的精神力量，又结合党章、党的重要文件、习近平总书记的重要讲话，从理论层面讲清楚先锋引领的理论逻辑。这是另一个难点

6. 教学方法与手段

（1）采用教师讲授、启发式提问，以及讨论相结合的互动式教学方法；

（2）运用PPT、使用视频播放，以及图片、动画等多媒体教学形式；

（3）利用板书进行本节重要知识点的文字提示，直观解析其与讲解过程之间的关系

续表

7. 教学特色

（1）关照高中学段学生知识结构和认知特点，在教学内容、教学方法、教学方式等方面，体现循序渐进、螺旋式上升的特点；

（2）问题导向贯穿理论教学始终，激发学生兴趣点和思考力；

（3）案例说明与视频教学共用，提升学生认知理解的感受度；

（4）师生互动，讨论汇报，引导学生自主探究问题的能力与信心；

（5）提供学习资料的文献引用与拓展阅读，增强学习聚焦力与规范化

8. 补充内容

（1）把习近平总书记关于党史学习教育的系列重要讲话、论述，尤其是在纪念中国共产党成立100周年大会上的重要讲话精神融入课堂教学，体现在课堂教学中。

（2）列出推荐书目，引导学生在课堂学习基础上延伸阅读、观看、深度思考。

金一南：《苦难辉煌》，作家出版社，2021年3月。作者在序言中写道："谨以此书献给过去、今天、未来成为民族脊梁的人们。他们历尽苦难，我们获得辉煌。"

丁晓平：《人民的胜利——新中国是这样诞生的》，江西高校出版社，2021年5月。本书从政治、经济、军事、统战、外交、文化等各方面展现了1946年至1949年间，中国共产党紧紧团结、依靠人民，经过艰苦卓绝的斗争，赢得中国革命的最后胜利，建立新中国的艰难曲折又波澜壮阔的历程

9. 教学进程

教学步骤	教学内容	教学意图	教学设计与展示	教学行为	教学用时
课程导入	开门见山介绍主题，用习近平总书记的讲话引出问题："谁是真正的英雄？百年大党风华正茂的力量之源何在"	首先提出问题，引发学生学习兴趣，然后聚焦主题，进一步引发学生思考	问题导入： ● 以习总书记在中国共产党成立100周年大会上的讲话中"从中国共产党的百年奋斗中看清楚过去我们为什么能够成功、弄明白未来我们怎样才能继续成功"的相关内容，直入主题：溯力量之源，扬英雄精神	提出问题 师生互动 聚焦主题	2分钟

续表

教学步骤	教学内容	教学意图	教学设计与展示	教学行为	教学用时
Part1	★人民江山★ 　　首先从淮海战役广大民众踊跃支前的生动案例为切入点，带领同学们把视野推到100年来中华民族复兴之路上的不断奋斗求索，感悟百年党史中人民群众创造历史的磅礴伟力。然后从马克思主义唯物史观出发，阐释"人民是历史的创造者"、"人民是真正的英雄"、崇尚英雄不等于英雄史观等马克思主义立场、观点、方法，为同学们讲清楚"人民群众是真正的英雄"之理论逻辑，帮助同学们理解"人民就是江山、江山就是人民"的深刻含义	使学生深刻认识没有人民就没有江山，人民就是江山；深刻认识中国人民是创造伟大历史的根本力量，人民是真正的英雄；用历史印证唯物史观关于人民是历史创造者的基本立场、观点	● 理论方面，首先从立体生动、客观真实的人民伟大奋斗史中讲清楚人民为实现中华民族伟大复兴不懈奋斗的不可磨灭的伟大贡献；继而从马克思主义唯物史观继续讲述人民在创造历史中的主体地位。 ● 教学设计方面，加入淮海战役纪录片短视频，以淮海战役广大民众踊跃支前的生动案例为切入点，带领同学们把视野推到100年来中华民族复兴之路上的不断奋斗求索，感悟百年党史中人民群众创造历史的磅礴伟力。然后进一步从建国初期十三陵水库建设的案例中带领同学们继续感悟人民力量。 　　通过运用视频资料、大量数据进行论证，又有相应理论讲授，最后提出问题，引发学生深入思考人民江山的深刻内涵，认识人民与英雄的辩证关系，思考"人民是历史的真正英雄"的唯物史观，思考"相信人民"与"崇尚英雄"的辩证统一	问题导向 案例分析 理论讲述 师生互动 教师小结	6分钟

续表

教学步骤	教学内容	教学意图	教学设计与展示	教学行为	教学用时
Part2	**★先锋引领★** 　　从优秀共产党员的先进事迹，从伟大精神对人民创造历史的精神引领，从中国共产党领导团结人民取得的伟大成就等方面，讲清楚中国共产党人始终坚持"以人民为中心"，始终是中国人民创造历史的先锋队	使学生深刻认识中国共产党人始终坚持"以人民为中心"，始终是中国人民创造历史的先锋队	● 理论方面，阐述中国共产党的性质、宗旨，回顾中国共产党团结带领中国人民从救国、兴国、富国、强国的不懈奋斗史，从开天辟地、改天换地，到翻天覆地、惊天动地的伟大成就，帮助同学们深刻领会历史和人民选择了中国共产党，深刻领会中国共产党始终是中国人民创造伟大历史的先锋队。 ● 教学设计方面，首先以延安时期"只见公仆不见官"的案例切入，为同学们展现百年来优秀共产党员为推进民族复兴而为大公、守大义、求大我的光辉奋斗历程，然后阐述中国共产党的性质、宗旨，回顾中国共产党团结带领中国人民从救国、兴国、富国、强国的不懈奋斗史，帮助同学们深刻领会历史和人民选择中国共产党的必然性。深刻领会中国共产党始终是中国人民创造伟大历史的先锋队	问题导向 理论讲述 案例分析 师生互动 教师小结	6分钟

续表

教学步骤	教学内容	教学意图	教学设计与展示	教学行为	教学用时
Part3	★辩证统一★ 　　立足于中华民族伟大复兴战略全局和世界百年未有之大变局，从实践层面讲清楚伟大、光荣、英雄的中国人民是实现中华民族伟大复兴中国梦的依靠力量，伟大、光荣、正确的中国共产党是实现中华民族伟大复兴中国梦的领导力量，党心所向就是民心所望，民力所聚就是党之法宝，继续汇聚起新时代创造伟大历史的磅礴力量。 　　这部分内容的落脚点是激励新时代大学生提升思想境界、涵养英雄气概，致力于做时代先锋，不负党和人民，为民族复兴大业贡献青春力量	使学生深刻认识习近平总书记"两个万岁"的深刻内涵，认识我们党团结带领人民、紧紧依靠人民就一定能继续永葆青春、创造辉煌。激励新时代大学生树立正确的历史观、大局观、角色观，致力于做时代先锋，不负党和人民，为民族复兴大业贡献青春力量	● 理论方面，立足于新时代特点和"两个大局"，讲清楚新时代、新使命面临的新"变局"、新使命，讲清楚党的领导与人民的主体地位之间的辩证统一，激励学生提升思想境界、涵养英雄气概，争做时代先锋，不负党和人民。 ● 教学设计方面，引用习近平总书记重要论述，展开讲述。引导学生认清历史使命，明理增信崇德力行	问题导向 理论讲述 师生互动 教师小结	4分钟
课程总结及思考探究	● 归纳总结，呼应主题：人民是真正的英雄，人民创造伟大历史；根植于人民的中国共产党永远是人民创造历史的先锋队；党的领导与人民的主体地位二者是辩证统一的。 ● 推荐课外阅读书目，强调知行合一	总结归纳，强调本节课主要观点，使学生形成逻辑清晰的整体认同；推荐课外阅读书目，强调知行合一	● 总结以上学习内容，重申从"以人民为中心"视角理解百年大党风华正茂的力量之源，强调其理论逻辑、历史逻辑及其现实意义。并将其上升为一种认识问题、分析研究问题的逻辑思路，引导学生学会触类旁通、举一反三。 ● 结合所学内容，推荐阅读书目，进一步强调自觉践行问题	教师总结	2分钟

续表

10. 教学评价
总分式教学法，学生普遍反馈学习思路比较清晰直观，从人民主体地位、党的先锋引领及二者的辩证关系等三个方面，对全面把握人民群众在创造历史中的主体作用，全面把握百年大党风华正茂的力量之源，赓续红色血脉、传承英雄精神有很大助益。 　　案例教学法，从大家熟悉的方面入手，激发了学生兴趣点，明显感到学生的回应率比较高，理论与历史案例的结合，加深了学生认知理解的感受度。 　　视频教学效果较好，能结合动态画面、自主思考、师生互动，实现信息实时共享交流，对刚刚进入大学的大一学生来说，普遍乐于接受、易于接受

11. 　课后思考
请结合所学，给自己写一封信《对话英雄——致新时代的我们》

12. 　教学反思
用理论与实践相结合、历史与现实相结合的大历史观分析问题，不仅限于认识本节课的主题，更是一种分析、研究问题的思路方法，如何引导学生举一反三、触类旁通，自身讲解得还不够深入和系统，还需继续强化。 　　各学段思政课既要"守好一段渠，种好责任田"，更要树立起整体性思维，接力培养、上下贯通、形成合力。推进大中小学思政一体化，既是深入贯彻落实新时代党和国家人才培养方针的现实需要，也是推进各学段思政教育统筹发展的必然选择，更是立德树人根本任务取得实效的根本保证。立德树人需要一张蓝图绘到底，大中小学思政课教师一体化协同备课，还需坚持不懈、久久为功

北京市第十一中学：访红色线路
学英雄品格

基本信息

姓 名	赵铭琪	学 校	北京市第十一中学
年 级	高一	教科书版本及章节	高中思想政治统编版必修一《中国特色社会主义》（人民教育出版社）第二、三、四课
学习领域/模块		只有社会主义才能救中国、发展中国、实现中华民族伟大复兴	

大中小学思政课一体化教学设计

一体化学习专题	赓续红色血脉　传承英雄精神

1. 一体化教学设计说明

　　本学习专题围绕"赓续红色血脉，传承英雄精神"，进行大中小学一体化思政课教学实践探索。由北京工业大学牵头，由来自北京工业大学马克思主义学院、北京市第十一中学、北京市第十一中学实验学校、北京市东城区安定里小学的4位思政课讲师共同协作。选题背景及教学设计理念如下：

● **立德树人，抓牢关键课程**。党的十九大报告明确提出"培养担当民族复兴大任的时代新人"。习近平总书记提出"大思政课我们要善用之"，强调"在大中小学循序渐进、螺旋上升地开设思想政治理论课非常必要，是培养一代又一代社会主义建设者和接班人的重要保障"。思政课是"立德树人"的关键课程，要加大对学生的认知规律和接受特点的研究，发挥学生主体性作用；要坚持灌输性和启发性相统一，注重启发性教育，引导学生发现问题、分析问题、思考问题，在不断启发中让学生水到渠成得出结论。

● **培根铸魂，深入党史学习**。2021年2月20日，习近平总书记在党史学习教育动员大会上的讲话中明确指出，"开展党史学习教育意义重大""中国革命历史是最好的营养剂，重温这部伟大历史能够受到党的初心使命、性质宗旨、理想信念的生动教育，必须铭记光辉历史、传承红色基因""历史充分证明，江山就是人民，人民就是江山，人心向背关系党的生死存亡。赢得人民信任，得到人民支持，党就能够克服任何困难，就能够无往而不胜"。习近平总书记运用历史思维分析现状、认清趋势、把握未来，强调"历史在人民的探索和奋斗中造就了中国共产党，中国共产党领导人民又造就了新的历史辉煌""人民才是真正的英雄"

续表

- **启智润心，传承精神谱系**。习近平总书记始终坚信 "人民才是真正的英雄"，历史是人民书写的，英雄来自人民，英雄是人民的杰出代表。他强调，"一个有希望的民族不能没有英雄，一个有前途的国家不能没有先锋""一切民族英雄，都是中华民族的脊梁，他们的事迹和精神都是激励我们前行的强大力量"。2021年是中国共产党百年华诞，本节大中小学一体化课程以传承英雄精神为主题，把百年党史与思政课教学相结合，使党的百年辉煌历程所凝结的精神谱系进课堂、进教材、进学生头脑，意义重大，也正逢其时。
- **一体思政，课程螺旋上升**。统筹推进大中小学思政课一体化建设是一项重要工程。各学段思政课既要 "守好一段渠，种好责任田"，更要树立起整体性思维、接力培养、上下贯通、形成合力。因此，推进大中小学思政一体化，既是深入贯彻落实新时代党和国家人才培养方针的现实需要，也是推进各学段思政教育统筹发展的必然选择，更是立德树人根本任务取得实效的根本保证。本课例致力于实现大中小学思政课跨学段一体衔接，纵向贯通。以 "赓续红色血脉，传承英雄精神" 为大思政课题，从小学阶段注重道德启蒙，在听、说革命英雄故事和身边榜样中启蒙爱党、爱国的道德情感；在初中阶段注重锤炼品格，通过体验中国共产党革命和建设中英雄先辈的事迹，打牢做社会主义合格的建设者和接班人的思想基础；到高中阶段注重政治认同，在实践参与中通过对中国共产党百年革命和建设的伟大历程的自主学习，感悟党的精神谱系的内涵，提升学科素养，坚定 "四个自信"；到大学阶段注重使命担当，在党史理论的学习中聚焦 "谁是真正的英雄"，筑牢马克思主义唯物史观的基本立场，人民之真正的英雄。四堂课从 "知事" — "懂事"，到 "知史" — "晓义"，再到 "明理" — "行道"，最后达到 "铸信仰" — "担责任"，从而实现学生的贯通成长

2. 一体化学习目标与重点难点

课题组在前期实践探索的基础上，拟将围绕 "赓续红色血脉，传承英雄精神" 这一重要学习专题，在小学、初中、高中、大学四个学段，在教学内容、教学方法、教学目标方面分别依据本学段课标要求、教材和学生实际，突出阶段性特点，又体现循序渐进、螺旋式上升的同向接续，实现共同育人目标。

- **小学学段：听红色故事，话英雄模样**。围绕道德启蒙，通过讲述英雄的故事懂得美好生活都是奋斗出来的，启发学生崇敬英雄、致敬模范、向英雄学习，培养学生对中国共产党的朴素感情。

  重点难点：在故事启蒙中激发做优秀少先队员的愿望。
- **初中学段：述榜样事迹，品英雄力量**。围绕品德锤炼，通过感悟新民主主义革命和社会主义建设中的英雄，学习英雄的优秀品质，激励学生传承英雄精神，将个人成长与祖国发展相统一，与时代同向、与民族发展同步，提升政治觉悟。

  重点难点：通过体验和感悟革命英雄的伟大事迹，能够在学习和生活中践行英雄品质。
- **高中学段：访红色线路，学英雄品格**。围绕政治认同，通过学生 "复兴之路上的英雄精神" 的游学线路活动设计，感悟我国中国共产党百年历程中，为实现民族独立、人民幸福而奋勇前进的英雄，树立革命文化和社会主义先进文化的政治认同，坚定 "四个自信"，在青春的使命担当中培植家国情怀、实现精神升华。

  重点难点：在实践参与中，揭示英雄精神的内涵，深刻认识到历史和人民选择马克思主义、选择中国共产党。

续表

◆ **大学阶段**：溯力量之源，扬英雄精神。围绕理想信念，一方面，要关照高中生的知识结构、学习习惯和身心特点，在思政课教学中继续注重核心价值观的塑造和引领；另一方面，更要注重培养学生的历史思维、国际视野、时代担当，用习近平新时代中国特色社会主义思想引导学生，提高理论认同、政治认同、情感认同，提高运用科学理论分析问题、解决问题的能力，并转化为不断增强"四个自信"、努力为民族复兴大业努力奋斗的自觉践行。

重点难点：在党史理论学习中善于总结经验，探索规律，用科学理论指引实践，实现明理增信、崇德力行

---

3. 一体化整体教学思路（教学结构图）

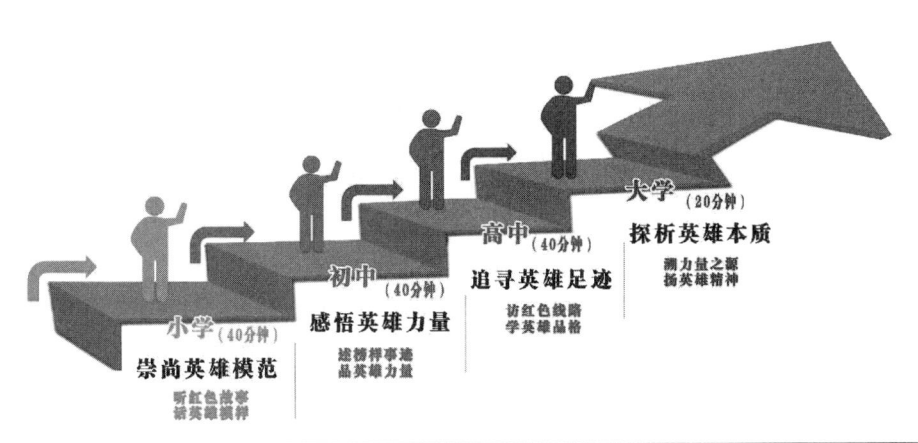

所在学段课时教学设计

课题	访红色线路　学英雄品格
课型	新授课□　　　章/单元复习课□　　专题复习课☑ 习题/试卷讲评课□　　学科实践活动课□　　其他□

1. 教学内容分析

本课时从面的层面展开，在前两个学段启蒙、打牢思想的基础上，重在提升学生的政治素养、树立家国情怀，能够认同中国特色社会主义的理论、制度、道路、文化，增强自信，为下一学段的理论学习、情感提升、践行担当做好铺垫。依据教材必修一《中国特色社会主义》第二、三、四课内容，为本课奠定了理论基础。

（1）学生通过分组合作设计首都北京"红色+"研学线路，结合红色革命文化资源、当地传统文化资源形成特色的研学云游线路，提高学生的公共参与能力，使思政小课堂与社会大课堂相结合。认识到英雄精神体现为天下兴亡、匹夫有责的爱国精神，在学习活动中向榜样学习，感悟革命精神的力量、真理的力量，树立革命文化和社会主义先进文化的政治认同，立鸿鹄之志、长少年志气。

（2）通过对话脱贫攻坚，进一步体悟共产党人的初心使命、党组织的战斗堡垒作用。明晰在新时代的征程中，英雄精神还体现为百折不挠、坚忍不拔的奋斗精神与心中有责、敢于担当的敬业精神。通过辨析英雄与凡人的关系，归纳英雄精神的内涵，懂得伟大斗争孕育伟大人物、孕育伟大精神，懂得没有从天而降的英雄，只有挺身而出的凡人，伟大出自平凡，英雄来自人民。增强对马克思主义唯物史观的认同。

（3）通过展望强国有我，提升政治和道德素养，在青春的使命担当中培植家国情怀、实现精神升华

2. 学习者分析

（1）有一定理论基础，但系统性不足。新时代高中生都是"10后"，在前期学习的基础上，掌握一定的理论知识，但相对较零散，缺乏系统性。

（2）理论学习兴趣不足，实践经验较匮乏。由于高中生的年龄特点与性格特征，一般对于枯燥的理论缺乏足够的兴趣，而相关的实践活动又参与较少。因此，从故事讲起，融入游学等实践活动展开学习。

（3）获取信息多元，但辨析能力需进一步提升。互联网时代，高中生接触的信息多元，不同看法间存在价值冲突。因此，通过辨析活动引导学生树立正确的三观，明晰英雄与人民的关系，培养家国情怀

3. 学习目标确定

政治认同：通过探究活动，使学生进一步坚定中国共产党的领导，感党恩，跟党走，坚定走中国特色的社会主义道路，增强"四个自信"。

科学精神：通过典型英雄、伟人事迹的学习，使学生有意识运用历史唯物主义思维认识历史，体会英雄的精神力量——不负人民，懂得党的初心使命，真正的马克思主义是理论与实践的统一。通过辨析活动，引导学生在矛盾中发现问题，解决问题。树立科学精神，坚持真理。

公共参与：通过学生小组设计首都北京"红色+"研学线路，使思政小课堂与社会大课堂相结合

4. 学习重点难点

学习重点：

本节课重在围绕着"复兴之路上的英雄精神"这一主题，从"只有社会主义才能救中国、只有中国特色社会主义才能发展中国、实现中华民族伟大复兴"的视角探寻复兴之路上的英雄人物、英雄事迹，要使学生深刻认识英雄精神的内涵，明晰英雄来自人民。

学习难点：

在学习中增强对英雄人物代表的共产党群像的自觉认同，树立马克思主义唯物史观，提升政治和道德素养，树立爱国情、强国志、报国情的家国情怀

5. 学习评价设计

		内容		方式	工具
知识获得	能够说出不同时期体现的英雄精神内涵	能够结合实际阐明不同时期的英雄精神内涵	能全面、准确、规范地阐述不同时期的英雄精神内涵并归纳其本质，认识中国特色社会主义优越性	学生表达 教师评估	教师观察 课后测试
能力提升	能够朴素地汇报展示云游线路设计及探究问题	能够描述和解释云游线路中的英雄精神及探究问题	比较全面地描述和论证云游线路中的英雄精神及探究问题，并归纳其本质	学生表达 教师评估	教师观察
学习方法	在教师引导下学习，完成主要学习目标	能够参与探究、合作、辨析、解释与论证完成学习目标	通过探究、合作、辨析、解释与论证，有效完成学习目标	学生展示 学生互评 教师评估	学生自评量表、教师观察
思维发展	能够说出观点，简单说明理由	能够层次清晰地表达观点并进行论证	辩证地、逻辑清晰地表达和论述观点	学生表达 教师评估	教师观察
价值观念	能够感悟到英雄精神	正确认识英雄精神内涵、本质，树立唯物史观	坚定认同中国特色社会主义道路、理论、制度、文化，传承英雄精神	学生表达 教师评估	教师观察

6. 学习活动设计

教师活动	学生活动
【导入】"一个有希望的民族不能没有英雄，一个有前途的国家不能没有先锋。" 在岁月冲刷中，历史功勋放射出耀眼光芒；在时代的变迁中，英雄精神彰显着永恒的价值。 这其中，蕴藏着怎样的历史密码？今天，我们一起寻迹复兴之路，探寻英雄精神	回顾复兴之路上有哪些英雄人物，思考他们具有怎样的英雄精神

续表

| 环节一：重温觉醒年代，探寻真理初心 ||
教师活动	学生活动
【展示课前任务】分组设计"红色+"云游研学线路，并进行汇报展示。指导学生结合红色革命资源、传统文化资源等呈现数字化线路，看、听、评其他小组展示成果，推选优秀小组展示交流。 【丰富学生资源】所有线路的终点我们都汇聚到天安门广场的人民英雄纪念碑。 展示碑文：  【探究】支撑这些英雄人物探寻真理、参加革命的动力是什么？他们有哪些相同的品质？ 【归纳】革命先驱不改其心、不移其志、不毁其节，正是因为有了对党的事业的无限忠诚，有了代表最广大人民根本利益的坚定立场。他们的初心与使命都是为中华民族谋复兴、为中国人民谋幸福。同学们，英雄精神可体现为天下兴亡、匹夫有责的爱国精神（共性）。不畏强敌，舍生忘死。而中国的崛起、复兴都是人民在支撑，人民就是力量！	【交流互动】同学们结合北京当地特色资源，汇报交流设计"红色+研学"线路，走进那个觉醒的年代，对话英雄故事。 线路1：北大红楼—新青年编辑部—鲁迅博物馆 理论传播之路 线路2：李大钊故居—万安公墓—长辛店 建党之路 线路3：香山公园双清别墅—香山革命纪念馆—东交民巷 建国之路 　　体悟英雄人物的为国担当、为民情怀，坚定对社会主义道路的认同与自信。 　　结合时代背景，分析描述英雄人物们探寻真理、参加革命的动力，并归纳其相同品质

活动意图说明

　　围绕马克思主义理论的传播、工人运动、解放战争等开展"红色+"云游研学线路的设计分享，聚焦英雄人物，探寻真理与初心。使学生深刻认识英雄精神体现为天下兴亡、匹夫有责的爱国精神，明晰中国共产党的初心与使命以及只有社会主义才能救中国

| 环节二：走进新时代，感悟英雄与人民 ||
教师活动	学生活动
【过渡】播放视频：李大钊演讲"社会主义决不会辜负中国" 　　　　　　　　——《觉醒年代》片段 　　历史证明，只有社会主义才能救中国。百年正当时，今天的社会主义是何样貌呢？中国特色社会主义是如何推进中华民族的复兴、创造辉煌的呢？社会主义没有辜负中国，中国也没有辜负社会主义！	观看视频，思考中国特色社会主义如何推进中华民族伟大复兴

续表

教师活动	学生活动
【展示材料】2020年11月23日，经过8年持续奋斗，新时代脱贫攻坚目标任务如期完成，消除绝对贫困和区域性整体贫困，近1亿贫困人口脱贫。 　　2021年2月，国家召开脱贫攻坚总结表彰大会，会场上一位白发的老父亲让全国观众动容。 　　我们看这样一组照片：（黄文秀父亲在表彰大会上以及黄文秀照片） 　　"她为党的事业做出了贡献，我为她骄傲。"总结："在脱贫攻坚斗争中，1800多名同志将生命定格在了脱贫攻坚征程上，生动诠释了共产党人的初心使命。"（习近平在脱贫攻坚表彰大会上的讲话） 展示图片资料	阅读材料信息，感悟在新时代的征程上，英雄离我们并不遥远
【辨析】伟大来自平凡，没有从天而降的英雄，只有挺身而出的凡人。你怎么看英雄与凡人的关系？	结合材料及实际，辨析英雄与凡人的关系
【归纳】对立统一 　　英雄来自人民，而人民成为英雄又是有条件的。（需要奋斗与担当）	
【升华】2021年2月25日，世界上人口最多的国家宣告消除绝对贫困。这意味着中华民族告别千百年来缺吃少穿的梦魇。十八大来中国组织实施了人类历史上规模最大、力度最强、惠及人口最多的脱贫攻坚战。创造了一个彪炳史册的人间奇迹。 　　伟大事业孕育伟大精神，伟大精神引领伟大事业。脱贫攻坚伟大斗争锻造了伟大的脱贫攻坚精神——"上下同心、尽锐出战、精准务实、开拓创新、攻坚克难、不负人民"。 　　这也是对英雄精神的诠释。	将脱贫精神与英雄精神相联系，明晰在新时代，英雄精神还体现为百折不挠、坚忍不拔的奋斗精神以及心中有责、敢于担当的敬业精神
如果说，"一切为了人民"回答了我们党的价值追求问题，那么"一切依靠人民"则回答了我们党的力量源泉问题。习近平总书记指出："人民是历史的创造者，人民是真正的英雄。"回望历史，淮海战役胜利是靠老百姓用小车推出来的，渡江战役胜利是靠老百姓用小船划出来的；社会主义革命和建设的成就是人民群众干出来的；改革开放的历史伟剧是亿万人民群众主演的……从石库门到天安门，从嘉兴南湖上的一条小船到承载着14亿人民希望的巍巍巨轮，中国共产党之所以能够发展壮大，中国特色社会主义之所以能够不断前进，正是因为始终把人民作为"源"和"本"，深深植根于人民之中。无论遇到任何困难和挑战，只要有人民支持和参与，就没有克服不了的困难，就没有越不过去的坎，就没有完成不了的任务	明晰在民主主义革命时期、社会主义建设时期、改革开始时期以及新时代，英雄都秉承人民立场——"我将无我，不负人民"

续表

活动意图说明

　　在新时代的征程上，英雄精神还体现为百折不挠、坚忍不拔的奋斗精神以及心中有责、敢于担当的敬业精神。通过对话脱贫攻坚，进一步体悟共产党人的初心使命、党组织的战斗堡垒作用以及只有中国特色社会主义才能发展中国、实现中华民族伟大复兴，引导学生树立唯物史观，明晰英雄来自人民。通过辨析英雄与凡人的关系，增强科学精神，并站稳人民立场，练就过硬本领，把个体的小我融入祖国的大我、人民的大我之中，与时代同步伐、与人民共命运，更好实现人生价值、升华人生境界

环节三：展望强国时代　承担青春使命

教师活动	学生活动
【过渡】在纪念建党100周年庆典活动中，《请党放心，强国有我》振奋人心，道出了新一辈青年的爱国情、强国志。	观看视频，感悟家国情怀
【布置任务】从今开始我们将迎接下一个百年——建国一百年。2050年，中国会是什么样子？你会是什么样子？请以"祖国和我"为主题写一篇演讲词，给未来的祖国画像，为将来的自己喝彩。	学生主题演讲，结合个人成长与国家的关系描绘祖国的明天（提纲涉及关键元素）
【总结升华】21世纪中叶建国100周年，要把我国建设成为富强、民主、文明、和谐、美丽的社会主义现代化强国。实现中华民族伟大复兴，是一场接力跑，我们要一棒接着一棒跑下去，每一代人都要为下一代人跑出一个好成绩。	
要有对马克思主义的信仰、对中国特色社会主义的信念、对中华民族伟大复兴中国梦的信心，这是支撑中国人民站起来、富起来、强起来的强大精神动力。	坚定信念，明晰使命与担当
你们什么样，祖国的未来就什么样。哪有什么岁月静好，只不过有人替你负重前行。事实证明，中国共产党具有无比坚强的领导力、组织力、执行力，是团结带领人民攻坚克难、开拓前进最可靠的领导力量。只要我们始终不渝坚持党的领导，就一定能够战胜前进道路上的任何艰难险阻，不断满足人民对美好生活的向往！	

活动意图说明

　　使学生从故事到精神，从个人到国家、从历史到现实，等等，理解感悟党的先进性，增强对党领导下的社会主义制度的认同与自信，能够系统分析、综合把握，提升政治和道德素养，树立爱国情、强国志、报国情的家国情怀

续表

7. 板书设计 　　**访红色线路　学英雄品格** 　　　　复兴之路上的英雄精神——不负人民 　　　　重温觉醒年代　探寻真理初心 　　　　　走进新时代　感悟英雄与人民 　　　　展望强国时代　承担青春使命
8. 作业与拓展学习设计 请结合所学，为自己心目中的英雄画像，撰写自己的青春箴言
9. 特色学习资源分析、技术手段应用说明（结合教学特色和实际撰写） （1）设计云游线路：挖掘北京当地红色资源，数字化应用，综合实践活动。 （2）脱贫攻坚总结大会等时政内容，凸显时代性、社会性。 （3）在公共参与中提高科学精神、法治意识，增强对新时代的政治认同
10. 教学反思与改进 　　本节课以"复兴之路上的英雄精神"为主题，以英雄与人民的关系为主线，从故事到精神，从个人到国家、从历史到现实，把课程内容与历史史实和时代背景相结合，树立马克思主义唯物史观，增强对中国特色社会主义的认同，厚植家国情怀，提升政治和道德素养；通过设计分享"红色+研学"旅游线路以及问题探究，充分发挥学生的主体作用，培养学生的归纳分析能力、逻辑推理能力，提高其科学精神、理性思维。总之，通过学习任务的完成落实学科核心素养，达成教学目标。 　　但在课堂实施上，发现学生的归纳、逻辑分析能力还需进一步加强，在素养的培养上需进一步增强，因此今后要注重训练学生的逻辑分析与表达能力，为下一学段的学习奠定理论基础并促进思维的进阶；在汇报展示环节需要增强互动，注重情感的交流、情怀的提升；在问题的设置上还应进一步打磨：需要通过问题链的精细设计促进学生思考的思维路径，引导学生有效思考，形成思维的碰撞，注重课堂生成与精准反馈，促进学习目标的有效完成

北京市第十一中学实验学校：述榜样事迹 品英雄力量

基本信息			
姓　名	李志彬	学　校	北京市第十一中学实验学校
年　级	初　三	教科书版本及章节	道德与法治（部编版）七年级下册第四单元
学习领域/模块		行己有耻，止于至善——榜样的学习	
大中小学思政课一体化教学设计			
一体化学习专题		赓续红色血脉　传承英雄精神	

1. 一体化教学设计说明

　　本学习专题围绕"赓续红色血脉，传承英雄精神"，进行大中小学一体化思政课教学实践探索。由北京工业大学牵头，由来自北京工业大学马克思主义学院、北京市第十一中学、北京市第十一中学实验学校、北京市东城区安定里小学的4位思政课讲师共同协作。选题背景及教学设计理念如下：

● **立德树人，抓牢关键课程。** 党的十九大报告明确提出"培养担当民族复兴大任的时代新人"。习近平总书记提出"大思政课我们要善用之"，强调"在大中小学循序渐进、螺旋上升地开设思想政治理论课非常必要，是培养一代又一代社会主义建设者和接班人的重要保障"。思政课是"立德树人"的关键课程，要加大对学生的认知规律和接受特点的研究，发挥学生主体性作用；要坚持灌输性和启发性相统一，注重启发性教育，引导学生发现问题、分析问题、思考问题，在不断启发中让学生水到渠成得出结论。

● **培根铸魂，深入党史学习。** 2021年2月20日，习近平总书记在党史学习教育动员大会上的讲话中明确指出，"开展党史学习教育意义重大""中国革命历史是最好的营养剂，重温这部伟大历史能够受到党的初心使命、性质宗旨、理想信念的生动教育，必须铭记光辉历史、传承红色基因""历史充分证明，江山就是人民，人民就是江山，人心向背关系党的生死存亡。赢得人民信任，得到人民支持，党就能够克服任何困难，就能够无往而不胜"。习近平总书记运用历史思维分析现状、认清趋势、把握未来，强调"历史在人民的探索和奋斗中造就了中国共产党，中国共产党领导人民又造就了新的历史辉煌""人民才是真正的英雄"

续表

- **启智润心，传承精神谱系**。习近平总书记始终坚信"人民才是真正的英雄"，历史是人民书写的，英雄来自人民，英雄是人民的杰出代表。他强调，"一个有希望的民族不能没有英雄，一个有前途的国家不能没有先锋""一切民族英雄，都是中华民族的脊梁，他们的事迹和精神都是激励我们前行的强大力量"。2021年是中国共产党百年华诞，本节大中小学一体化课程以传承英雄精神为主题，把百年党史与思政课教学相结合，使党的百年辉煌历程所凝结的精神谱系进课堂、进教材、进学生头脑，意义重大，也正逢其时。
- **一体思政，课程螺旋上升**。统筹推进大中小学思政课一体化建设是一项重要工程。各学段思政课既要"守好一段渠，种好责任田"，更要树立起整体性思维，接力培养、上下贯通、形成合力。因此，推进大中小学思政一体化，既是深入贯彻落实新时代党和国家人才培养方针的现实需要，也是推进各学段思政教育统筹发展的必然选择，更是立德树人根本任务取得实效的根本保证。本课例致力于实现大中小学思政课跨学段一体衔接，纵向贯通。以"赓续红色血脉，传承英雄精神"为大思政课题，从小学阶段注重道德启蒙，在听、说革命英雄故事和身边榜样中启蒙爱党、爱国的道德情感；在初中阶段注重锤炼品格，通过体验中国共产党革命和建设中英雄先辈的事迹，打牢做社会主义合格的建设者和接班人的思想基础；到高中阶段注重政治认同，在实践参与中通过对中国共产党百年革命和建设的伟大历程的自主学习，感悟党的精神谱系的内涵，提升学科素养，坚定"四个自信"；到大学阶段注重使命担当，在党史理论的学习中聚焦"谁是真正的英雄"，筑牢马克思主义唯物史观的基本立场，人民之真正的英雄。四堂课从"知事"—"懂事"，到"知史"—"晓义"，再到"明理"—"行道"，最后达到"铸信仰"—"担责任"，从而实现学生的贯通成长

2. 一体化学习目标与重点难点

课题组在前期实践探索的基础上，拟将围绕"赓续红色血脉，传承英雄精神"这一重要学习专题，在小学、初中、高中、大学四个学段，在教学内容、教学方法、教学目标方面分别依据本学段课标要求、教材和学生实际，突出阶段性特点，又体现循序渐进、螺旋式上升的同向接续，实现共同育人目标。

- **小学学段：听红色故事，话英雄模样**。围绕道德启蒙，通过讲述奋斗者的故事懂得美好生活都是奋斗出来的，启发学生崇敬英雄、致敬模范、向奋斗者学习，培养学生对中国共产党的朴素感情。

  重难点：在故事启蒙中激发做优秀少先队员的愿望。

- **初中学段：述榜样事迹，品英雄力量**。围绕品德锤炼，通过感悟新民主主义革命和社会主义建设中的英雄，学习英雄的优秀品质，激励学生传承英雄精神，将个人成长与祖国发展相统一，与时代同向、与民族发展同步，提升政治觉悟。

  重难点：通过体验和感悟革命英雄的伟大事迹，能够在学习和生活中践行英雄品质。

- **高中学段：访红色线路，学英雄品格**。围绕政治认同，通过学生"复兴之路上的英雄精神"的游学线路活动设计，感悟我国中国共产党百年历程中，为实现民族独立、人民幸福而奋勇前进的英雄，树立革命文化和社会主义先进文化的政治认同，坚定"四个自信"，在青春的使命担当中培植家国情怀、实现精神升华。

  重难点：在实践参与中，揭示英雄精神的内涵，深刻认识到历史和人民选择马克思主义、选择中国共产党。

续表

◆ **大学阶段：溯力量之源，扬英雄精神**。围绕理想信念，一方面，要关照高中生的知识结构、学习习惯和身心特点，在思政课教学中继续注重核心价值观的塑造和引领；另一方面，更要注重培养学生的历史思维、国际视野、时代担当，用习近平新时代中国特色社会主义思想引导学生，提高理论认同、政治认同、情感认同，提高运用科学理论分析问题、解决问题的能力，并转化为不断增强"四个自信"、努力为民族复兴大业努力奋斗的自觉践行。

重点难点： 在党史理论学习中善于总结经验，探索规律，用科学理论指引实践，实现明理增信、崇德力行

3. 一体化整体教学思路（教学结构图）

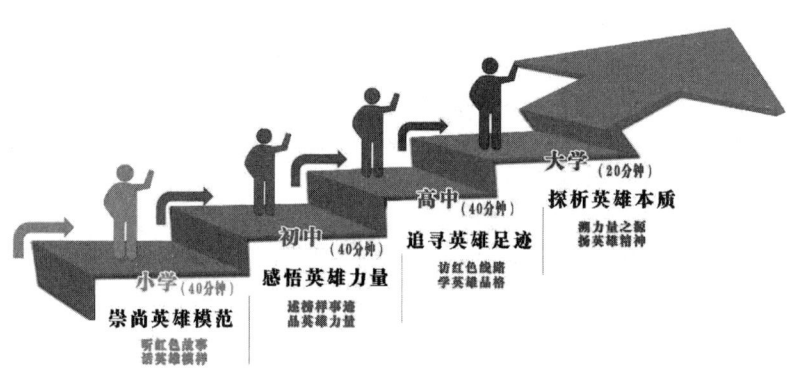

所在学段课时教学设计

课题	述榜样事迹　品英雄力量	
课型	新授课☑　　　　　　章/单元复习课□　　　　专题复习课□ 习题/试卷讲评课□　　学科实践活动课□　　　其他□	

1. 教学内容分析

本课时注重在初中阶段锤炼学生品格，通过观看和感悟不同时期英雄人物故事，从而学习了解中国共产党革命时期、社会主义建设时期和伟大新时代中革命先辈以及英雄们的事迹，明确他们的时代选择和责任担当，培养政治认同和责任感，从而打牢做社会主义合格建设者和接班人的思想基础。

初一时学生知道了生命的价值和意义；也知道了平凡与伟大之间的联系；怎样的一生是值得过的；知道榜样的作用，这些都为本课学习做好了认知基础和铺垫

2. 学习者分析

本课时教学内容是建构在七年级下册第四单元"行己有耻，止于至善"的相关知识的基础之上，因此学生们对于学科知识已经有了很好的了解和掌握。学生对于建党百年中的已知英雄人物事迹稍有了解，但其背后不为初中学生所了解的一些细节和故事，是激发学生学习兴趣、更好学习英雄榜样的所在。通过时间线索，前后对比人物资料和评价，帮助学生树立正确的英雄观、榜样观，知道这些才是当今学生最该追的星，培养政治认同，家国情怀

续表

3. 学习目标确定

● 了解中国共产党百年奋斗史。

● 了解革命先烈的事迹。

● 体会英雄精神,激发实现梦想的动力。

● 树立正确的英雄观榜样观,培养政治认同,家国情怀

4. 学习重点难点

● 学习重点:体会英雄精神品质。

● 学习难点:践行英雄品质,落实到自身生活实际

5. 学习评价设计

	内容			方式	工具
知识获得	责任的担当	生命的价值	自信自强	好良差	评价表
能力提升	表达能力	规则意识	参与能力	好良差	评价表
学习方法	讨论法	探究法	合作法	好良差	评价表
思维发展	独立思维	批判思维	辩证思维	好良差	评价表
价值观念	爱国	担当	合作	好良差	评价表

6. 学习活动设计

环节一:话英雄,做选择,品力量	
教师活动1	**学生活动1**
1. 撒播火种——英雄李大钊(建党初期) 　　资料:100年前的他的身份、地位等 　　思考:李大钊做了什么事,为何要这么做? 　　视频:《革命者》片段 　　是什么力量让李大钊如此坦然,无惧生死? 　　资料:100年后对他的评价 　　小结:坚定理想信念,勇于克服困难,作为共产党创始人的李大钊,用生命播撒信仰的火种,追求真理,忠于党、忠于祖国、忠于人民。撒播火种的不仅仅是李大钊还有很多像他一样的人	观看视频 思考问题,回答问题 体会感悟
活动意图说明 　　了解李大钊的英雄事迹,为国家和民族的需要励精图治,牺牲生命的责任担当精神	

教师活动2	学生活动2
无私奉献——英雄邓稼先（建国初期）	观看视频
资料：60年前，他的不平常经历	思考问题，回答问题
视频：《我和我的祖国——相遇》片段	
思考：邓稼先做的事情有何意义？他和李大钊有何共同之处？	结合自身谈感受
资料：60年后人们对他的评价	
视频：为社会主义建设奉献的科学家们	体会感悟
思考：身处两个大局之下，请你向邓稼先说几句心里话	结合自身谈认识
小结：无私奉献社会，鞠躬尽瘁的邓稼先，用无私奉献的精神谱写了默默无闻而又感人的英雄的一生。在社会主义建设初期有很多像他一样的英雄人物	

活动意图说明

通过观看邓稼先的相关视频，了解他的事迹，体会他为国发展，放弃国外优厚待遇，乃至不惜生命的优秀品质

教师活动3	学生活动3
时代楷模——英雄黄文秀（新时代）	思考问题，回答问题
资料：黄文秀生平资料和扶贫日记	
思考：从资料中，你觉得这个女孩是怎样的一个人？	
一个平凡的普通人，能够成为时代的英雄吗？	体会感悟
资料：黄文秀获奖资料	
小结：黄文秀对党忠诚，不负人民，埋头苦干，谱写青春，告诉我们一个平凡的普通人也可以成为时代英雄。	
百年历史，中国共产党带领人民站起来、富起来、强起来。时代在变，不变的是共产党人的初心和使命	

活动意图说明

通过黄文秀事迹的学习，感受即使平凡的普通人也可以通过不懈奋斗为国家和人民做出贡献，成为时代的英雄

环节二：谈自身，重传承，落践行	
教师活动	学生活动
推荐身边榜样，谈自己如何继承英雄品质，努力实现梦想？	参与活动，结合自身发言
小结：见贤思齐共同成长；以梦为马不负韶华。	
课堂小结：学习党史，致敬英雄，感悟英雄精神，立足学习生活实际，承担责任，做新时代青年！	体会感悟
在共读李大钊的《青年》节选中结束本节课	

活动意图说明

从自身实际生活出发，传承英雄优秀品质。书写自己的生命价值

续表

---

7. 板书设计

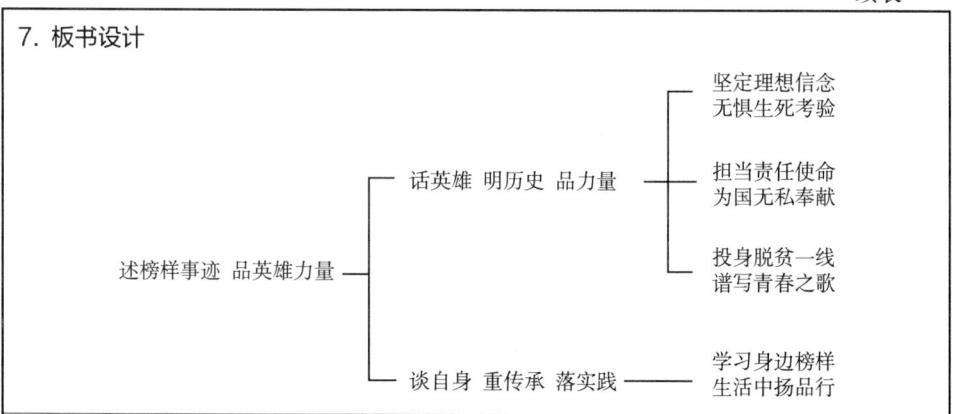

述榜样事迹 品英雄力量
- 话英雄 明历史 品力量
  - 坚定理想信念 无惧生死考验
  - 担当责任使命 为国无私奉献
  - 投身脱贫一线 谱写青春之歌
- 谈自身 重传承 落实践
  - 学习身边榜样 生活中扬品行

---

8. 作业与拓展学习设计

（1）写给革命先烈的一封信；

（2）设计自己的梦想任务单

---

9. 特色学习资源分析、技术手段应用说明（结合教学特色和实际撰写）

（1）对不同时期人物故事和背景资料进行对比讲解；

（2）结合视频故事和资料进行党史学习感悟

---

10. 教学反思与改进（单节课教与学的经验性总结，基于学习者分析和目标达成度进行对比反思，教学自我评估与教学改进设想。课后及时撰写，突出一体化整体实施的改进策略，后续课时教学如何运用本课学习成果，如何持续促进学生发展）

本节课主要以感悟式学习为主，通过相关资料对比学习，学生对于不同时代的英雄形象有了更加具体的感受，对于英雄的责任选择与担当通过学习感悟和思考讨论有了一定的认识。学习本课之后作为初中阶段的学生能够明确做好身边小事，承担好自身责任就能为国家发展贡献一分力量，身处变革时代要发扬英雄精神，在生活中传承精神争当榜样。

本课在英雄人物选取中更多地着眼于三个不同时代，作为初中学生总会感觉和他们有一些距离。后期改进设想，三个时代不变，空间限定在学校校史，挖掘不同时期学校知名校友事迹、教师事迹，从而将课程内容校本化，从而更好贴近学生，触动学生。

另外作为一体化整体实施的专题课程，可以将相关内容进行成果积累，后续就相应主题可以再次同课异构，或在原有课程设计基础上进行系统延伸等。

通过英雄精神的学习，与教材中责任担当部分内容可以更好对接，也可以为后续学生学习精神家园——中华民族精神部分内容打下良好基础

北京市东城区定安里小学：听红色故事话英雄模样

<table>
<tr><td colspan="4" align="center">基本信息</td></tr>
<tr><td align="center">姓　名</td><td align="center">唐新露</td><td align="center">学　校</td><td align="center">北京市东城区定安里小学</td></tr>
<tr><td align="center">年　级</td><td align="center">五年级</td><td align="center">教科书版本及章节</td><td>《道德与法治》（统编版）五年级下册第三单元第11课第3话题自力更生　扬眉吐气</td></tr>
<tr><td align="center">学习领域/模块</td><td colspan="3" align="center">道德与法治、党史、国史</td></tr>
<tr><td colspan="4" align="center">大中小学思政课一体化教学设计</td></tr>
<tr><td align="center">一体化学习专题</td><td colspan="3" align="center">赓续红色血液　传承英雄精神</td></tr>
</table>

1. 一体化教学设计说明

　　本学习专题围绕"赓续红色血脉，传承英雄精神"，进行大中小学一体化思政课教学实践探索。由北京工业大学牵头，由来自北京工业大学马克思主义学院、北京市第十一中学、北京市第十一中学实验学校、北京市东城区安定里小学的4位思政课讲师共同协作。选题背景及教学设计理念如下：

- **立德树人，抓牢关键课程。** 党的十九大报告明确提出"培养担当民族复兴大任的时代新人"。习近平总书记提出"大思政课我们要善用之"，强调"在大中小学循序渐进、螺旋上升地开设思想政治理论课非常必要，是培养一代又一代社会主义建设者和接班人的重要保障"。思政课是"立德树人"的关键课程，要加大对学生的认知规律和接受特点的研究，发挥学生主体性作用；要坚持灌输性和启发性相统一，注重启发性教育，引导学生发现问题、分析问题、思考问题，在不断启发中让学生水到渠成得出结论。

- **培根铸魂，深入党史学习。** 2021年2月20日，习近平总书记在党史学习教育动员大会上的讲话中明确指出，"开展党史学习教育意义重大""中国革命历史是最好的营养剂，重温这部伟大历史能够受到党的初心使命、性质宗旨、理想信念的生动教育，必须铭记光辉历史、传承红色基因""历史充分证明，江山就是人民，人民就是江山，人心向背关系党的生死存亡。赢得人民信任，得到人民支持，党就能够克服任何困难，就能够无往而不胜"。习近平总书记运用历史思维分析现状、认清趋势、把握未来，强调"历史在人民的探索和奋斗中造就了中国共产党，中国共产党领导人民又造就了新的历史辉煌""人民才是真正的英雄"。

续表

- **启智润心，传承精神谱系**。习近平总书记始终坚信"人民才是真正的英雄"，历史是人民书写的，英雄来自人民，英雄是人民的杰出代表。他强调，"一个有希望的民族不能没有英雄，一个有前途的国家不能没有先锋""一切民族英雄，都是中华民族的脊梁，他们的事迹和精神都是激励我们前行的强大力量"。2021年是中国共产党百年华诞，本节大中小学一体化课程以传承英雄精神为主题，把百年党史与思政课教学相结合，使党的百年辉煌历程所凝结的精神谱系进课堂、进教材、进学生头脑，意义重大，也正逢其时。

- **一体思政，课程螺旋上升**。统筹推进大中小学思政课一体化建设是一项重要工程。各学段思政课既要"守好一段渠，种好责任田"，更要树立起整体性思维，接力培养、上下贯通、形成合力。因此，推进大中小学思政一体化，既是深入贯彻落实新时代党和国家人才培养方针的现实需要，也是推进各学段思政教育统筹发展的必然选择，更是立德树人根本任务取得实效的根本保证。本课例致力于实现大中小学思政课跨学段一体衔接，纵向贯通。以"赓续红色血脉，传承英雄精神"为大思政课题，从小学阶段注重道德启蒙，在听、说革命英雄故事和身边榜样中启蒙爱党、爱国的道德情感；在初中阶段注重锤炼品格，通过体验中国共产党革命和建设中英雄先辈的事迹，打牢做社会主义合格的建设者和接班人的思想基础；到高中阶段注重政治认同，在实践参与中通过对中国共产党百年革命和建设的伟大历程的自主学习，感悟党的精神谱系的内涵，提升学科素养，坚定"四个自信"；到大学阶段注重使命担当，在党史理论的学习中聚焦"谁是真正的英雄"，筑牢马克思主义唯物史观的基本立场，人民之真正的英雄。四堂课从"知事"—"懂事"，到"知史"—"晓义"，再到"明理"—"行道"，最后达到"铸信仰"—"担责任"，从而实现学生的贯通成长

---

2. 一体化学习目标与重点难点

　　课题组在前期实践探索的基础上，拟将围绕"赓续红色血脉，传承英雄精神"这一重要学习专题，在小学、初中、高中、大学四个学段，在教学内容、教学方法、教学目标方面分别依据本学段课标要求、教材和学生实际，突出阶段性特点，又体现循序渐进、螺旋式上升的同向接续，实现共同育人目标。

- **小学学段：听红色故事，话英雄模样**。围绕道德启蒙，通过讲述英雄的故事懂得美好生活都是奋斗出来的，启发学生崇敬英雄、致敬模范、向英雄学习，培养学生对中国共产党的朴素感情。

   重点难点：在故事启蒙中激发做优秀少先队员的愿望。

- **初中学段：述榜样事迹，品英雄力量**。围绕品德锤炼，通过感悟新民主主义革命和社会主义建设中的英雄，学习英雄的优秀品质，激励学生传承英雄精神，将个人成长与祖国发展相统一、与时代同向、与民族发展同步，提升政治觉悟。

   重点难点：通过体验和感悟革命英雄的伟大事迹，能够在学习和生活中践行英雄品质。

- **高中学段：访红色线路，学英雄品格**。围绕政治认同，通过学生"复兴之路上的英雄精神"的游学线路活动设计，感悟我国中国共产党百年历程中，为实现民族独立、人民幸福而奋勇前进的英雄，树立革命文化和社会主义先进文化的政治认同，坚定"四个自信"，在青春的使命担当中培植家国情怀、实现精神升华。

   重点难点：在实践参与中，揭示英雄精神的内涵，深刻认识到历史和人民选择马克思主义、选择中国共产党

续表

◆ **大学阶段：溯力量之源，扬英雄精神**。围绕理想信念，一方面，要关照高中生的知识结构、学习习惯和身心特点，在思政课教学中继续注重核心价值观的塑造和引领；另一方面，更要注重培养学生的历史思维、国际视野、时代担当，用习近平新时代中国特色社会主义思想引导学生，提高理论认同、政治认同、情感认同，提高运用科学理论分析问题、解决问题的能力，并转化为不断增强"四个自信"、努力为民族复兴大业努力奋斗的自觉践行。

重点难点：在党史理论学习中善于总结经验，探索规律，用科学理论指引实践，实现明理增信、崇德力行

3. 一体化整体教学思路（教学结构图）

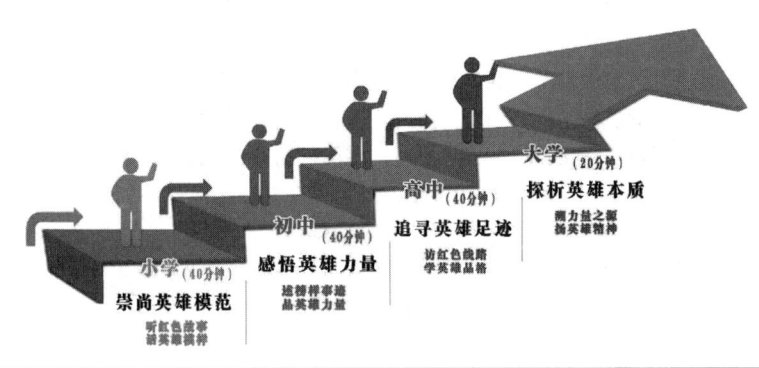

所在学段课时教学设计

课题	听红色故事　话英雄模样		
课型	新授课 ☑ 习题/试卷讲评课□	章/单元复习课□ 学科实践活动课□	专题复习课□ 其他□

1. 教学内容分析

　　在一体化教学中，小学学段应从"点"切入，让学生进行情感的启蒙。本课教学从故事帮助学生走近英雄的故事，感受爱国、奋斗、奉献的英雄精神。本课采用"以点带面"的形式，选取代表性事例，并拓展、丰富学习内容，创设多样的情境，引导学生参与到教学活动中来

2. 学习者分析

　　学生通过学校进行的党史学习中，对于党史有了基本的了解。在以往的学习过程中，学生可以较好地完成课前资料查找、课上小组合作、交流分享的内容。学生生长在和平、繁荣的年代，习惯安定美好的生活，不能很好地理解为祖国成立、建设抛头颅散热血的英雄精神，且所述的事例和人物也离学生的生活较远，不易引起学生共鸣。但是，学生对于党史、国史内容非常感兴趣，愿意去了解和学习。针对这一问题，可课前组织调查、采访等活动，拉进学生与所学内容之间的距离，激发学生的兴趣。本节课不必让学生理解抽象的政治概念和较为繁杂的历史线索，重点使学生对祖国取得的伟大成就充满自豪感，旨在树立永远跟党走、未来建设祖国的远大志愿

3. 学习目标确定

①走近英雄的故事，感受爱国、奋斗、奉献的英雄精神。

②继承英雄精神，向身边榜样学习。

③形成爱党、爱国、爱社会主义、爱人民、爱集体的情感和做社会主义建设者和接班人的美好愿望

4. 学习重点难点

重点：走近英雄的故事，感受爱国、奋斗、奉献的英雄精神。继承英雄精神，向身边榜样学习。

难点：形成爱党、爱国、爱社会主义、爱人民、爱集体的情感和做社会主义建设者和接班人的美好愿望

5. 学习评价设计

内容	☆☆☆	☆☆	☆
听讲	认真听讲完成任务	较认真听讲基本完成任务	不认真听讲不能完成任务
发言	积极发言参与交流	偶尔发言参与部分交流	基本不发言不参与交流
小组合作	乐于合作认真倾听	较少合作能接受别人意见	缺乏合作难接受别人意见
创新思维	能用自己不同方式解决问题、独立思考	能用老师提供的方法解决问题、有一定的独立思考	思考能力差缺乏创新思维

以课后调查问卷形式，进行本节课的课后学习评价。其中包括本节课的知识与情感、态度、价值观等内容

6. 学习活动设计

环节一：导入	
教师活动	学生活动
1. 同学们，习总书记说过："中华民族是崇尚英雄、成就英雄、英雄辈出的民族，和平年代同样需要英雄情怀。"你心中的英雄是什么模样？ 2. 英雄不止一个模样，今天就让走近不同时代的英雄，去寻找英雄的模样。（板书：英雄的模样）	观看图片、分享交流

活动意图说明

以习总书记的话导入，阐明学习主题

环节二：新授	
教师活动	学生活动
活动一：走近英雄故事，寻找英雄模样 ◆ **英雄——赵一曼的故事** 1．让我们通过一封信的节选，走近这位英雄。（播放赵一曼写给儿子的信） 2．提问：这是哪位英雄? 3．小结：她就是我们的民族抗日英雄——赵一曼。 4．赵一曼的一生又发生了怎样的故事呢？请同学们来为大家讲述。 5．总结：她从加入中国共产党，到牺牲前仍然高喊"中国共产党万岁！"展现出她忠于党的坚定信仰。她是一位平凡的母亲，也是伟大的民族英雄。 6．2014年7月，习总书记在纪念全民族抗战爆发77周年仪式上也讲述了这样一个平凡而伟大的母亲的故事：北京密云区一位名叫邓玉芬的母亲，把丈夫和5个孩子送上前线，他们全部战死沙场。华北平原上的一个庄户人家写下这样一副对联："万众一心保障国家独立，百折不挠争取民族解放"；横批是："抗战到底"。 7．通过赵一曼和邓玉芬的故事，你们看到英雄的模样了吗? 8．总结：试问谁会不爱自己的家人，但是我们的英雄为了国家独立、民族解放，舍小家为国家，体现了最质朴却最浓厚的爱国精神。（板书：爱国精神）新中国是红色的，是英雄的鲜血浸染换来的。在中国共产党的领导下，无数英雄用生命和热血谱写了祖国新的篇章，我们会永远铭记！ ◆**英雄——邓稼先的故事** 1．过渡：让我们跟随时间的车轮，来到这个历史时刻。（播放视频） 2．这是什么历史时刻?（中国第一颗原子弹爆发成功） 3．1964年10月16日，我国的第一颗原子弹爆炸成功，东方巨响震动了世界！举国欢腾。原子弹的爆炸成功意味着什么? 4．小结：铸牢了国防盾牌，挺直了民族脊梁，让中国人扬眉吐气。	讲故事、听故事 读故事 自由发言、交流 自由发言

5. 而它的成功，离不开我国国防科技人员的不懈努力。让我们走近两弹元勋——邓稼先的故事。	
6. 小组合作：利用资料包中的内容，对邓稼先一生中四个阶段的故事进行学习和交流，感悟邓稼先身上的精神。	小组合作，利用资料袋中的内容小组合作学习、标画出重点内容，选出代表发言
7. 总结：邓稼先身上所体现的奋斗者精神，其实就是千万个奋斗者共同的精神。在中国共产党的领导下，正是有了他们，让我们在各行各业都取得了前所未有的成就。（板书：奋斗）	
8. 接下来，让我们走近更多的奋斗者，了解他们背后的故事与铮铮誓言。（王进喜、焦裕禄、雷锋）	阅读课本内容，朗诵奋斗者故事与铮铮誓言
9. 总结：他们是把小我融入大家的爱国者，也是最美的奋斗者。	
◆英雄——张桂梅的故事 1. 时代在更替，但英雄辈出，榜样永在。接下来，让我们走近这位英雄。山区坚守育英才，点燃女孩读书梦。她是谁呢？	
2. 请同学们来为我们介绍张桂梅老师。	
3. 接下来，让我们通过这个视频，走近张桂梅老师。	观看视频
4. 从张老师身上，你们看到英雄的模样了吗？	自由发言
5. 小结：她身上体现了奉献精神。在平凡中挺身而出，用教育为女孩筑梦。	
6. 播放视频：总结英雄精神，英雄是民族最闪亮的坐标。	
活动二：英雄不止一面——手写致敬英雄 1. 同学们，你们觉得英雄离我们遥远吗？	
2. 请大家看这样几张照片（建设"两山"医院的工人师傅争分夺秒创造中国奇迹。）	自由发言
3. 小结：他们就是我们的平凡英雄。英雄就在平凡生活里，就在普通人中间。	
4. 你们想对我们的英雄表达些什么？让我们利用见字如面，向英雄道出自己的心里话。	
5. 总结：他们忠于党、忠于祖国、忠于人民，描绘出有情感、有梦想的英雄模样，给予我们榜样的力量！（板书：榜样力量）	利用学习单，写下想对英雄说的话、分享，感受英雄精神
活动三：请党放心、强国有我 1. 过渡：在中国共产党的领导下，奋斗者们的接续奋进，让我们国家的从无到有，从站起来到富起	

续表

来、强起来。推动我国日新月异向前发展，大踏步走在世界前列。	
2. 播放音频（庆祝中国共产党成立100周年大会）：习总书记代表党和人民庄严宣告，经过全党全国各族人民持续奋斗，我们实现了第一个百年奋斗目标，在中华大地上全面建成了小康社会，历史性地解决了绝对贫困问题，正在意气风发向着全面建成社会主义现代化强国的第二个百年奋斗目标迈进。这是中华民族的伟大光荣，这是中国人民的伟大光荣，这是中国共产党的伟大光荣！	听音频
3. 同学们，未来，你们将是第二个百年奋斗目标的主力军。你们想怎样接过奋斗的接力棒？说说你的奋斗目标吧！	
4. 介绍本班一位爷爷在党65年的同学，请她说一说自己的奋斗目标。	
5. 小结：唐老师仿佛已经看到未来的你们奋斗在各自岗位上，为祖国建设做出贡献时最美的样子。像一辈辈奋斗者们一样，筑起民族的精神脊梁，在平凡中创造更多不平凡的成就。	交流、分享自己的奋斗目标
6. 出示图片：（建党100周年庆祝大会四位领诵员领读"请党放心、强国有我"）相信大家对于这个画面一定印象深刻。我们五一班的同学们也饱含深情地写下这样一封信。今天，就让我们一起致敬奋斗英雄、向党道出自己的决心。（播放视频、学生领诵。）	两位学生领读、全体同学最后齐读：请党放心、强国有我

活动意图说明

　　通过第三个活动，让学生走近不同时代的英雄，寻找他们的模样，感悟他们的精神。在心中树立榜样，在生活中学习榜样，在日后成为榜样。将教学落到实处，回归学生真实生活，结合本课所学，在心中埋下永远跟党走、树立爱国志的决心。从而通过新授部分的三个活动完成本课的三个教学目标

环节三：总结

教师活动	学生活动
总结：未来属于你们，希望寄予你们。坚定不移地听党话、跟党走。种下英雄的种子，长出英雄的模样。彰显新时代中国少年的志气、骨气、底气！共同去实现中华民族伟大复兴的中国梦！	听总结

活动意图说明

　　总结全课，致敬奋斗英雄，为学生在心中埋下听党话、跟党走，为祖国建设、实现中华民族伟大复兴的中国梦贡献力量的决心

续表

7. 板书设计

英雄的模样——榜样力量

爱国　　奋斗　　奉献

赵一曼　　张桂梅　　邓稼先

强国有我

听党话　跟党走

8. 作业与拓展学习设计

利用"钉钉"平台发放课后电子调查问卷，对学生在本课的学习收获进行了解与掌握。并通过"钉钉"在班级群中发送更多关于英雄的故事，进行课后资料补充，夯实学生对英雄的崇敬之情，以及激励学生以此为榜样的决心

9. 特色学习资源分析、技术手段应用说明

学习资源大部分源自学生自主收集，教师加以补充、丰富。创设多样的情境，引导学生参与到教学活动中来。利用讲授、自主探究、分享交流等方法进行教学，通过PPT、板书、视频、图片等形式丰富课堂活动

10. 教学反思与改进

本课以英雄精神为主线，用"以点带面"的形式向学生介绍不同时代的英雄。在备课之初，我在怎么才能激发学生学习热情与情感中作出了一些思考。因为学生生活在和平、繁荣的年代，习惯安定美好的生活，且所述的部分事例和人物也离学生的生活较远，不易引起学生共鸣。但是，学生对于英雄在心中始终是崇敬的，愿意去了解和学习他们的精神。针对这一问题，可课前组织调查、采访等活动，拉进学生与所学内容之间的距离，激发学生的兴趣。本节课不必让学生理解抽象的政治概念和较为繁杂的历史线索，重点使学生通过故事，学英雄、立志做英雄，旨在树立永远跟党走、未来建设祖国的远大志愿。

课后，我进行了反思，本课的教学目标是通过对英雄故事的学习，启发学生崇敬英雄、致敬模范、向奋斗英雄学习，培养爱党、爱国的情感和做社会主义建设者和接班人的美好愿望。课堂学习不应只停留在40分钟之内，更应该通过后续的跟进与追踪掌握学生的思想与行动，因为向英雄学习的过程不是一蹴而就的，而是在日常生活中慢慢积累并逐渐转化到自身上的，从而逐渐实现立德树人的根本目标

后　记

　　继 2019 年 3 月 18 日亲自主持召开学校思想政治理论课教师座谈会并发表重要讲话以来，习近平总书记曾在不同场合多次提到推进大中小学思政课一体化建设。如何探索构建"横向协同、纵向衔接"的创新机制，是大中小学思政课一体化建设的重中之重和"破题之眼"。在此背景下，我们组织全国部分关注大中小学一体化建设的专家、学者和一线的思政课老师共同研究撰写了《衔接》一书。

　　希望本书的出版，可进一步将"大中小学思政课一体化建设研究"推向深入，推进政府教育主管部门出台实施管理细则，促进更多的专家学者为之建言献策。我们将通过全国大中小学思政课一体化实践研究共同体在全国范围内开展"大中小学思政课一体化建设"示范校试点工作。在总结全国示范校建设经验的基础上，配合国家教育主管部门在全国范围内大力开展"大中小幼一体化教育"基地校建设工作，真正地使大中小学思政课一体化建设研究成果落地见实效，实现"立德树人"最终教育目标。

　　本书是国家社科基金高校思政课研究专项"大中小学一体化思政课建设衔接机制研究"（20VSZ060）的结题成果，包括课题组负责人王锋研究员在内的研究团队近二十年专注大中衔接和大中小幼一体化德育研究，研究团队和课题组成员为各类研究活动组织及本书的编撰出版倾情付出。在研究活动组织及本书编撰过程中，得到了国内多位专家和领导的大力支持和指导。其中有中国高等教育学会副会长张大良，河北省邯郸市政协党组书记、主席韩俊兰，《中国高等教育》总编辑唐景莉，教育部大中小学思政课一体化建设指导委员会专家指导组副组长、上海市师资培训中心党委书记主任周增为，北京市委宣传部原二级巡视员李建国，北京教育科学研究院德育研修中心主任谢春风等。书中的全部文章均得到了作者的确认和授权。另，本书封面的书名"衔接"手写体为北京邮电大学国家大学科技园主任邓相军所题，后勒口和内封封底的"立德树人"印章为北京工业大学艺术设计学院院长邹锋所刻。在此，谨向为本书问世做出努力和贡献的每一个人，表示衷心感谢。

本书的文稿有一定的时间跨度，书中涉及的均为相关人员时任职务或身份。篇幅原因，许多文稿进行了删节。

由于课题研究和实践时间较短，而大中小学思政课一体化衔接机制研究内容较多，机制创新涉及社会各个层面，许多问题还需要进一步探究深化，特别是学制改革、分类选拔、融合式高中建设等研究目标都需要较长的时间才可能实现。书中不足之处，还望专家学者和广大读者批评指正。

编者

2023 年 2 月